그린 비즈니스

나남
nanam

나남신서 1425

그린 비즈니스

2009년 9월 25일 발행
2009년 9월 25일 1쇄

저자_ 소영일・김성준
발행자_ 趙相浩
발행처_ (주) 나남
주소_ 413-756 경기도 파주시 교하읍
        출판도시 518-4
전화_ (031) 955-4600 (代), FAX : (031) 955-4555
등록_ 제 1-71호(79.5.12)
홈페이지_ http://www.nanam.net
전자우편_ post@nanam.net

ISBN 978-89-300-8425-3
ISBN 978-89-300-8001-9(세트)

나남신서 1425

그린 비즈니스

소영일 · 김성준 지음

나남
nanam

Green Business

by

Youngyil So · Songjune Kim

nanam

그린산업에 기업과 국가의 미래가 있다

21세기를 살고 있는 우리는 급변하는 시대상황에 따라 지속가능한 성장전략을 세우며 미래에도 영원히 '생존'하기 위해 고군분투하고 있다. 앞으로 기업의 영원한 목표가 될 지속가능한 생존을 위해 우리는 무엇을 어떻게 준비해야 하는가. 그동안 서구 선진국들을 비롯한 신흥 경제발전국들은 그들의 기업과 국가의 경쟁력을 끌어올리기 위해 많은 노력을 기울여 왔다. 기업과 국가의 경영전략에 있어 중요한 것은 당면한 시대의 패러다임과 시대의 요구에 부응하는 효과적인 전략을 치밀하고 계획적으로 세우고 실행하는 것이다. 예를 들면 IT 패러다임이 전 세계적으로 불어 닥쳤을 때 IT에 대한 국가적 차원의 적극적 투자와 효과적인 경영전략을 세운 기업들만이 패러다임에 힘입어 그들의 경쟁력을 한층 강화시켰음을 알 수 있다. 이와 같이 경영환경이 빠르게 변화하는 21세기에서 우리는 앞으로 닥칠 패러다임에 대한 정확하고 올바른 이해와 그에 따른 전략을 앞세워 지속적인 경쟁력을 확보하고 더 나아가 세계시장의 흐름을 선도할 수 있는 선구자가 되기 위해 발빠르게 미래를 예측하고 평가하여 그에 따른 준비를 철저히 해야 할 필요가 있다.

최근 오바마 정부와 이명박 정부를 주축으로 빠르게 확산되는 '녹색 성장'(Green Growth)이란 용어의 등장에 따라 기업들은 '저탄소 녹색 성장'을 골자로 하는 경영전략을 수립하느라 분주하다. 미래 경영환경의 지표가 될 녹색성장척도를 골자로 하여 기존 기업들의 성과지표와 경쟁력이 지금과는 판이하게 달라질 수 있음을 인식하기 시작한 것이다. 또한 '녹색 경제'가 이미 세계적으로 앞으로 다가올 경영 · 경제 분야에서 중요한 이슈로 인식되기 시작하였으며, 녹색 성장과 관련된 사업의 성공 여하에 따라 기존의 우수한 기업이 그저 과거의 우수했던 기업으로 기억의 한편으로 사라질 수 있음을 알아야 한다. 다시 말하자면, 녹색 성장 패러다임은 미처 준비하지 못했던 기업에는 '독'이 될 것이고, 미래를 예측하고 착실히 준비해왔던 기업에는 '기회'가 될 것임은 의심할 여지가 없다.

정부는 녹색성장위원회를 설치하고 오는 2020년까지 세계 7대 '녹색 강국'에 진입키 위해 향후 5년간 매년 국내총생산(GDP)의 2% 수준으로 총 107조 원을 투입하는 것을 골자로 한 녹색 성장 국가전략 및 5개년 계획을 확정했다. 이와 함께 세부계획으로는 기후변화 대응 및 에너지 자립, 신성장동력 창출, 삶의 질 개선과 국가위상 강화 등 3대 추진전략과 10대 정책방향도 설정하였다.

우리 정부는 녹색기술 및 산업, 기후변화 적응 역량, 에너지 자립도·에너지 복지 등 녹색경쟁력 전반에서 2020년까지 세계 7대 녹색 강국에 진입하고, 2050년까지 세계 5위가 되겠다는 목표를 정했으며 2013년까지 5년간 유엔권고 녹색투자의 2배 수준인 GDP 2%(총 107조 원)를 투입, 182조~206조 원의 생산유발 효과를 도모하고 156만~181만 명의 일자리를 창출하기로 했다. 이와 함께 2012년부터 단계적으로 자동차 연비를 ℓ당 17㎞ 이상, 온실가스 배출을 ㎞당 140g 이내로 제한키로 했다. 2015년까지 10인승 이하 모든 승용차량(승합차 포함)에 이 기준을 적용키로 했으며 아울러 탄소배출권 거래제를 2011년부터 시범 실시한 뒤 2012년부터 본격 도입하기로 했다.

녹색 성장이라는 용어를 주도하는 나라가 우리나라라고 해도 과언이 아니다. 과거 첨단산업인 IT 산업을 통해 우리가 수많은 국부를 창출하였으나 사실 우리가 선점하거나 주도한 것은 아니었다. 하지만 차세대 성장동력으로 부각되는 녹색 성장 부문에서는 우리가 선점과 함께 주도를 하여 선진국으로 도약하기를 기대한다.

이러한 비전 아래 이 책은 기업의 전략·기획업무 종사자나 새로운 패러다임을 맞이할 경영학도와 미래 경영자들의 '녹색 경영'에 대한 올바른 이해를 돕기 위해 앞으로 우리 기업들이 생존하고, 나아가 세계시장을 이끌어나가기 위해 필요한 경영환경을 식별·종합·분석하는 데 초점을 맞추었다.

특히, 이 책에서는 기본적인 정보뿐만 아니라 현장의 생생한 정보를 가능하면 많이 제시하고자 하였다. 각 '장'별로 녹색 에너지 분야와 녹색 에너지 응용분야의 구체적인 사례, 주요 기업들의 사례 및 녹색 성장에 관심을 갖고 발 빠르게 준비하는 주요 국가의 정책 및 법률에 대한 광범위한 분야를 제시하였다. 또한 사진을 풍부히 제시함으로써 독자들이 현장감을 느끼는 데 도움을 주고자 했다.

이 책은 '한국 최초의 비즈니스 로펌'을 지향하는 법무법인 産經과 공동으로 기획하였다. 법무법인 産經(www.sglaw.co.kr)은 그린 비즈니스를 자문하기 위하여 '그린멘토링그룹'을 운영하고 있다.

이 책이 출판되기까지 집필 및 구성에 많은 도움을 준 각 연구기관의 연구위원님들과 양대성, 이지형, 김혁민, 정경일, 윤희성, 민병두, 이유재 연구부장과 편집을 맡은 오성계, 권형민, 장준성, 한승철, 강형옥, 김원재, 김형태, 강지원, 박현수, 백한울, 신현아, 이융현, 임선화, 배지영, 김혜림 연구위원에게 감사드린다. 또한 이 책의 도표 및 그래프를 담당한 백솔이, 박지은, 강규태, 석종환, 정민교, 이재환, 권혁선, 방경현, 최승규, 최성규, 박희상, 이주영, 김유리, 조새롬, 김민군, 최태필, 박윤호, 권병국, 이상훈, 김은성, 김명철 연구원에게도 감사를 전한다.

부디 이 책이 미래의 '녹색 경영'을 준비하는 사업가, 경영자, 회사원 및 학생들에게 부족하나마 안내자로서 조그만 역할을 해드릴 수 있기를 간절히 기대하며, 앞으로 내용 보충에 노력할 것을 약속드리는 바이다.

2009년 8월
연세대 정경대학 경영학부 교수 소영일
법무법인 産經 대표변호사 김성준

8

나남신서 1425

그린
비즈니스

차 례

제1장

서론:
그린 비즈니스와
우리의 미래

1. 왜 그린 비즈니스인가?

1) 그린 비즈니스의 등장

최근에 미디어에 자주 등장하는 대표적인 용어가 바로 녹색 경제 (*Green Economy*), 녹색 성장(*Green Growth*)과 관련된 용어이다. 우리는 기업들의 '녹색'과 관련된 공약과 문구·표어들을 주변에서 자주 접할 수 있음을 알 수 있다. 또한 전 세계적으로 '녹색'과 관련된 협약이나 구호(口號)나 단체들을 심심치 않게 접할 수 있음은 물론이고 현재는 조금만 관심을 가져도 유명 기업들의 쇼핑백이나 증정용 가방조차도 녹색으로 물들여져 있음을 알 수 있다. 또한 근래에 재테크의 시발점으로 사람들이 굳게 믿는 주식시장에서조차 녹색 성장주가 블루칩으로 각광받으며 막대한 자금들이 이동하고 있음을 알 수 있다. 한 치 앞도 내다볼 수 없는 경영환경에서 기업들이 미래에 '생존'할 수 있고 또한 그들의 지속가능한 발전을 위한 경영전략을 수립해야 하는 과정에서 이해관계자들은 '녹색'이라는 기업의 거대한 도전과 과제를 유연하게 대처하지 않으면 안 된다는 것을 이미 잘 알고 있을 것이다. 따라서 필자는 앞으로 우리에게 다가올 '녹색의 거대한 향연'에서 신속하게 대응하기 위한 경영을 '그린 비즈니스'(Green Business, 녹색 경영)로 규정하고 문제에 대한 해결법을 모색하려 한다.

2) 저탄소 녹색 성장의 배경

녹색 성장이란 생산 및 소비 등 모든 경제활동 과정에서 오염물질과 온실가스 배출을 최대한 줄이고 자연환경의 파괴를 최소화함으로써 지속가능한 발전을 이룩하는 한편, 녹색 기술(Green Technology)을 신성장동력(新成長動力)으로 활용하여 경제와 산업구조를 고도화하고, 나아가 삶의 양식을 저탄소형으로 전환하는 방식의 성장을 의미한다.

환경은 그러나 기존의 통념으로는 경제와 서로 상충되는 개념으로, 경제발전을 위해서는 어느 정도의 환경파괴가 불가피한 것으로 간주되어 왔다. 경제활동이란 자연에서 자원을 가져다가 인간이 필요로 하는 상품을 생산하고 이를 소비하는 행위를 의미한다. 그런데, 모든 물질과 에너지는 새로이 만들어지거나 파괴될 수 없다는 '열역학 제1법칙'에 따라, 자연으로부터 가져온 모든 자원과 에너지는 생산 및 소비과정에서 폐기물 형태로 자연으로 다시 돌아갈 수밖에 없다. 즉 인간의 경제활동은 오염 및 환경파괴의 수반이 불가피한 것이다. 선진국들도 과거에는 경제성장과정에서 많은 환경문제를 경험하였으며, 성장을 추구하는 개도국들의 환경오염은 날로 악화되어 가고 있다. 우리나라도 마찬가지로 고도성장과 함께 오염과 자연환경의 파괴문제가 심화되어 국민의 건강을 악화시키고 심각한 사회적 갈등을 초래하는 요인이 되어왔다. 따라서 환경문제에 관한 그동안의 정책은 대부분 성장 또는 발전과정에서 발생하는 환경문제를 어떻게 최소화하는가에 집중되어 왔다. 녹색 성장이란 이러한 기존의 시각에서 벗어나 환경이라는 요소

를 성장의 동력원으로 적극 활용한다는 것으로 환경과 경제 간의 상관
관계에 관한 커다란 변화라고 볼 수 있다.

'녹색 성장'(Green Growth)은 온실가스와 환경오염을 줄이는 지속가
능한 성장이며, 녹색 기술과 청정에너지로 신성장 동력과 일자리를 창
출하는 신(新) 국가발전 패러다임이라고 할 수 있다. 그리고 최근 들어
새 정부의 미래성장 핵심전략인 녹색 성장의 구현을 위한 수단(policy
instruments)으로서 재정정책의 마련에 대한 요구가 커지고 있다. 이에
정부는 기후변화대책위원회(2008. 9.)를 개최하고 탄소배출권 거래제와
탄소세(가칭)를 도입하는 등의 내용을 담은 기후변화 대응 종합기본계
획의 수립을 추진하고 있다. 즉, 기존의 개발 성장위주의 발전전략을
새로운 국가발전 패러다임으로 대체하기 위하여 기후변화 대응비전을
녹색 성장을 통한 저탄소 사회구현으로 설정한 것이다.

3) 녹색 성장의 중요성

세계경제의 불확실성과 국제 에너지시장의 변동성(volatility)이 증가하
는 가운데, 한국의 에너지 정책은 새로운 도전을 맞이하고 있다. 안정
적인 에너지 수급의 보장이라는 기존의 에너지 정책기조는 보다 다양
화된 과제와 심화된 세계적 경쟁구도를 반영하지 않으면 안 된다. 최
근 단기간의 가격 하락에도 불구하고 석유, 가스 등 전통적인 화석연
료에 대한 수요는 앞으로도 지속적으로 증가되어 갈 것으로 예상되는
가운데, 가격 변동성에 대한 대응력 강화, 지구온난화 및 기후변화에
대한 대비 등이 새로운 과제로 부상하고 있다. 따라서 이러한 '녹색 성
장'의 개념이 지속가능발전, 지구온난화에 대한 대응 및 친환경적 신
재생에너지 개발이라는 차원에서 새로운 에너지 정책의 축으로 자리
잡고 있다. 녹색 성장은 신재생에너지 개발을 통한 화석연료에의 의존
도(依存度) 감소뿐만 아니라 기술개발을 통한 세계시장에서의 수익창

14

출을 위한 신성장동력으로서의 의미도 부여받고 있다.

즉, 저탄소 녹색 성장은 온실가스배출 절감, 화석연료에의 의존도 감소, 친환경 성장모델 도입 및 신재생에너지 기술개발 등의 정책수요를 새로운 성장동력의 창출이라는 차원에서 매우 중요하게 생각되는 새로운 에너지의 원동력이다.

4) 녹색 성장의 비전

기업에서 회사의 비전(vision)과 성장전략을 세우고 이를 직원들과 공유하는 일은 아주 중요하다. 때로는 그 비전이 형식적이고 무의미하게 느껴질 수도 있지만 결국 사고방식과 정책 결정 곳곳에 스며들면서 기업의 성패를 결정짓게 된다.

국가의 비전을 세우는 일도 마찬가지다. 국가가 비전을 제시하면 사회와 시장의 논의가 거기에 집중되고 정책적 뒷받침이 병행되면서 많은 투자가 이루어지게 된다. 이러한 투자는 관련기술과 산업의 발전으로 나타나고, 이것이 경쟁력이 되었을 때 수출 등을 통해 국가의 부(富)를 만들어 낸다.

기업이든, 국가든 비전을 세울 때는 두 가지를 고려해야 한다. 그 하나는 '그 비전을 실현할 시장이 있는가' 문제이다. 즉, 그 분야가 기업의 이익과 국가의 이익을 획기적으로 개선시킬 만큼 유망한가 하는 점이다.

또 하나는 과연 '경쟁력이 있는가' 문제이다. 이 부분은 시장성보다 더 논란을 빚는 이슈이다. 왜냐하면 현재 상황만을 놓고 경쟁력을 분석한다면 많은 가능성을 포기해야 할 것이고, 반대로 미래의 가능성만 놓고 분석한다면 현실성을 잃을 수 있기 때문이다. 그러나 비전을 세울 때 현실분석보다 더 중요한 것은 잠재가능성과 경쟁상대에 대한 분석이다.

　　그렇다면 우리는 첫 번째 언급한 '시장성'에 대해 생각해 보자. 간단히 말하자면, 현재의 저탄소 에너지 문제는 IT 이슈보다 더 빠르게 인류문명에 영향을 미치고 있다. IT는 각 나라의 문제였지만, 저탄소 문제는 전 지구적 관심사로서 선택이 아닌 필수의 영역이다. 일본 정부는 이미 '저탄소 사회'를 비전으로 제시했고, 2008년에는 이를 구체화한 '후쿠다 비전'을 발표했다. 이렇듯 세계 각국이 앞 다투어 이산화탄소 감축과 에너지 대책을 국가의 목표로 발표하는 것은 여기에 엄청난 국익이 달려 있기 때문이라는 것을 알아야 한다. 많은 전문가들이 기후변화 협상을 경제협상으로 이해하고, 에너지 전쟁의 승자가 경제의 승자가 될 것이라고 내다보는 것으로 미루어 볼 때 녹색 성장의 시장성은 재론의 여지가 없어 보인다.

　　둘째, 녹색 경영의 '경쟁력'에 대해 고찰해 보자. 녹색 기술과 산업에서 우리가 한 발 뒤처진 것은 사실이지만, 녹색 성장을 가능케 하는 기술의 수준은 선진국의 60~70%로 격차가 그리 크지 않다. 출발은 5년 내지 10년 정도 늦었으나 과거 우리의 IT 산업이나 반도체와 비교하면 오히려 나은 여건일 수 있다. 왜냐하면 녹색 기술 중 상당 부분이 전통 제조업에서 축적한 기술을 바탕으로 개발될 여지가 있기 때문이다. 예를 들어 하이브리드 차는 자동차 산업의 역량이 축적된 나라에서 앞서 나갈 수밖에 없다. 이렇게 우리가 비교 우위를 확보한 산업 분야에서 녹색 기술을 적극적으로 개발·접목해 나간다면 지금까지의 어떤 분야보다 경쟁력 측면에서 긍정적인 가능성을 볼 수 있다.

16

5) 경제위기 해법으로서의 그린 비즈니스

우리 기업들은 기후변화와 에너지 문제에 대해 오랫동안 잘 인식하고 있었다. 탄소 감축 의무는 한국이라는 국가에게는 아직 오지 않은 이슈이지만, 글로벌 경쟁에 나서는 기업들에는 이미 도래한 이슈였다. 자동차 산업은 해외 시장에서 이미 이산화탄소 배출량 규제를 받기 시작했으며, LED(발광다이오드) 조명업체는 아직 이렇다 할 에너지 규제가 없는 한국보다는 이미 LED가 의무화 되는 나라로 눈을 돌렸다. 그러나 이러한 경쟁에 뛰어들어 비용을 감수하고 싶지 않다면 아직 별다른 제약이 없는 한국 시장에 안주하면 되었다. 이 경우 기후나 에너지 문제는 앞으로 발생할 가능성이 있는 비용 리스크 중 하나일 뿐이고, 최대한 미룰수록 좋은 문제인 것이다. 특히 경제위기라는 응급상황에서는 잠시 미뤄야 하는 사안(事案)으로 생각되기 쉽다.

그러나 현실은 그 반대다. 미국의 오바마 대통령이 경기침체의 탈출 방안으로 제시한 것은 녹색 에너지 분야에 1,500억 달러의 투자를 통한 500만 개 일자리 창출이다. 또한 최근 독일의 도이치 뱅크는 〈2009년 기후변화 투자백서〉에서 경제위기에 대응하기 위해서라도 녹색 투

〈그림 1-1〉 그린 비즈니스 등장배경

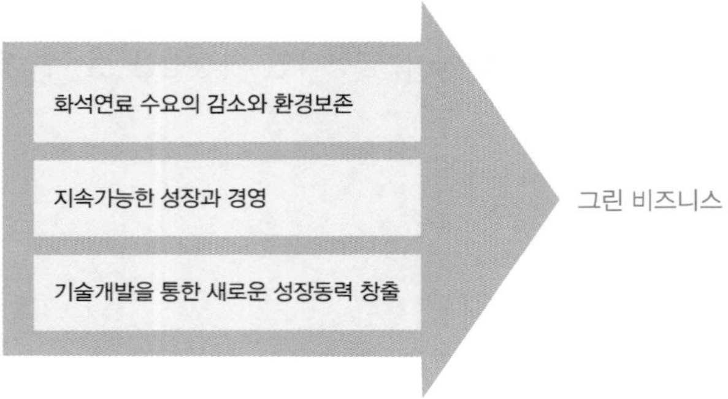

자가 필요하다는 주장을 폈다. 즉, 환경이나 기후변화에 대한 대응뿐 아니라 경제위기 극복방안으로서 녹색 산업 분야가 중요하다는 것이다. 이 백서에 따르면 향후 2050년까지 에너지 부문에서만 전 세계적으로 45조 달러의 투자가 일어날 것으로 예측된다. 이는 2007년 미국 GNP의 3.2배, 중국 GNP의 15배이다. 이러한 투자가 일어난다면 침체되었던 세계 경기는 다시 활기를 띠게 된다는 것이다. 따라서 어느 국가든 이 분야의 투자를 게을리할 경우 곧바로 닥칠 녹색 경제권에서 소외되는 결과를 경험하게 될 것이다.

이러한 배경을 토대로 그린 비즈니스의 등장 배경을 요약하면 〈그림 1-1〉과 같다.

6) 그린 비즈니스의 기회요인

이산화탄소 감축 규제와 에너지 위기는 오랫동안 우리 경제에 잠재해 있던 이슈지만, 환경문제의 심각성에 대한 인식은 오히려 낮은 편이다.

2008년 4월에 실시된 지속가능경영원의 조사에 따르면 국내 기업이 기후변화의 심각성에 우려를 하는 비율은 41.1%이다. 이는 맥킨지가 2007년에 전 세계의 경영자를 대상으로 실시한 조사에서 90%가 심각성을 인식한다고 응답한 데 비해서 상당히 낮은 수치이다.[1]

2008년에 고유가 위기가 닥치기 전까지 자신이 석유와 관련된 사업을 한다고 생각한 기업은 그리 많지 않았다. 석유 문제는 자동차 회사나 정유 회사의 문제라고 보는 것이 일반적인 시각이었다. 그러나 고유가가 현실로 닥치자 그 여파는 상상 이상으로 광범위했다. 배를 몰고 바다로 나가야 하는 어부나 석유를 때서 하우스 농사를 지어야 하는 농부부터 시작해 여행업, 섬유업 등 거의 대부분의 산업이 고유가

---

1) 삼성지구환경연구소, 2008.

의 타격을 받았다.

　대부분의 기업들이 에너지와 밀접한 관련이 있다는 것은 바꿔 말하자면 기후변화와 관련이 있다는 이야기가 된다. 이산화탄소 감축 규제가 시작되면 탄소에너지의 사용은 그 자체가 비용이 되기 때문이다. 이산화탄소 감축 방법으로는 배출량을 직접 통제하는 방식, 탄소세 등 조세제도를 동원하는 방식, 기업들의 자율 규제에 맡기는 방식, 배출권 거래제도를 통해 시장 논리를 도입하는 방식 등이 있는데 모두 탄소를 배출하는 기업의 비용을 가중시키는 방식인 것이다.

　게다가 고유가(高油價) 위기와 마찬가지로 이 문제도 자기 사업만 분석하는 것이 아니라 가치사슬(value chain) 전체를 파악해야 잠재적 리스크까지 감지할 수 있다. 예를 들어 철강제품으로 기계를 만드는 회사는 기계를 만들면서 온실가스를 배출하지 않지만 그 원료인 철강이 막대한 석유에너지로 만들어지면서 탄소를 배출한다는 점을 염두에 두어야 한다. 또 의류 회사는 자신이 거래하는 원단 회사가 탄소 배출의 규제를 받을지 모른다는 리스크를 파악해야 한다.

　그런데 과연 리스크만 존재하는 것일까. 이산화탄소 감축 규제와 에너지 비용의 증가라는 점만을 생각하면 리스크일 수 있다. 그러나 녹색 성장의 비전은 우리 기업들에 새로운 관점을 제시한다. 바로 '기회'라는 관점이다. 기업들은 이러한 패러다임의 변화를 기회로 인식하고 재빨리 대응하기 위해 촉각을 곤두세워야 한다. 만약 어느 한 기업이 녹색 경영 전략을 면밀하게 분석한다면 기후변화라는 불확실한 리스크 속에서도 신재생에너지 사업의 미래를 볼 수 있게 될 것이다.

7) 미래의 새로운 시장에서의 그린 오션

21세기의 새로운 경제혁명 패러다임은 바로 녹색 혁명(*Green Revolution*)이 될 것임이 틀림없다고 해도 과언이 아니다. 인류가 불과 150년 남짓한 사이 산업혁명을 거쳐 IT를 기반으로 한 정보·기술 혁명을 통해 지금과 같은 번영을 이룩하였다면, 앞으로 인류에게 다가올 영원한 도전, 기업과 국가의 다음 세대의 패권을 가름할 중요한 열쇠는 바로 녹색 혁명을 위한 과제일 것이다. 따라서 우리는 남들보다 한발 앞서 그린 오션(*Green Ocean*)을 창출하기위해 노력해야할 것이고, 가장 먼저 뛰어들어 그린 오션을 창출해내는 기업과 국가에는 미래 경제를 주도할 수 있는 프리미엄이 주어지게 된다.

최근에 기업·국가 경영전략의 화두로 '녹색 경영'을 주제로 다양한 노력과 시도가 실행되고 있음을 알 수 있다. 우선 한국의 예를 살펴보면 정부를 기점으로 녹색 성장에 대한 논의가 매우 발 빠르게 진행됨을 알 수 있다. 이명박 대통령이 2008년 7월에 일본 도야코에서 개최된 G8 정상회담에서 2050년까지 온실가스 배출량을 절반으로 줄이자는 범세계적 장기 목표에 적극 동참하겠다고 발표한 것이 그 신호탄이

<그림 1-2> 녹색 경쟁력 확보의 필요성

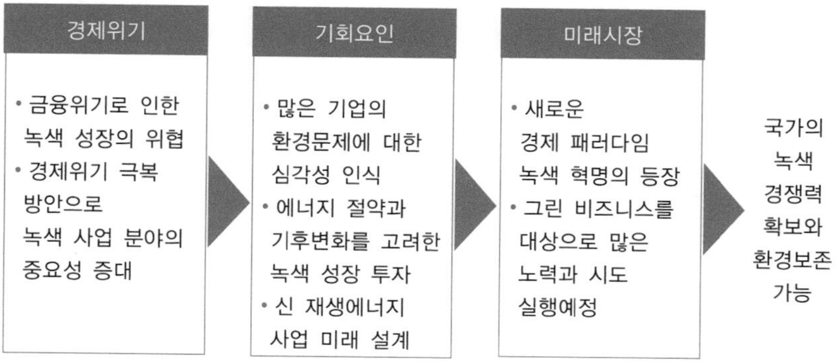

경제위기	기회요인	미래시장	
• 금융위기로 인한 녹색 성장의 위협 • 경제위기 극복 방안으로 녹색 사업 분야의 중요성 증대	• 많은 기업의 환경문제에 대한 심각성 인식 • 에너지 절약과 기후변화를 고려한 녹색 성장 투자 • 신 재생에너지 사업 미래 설계	• 새로운 경제 패러다임 녹색 혁명의 등장 • 그린 비즈니스를 대상으로 많은 노력과 시도 실행예정	국가의 녹색 경쟁력 확보와 환경보존 가능

었다. 당시 이 대통령은 한국도 2020년까지의 온실가스 감축 목표를 국민적 합의를 거쳐 발표하겠다고 약속했다.

또한 정부 각 부처와 학계, 산업계 간 꾸준한 협의 끝에 2008년 8월 27일 '국가에너지기본계획'을 수립할 수 있었다. 이 계획은 2030년까지 에너지 효율을 46% 개선하고, 신재생에너지 비중을 4.6배로 확대한다는 것이 골자이다. 또한 2008년 9월 11일에 지식경제부가 태양광, 풍력, 수소 연료전지 등 9대 분야를 신성장 동력으로 육성한다는 내용의 '그린 에너지 산업발전 전략'을 내놓았다.

이러한 발 빠른 추진에 대해 우리는 두려움을 느낄 수 있을 것이다. 그러나 변화하지 않는 나라가 위기의 시대에서 살아남은 경우는 없었다. 기후변화에 소극적이었던 미국 정부는 '에너지 대량소비의 구조를 심화시키고 탄소 감축과 관련된 기술과 산업 분야에서 일본과 EU에 뒤처지도록 방치했다'는 비난을 지금 국민에게서 받고 있다. 변화를 거스를 수 없다면 '주도'해 가야만 생존할 수 있다는 것이 경영의 법칙이라고 할 수 있다.

2. 그린 비즈니스, 지속가능 경영 그리고 우리의 미래

1) 그린 비즈니스와 지속가능한 발전과의 연계성에 대한 고찰

앞서 말한 녹색 성장을 한마디로 정의하자면, 신재생에너지 기술과 에너지 자원 효율화 기술, 환경오염 저감 기술 등 녹색 기술을 신성장 동력으로 하여 경제·산업구조는 물론이고 전반적인 삶의 양식을 저탄소·친환경으로 전환하는 국가 발전 전략이다.

녹색 성장은 더 이상 생소한 개념이 아님을 알아야 한다. 이미 지난 2000년에 영국 〈이코노미스트〉에서 처음 거론되었고, 다보스 포럼과

UN 아·태 경제 이사회(UNESCAP) 등을 거치면서 국제사회로 확산되는 개념이다.

녹색 성장보다 앞서 등장한 개념으로 '지속가능한 발전'(*sustainable development*)이 있다. 20년 전인 1987년에 발표된 UN보고서 "우리 공동의 미래"(Our Common Future)에서 처음 등장한 개념으로, 정확한 정의는 '미래 세대가 그들의 필요를 충족시킬 능력을 저해하지 않으면서 현재 세대의 필요를 충족시키는 발전'을 뜻한다.

그 후 1992년에 UN이 주관한 리우데자네이루 회의에서 분위기가 고조되었고, 2002년 요하네스버그의 지속가능 발전 세계정상회의에서는 지구촌 공동체에 대하여 2005년까지 국가 전략을 수립하고 시행에 들어가 달라고 촉구했었다.

이러한 지속가능한 발전에서 환경은 아주 중요하지만 환경에만 국한된 개념은 아니며, 일반적인 정치, 경제, 사회, 환경을 다 포괄한다. 이 개념은 계속 진화해 왔는데 UN문서와 2005년 "세계정상회의 결과 문서"(World Summit Outcome Document)에서는 지속가능한 발전의 기둥으로서 경제적 발전과 사회적 발전, 환경 보호를 언급했다. 그리고 유네스코의 세계 문화 다양성 선언에서는 "자연에 생물 다양성이 중요하듯 인간에게 문화 다양성이 필요하다"고 언급함으로써 문화 다양성을 또 하나의 기둥으로 추가했다.

그런데 개념의 유사성 때문에 '지속가능한 발전'과 '녹색 성장'에 관한 차이점에 의문이 생길 수 있다. 정확히 말하자면 '지속가능한 발전'으로 가기 위한 실천 전략이 바로 '녹색 성장'이라고 볼 수 있다. 실제로 2002년 요하네스버그의 지속가능 발전 세계대회의 요청에 대한 대응으로서, 2005년의 제5차 아시아태평양 각료회의에서 지속가능한 발전을 위한 구체적인 발전 전략으로 녹색 성장을 채택했다.

녹색 성장은 지속가능한 발전을 달성하기 위한 구체적이고 목표지향적인 행동과 정책을 제시하는 개념이다. 특히 녹색 성장 앞에 '저탄소'라는 개념을 덧붙임으로써 자칫 추상적이 될 수 있는 비전을 더욱 구체화했다. 경제적으로는 녹색 기술과 녹색 산업을 통해 성장 동력과 일자리를 창출하며, 환경적으로는 지구온난화와 에너지 위기에 대응하는 구체적 행동을 전제로 하는 것이다. 그런 점에서 녹색 성장은 '지속가능한 발전'으로 가는 수단의 성격이 강하다.

녹색 성장 전략하에서 환경관리정책도 변화가 필요하다. 전통적인 환경관리정책은 생산과정에서 배출되는 오염이나 폐수를 정부가 직접적으로 규제하는 방식이었지만, 이러한 정책은 환경을 개선하는 방향으로 작용하기는 했지만 소득 증가를 통한 빈곤 탈출과 소득 분배의 개선이라는 경제적 욕구를 함께 충족시켜 줄 수는 없었다. 미래를 위한 투자이기는 하지만 당장 현재의 부(富)를 증대시키려는 욕구로 볼 때는 걸림돌이기도 했던 것이다.

이에 비해 녹색 성장은 패러다임을 바꿔 환경보존을 성장과 함께 이루어 보자는 것이다. 현실적으로도 자원 고갈 및 가격 급등으로 기존의 요소 투입 위주의 경제성장은 한계에 도달하게 될 것이다. 또한 저탄소 경제로 자발적으로 이행하지 않더라도 앞으로 국제 규제를 통해 이산화탄소 감축이 강제될 가능성이 매우 높다.

그렇다고 녹색 성장정책을 단순히 환경과 경제성장 간의 선순환(善循環) 관계를 추구하는 경제정책으로만 본다면 너무 좁은 시각이다. 녹색 성장은 환경, 일자리 창출, 기업 경쟁력, 미래 성장 동력 산업의 확대뿐 아니라, 국토 개조와 생활 혁명을 통해 국민의 삶의 질을 높이는 전략이다. 동시에 기후변화에 대처하려는 국제사회의 노력에 능동적으로 기여하는 국제 외교 전략이기도 하다.

2) 녹색 성장과 지속가능경영에 관련된 기업 사례

최근 많은 기업들이 경제적 성과에만 매달려서는 지속적 성장을 보장할 수 없다는 판단하에, 경영 방침을 경제적 성과중시(成果重視)에서 환경경영과 사회적 책임을 동시에 강조하는 지속가능경영으로 전환한다는 발표를 하고 있다. 일본 기업들도 지금까지는 환경 관련 이슈들을 기업 경쟁력 차원에서 전략적으로 활용하던 모습에서 벗어나, 이제는 환경뿐 아니라 좀더 포괄적 의미에서 기업의 사회적 책임을 새로이 추구할 가치로 인식하고 있다. 많은 기업들이 다양한 환경 장벽을 위기를 기회로 삼기 위한 도약의 발판으로 인식하여 본격적인 환경경영에 나서는 가운데, 기업 경영의 패러다임을 환경 친화적 경영에서 기업에 부여된 경제·환경·사회적 책임을 준수함으로써 장기적으로 생존할 수 있는 토대를 마련하는 지속가능경영으로 바꾸고 있다.

이를 위해 선진기업들은 지속가능경영을 강력히 추진하기 위한 지속가능성 전담 조직을 설치하고 있다. 필립스는 'CSO'(*Corporate Sustainability Office*)라는 경영진의 자문 기구를 두고, 지속가능성에

〈그림 1-3〉 지속가능 발전의 길

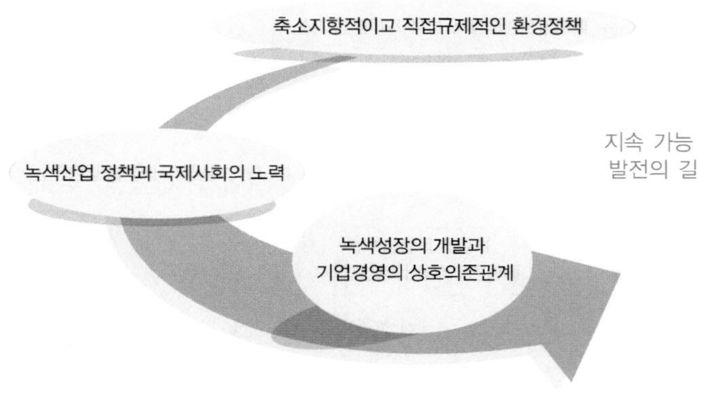

축소지향적이고 직접규제적인 환경정책

녹색산업 정책과 국제사회의 노력

녹색성장의 개발과
기업경영의 상호의존관계

지속 가능
발전의 길

대한 책임과 함께 전사(全社) 차원에서 지속가능성이 제대로 수행되는
지 사업부와 지사의 환경 담당자로부터 수집된 환경 데이터를 모니터링
하고 이들의 활동을 조정하는 권한을 부여하고 있다. CSO는 필립스의
신사업 및 신시장 진출, 의사소통, 교육·훈련, 공시(公視) 등의 업무
영역에서 환경·건강·안전·사회·공동체의 이슈 등에 대해 검토하고
보고한다. 또한 리코와 소니 등은 사회 환경 변화 및 기업의 사회적 책
임에 관련된 활동을 책임지는 CSR(Corporate Social Responsibility) 전담
부서를 두어 전사적인 정보 수집, 표준 및 가이드라인에 근거한 비즈니
스 프로세스 개선 등의 업무를 수행하고 있다.

3) 그린 비즈니스의 역할과 목표

앞에서 언급한 것처럼, 기업은 녹색 성장을 통한 '녹색 경영'을 실천함
으로써 기존의 일상적인 환경을 생각하는 문구나 표지 등으로 이미지
메이킹을 하는 차원을 넘어, 이산화탄소를 감축하고 화석에너지에서
벗어나는 모든 생산프로세스의 본질을 획기적으로 전환해야 한다. 이
로 인해 녹색 경영을 창출하는 기업은 환경오염을 막고 생태적 다양성
을 보존하며 삶의 질을 개선하는 분야까지 폭넓고 미세하게 우리 일상
생활 전반을 관여하는 '그린 오션'(Green Ocean)을 창출하게 될 것이다.
　또한, 기업은 녹색 경영을 시행함으로써 신성장 동력을 창출하고,
인류의 삶의 질과 환경을 개선할 뿐만 아니라 국제사회에 기여라는 세
가지 목표를 함께 달성할 수 있다.
　첫째, 신성장 동력은 녹색 기술 및 녹색 산업을 새로운 동력으로 삼
는 경제성장을 추구하는 것이다. 실현 방안으로는 신재생 및 청정에너
지를 포함한 고효율·환경 친화적 자원 활용 기술을 기반으로 고부가가
치의 '지식 집약형' 산업구조로 전환하는 것이다. 그리고 이러한 변화를
통해 우리 경제가 직면한 '일자리 없는 성장'의 문제를 치유할 수 있다.

둘째, 국민의 삶의 질을 한 단계 올리는 것이다. 저비용, 저탄소의 주거 환경과 국토 환경을 만들어서 국민들이 쾌적한 환경 속에서 녹색 문화, 녹색 소비를 실천함으로써 사회 전반의 포괄적인 변화를 유도할 수 있다.

셋째, 기후변화에 대처하기 위한 국제사회의 노력에 기여하는 것이다. 우리는 이미 국제사회의 책임 있는 일원으로서 범지구적인 문제에 선도적으로 대응해야 할 의무를 가진다. 따라서 이러한 접근법은 해당 기업의 이미지와 브랜드 가치를 높일 것이다.

4) 앞으로 우리는

앞에서 여러 차례 녹색 성장을 통한 '녹색 경영'(Green Business) 전략 수립 필요성을 제시한 것처럼 앞으로 다가올 우리 경제의 패러다임은 '녹색 경영'이 될 것임을 필자는 믿어 의심치 않는다. 따라서 미래 녹색 경영 체제를 이끄는 '리더'가 되기 위해서는 우리는 다음 장에서 설명할 녹색경제 성장에 대한 구체적인 사안과 대응책을 철저하게 분석하고 우리가 이미 아는 기존의 경영관리기법에서 한 단계 더 나아가 녹색 경영 환경에 응용할 수 있는 '의식의 전환'을 꾀해야 할 것이다. 또한 필자는 각 장에 분류한 태양열, 풍력, 원자력 등과 같은 저탄소 녹색 에너지에 대한 소개와 이러한 녹색 성장산업에 관계된 특정 기업들의 경영환경 소개와 경영 전략을 구체적으로 연구하고 분류함으로써 독자들이 해당 항목별 '녹색 경영' 전략에 대해 더욱 쉽게 다가갈 수 있도록 하였다.

〈그림 1-4〉 그린 비즈니스의 도약과 전망

역할 녹색 성장을 통해 인식의 변화로 인한 생산프로세스의 획기적인 전환

목표
1. 녹색 기술과 녹색 산업으로 인한 신성장 동력 에너지 개발
2. 국민의 삶의 질 향상
3. 기후변화대처를 위한 국제사회 노력에 기여

미래의 방향 녹색 경영 환경을 꾀할 수 있는 의식의 전환이 필요

새로운 패러다임의
등장과 대응 전략

1. 새로운 패러다임 등장의 필요성

여기서는 지구 화석연료(석유, 천연가스, 석탄)의 고갈, 기후 변화, 탄소배출권 등을 새로운 패러다임 등장의 필요성으로 제시하고자 한다.

1) 지구 화석연료의 고갈

(1) 석유

① 피크 오일(Peak Oil)의 정의 및 현황[1]
석유(oil) 부족 문제를 이론적으로 분석한 것이 허버트의 피크 오일이론이다. 이는 세계적으로 신규 유전 발굴의 감소가 채굴 가능 연수 감소로 이어지고, 전쟁이나 개발비용 등으로 석유생산이 한계에 부딪혀 수요를 뒷받침하지 못한다는 것이 요점이다. 허버트는 석유의 생산량이 종 모양의 곡선을 그릴 것으로 전망했고 이에 근거해 연구를 하는 '석유 및 가스 생산량 정점 연구회'(ASPO)를 창립한 캠벨은 2010년쯤이 정점이라고 주장한다.[2]

하지만 이에 대해 제기되는 반론도 있는데 ① 허버트의 예측은 미국 유정에 대해 조사한 뒤 나온 결과이기에 다른 유전지대 특히 중동에 대해서는 결과가 다를 수 있다는 것과 ② 비재래식 석유탐사의 경우가 꾸준히 증가하고 있기에 시기를 늦출 수 있다는 의견들이 그것이다.[3]

연구자별로 차이는 있지만 허버트 이론에 근거한 전문가들은 고갈 시기에 유가의 가파른 상승과 세계적 공황을 목격하게 될 것이라고 내

---

1) predicting the timing of peak oil, en. wikipedia. org
2) 〈한국경제〉 2008. 5. 17, 박주병 기자, "Cover story : 석유는 150년 사용된 산업의 혈액".
3) LGERI리포트, 2008. 2. 20, 이지평, "피크오일(Peak Oil) 다가오나".

다본다. [4] 하지만, 프랑스 지구물리학자인 장 라에레르는 2010~2030
년에 생산 최고점이 올 것으로 전망하고, 미국의 에너지부(DOE)의
각본에 의하면 2026~2047년에 그리고 피터 R 오델은 생산량 정점이
2060년 이후에 도달할 것이라는 좀더 유연한 입장을 보인다. [5]

1970년대 두 차례의 석유파동은 우리나라와 같이 에너지 수입국에
대해서만 영향력을 행사할 수 있었지만 현재의 상황은 중동 같은 산유
국도 더 이상 의지대로 할 수 없고 전 세계가 보편적으로 직면하게 되
는 거대한 폭풍과도 같은 좀더 심각한 3차 파동을 몰고 올 조짐을 보
인다. 현재 기후변화라는 공동대응문제의 중심에도 석유가 자리 잡고
있고 우리를 웃고 울게 만드는 요인의 중심에도 석유는 가장 큰 비중
을 차지하는 실정이다. [6]

1950년대 중동에서 세계 최대의 가와르(Ghawar) 유전이 개발된 이
래 채굴 가능 연수[7]는 1960년대까지는 수요 되는 석유 생산량만큼 유
전이 개발되어 평행선을 그려왔지만, 새로이 개발에 나서고 있는 중소
규모의 유전이 중동의 대규모 유전에 미치지 못함에 따라 생산량은 점
차 한계점을 드러내고 있다. 더 이상 시추선이 드릴을 동원한다 해도
쉽게 채취할 수 없고 점차 심해유전에서 생산되는 비율도 높아지고 있
기에 생산비용은 그만큼 높아지고 있다.

이는 상대적으로 매장량이 일시에 증대한 때에 안정된 가격으로 공
급되다 보니 석유화학산업의 발전을 가져와 우리들에게 풍요로운 일상
생활을 가져다주었지만, 소비량 증가로 인해 사용량이 기하급수적으
로 늘어나게 되었고 영원할 것만 같았던 석유는 이제 우리들의 수요욕

---

4) 〈연합뉴스〉 2008. 10. 15, 강종훈 기자, "피크 오일 위기 맞은 '호모 오일리쿠
스'".

5) 박주병 기자, 위의 글.

6) 이지평, 위의 글.

7) 원유의 연 생산량 P에 대한 확인 매장량 R의 비(R/P).

구를 충족시켜 주지 못할 정도로 감소하게 된 것이다.

단편적인 예로 가와르(Ghawar) 유전은 해수(海水)를 주입해야만 생산량을 유지할 수 있고, 부루간(Burugan) 유전도 이미 피크오일을 지났다는 것이 전문가들의 의견이다. 지금까지는 자원 보유국들이 석유공급을 늘였다 줄였다 하면서 1, 2차 석유파동이 일어났지만 앞으로는 공급을 조절하고 싶어도 하지 못하는 상황이 올지 모른다.

미국을 시작으로 러시아와 노르웨이가 각각 2001년을 정점으로 오일피크를 넘겼고 비석유수출국기구(OPEC) 회원국들 중 산유국들의 채굴 가능 연수는 최장 12년 미만인 실정이고 인도네시아는 석유수출국에서 수입국으로 간판을 바꾸었다.[8] 개발도상국들의 폭발적인 발전을 위한 욕구를 충족시키기 위해서는 북해유전이나 알래스카 같은 중소규모의 유전이라도 확대하기 위해 노력해야 하는 실정이다.

최근 들어 고유가로 인해 채산성이 낮아 소외되었던 오일샌드(oil sand)에 국가와 유명 석유 회사들이 앞다투어 선점하려고 한다. 우리나라의 석유공사도 2억 5천만 배럴 규모의 원유가 매장된 캐나다 앨버타 주 소재의 블랙골드 오일샌드 광구 지분 100%를 미국 뉴몬트 사로부터 인수하여 2010년부터 생산할 계획을 가지고 있다.

오일샌드란, 이름에서 알 수 있듯이 말 그대로 모래와 석유가 섞여 있는 것이다. 검은색 점성질 원유인 비투멘이라는 성분이 있어서 이미 1960년대에 정제 기술이 개발 되었지만 배럴당 20~25달러라는 높은 생산비용 때문에 관심을 끌지 못했던 것이 경제성을 인정받게 됨에 따라서 너나 할 것 없이 광구확보에 나서는 것이다.

베네수엘라가 가장 많은 오일샌드를 보유하고 있지만 세계의 이목은 캐나다에 집중되는 실정이다. 미국 곳곳으로 뻗은 송유관의 기반시설이 잘 되어 있어 시장을 확보하기 유리하고 국가 신용위험도가 낮다

---

8) 이정환닷컴, 2004. 9. 15, 이정환 기자, "피크오일! 마침내 석유가 바닥나고 있다".

32

는 점이 요인으로 꼽힌다. 캐나다 앨버타주 북동지역에서는 노천채굴에 의한 방법으로 파쇄기에 넣고 분쇄하여 오일 추출기를 통해 중질원유를 생산하고, 캐나다 대부분의 지역에서 이용되는 방법으로는 스팀으로 석유성분을 녹여서 시추공을 이용해 생산하는 방식으로 지하에 매장되어 있는 경우에 적용되며 오일샌드 매장량의 3분의 2 이상을 이같은 방식으로 생산한다. 9)

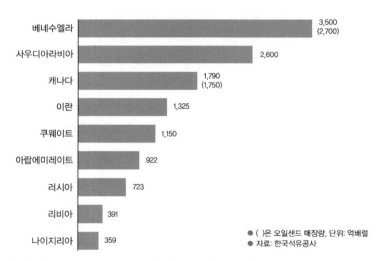

〈그림 2-1〉 국가별 원유 매장량(오일샌드 포함)

출처: 〈디지털타임즈〉 2006. 9. 21, 강희종 기자, "알아봅시다: 오일샌드".

9) 〈디지털타임즈〉 2006. 9. 21, 강희종 기자, "알아봅시다: 오일샌드".

② 대책10)

과연 석유가 21세기에도 에너지의 왕으로 군림할 수 있느냐에 대한 문제에 대한 해답은 명백하다. 답은 'NO'라는 것이다. 각종 원자재 가격은 몇 십 배 오르는 게 예삿일이 되어버린 현시점에서 우리나라는 다양한 에너지원 개발에 힘쓰면서 에너지 사용에 대한 질서를 재정립할 필요가 있다.

석유 같은 에너지 문제는 우리나라 같이 의존도가 높은 국가에서는 사회 시스템과도 같은 문제이고 전략상 문제이기에 아주 작은 것이라도 대책을 마련하는 데 있어서 장기적 수준의 정부 역할이 절실하다.

그래서 우리는 지금 당장이 불편하더라도 정반대방향인 신재생에너지 개발을 위한 노력과 수고를 아끼지 말아야 할 필요성이 있는 것이다. 옥수수기름 같은 식용작물에서 선진국이 개발 중인 폐목재 같은 비식용작물에 아우르는 바이오에너지 개발 및 수소와 태양광 같은 대체에너지 개발의 청사진을 수립해야 한다.

에너지 효율에 입각하여 탈석유를 위해 수송체계 전반의 각종 기반 마련도 풀어야 할 숙제이다.

하지만 소비절약이야 말로 가장 현실적이고 누구나 쉽게 동참할 수 있으며 모두에게 있어 영향력 있는 방법임을 인식해야 한다.

또한 자연의 영향력 아래 있어야 할 농업분야에 있어서도 트랙터 등의 각종 농기계 활용과 화학비료 사용으로 인해 본래의 농업 의미가 아닌 석유농업이라고도 부를 수 있는 것이다. 한 국가 안에서 2, 3차 산업에 비해 비중은 떨어지지만 먹을거리기에 가장 기초적이며 기반이 되는 1차 산업인 농업도 결국엔 화석연료에 의지해야만 함을 인지해야 하고 우리나라의 존폐가 달려있음을 결코 망각해서는 안 되며, 석유의 존도로부터 조금씩 벗어나야 한다.

---

10) 이지평, 위의 글.

(2) 천연가스(Natural Gas)

① 천연가스[11]란?

1차 에너지, 다시 말해 석유처럼 자연 상태 그대로 에너지원이 되는 천연가스(*Natural Gas*)는 -162℃로 냉각한 메탄(CH_4)이 주성분으로, 천연가스는 석유를 캐낼 때 부산물로 따라서 생산되는 경우와 순수 가스전에서만 생산되는 경우가 있다.

넓은 의미로는 온천, 화산으로부터 나오는 가스도 모두 천연가스의 범위에 넣을 수 있지만 일반적으로는 탄화수소류를 주성분으로 하는 가연성의 가스를 말하는 것으로 탐사와 시추, 매장량 확인, 채굴 등의 단계를 거쳐서 천연가스를 뽑아내게 된다.

가스 구덩이에서 생산할 때 천연가스에는 탄화수소, 탄산가스, 황화수소 등과 같은 불순물이 포함되어 있기에 천연가스를 말 그대로 천연 그대로 사용할 경우에는 발열량이 차이가 나게 되고 이를 연료로 사용하게 되는 기계의 고장률을 높일 수 있기에 정제과정을 거쳐서 이산화탄소발생률도 줄이게 되는 것이다.

우리가 일상에서 사용하는 불순물이 정제된 액화천연가스(LNG)는 상온에서는 공기보다 가볍게 되어 공기 중에서 확산되기가 쉬워 위험성이 적고 이는 다시 말해, 액화석유가스(LPG)보다 폭발위험이 낮다는 것을 말한다. 연소 시에 대기오염물질이 적기에 석유 등의 대체에너지원으로 많이 이용된다. 따라서 화석에너지 중에서 가장 빠르게 소비가 늘어날 것으로 예상되는 자원이라고 볼 수 있다.[12]

19세기 후반까지는 주로 미국과 소련에서만 대규모로 생산하여 사용하고 액화천연가스(LNG)가 지금처럼 해상으로 수송되는 방식이 없

---

11) Natural Gas, en. wikipedia. org
12) 이민식, 2008. 6. 30, "논단: 세계 천연가스 산업의 최근 동향 및 시사점", 에너지경제연구원.

었기 때문에 인접지역에서만 파이프라인을 통해 사용하였고 나머지는 석유와 함께 나오는 경우 다 불태워 버렸고 다른 산유국들도 석유생산에만 열을 올렸지 마찬가지였다.

하지만 액화하는 기술의 발전으로 해상을 통한 원거리 수송이 가능해지고 1970년대에 두 차례의 석유파동으로 인하여 천연가스 사용은 급격히 증가하였다. 석유, 석탄과 함께 세계의 에너지원으로서 우리들의 생활 전반에 등불이 되며 천연가스를 저온에서 액화시켜 운반하는 탱커(*tanker*)로 세계 곳곳으로 공급된다.

결점은 수송비의 문제인데, 같은 열량의 석유보다 더 큰 파이프라인이 필요하며 액화천연가스(LNG: *Liquidified Natural Gas*) 유조선은 크기도 크기지만 설비의 건설비가 많이 든다.[13]

〈그림 2-2〉 해양 LNG 유조선의 모습

출처: 연합뉴스, 2009. 5. 19, 이동경 기자.

───────────────

13) 천연가스 기술자료, 천연가스공사 연구개발원.

② 세계 천연가스 생산현황

세계적으로 천연가스 생산과 소비의 연평균 증가율은 2006년에 각각 2.8%와 2.7%로 1990년대의 2.0%, 2.1%와 비교해 상승하였다. 생산량에 있어서는 유럽·동구권이 약 37.4%를 차지하고 북미에서 26.3%를 차지한다. 하지만 지역별 증가율에서는 중동이 8.4%이고 중남미가 6.7%로 높은 증가율을 보여준다. 14)

또한 세계 천연가스 매장량은 177조 4천만m³로 채굴 가능 연수로 보면 석유가 약 41년인데 반해 천연가스는 약 60년분이 매장되어 있다.

현재 제1의 생산량과 보유량을 자랑하고 막대한 양의 천연가스를 유럽으로 공급하는 러시아는 44조 7천만m³에 달하는 매장량을 자랑하

〈표 2-1〉 세계 천연가스 생산현황

구분	생산량(10억m³)			증가율(연평균, %)	
	1990	2000	2006	1990~00	2000~06
북미	640	762	754 (26.3%)	1.8	△0.2
중남미	58	98	144 (5.0%)	5.3	6.7
유럽 · 동구권	975	959	1,073 (37.4%)	△0.2	1.9
중동	101	207	336 (11.7%)	7.4	8.4
아프리카	67	127	180 (6.3%)	6.6	6.1
아시아태평양	150	272	377 (13.2%)	6.1	5.6
합계	1,990	2,425	2,865 (100%)	2.0	2.8

출처: 논단 "세계 천연가스 산업의 최근 동향 및 시사점", 2008. 6. 30, 이민식, 에너지경제연구원.

14) 이민식, 2008. 6. 30, "논단: 세계 천연가스 산업의 최근 동향 및 시사점", 에너지경제연구원.

며 생산량의 3분의 2 이상을 파이프를 통해 유럽 전역으로 공급한다.

러시아는 4개의 대표가스전 외에도 사할린, 이르쿠츠크, 야쿠츠크, 크라스노야르스크 등 극동지역의 천연가스 개발 확대를 통해 우리나라를 포함한 아시아태평양 지역으로 공급하겠다는 야심찬 계획을 추진한다. 최근 우리나라 기업이 진출해서 원유를 생산중인 카미시아 유전에서 페루는 액화천연가스(LNG) 생산을 가시화하고 남미 지역에서는 대부분의 나라에서 생산한 가스를 전량 자국에서 소비한다.

여타 지역보다는 비중이 낮지만 두드러지게 생산량이 증가하는 아프리카 지역에서도 알제리, 이집트, 리비아 등을 중심으로 개발 사업이 상승세를 타고 있다. 알제리는 자국의 석유중심 소비구조를 천연가스로 바꾸고 대신 석유 수출을 생각하며, 앙골라는 외국의 유수한 석유기업을 유치하려고 정책을 추진 중이다. 15)

③ 세계 천연가스 소비현황
아래 표에서 볼 수 있듯이 2006년을 기준으로 전 세계 천연가스 소비량은 연평균 2.7%의 성장률을 보인다. 소비량에 있어서 대륙별로 보면 유럽·동구권과 북미 지역이 가장 큰 비중을 차지함을 볼 수 있으며 증가율에 있어서는 중동과 아시아태평양 지역이 각각 7.7%, 6.7%로 나타난다.

산유국들이 석유를 채취할 때 천연가스를 같이 채취할 수 있기 때문에 자국의 경제는 천연가스중심으로 바꾸는 반면 석유의 수출량을 늘린다. 발전용 수요의 증가, 아시아태평양 지역에서는 중국이 가장 높은 성장률을 보이며 팽창하고 있기 때문에 무엇이든 빨아들이는 허리케인 같은 역할을 가장 주된 요인으로 꼽을 수 있겠다.

---

15) 〈EBN산업뉴스〉 2009. 6. 3, 조재범 기자, "천연가스, 안정적인 수익창출 기대", 석유공사.

　지역별 소비비중에서는 유럽·동구권이 40.2%로 가장 높고 그 뒤를 북미와 아시아태평양이 잇는다. 가장 큰 소비국임을 자처하는 미국과 중국이 세계 가스 소비의 한 축을 담당하는 가운데 석유나 석탄에 비해 오염물질 배출 면에서 볼 때 환경 친화적이기에 석유가 그랬듯이 급속도로 천연가스 사용량은 증가할 수밖에 없을 것이다.

　세계 천연가스 시장은 크게 대륙별로 북미지역, EU 및 동아시아의 3지역을 중심으로 이루어져 있다. 일반적인 형태는 캐나다에서 생산된 가스는 파이프라인을 통해 미국으로 공급된다. EU도 60% 이상을 북해 지역에서 생산된 가스라든지 러시아로부터 미국과 마찬가지로 PNG 방식으로 가스를 공급받는다. 하지만 우리나라를 포함한 동아시아 지역 국가들은 호주나 인도네시아 등과 같은 생산국에서 액화천연가스(LNG) 유조선을 통해 공급받으며 나머지 부족분에 대해서

〈표 2-2〉 세계 천연가스 소비량

구분	소비량(10억m³)			증가율(연평균, %)	
	1990	2000	2006	1990~00	2000~06
북미	637 (32.1%)	782 (32.2%)	770 (27.0%)	2.1	△ 0.3
중남미	58 (2.9%)	94 (3.9%)	131 (4.6%)	4.9	5.6
유럽·동구권	994 (50.2%)	1,013 (41.7%)	1,146 (40.2%)	0.2	2.1
중동	96 (4.8%)	185 (7.6%)	289 (10.1%)	6.9	7.7
아프리카	38 (2.0%)	55 (2.3%)	76 (2.7%)	3.8	5.4
아시아태평양	159 (8.0%)	298 (12.3%)	439 (15.4%)	6.5	6.7
합계	1,982 (100%)	2,428 (100%)	2,851 (100%)	2.1	2.7

출처: 논단 "세계 천연가스 산업의 최근 동향 및 시사점", 이민식, 에너지경제연구원, 2008. 6. 30.

는 중동지역에서 공급이 이루어진다. 16)

　국제 교역의 측면에서 보면 유럽의 소비감소는 파이프라인을 통한 거래 감소로 이어졌고 반대로 액화천연가스(LNG) 선적량은 카타르의 성장에 기인하여 과거 수치와 비슷하게 7.3%까지 증가했다. 17)

〈그림 2-3〉 2007년 세계생산소비 변화 및 LPG 시장 수출공급 현황

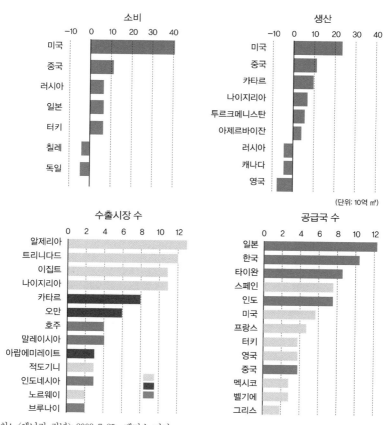

출처: 〈에너지 저널〉 2008. 7. 25, 배미소 기자.

16) 이민식, 위의 글.
17) 〈에너지 저널〉 2008. 7. 25, 배미소 기자, "중국 세계 에너지 '블랙홀' 입증".

40

④ 전망

국제에너지기구(IEA)의 세계 에너지 소비 전망치에 의하면 석유는 제
1의 에너지자원으로서 위치를 고수할 전망이고 대체 에너지원으로서
의 천연가스가 가장 빠른 증가율을 보일 것이라고 예상한다. 세계 대
부분의 나라에서 수요 증가가 예상되는 바 이는 발전용 부문이 클 것
이라고 언급하고 있다. 새로이 건설되는 발전소의 대부분이 최종에너
지인 전력 부문을 위한 발전용이기에 그렇다는 것이다.

또한 수요 증가의 대부분은 아시아 개도국을 중심으로 눈에 띄게 나

〈표 2-3〉 세계 에너지 소비전망

(단위: Million Tonnes Oil Equivalent)

	1980	2004	2010	2015	2030	2004~2030 증가율
석탄	1,785	2,773	3,354	3,666	4,441	1.8%
석유	2,107	3,940	4,366	4,750	5,575	1.3%
천연가스	1,237	2,302	2,686	3,017	3,689	2.0%
원자력	186	714	775	810	861	0.7%
수력	148	242	280	317	408	2.0%
바이오매스	765	1,176	1,283	1,375	1,645	1.3%
기타 재생에너지	33	57	99	136	296	6.6%
합계	7,261	11,204	12,842	14,071	17,095	6.6%

자료: IEA, [World Energy Outlook]
출처: 논단 "세계 천연가스 산업의 최근 동향 및 시사점", 이민식, 에너지경제연구원. 2008. 6. 30.

〈표 2-4〉 세계 천연가스 이용분야별 소비비중 실적 및 전망

(단위: %)

	산업용	발전용	기타	계
2004	44	31	25	100
2010	43	34	23	100
2030	43	36	21	100

자료: EIA, [International Energy Annual](2004)을 참고하여 재작성.
출처: 논단 "세계 천연가스 산업의 최근 동향 및 시사점", 이민식, 에너지경제연구원, 2008. 6. 30.

〈표 2-5〉 천연가스 지역별 생산량

(단위: 10억m^3)

구분	1990	2000	2006	2004~2015 증가율(%)
북미	641	756	821	0.7
유럽 · 동구권	1,052	1,130	1,276	1.1
아시아태평양	158	348	494	3.2
중동	100	283	600	7.1
아프리카	69	158	277	5.2
중남미	62	129	217	4.8
합계	2,082	2,804	3,686	2.5

자료: IEA, [Natural Gas Market Review]
출처: "세계 천연가스 산업의 최근 동향 및 시사점", 이민식, 에너지경제연구원, 2008. 6. 30.

타날 것이고, 기존의 사용하던 선진국들의 수요량 역시 가장 큰 소비
국임을 보여줄 것이라고 예상된다.

또한 국제에너지기구(IEA)에 의하면, 세계천연가스 생산은 2015년
까지 연평균 2.5%에 이를 것이라고 전망되고 지역별로는 중동이
7.1%로 빠른 증가율을 보이고 아프리카와 중남미가 그 뒤를 각각
5.2%, 4.8%로 이으며 유럽·동구권과 북미 지역의 생산 증가율은
2006년까지 연평균 증가율과 비교해 비슷하거나 조금 감소할 것으로
내다본다.

또 천연가스 소비는 2030년까지 연평균 2.0%에 달할 것으로 예상
되는데, 지역별 수요를 보면 아프리카와 중동, 그리고 아시아태평양
지역에서 3~4% 안팎의 증가율이 나타날 것으로 보인다.

이렇게 선진국이든 사회주의 국가든 보편적인 에너지원으로서 천연
가스는 도시가스용, 발전용 연료를 중심으로 그 비중은 점차 높아질
것이다. 물론, 우리나라도 예외가 될 수는 없을 것으로 보인다. 이로
인해 천연가스 시장이 확대될 것은 자명한 일이다. 18)

<표 2-6> 천연가스 지역별 수요 전망

(단위: 10억m³)

	1980	2004	2010	2015	2030	2004~2030 증가율
북미	659	772	830	897	998	1.0%
유럽·동구권	697	1,185	1,312	1,415	1,680	1.4%
아시아태평양	71	393	508	599	845	3.0%
중동	36	244	321	411	636	3.7%
아프리카	14	76	117	140	215	4.1%
중남미	36	115	157	180	289	3.6%
합계	1,512	2,784	3,245	3,643	4,563	2.0%

자료: IEA, [World Energy Outlook].
출처: "세계 천연가스산업의 최근동향 및 시사점", 이민식, 에너지경제연구원, 2008. 6. 30.

　　그리고 최근에 석유수출국기구(OPEC)와 마찬가지로 협의체 단계였
던 가스수출국포럼(GECF)이 카르텔 성격의 한 단계 높은 가스OPEC
을 출범시켰다. 천연가스 최대 보유국인 러시아를 중심으로 카타르,
리비아, 알제리, 베네수엘라 등 12개 나라 장관들이 참여한 가운데 열
린 회의에서 이들은 "가격을 담합하려는 것이 아니다"라는 말로 소감
을 밝혔다. 이를 볼 때 연료로서의 천연가스의 위상은 높아졌다고 볼
수 있다. 1, 2차 석유 파동 때처럼 자원보유국들의 입김에 따라 전 세
계가 휘청거릴 수 있는 것이기에 에너지 소비절감을 위해 정책을 마련
하고 추진해 나가야 하겠다.[19]
　　이러한 천연가스 역시 석유와 마찬가지로 얼마 후면 고갈될 자원임
에는 분명하기 때문에 인류는 신재생에너지를 개발해야 할 당위성이
분명하다.

---

18) 이민식, 위의 글.
19) 〈머니투데이〉 2008. 12. 24, 전혜영 기자, "가스수출국포럼, '가스 OPEC'으로
　　전환".

(3) 석탄(Coal)

① 석탄이란?

무연탄, 유연탄, 갈탄이 석탄(Coal)이라는 카테고리에 묶이는 하위개념으로 우리나라에서 생산되는 석탄의 종류는 무연탄이 주를 이루고 연료와 발전용이 사용처이다. 탄소로 변화하거나 탄소와 결합하는 작용 결과 탄소분이 91% 이상으로 가장 많은 것이 무연탄이다. 무연탄보다 상대적으로 적은 탄소분을 함유한 것이 역청탄이라고 불리는 유연탄이고 50% 미만으로 탄소분을 가진 것이 갈탄으로 수분이 많기에 발열량이 낮다.[20]

② 세계 석탄 매장량

〈표 2-7〉 세계 주요국 석탄 채굴 가능 매장량

(단위: 백만t)

순위	국가	무연탄/유연탄	아역청탄/갈탄	합계	점유율	채굴 가능 연수
1	미국	111,338	135,305	246,643	27.1	240
2	러시아연방	49,088	107,922	157,010	17.3	500년 이상
3	중국	62,200	52,300	114,500	12.6	52
4	인도	90,085	2,360	92,445	10.2	217
5	호주	38,600	39,900	78,500	8.6	213
6	남아공	48,750	–	48,750	5.4	198
7	우크라이나	16,274	17,879	34,153	3.8	436
8	카자흐스탄	28,151	3,128	31,279	3.4	362
9	폴란드	14,000	–	14,000	1.5	88
10	브라질	–	10,113	10,113	1.1	500년 이상
상위10개국소계		458,486	368,907	827,393	91	
기타		20,285	61,386	81,617	9	
세계총계		478,771	430,293	909,064	100	155

주: 2005년 말 기준, 채굴 가능 연수: 매장량을 생산량으로 나눈 수치(생산량이 일정수준 유지된다는 가정에 따름), 자료: 한국자원정보 서비스(BP World Energy Council 자료 인용)

출처: EBN산업뉴스, 박영국 기자. 2007. 3. 7, "에너지와 화학산업③-1: 석탄에너지".

44

석유와 함께 1차 에너지원으로서 사용되는 석탄은 석유와 달리 풍부한
매장량을 자랑한다. 세계 에너지협의회(WEC) 자료에 의하면 세계의
석탄 채굴 가능 매장량은 2005년 말을 기준으로 9천 91억t으로 앞으로
150년은 사용할 수 있는 양인 것이다. 가장 많이 석탄이 매장되어 있
는 나라는 미국이지만, 생산량은 중국이 미국을 압도한다. 한 해 동안
50억t의 석탄 생산량 중에서 생산되는 자국 내에서 사용되는 비중이
약 90% 정도이며 나머지가 국제적으로 거래된다. 석유의 주 무대가
중동이라면 석탄의 주 무대는 아시아태평양 지역으로 생산에서 소비가
대부분 이 지역에서 이루어진다. 석탄의 주된 사용처는 발전 부문으로

〈표 2-8〉 세계 주요국 석탄 생산량

(단위: 백만t)

순위	국가	2001년	2002년	2003년	2004년	2005년
1	중국	1,381.5	1,454.6	1,722.0	1,922.3	2,190.0
2	미국	1,022.9	992.8	972.3	1,008.3	1,028.1
3	인도	341.9	358.1	375.4	407.7	426.2
4	호주	333.1	339.7	348.5	360.7	369.3
5	러시아연방	269.5	255.4	274.8	281.9	296.0
6	남아공	223.5	220.3	237.5	242.8	246.5
7	독일	202.5	208.2	204.9	207.8	202.8
8	폴란드	163.5	161.9	163.8	162.4	159.5
9	인도네시아	92.6	103.4	112.8	132.4	135.3
10	카자흐스탄	79.1	73.7	84.9	86.9	86.4
상위 10개국 소계		4,110.1	4,168.1	4,496.9	4,883.2	5,142.1
기타		709.3	661.8	682.8	694.7	710.4
세계 총계		4,819.4	4,849.9	5,179.7	5,577.9	5,852.5

주: 상업성 있는 고체 연료, 즉 역청탄, 무연탄, 갈탄, 아역청탄 생산량임.
자료: 한국자원정보 서비스(BP Statistical Review of World Energy 2006 인용)
출처: EBN산업뉴스, 박영국 기자. 2007.3.7. "에너지와 화학산업③-1: 석탄에너지".

20) Coal, en. wikipedia. org; 〈디지털 타임스〉 2006.7.24, 구남평 기자, "신에
너지, 현장을 가다: 석탄 매장량 얼마나 될까?".

그 양은 전 세계 수요 크기의 약 40%를 차지한다. 21)

③ 전망

2030년까지 발전부문에서 차지하는 석탄의 수요 크기는 최대 90%까지 늘어날 것으로 예상되고, 이는 선진국이 아닌 개발도상국을 중심으로 한 매년 4%의 전기수요증가로 인한 결과로 보면 될 것이다. 따라서 석탄을 이용한 발전비율은 중국과 인도를 중심으로 하여 2030년까지 3배 이상 증가할 것으로 보인다.

세계의 석탄 수요는 2003년을 시작으로 매년 3%씩 증가하여 2015년에 이르면 77억 9천200만t에 이를 것으로 에너지경제연구원은 예상했다. 하지만, 그 뒤로는 매년 평균적으로 2%에 그쳐 2030년경에는 105억 6,100만t으로 수요량을 집계하고 있다.

용도별로는 발전용 연료로서 약 30%의 증가율을 보일 것으로 보이고, 같은 기간 동안의 산업용 연료로서 석탄의 이용은 3천347만 7천t에서 3천502만 3천t으로, 가정상업용은 124만 9천t에서 130만 8천t으로 미미한 수준의 증가율을 보일 것으로 전망된다. 22)

그런데 석탄을 연소하면서 뿜어내는 이산화탄소의 양은 석유 연소와 비교해 4분의 1가량 더 많고 천연가스와 비교한다면 2분의 1만큼 더 많다. 문제는 석탄이 2010년쯤에 석유를 뛰어넘어 지구의 온실가스 주범으로 자리 잡게 되리라는 전망이기에 간과할 수 없다는 점이다. 다시 말하면 석탄이 환경오염의 가장 큰 근원이 될 것이라는 전망이다. 23)

한편 현재의 악조건을 극복하기 위해 단순히 오염원으로서의 석탄

---

21) 〈EBN산업뉴스〉 2007. 3. 7, 박영국 기자, "에너지와 화학산업 ③ - 1: 석탄에너지".

22) 위의 글.

23) 〈사이언스타임즈〉 2008. 12. 17, 김형근 기자, "석탄 르네상스가 올 것인가?".

이 아닌 석탄 가스화라든가 액화산업의 기술이 접목되어 석탄을 청정
에너지로써 이용 가능하게끔 함으로써 석탄산업에 일대의 대변혁이 일
어나고 있다. 전 세계에 편중되지 않은 자원분포와 풍부한 채굴 가능
량에 힘입어 발전 부문에서만 이용되는 석탄의 이용분야를 가스화·액
화 기술을 통해 수송과 석유화학 분야로까지 저변을 확대함으로써 경
제성을 확보하고 석유의 또 다른 대체에너지로서 이용한다는 것이다.
아직은 가스화 기술을 자신들의 사업에 적용하는 기업이 소수에 불과
하지만 선진국을 중심으로 연구개발과 이를 상업화하기 위한 노력이
계속되고 있기에 몇 년 안에 놀라운 결과를 보여줄 것으로 기대된다.
바이오디젤이라든가 태양 전지, 연료 전지 등의 개발과 소기의 성과들
이 계속되고 있지만 아직은 미미한 수준이고 경제성을 인정받지 못해
실험실에서의 연구 수준이라는 평가를 받는 반면, 석탄을 이용한 이러
한 기술은 석유에 대한 절대적 의존도를 낮춰줄 수 있는 가장 현실적
인 대안으로 평가받기에 현재의 에너지 소비구조 인프라상에서 점점
영향력을 높여나갈 수 있을 것이다. [24]

---

2) 기후변화(Climate Change)

(1) 기후변화

① 개념

기후변화(*Climate Change*)란 지구가 뜨거워져가는 온난화 과정이라고
요약할 수 있다. 즉, 지구온난화로 나타나는 지구의 기온상승과 기상
재해 발생과 같은 지구 기후체계의 변화를 총칭하여 기후변화라고 부
른다. 기후변화는 기상이변 이외에도 사막화와 해수면의 상승, 생태
계 교란과 같은 여러 가지 부정적인 효과를 유발하는 것이 사실이다.

---

24) 박영국 기자, 위의 글.

그동안 지구 온도는 0. 74도 상승 했는데, 이 정도만으로도 우리는 이미 세계 각국의 사막화, 킬리만자로 및 히말라야 정상에 쌓인 만년설과 북극해, 그린란드 등의 빙하의 해빙, 유례없는 폭염의 여름, 더욱 강력해지는 태풍, 기상관측 기록을 갈아치우는 폭우 빈도수의 증가, 생물 다양성 감소 등과 같은 많은 부작용을 체험하고 있다. [25]

② 영향(문제점)

a. 곡물생산의 감소[26]
기후변화는 강수량의 변동을 가져와 곡물생산을 감소시킨다.

각국의 곡창 지대에 비가 거의 오지 않거나 너무 많이 와서 세계적으로 밀, 옥수수, 면화 곡물 상품 가격의 급격한 상승을 초래한다. 이러한 곡물 가격의 상승은 밀가루와 라면 값, 그리고 사료 값의 급등을 초래하고, 이것은 또 쇠고기나 돼지고기 가격 상승을 연쇄적으로 불러옴으로써 우리의 생활비를 크게 증대시킨다.

b. 지리적 영향[27]
국립 기상연구소의 권정아 박사팀이 발표한 〈기후변화보고서〉(2007년)에 의하면, 한반도는 2090년 기온이 4℃ 상승해 수도권 이남이 아열대 기후로 변한다. 열대야도 점점 길어져 한 달 정도 지속된다. 부산, 목포, 강릉은 일 년 내내 기온이 0℃ 이하로 내려가지 않아 겨울에도 눈을 볼 수 없다. 비가 내리는 강도가 증가해 비가 왔다 하면 집

25) *Code Green*, 2008, 토머스 프리드만, 최정임·이영민 옮김, 21세기북스; 《기후변화의 경제학》, 2007, 문하영, 매일경제신문사, p. 20. ; Climate Change, en. wikipedia. org
26) 문하영, 위의 글, p. 13.
27) 위의 글, pp. 12~13.

중호우가 된다. 태풍도 대형화되고 기상재해가 증가한다.

우리 산림의 절반 정도는 기후변화 속도를 따라가지 못해 사멸의 위험에 직면한다. 지난 100년간 한반도 기온이 고작 1도 상승했는데도 우리 해역에서는 명태, 정어리가 사라져가고 대신 난류어종인 오징어, 고등어, 멸치가 풍년을 이루고 있다.

침엽수가 줄어들어 소나무도 점점 사라져간다. 아열대성 병충해도 빠른 속도로 번진다. 아열대성 병충해인 재선충이 서울 근교로까지 번지고, 푸사름 가지마름병과 벼 키다리병 등이 전국의 산림과 논밭을 해치고 있다.

c. 산업에 미치는 영향[28]

기후변화는 산업에 혁명적 충격을 준다. 온실가스 배출에 둔감한 기업은 각종 환경 관련 규제로 인하여 생산 비용이 상승하고, 투자유치가 어려워지며, 소비자 혹은 환경단체 등으로부터 '나쁜 기업'이라는 지탄을 받아 생존자체가 불가능해 질 것이다.

영국 BP 같은 과거의 세계적 에너지 기업은 이제 원유생산분야에서 벗어나 재생에너지의 선두 기업으로 변신하고 있다. BP는 자사 명칭이 이전에는 'British Petroleum'이었지만 이제는 'Beyond Petroleum'이라 불리기를 바란다. BP는 '비피솔라'라는 자회사를 만들어 태양 에너지 개발을 주도하며, 그룹 전체 차원에서 2020년까지 전 세계 에너지의 5%를 신재생에너지로 공급한다는 원대한 계획을 수립하여 추진하고 있다. 태양 에너지뿐만 아니라 풍력, 조력, 에탄올 등과 같은 바이오에너지의 성장 잠재력은 무한해 보이며, 이 분야에서 세계 각국의 기업들이 사활을 건 기술개발 경쟁을 시작한다.

세계 자동차 산업은 하이브리드 자동차 시대를 거쳐, 언젠가는 온실가스를 전혀 배출하지 않는 수소연료 전지 자동차 시대로 이행할 것이

---

28) 위의 글, p. 14.

분명해 보이며, 이 분야에서는 도요타, 혼다, 볼보, 포드, 현대자동차 회사들이 생존하기 위해 경쟁하고 있다.

앞으로 10~20년 후에는 수소경제시대가 도래할 것이므로, 전지, 자동차, 비행기, 오토바이, 발전 등의 분야에서 신기술을 개발하고 선점하는 기업들이 미래 산업사회의 강자로 떠오를 것이다.

이런 점에서 보자면, 기후변화는 시대를 미리 읽고 앞서가는 기업들에게는 도전이라기보다 커다란 기회로 다가온다.

d. 국가들 간 파워관계에 미치는 영향[29]

기후변화는 국가 간 파워관계에도 큰 영향을 미친다. EU(유럽연합)가 기후변화 문제를 주도하고 있다. EU는 영국, 독일 등이 중심이 되어 온실가스 감축과 신재생에너지 개발을 선도한다. 탄소배출권 시장도 유럽연합을 중심으로 급속히 확대되는 중이다.

반면, 미국은 지난 2004년 자국이 세계 제 1위의 이산화탄소 배출국임에도 불구하고, 기후변화 조짐이 확실한 것이 아니고 또 자국의 경제성장에 나쁜 영향을 끼친다며 교토 의정서에 동참하지 않은 결과, 국제 탄소배출권 시장에서 배제되고 있다.

미래의 사회는 저탄소시대로 나아갈 것임이 거의 확실하다고 본다면, 미국은 시대에 뒤떨어지고, 결국 이대로라면 대세에서 밀려나고 말 것이다.

e. 투자방식에 미치는 영향[30]

기후변화는 우리의 재테크 방식에도 크게 영향을 미친다. 이제 우리는 투자대상기업을 선정할 때 에너지 절약, 태양전지, 수소전지, 바이오 에너지, 태양광 발전, 또 풍력 발전 등 신재생 에너지 기술을 선도하

---

29) 위의 글, p. 16
30) 위의 글, p. 17.

는 기업들을 주목해야 한다.

또 이러한 신기술로 무장하고 UN 청정개발체제(CDM) 사업을 주도하는 기업들에 대해서는 특히 관심을 가져야 한다. 이들 기업의 매출 규모와 순이익은 매년 크게 증가할 것으로 예상되기 때문이다.

간접투자자들은 탄소 펀드에 주목할 필요가 있다. 신재생에너지 분야는 앞으로 수십 년 동안 계속 성장할 것으로 보인다. 또 세계 탄소 배출권 시장의 거래규모가 급증할 것으로 예상되기 때문에, 지구온난화 펀드, 탄소 펀드, 대체에너지 펀드 등과 같은 신규 투자 상품들이 새로운 유망한 투자처로서 각광 받을 것이다.

f. 부동산 시장에 미치는 영향[31]

기후변화는 부동산 시장에도 큰 바람을 불러일으킬 것이다. 즉, 앞으로는 에너지를 적게 소비하는 미래형 주거형태가 주류를 이루어 갈 것으로 보인다. 단독 주택은 전기의 대부분을 자체 조달하는 태양광 주택으로 바뀌어 갈 것이다. 고층 빌딩은 과거에는 환기에서부터 냉난방에 이르기까지 모든 에너지를 다량 소비해야 운영될 수 있는 형태였지만, 앞으로는 건물의 신축에서부터 소멸에 이르기까지 친환경적 형태로 유지될 수 있도록 조명, 하수처리, 녹지 공간, 열효율증진, 에너지 소비 극소화 등을 추구하는 '그린 빌딩'으로 건축해야 할 것이다.

g. 탄소중립운동

이상에서 살펴본 바와 같이, 기후변화가 우리의 삶에 미치는 다양하고 심각한 영향을 목격한 많은 사람들과 기업들은 최근 탄소중립운동을 펼치고 있다. 탄소중립이란 탄소제로(Cabon Zero)라고도 하며, 기업이나 개인 활동으로 인한 온실가스 배출량을 계산하고 배출량만큼을 상쇄하기 위해 나무를 심거나 신재생에너지 시설에 투자하는 자발적

31) 위의 글, p. 18.

운동이다.

 탄소중립운동의 구체적인 예를 들어보자. PC 업체인 델컴퓨터는 "탄소중립을 실현하기 위해 PC 생산과정에서 에너지효율을 높여 이산화탄소 배출량을 최대한 감축하는 한편 신재생에너지 개발에 투자할 계획"이라고 밝혔다. 유럽자동차 업체인 폭스바겐은 미국시장에서 팔린 자동차가 배출한 탄소를 상쇄하기 위해 루이지애나에 나무 25만 그

〈표 2-9〉 기후변화 부문별 영향

부문	영향
수자원	① 일부 열대우림지역과 고위도 지역에서 10~40% 증가하지만 중위도의 일부 건조지역, 열대 건조지역에서는 10~30% 감소 ② 전 세계 인구 6분의 1 이상의 물 사용 가능성 감소
생태계	① 전 지구 평균온도 1.5~2.5도 이상 상승 시, 전 세계 동식물의 20~30% 멸종위기 ② 지구 평균온도 1.5~2.5도 이상 상승 및 대기 중 이산화탄소 농도 증가 시 생태계 구조와 기능, 중간 생태적 상호연계, 지리적 서식 범위 변화로 생물 다양성에 부정적 영향
식량	① 전 지구적으로 평균기온이 1~3도 상승 시, 식량 생산력이 증가하나 그 이상 상승하면 감소 ② 저위도 건조지역에서는 1~2도 상승만으로도 농작물 생산량 감소로 인한 기근 우려
연안과 저지대	① 해수면 상승으로 인구밀집지역, 저지대, 도서지역, 아시아와 아프리카의 거대 삼각주 지역의 수백만 이상의 인구가 2080년까지 매해 홍수 경험 ② 1~3도 해수면 온도 상승 시 산호 탈색현상의 심화와 광범위한 고사 초래
산업, 정주, 사회	① 종합적으로 기후변화정도가 클수록 순 영향은 더 부정적이기 쉬움 ② 해안과 하천범람원에 위치한 산업, 정주, 사회와 특히 가난한 지역 사회가 가장 취약
건강	① 적응력이 낮은 인구의 건강상태에 특히 부정적 영향 ② 영양부족, 성사병, 심폐질환, 전염병 증가, 열파, 홍수, 태풍, 가뭄 등으로 사망자 증가 ③ 감염성 질병 매개체의 분포 변화

출처: KEI(2007), 기후변화 영향평가 및 적응시스템 구축 III.

루를 심겠다고 발표했다. 뉴질랜드 헬렌 클라크 총리는 탄소중립국가를 선언하고, 우선 2012년까지 온실가스를 줄이거나 숲을 조성하는 방법 등으로 환경부를 포함한 정부 6개 부처가 탄소중립을 이루겠다고 밝혔다.

(2) 지구온난화(Global Warming)

① 지구온난화 정의 및 상황

이산화탄소 등 온실효과를 내는 가스에 의해 지구의 평균기온이 올라가는 현상을 지구온난화(*Global Warming*)라고 말한다. [32] 지구온난화는 프레온 등에 의한 오존층 파괴와 더불어 지구환경의 주요 문제로 대두된 상태다. 온실효과란 마치 비닐하우스처럼 열기가 들어갈 수는 있지만 빠져나가기 어려운 상태를 말한다. 기온이 상승하면 지구 생태계에 변화가 초래돼 농작물이 피해를 입고, 해수가 따뜻해져 팽창하거나 남극이나 북극의 얼음이 녹아 해수면이 상승하기도 한다. [33]

지구온난화의 평균속도는 보통 만 년에 1도℃ 올라간다. 지구의 관점에서 볼 때 1℃는 큰 변화다.

전 세계 평균기온은 지난 100년간(1906년~2005년) 0.74℃ 상승하였으며, 지구 평균 해수면은 1961년~1993년간 매년 1.8mm씩 상승하고 있다. [34]

---

32) Global Warming, en. wikipedia. org
33) "기획탐구: 이상기후와 지구온난화 ② 지구온난화 논란".
34) "알아둡시다! : 기후변화와 국제동향", 2008. 10, 대한상공회의소.

② 문제점

지구온난화에 따른 문제점들을 구체적으로 살펴보면 다음과 같다.

a. 평균기온의 증가[35]

유엔(UN)이 공개한 보고서의 내용은 충격적이다. 70년 후에는 지구의 평균기온이 지금보다 3.5℃ 이상 올라간다는 것이 그 시작이다.

지난 30년 동안 10년마다 0.2℃씩 지구가 더워지고 있다. 문제는 속도이다. 지난 50년간의 지구온난화 속도는 지난 100년간보다 두 배이상 빨랐다.

기온의 상승은 해수면을 상승시켰고, 이로 인한 해안 지방의 침수는 세계의 기후를 변화시켜 생태계에 큰 영향을 미친다. 이는 앞으로 지구상에 존재하는 주요 생물들 대부분의 멸종 위기를 야기하게 될 것이다.

b. 해수면의 온도 상승[36]

플로리다 주립대학의 제임스 엘스너 교수는 그의 연구결과에서 지구온난화에 따른 대기의 온도 상승이 해수면의 온도를 상승시키고 이는 강력한 폭풍을 더욱 빈번히 일으키는 원인이 된다고 밝혔다.

그는 최근 135년간의 대서양 해수면 온도와 해수면 위 공기의 온도간의 연관성을 조사한 뒤, 이것을 허리케인 강도의 기록과 대비함으로써 "대기의 온난화 뒤에 바다의 온난화가 오는 것 같다"고 공표함으로써 허리케인의 피해는 앞으로도 계속 증가할 가능성이 높음을 시사했다.

c. 빙하손실

알래스카에서는 빙하가 녹으면서 해수면이 상승하여 마을이 침수되고

---

35) Global Warming, en. wikipedia. org
36) 〈연합뉴스〉 2006. 9. 8, 김대영 편집위원, "기획탐구: 이상기후와 지구온난화
　　② 지구온난화 논란".

있다. 알래스카 서부 해안의 에스키모 마을은 1년에 약 3.3m씩 해안선이 침식되면서 마을주민 600여 명이 이주하는 추세인데, 이런 추세이면 15년 내에 마을이 사라질 위기에 처해 있다. [37)

또한 오스틴 텍사스 주립대학 연구자들은 〈사이언스〉에 기고한 보고서에서 그린란드의 빙하 역시 녹고 있다고 발표하였다. 2002년 4월부터 2005년 11월까지 나타난 그린란드의 빙하손실은 1997년부터 2003년의 연간 평균보다 3배에 달한다고 말하였다. [38)

d. 어류피해[39)

지구온난화는 어류의 서식지를 이동시키거나 어류종의 멸종을 통해 어획량을 감소시키는 등 해양 생태계에도 큰 영향을 끼친다.

북극은 새로 유입되는 어종으로 어획량이 현재 수준을 유지하거나 최대 100% 증가하는 것으로 나타났다. 적도나 남극해, 북대서양, 북동태평양의 어류 종들의 피해 역시 두드러질 것으로 보이는데, 홍해나 지중해처럼 육지로 둘러싸인 바다에 서식하는 물고기가 멸종 가능성이 크다.

영국과 유럽대륙 사이에 있는 북극해에 서식하는 대서양 대구는 북극으로 이동하면서 20% 이상 감소하게 될 것으로 전망된다. 미국 동부 해안의 대구는 50%, 한반도 주변 해역에서는 10에 1종류의 물고기가 사라질 것이라고 전망된다.

---

37) 위의 글.
38) 〈연합뉴스〉 2007. 3. 28, 김대영, "기획탐구: IPCC 보고서 그 후 ③ 빙하와 섬나라".
39) 〈조선일보〉 2009. 2. 26, 조호진 기자, "40년 뒤 적도에 물고기 씨 마를 것".

e. 수몰위기[40]

인도양의 대표적 휴양지인 몰디브, 브라질, 알래스카의 원주민, 인도네시아 등의 지역들은 현재의 추세로 지구온난화가 지속된다면 불과 몇 세기 안에 모두 침수되어 사라지게 될 위험에 처해 있다.

몰디브의 평균 해발고도는 1.5m이다. 만약 1세기에 59cm의 속도로 해수면이 올라간다면 몰디브 전체가 물에 잠기는 것은 시간문제이다. 세계 3대 미항(美港) 중 하나인 브라질의 리우데자네이루를 비롯하여 알래스카 지역, 1만 8천 개의 섬으로 이루어진 인도네시아 역시 지구 온난화에 따른 해수면의 상승으로 자국의 섬들 중 2천 개가 2040년 정도에는 바닷물에 잠길 가능성이 있다고 우려한다.

(3) 온실가스[41]

온실가스(Greenhouse Gas)는 지구에 도착한 태양열이 반사되어 빠져나가는 것을 방지함으로써 지구의 열을 보존하는 역할을 하는데 이를 온실효과(Greenhouse Effect)라고 부른다.

만일 온실가스가 존재하지 않는다면, 지구는 현재보다 대략 15℃ 정도 기온이 하락하여 지구상의 많은 동식물은 멸종할 것이다. 온실가스는 인류 생존에 크고 중요한 역할을 하는 고마운 영향을 주기도 한다.

문제는 이 온실가스가 19세기 산업혁명 이후 기업의 생산 활동, 산림파괴, 기타 인류의 인위적 활동들에 의하여 크게 증가했다는 사실이다. 그 결과 주로 이산화탄소의 배출이 증가하여 지구의 기온을 끌어올린다. 산업혁명 이전에는 대기 중 이산화탄소의 농도는 280ppm이었으나, 2005년에는 379ppm으로 35% 증가했다.

---

40) 김대영, 위의 글.

41) Greenhouse Gas, en.wikipedia.org; Greenhouse Gas Effect, en.wikipedia.org

56

〈표 2-10〉 온실가스의 종류

	CO_2	CH_4	N_2O	HFCs, PFCs, SF_6
지구온난화지수 (co_2=1)	1	21	310	1,300~23,900
온난화기여도(%)	55	25	6	24
배출원	화석연료사용 산업공정	폐기물, 농업, 축산	산업공정 비료사용	냉매 세척용

출처: 외교통상부.

지구를 둘러싼 대기층은 무척 얇다. 대기의 99.9%가 존재하는 성
층권까지를 대기층으로 본다면, 대기층의 두께는 50km에 불과하다.
지구의 반지름이 6,378km라는 사실을 감안하면, 대기층의 두께는 128
：1로, 마치 사과의 껍질 정도에 불과한 것이다. 인류는 이렇게 얇은
대기층으로 이른바 6대 온실가스 즉, CO_2(이산화탄소), CH(메탄),
N_2O(이산화질소), HFCs(수소불화탄소), PFCs(과불화탄소), SF_6(육불
화황) 등을 뿜어대는 중이다. 이들 중에서 뒤의 3가지 온실가스를 통
칭하여 프레온 가스라고 하며, 자연에는 존재하지 않는 가스로서, 인
간이 인위적으로 만들어낸 가스이다.

온실가스 중에서 특히 비중이 크고 중요한 것은 이산화탄소와 메탄
가스이다.

이산화탄소는 배출량으로서는 80% 이상, 온난화 기여도로서는
55% 이상을 차지함으로써, 지구온난화의 주범으로 지목된다. [42]

42) 《기후변화의 경제학》, 2007, 문하영, 매일경제신문사, p. 20.

(4) 기후변화의 장래

① IPCC[43]

1988년 국제기상기구(WMO: *World Meteorological Organization*)와 유엔환경계획(UNEP: *United Nations Environmental Programme*)이 공동으로 기후변화에 관한 정부 간 협의체(IPCC: *Intergovernmental Panel on Climate Change*)를 설립했다. IPCC는 기후변화에 관한 연구와 정책 조언을 제시하는 임무를 수행하며, 주기적으로 기후변화보고서를 발간한다. 최근에 발표된 〈제 4차 IPCC 보고서〉는 지구온난화가 진행됨이 확실하다고 단정했다. 세계 평균대기 및 해양기온, 광범위한 눈과 빙산의 융해, 해수면의 상승을 그 증거로 들었다. 지구온난화가 인간 활동에서 기인할 가능성을 90~99%로 보았다.

아프리카 최고봉인 킬리만자로 정상에 눈이 이제는 조금밖에 남아 있지 않다. 2020년경에는 그 눈마저 완전히 사라질 것으로 보인다. 북극해, 그린란드, 유럽의 알프스, 아시아의 티베트, 남미의 안데스 산맥 등의 빙하가 빠르게 녹아내리고 있다. 그린란드의 빙하가 다 녹으면 해수면은 7m 상승하게 된다. 바닷물의 온도가 올라가면서 산호초들도 죽어가고 있다.

화석연료에 의한 인간 활동이 현재처럼 지속된다면 대기 중 이산화탄소 농도는 2100년까지 540~970ppm으로 증대될 것으로 예측된다. 또한 지구 평균기온은 최대 6.4℃, 해수면은 59cm 상승할 것으로 전망된다.

2020년이면 지구 온도가 1도 상승하고, 양서류가 멸종되며 생물종의 다양성에 변화가 발생한다. 아프리카 지역의 경우 강우에 의존하는 농업은 50%까지 줄어든다. 세계 4~17억 명의 인구가 물 부족을 겪

---

43) 위의 글, pp. 24~27.

게 될 것이다.

2050년이면 지구온도가 평균 2~3도 상승하고, 동식물의 20~30%가 멸종위기에 처하며, 세계인구 10~20억 명이 물 부족을 겪게 된다. 극지방의 빙하가 녹아 해수면이 상승하여 저지대 국가 및 일부 도서 국가들이 침수되고 수백만 명이 홍수의 위험에 직면하게 된다.

2080년이면 지구온도가 3℃ 이상 상승하고, 이 기간에 인간을 제외한 지구상의 생물이 대부분 멸종위험에 처한다. 인간도 더위와 여러가지 질병으로 사망자 수가 급격하게 증가할 것으로 예상되며, 약 32억 명의 인류가 물 부족으로 생활에 위협을 받을 것으로 보인다.

그러나 보고서는 인간이 자연친화적으로 삶의 방식을 변경할 경우 2100년까지 지구 평균기온 상승 1.8℃, 해수면 상승은 18~38cm 정도로 기후변화를 완화시킬 수 있을 것으로 기대했다.

결국 보고서는 범세계적으로 온실가스를 대폭 줄이는 효과적인 대책을 세우지 않을 경우 2100년 이후에는 인류를 포함한 대부분의 생명체가 존속하기 어려울 것이라고 예측한 것이다.

② 스턴보고서[44]
영국 재무부는 기후변화 분석 수석 자문관인 니콜라스 스턴 경에게 의뢰하여 기후변화를 종합 분석한 스턴보고서(Stern Review on the Economics of Climate Change)를 2006년 발표했다. 스턴보고서는 기후변화에 대처할 시간이 아직은 남아 있다고 전제하고, 기후변화를 위기와 동시에 기회로 본다.

이 보고서는 기후변화 증거가 압도적으로 나타나고 있기 때문에 의문의 여지가 없으며, 심각한 범지구적 위협임을 지적하고 있다. 그리고 온실가스 배출의 역사적 책임을 감안해 볼 때 선진국들은 2050년

---

44) Stern Review, en. wikipedia. org

까지 1990년 대비 60~80%의 온실가스 감축이 필요하다고 언급했다.

스턴보고서는 지금부터 범세계적으로 강도 높은 온실가스 감축 노력을 전개해 나갈 경우 대기 중 온실가스를 500~550ppm(2℃ 상승수준)에서 안정화할 수 있으며, 이 경우 지구 전체적인 비용은 GDP의 1% 수준이라고 추산했다. 만약 온실가스 감축 노력이 지연될 경우 기후변화의 심화에 따른 파멸적 결과가 초래되어 지구 전체는 GDP의 5~20%의 비용과 대가를 치를 것이라고 경고했다.

스턴보고서는 저탄소경제(low-carbon economy)로의 이행이 향후 막대한 경제성장의 기회임을 특히 강조한다. 예를 들면, 이 보고서는 그러한 기회요소로서 저탄소 제품시장의 확대, 에너지 효율화, 온실가스 배출감소로 인한 공해의 감소, 산림보존, 에너지원의 다양화, 이산화탄소 포집, 저장기술개발을 통한 청정석탄 사용 등을 제시한다.

또한 전 세계적인 산림파괴가 이산화탄소 배출의 18%를 차지한다고 지적했다. 산림파괴의 중지, 조림사업의 중요성을 언급하면서 저탄소 제품에 대한 소비자의 인식제고 필요성을 강조했다. 탄소배출권 시장과 청정개발체제(CDM)의 운용을 통해 효율적으로 온실가스를 감축할 수 있다고 지적하면서 중요한 경제 및 사업의 기회가 다가오고 있음을 강조했다.

스턴보고서는 기후변화에 대처하는 가장 중요한 요소들로 •탄소배출권 거래 •기술협력 •산림파괴의 중지 •OECD 회원국들인 선진국들이 자발적으로 각자 국내총생산의 0.7%를 개발 도상국가들에 지원하는 공적개발원조(ODA) 확대를 통해 개발 도상국가들이 기후변화에 적응하는 것을 지원할 것 등을 제시했다.

이와 같이 스턴보고서의 특징은 기후변화가 초래하는 위험을 강조하면서 우리가 지금 당장 행동을 개시해야 할 것을 촉구함과 아울러, 새로운 기회로서 작용함을 강조하는 것이다.

2. 기후변화협약(UNFCCC)[45]

1972년 로마 클럽의 "성장의 한계"(*The Limits to Growth*) 발간에서부터 제기되기 시작한 지구온난화 문제에 대한 논의는 1980년대 들어 이상기후로 인한 자연재해가 세계각지에서 빈발하면서 지구온난화에 대한 논쟁이 치열해졌다.

전 세계적으로 지구온난화에 관한 과학적 근거가 필요하다는 인식이 확산되면서 1988년 설립된 IPCC가 활동을 시작하였고, 1989년 UNEP 각료 이사회에서 조약교섭, 1990년 세계기후회의 각료 선언으로 이어졌다.

1991년 지구온난화 방지에 대한 국제적인 협약 내용에 대한 협상을 시작하여, 1992년 6월에는 브라질 리우데자네이루에서 열린 환경회의에서 기후변화에 관한 국제연합 기본 협약(UNFCCC)이 채택되어 1994년 3월 21일에 발효되었다.

이 협약에서는 차별화된 공동부담 원칙에 따라 가입 당사국을 부속서 I 국가와 비부속서 I 국가로 구분하여 각기 다른 의무를 자발적으로 부담하기로 결정하였다.

1) 기후변화협약의 내용

전술한 바와 같이, 기후변화에 관한 정부 간 협의체(IPCC)의 권고에 따라 유엔은 1990년 총회 결의에 의거하여 기후변화협약 제정을 위한 정부 간 협상위원회를 구성하게 된다. 마침내 기후변화협약(UNFCCC: *United Nations Framework Convention on Climate Change*)이 1992년 브

---

45) United Nations Framework Convention on Climate Change, en. wikipedia. org; 《CO₂ 전쟁》 2006, 조현재·임상균·전병득·현경식·김기철, 매일경제신문사, pp. 56~83.

〈표 2-11〉 기후변화협약의 주요내용

구분	조항	주요내용	
목적	2조	대기 중 온실가스 농도의 안정화	
원칙	3조	• 공동의 그러나 차별화된 책임 • 개도국의 특수한 사정 배려 • 예방조치 실시 • 지속가능한 발전을 추진할 권리 및 의무 • 개방적인 국제 경제시스템의 증진	
약속	4조	선진국	• 기후변화 완화정책의 도입 및 시행 • 2000년까지 온실가스 배출량을 1990수준으로 감축하기 위한 정책과 수단 강구 • 개도국으로의 자금 및 기술 지원 • 온실가스 배출과 흡수에 관한 목록 작성
		모든 당사국	• 온실가스 배출원 및 흡수원 목록을 포함한 국가 보고서 작성 및 제출 • 기후변화 완화 프로그램 채택 • 에너지 분야에서의 기술개발 • 산림 등 온실가스 흡수원의 보존 및 확충 • 연구, 조사, 관측 등의 국제협력
주요기구	7조~10조	• 당사국총회(COP: Conference of Parties): 기후변화협약의 최고 의결기구로, 당사국의 의무 및 제도에 대해 정기적으로 검토 • 과학기술자문보조기구(SBSTA: Subsidiary Body for Scientific and Technological Advice) • 이행보조기구(SBI: Subsidiary Body For Implementation)	

출처: 〈지자체 기후변화대응 업무 안내서〉 2008. 12, 환경부.

라질 리우에서 채택되었고, 1994년 3월 발효되었다. 그리고 현재 회원
국은 191개국에 이른다. 한국은 1993년 12월 기후변화협약에 47번째
로 가입했다.

　기후변화협약에서는 기후변화에 대한 공동 문제의식과 대처방향을
규정하고, 각 참가국에 대한 강제적 배출감축의무를 교토 의정서
(Kyoto Protocol)에 포함하였다. 기후변화협약은 전문과 총 26개 조로
구성되며, 주요내용은 아래와 같다. 46)

(1) 용어의 정의 47)

기후변화협약 제1조(정의)는 이 협약의 각 조문에 등장하는 용어를
다음과 같이 정의한다.

　제1조(정의)
　　이 협약의 목적상,
　　1. "기후변화의 부정적 효과"라 함은 기후변화에 기인한 물리적 환경
　　　또는 생물상의 변화로서 자연적 생태계 및 관리되는 생태계의 구
　　　성, 회복력 또는 생산성, 사회경제체제의 운용 또는 인간의 건강
　　　과 복지에 대해 현저히 해로운 효과를 야기하는 것을 말한다.
　　2. "기후변화"라 함은 인간 활동에 직접 또는 간접으로 기인해 지구
　　　대기의 구성을 변화시키는 상당한 기간 동안 누적된 자연적 기후
　　　가변성에 추가해 일어나는 기후의 변화를 말한다.
　　3. "기후체계"라 함은 대기권, 수권, 생물권과 지리권 그리고 이들
　　　의 상호작용의 총체를 말한다.
　　4. "배출"이라 함은 특정지역에 특정기간 동안 온실가스 및 그 전구
　　　물질을 대기 중으로 방출하는 것을 말한다.

---

46) Kyoto Protocol, en. wikipedia. org; 문하영, 위의 글, p. 46.
47) 조현재 · 임상균 · 전병득 · 현경식 · 김기철, 위의 글, p. 277.

5. "온실가스"라 함은 적외선을 흡수해 재방출하는 천연 및 인공의 기체성의 대기 구성물을 말한다.

6. "지역경제통합기구"라 함은 이 협약 및 부속의정서가 규율하는 사항에 관해 권한을 가지며, 또한 내부 절차에 따라 정당하게 권한을 위임 받아 관련문서에 서명, 비준, 수락, 승인 또는 가입할 수 있는 특정 지역의 주권국가들로 구성된 기구를 말한다.

7. "저장소"라 함은 온실가스 또는 그 전구물질이 저장되는 기후 체계의 하나 또는 그 이상의 구성요소들을 말한다.

8. "흡수원"이라 함은 대기로부터 온실가스, 그 연무질 또는 전구물질을 제거하는 모든 과정, 활동 또는 체계를 말한다.

9. "배출원"이라 함은 대기 중으로 온실가스, 그 연무질 또는 전구물질을 방출하는 모든 과정 또는 활동을 말한다.

(2) 기후변화의 심각성 인정[48]

기후변화협약에서는 최초로 기후변화가 인류 공동의 우려 사항임을 인정하고, 인간의 활동이 온실가스를 증대시켜 기후변화가 초래됨을 분명히 했다.

(3) 온실가스 감축 목표

온실가스 배출의 주된 역사적 책임은 선진국들에 있음을 명시하고, 선진국들의 즉각적인 조치를 요구한다. 구체적으로 기후변화협약 제 2조 (목적)는 이 협약의 목적을 다음과 같이 규정한다.

제 2조(목적)[49]
이 협약과 당사자 총회가 채택하는 모든 관련 법적문서의 궁극적 목

---

48) 문하영, 위의 글, p. 46.
49) 조현재·임상균·전병득·현경식·김기철, 위의 글, p. 278.

적은 협약의 관련규정에 따라 기후체계가 위험한 인위적 간섭을 받지 않는 수준으로 대기 중 온실가스 농도의 안정화를 달성하는 것이다. 그러한 수준은 생태계가 자연적으로 기후변화에 적응하고 식량생산이 위협받지 않으며 경제개발이 지속가능한 방식으로 진행되도록 할 수 있기에 충분한 기간 내에 달성돼야 한다.

(4) 온실가스 감축의 원칙[50]

현재와 미래의 인류를 위해, 형평의 기반 위에서, 그리고 차별화된 공동책임(*common but differentiated responsibilities*)과 각자 능력(*respective capabilities*)의 원칙에 따라 모든 국가들이 기후변화에 대처해야 한다.

여기에서 '차별화된 공동책임'이라는 원칙은 세계 모든 각국이 공동으로 대처해 나가야 함과 동시에 그동안 기후변화를 야기한 온실가스의 배출책임이 75% 이상 선진국들에 있으므로 선진국들이 우선적으로 배출감축 조치를 취해 나가야 함을 의미한다.

또한 각국은 기후변화에 대처함에 있어, 완전한 과학적 확실성이 미비하더라도 사전예방의 원칙(*precautionary principle*)에 따라 필요한 조치를 취해야 한다.

(5) 부속서 I 국가들의 지정[51]

기후변화협약은 차별화된 공동책임 원칙에 따라 가입 당사국을 부속서 I(Annex 1) 국가들과 비부속서 I(non-Annex1) 국가들로 구분해 각각 다른 의무를 부담하기로 합의, 결정했다.

부속서 I(Annex 1) 국가는 배출감축으로 기후변화 대처를 주도해야 할 선진국들로서, 협약체결당시 OECD 24개국과 동구권 11개국을 포

---

50) 문하영, 위의 글, p. 47.
51) 위의 글, pp. 47~48.

함하여 총 38개국 그리고 EU(유럽공동체, European Community)로 구성되었다.

한편, 부속서 I(Annex 1) 국가에 포함되지 않은 개발도상국가를 비부속서 I(non-Annex1) 국가라고 부른다.

(6) 회원국들의 보고의무

협약은 당사국들에 온실가스 배출량 감축을 위한 국가전략 수립 및 시행, 가스배출량 및 흡수량에 대한 국가보고서 작성, 기후변화의 심각성에 대한 적극적인 홍보, 교육의 필요성 등을 명기하고 있다.

부속서 I(Annex 1) 국가들은 매년 온실가스 배출목록(*inventory*) 보고서를 상세하게 제출해야 할 의무가 있다. 반면 개도국들은 국별 보고서만 제출한다. 52)

(7) 협약 이행촉진 메커니즘 설립

기후변화협약은 온실가스 감축을 위해 선진국들이 다른 선진국과 공동으로 이를 이행하거나 다른 국가들이 협약의 목표에 기여하도록 도울 수 있음을 명시했다.

또 기후변화협약은 부속서 I(Annex 1) 국가 간 공동이행(JI) 사업, 그리고 선진국과 개도국들이 함께 온실가스 감축 사업을 시행할 수 있는 청정개발체제(CDM) 사업의 근거를 규정해 두고 있다. 53)

---

52) 위의 글, p. 49.
53) "지자체 기후변화대응 업무안내서", 2008. 12, 환경부.

3. 교토 의정서(Kyoto Protocol)

1) 교토 의정서의 개념[54]

기후변화협약이 전 세계 국가들의 기후변화방지를 위한 노력의 일반적 원칙을 담은 것이라면, 교토 의정서(Kyoto Protocol)는 기후변화협약의 목적을 달성하기 위하여 "누가, 얼마만큼, 어떻게" 줄이는가에 대한 절차를 비롯하여 온실가스 감축에 대한 법적 구속력을 포함한 문서를 말한다. 교토 의정서는 1998년 3월 16일부터 1999년 3월 15일까지 뉴욕의 UN본부에서 서명을 받아 채택되었고, 그 이후 각 협약 당사국들은 의정서가 발효될 수 있도록 자국의 비준을 위해 노력해 오고 있다.

2007년 10월 현재 우리나라와 북한을 포함한 175개국이 의정서에 비준한 상태이다.[55]

의정서에 따르면 기후변화협약에 가입한 선진국 부속서 I(Annex 1) 국가들은 2008년~2012년 중, 자국에서 배출하는 온실가스의 총량을 1990년대와 비교하여 평균 5.2% 감축해야 한다.[56]

54) Kyoto Protocol, en. wikipedia. org
55) "2007 기업을 위한 CDM 사업지침서", 에너지관리공단(www. Kemco. or. kr).
56) 〈서울경제〉 2007. 11. 11, 이종배 기자, "기후변화, 밀려오는 파도를 넘어: 기후변화 경영리스크 크다".

2) 교토 의정서의 내용

교토 의정서는 아래의 내용을 담고 있다[57]

- 선진국(부속서 I)의 구속력 있는 감축목표 설정(제3조)
- 공동이행제도, 청정개발체제, 배출권 거래제 등 시장원리에 입각한 새로운 온실가스 감축수단의 도입(제6조, 12조, 17조)
- 국가 간 연합을 통한 공동 감축목표 달성 허용(제4조)

교토 의정서 채택은 여러 가지의 의의를 갖는다.

선진국들에 강제력 있는 감축목표량을 설정하였다는 점, 온실가스를 상품 식으로 거래할 수 있다는 점이다. 이로 인해 향후 에너지 절약 및 이용효율이 향상될 것으로 보이며, 신재생에너지 개발 등 온실가스를 줄일 수 있는 새로운 기술 분야에 대한 투자와 그에 따른 무역이 확대 되고, 현재의 금융시장 규모 못지않은 온실가스 거래시장이 새롭게 탄생할 전망이다.

(1) 선진국 온실가스 감축 목표량

교토 의정서에서는 2008년~2012년 기간 중 선진국(부속서 I) 국가 전체의 배출총량을 1990년도의 배출총량 수준보다 최소 5% 이상 줄이되, 각국의 경제적 여건에 따라 -8%~+10%까지 차별화된 목표를 규정하였다(제3조).

아래 그림은 EU, 스위스, 체코 등 부속서 I 국가 40개국 중에서 주요국가들의 온실가스 감축의무량을 나타낸 것이다.

---

57) Kyoto Protocol, en. wikipedia. org; "알아둡시다!: 기후변화와 국제동향", 2008. 10. 대한상공회의소.

〈그림 2-4〉 부속서 I 국가 온실가스 감축의무량(1990년대 대비)

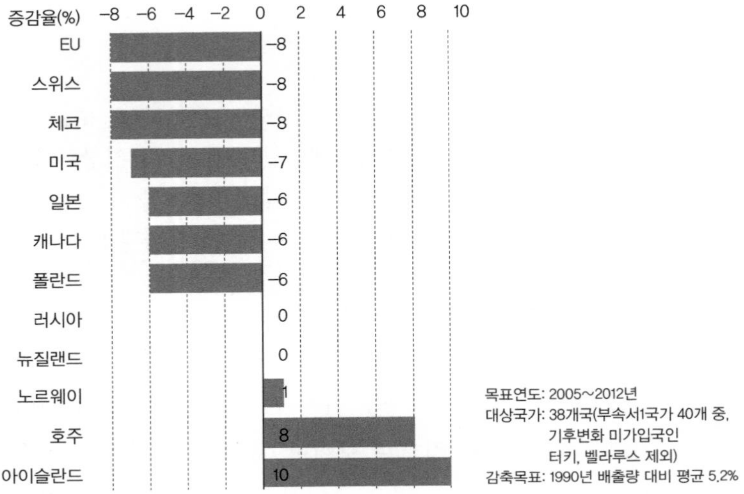

증감율(%)	-8	-6	-4	-2	0	2	4	6	8	10	
EU											-8
스위스											-8
체코											-8
미국											-7
일본											-6
캐나다											-6
폴란드											-6
러시아											0
뉴질랜드											0
노르웨이											1
호주											8
아이슬란드											10

목표연도: 2005~2012년
대상국가: 38개국(부속서1국가 40개 중,
기후변화 미가입국인
터키, 벨라루스 제외)
감축목표: 1990년 배출량 대비 평균 5.2%

출처: "알아둡시다!: 기후변화와 국제동향", 2008. 10., 대한상공회의소.

(2) 실제 배당량

대부분 선진국들(동구권 국가를 제외)의 온실가스 배출량이 지속적으로 증가하기 때문에 최근 배출량에서 20~30% 정도를 감축해야 할 것으로 예상된다.

(3) 교토 의정서 발효 및 비준현황

교토 의정서는 55개국의 비준서가 기탁되고, 참여한 부속서 I 국가들의 배출량이 전체 부속서 I 국가 배출량의 55%를 넘을 경우 90일 후 발효되는데, 서명기간인 1998년 3월 16일에서 1999년 3월 15일 동안 한국, EU, 중국, 일본, 미국 등 84개국의 서명을 받았으며, 2004년 11월 18일 러시아의 참여로 발효조건이 충족되었다. 그리하여 2005년

2월 16일 교토 의정서가 정식으로 발효되었다. 2008년 9월 기준 182개 국가가 비준서를 기탁하여 부속서 I 국가 배출량의 61.6%를 포함하고 있다.

(4) 교토 의정서의 조문별 주요내용

교토 의정서에서 주요하게 제기되었던 문제는 ㆍ감축목표의 수준 ㆍ설정방식 ㆍ시장기반제도의 도입여부 ㆍ개발도상국의 의무부담문제 ㆍ흡수원의 인정여부 및 범위 등이었다. 58)

시장기반제도는 교토메커니즘으로 불리는 공동이행제도(JI), 청정개발체제(CDM) 및 배출권 거래제(ET)를 의미한다. 공동이행제도(JI), 청정개발체제(CDM) 및 배출권 거래제(ET) 등의 도입과 관련하여 선진국, 특히 미국은 이러한 제도 도입을 통하여 시장원리에 따라 더 저렴한 비용으로 온실가스를 줄일 수 있음을 강조하였다.

이에 반해 개발도상국들은 선진국의 국내 감축 계획이 우선되어야 함을 들어 제도 도입에 반대하고 나섰다. 개발도상국의 온실가스 감축 의무를 부담하는 것과 관련하여 선진국들은 개발도상국이 자발적으로 의무를 질 수 있다는 조항의 삽입을 주장하였다. 반면에 개발도상국가들은 베를린 위임사항을 들어 새로운 의무는 절대 부담할 수 없다며 반대하고 나섰다. 흡수원의 인정여부 및 범위는 선진국 가운데 미국, 캐나다 등 산림이 많은 국가들은 흡수원을 인정해야 하고, 흡수원의 범위를 확대할 것을 주장하였고, 여타 선진국 및 개발도상국들은 흡수원과 관련한 방법론적 불확실성이 많음을 들어 이에 반대한다.

---

58) "알아둡시다! : 기후변화와 국제동향", 2008. 10. 대한상공회의소.

<표 2-12> 교토 의정서 조문별 주요내용

구분	조항	주요내용			
감축의무	제3조	국가별 2008년~2012년간 선진국(부속서Ⅰ) 전체의 배출총량을 1990년 수준보다 최소 5% 감축하되 각국별 −8%에서 +10%까지 차별화된 배출량 규정			
		EU	−8%	러시아, 뉴질랜드	0%
		미국	−7%	호주	+8%
		일본	−6%	아이슬란드	+10%
		대상가스 CO_2, CH_4, N_2O, HFCs, PFCs, SF_6 등 6개 가스로 하되 각국의 사정에 따라서 HFCs, PFCs, SF_6 등의 가스의 기준년도 1995년도를 이용할 수 있도록 함. 흡수원(Sinks): 1990년 이후 토지이용 및 조림사업분을 국별 배출량 산정 시 인정하되 상세한 내용은 의정서 당사국 총회에서 결정.			
감축목표의 공동달성	제4조	선진국(부속서Ⅰ)국가 내 일정국가 간(EU 15개 국가를 염두)에 의무분담.			
공동이행	제6조	선진국 간 Credit 이전을 위한 공동이행사업 허용.			
선·개발도상국 간 공동이행 사업	제12조	선·개발도상국 간 공동이행사업을 허용. 공동이행사업에 참여하는 선진국(부속서Ⅰ)이 일정수준 기금을 제공, 개발도상국에 원조토록 함.			
배출권 거래	제17조	협약당사국 총회는 배출권 거래제도의 운영방안 결정			
의정서 발효	제25조	의정서는 55개국의 비준서가 기탁되고 동비준국에 '90년도 부속서Ⅰ국가 이산화탄소 배출량의 55%이상 차지한 부속서Ⅰ국가들이 포함된 후 90일 후 발효			
부속서 A		감축 대상가스 및 발생부문 원천규정			
부속서 B		각국의 감축목표 설정			

출처: 교토 의정서 조문별 주요 내용.

3) 교토메커니즘(Kyoto Flexible Mechanism)[59]

교토 의정서는 선진국들이 온실가스를 의무적으로 감축할 것을 요구하고 있다. 그러나 의무 감축국가인 선진국들은 이미 산업수준 및 기술수준이 상당히 높은 수준에 도달해 있기 때문에 온실가스 배출을 감축할 수 있는 여지가 별로 없다. 반면에 개발도상국 혹은 후진국인 경우에는 약간의 기술개발이나 생산공정 개선만으로도 상당한 양의 온실가스를 감축할 수 있다. 이와 같은 상황을 고려해서, 교토 의정서는 온실가스 감축을 효율적으로 달성하기 위해 시장원리에 따른 교토메커니즘(Kyoto Flexible Mechanism)을 도입한다.

교토메커니즘은 크게 3가지로 구성된다. 첫 번째는 공동이행제도(JI)인데, 이것은 감축의무를 지는 나라들이 서로에게 투자해, 감축

〈그림 2-5〉 교토메커니즘

---

59) Kyoto Protocol, en. wikipedia. org; 조현재 · 임상균 · 전병득 · 현경식 · 김기철, 위의 글, pp. 84~145.

실적을 나누는 것이다. 두 번째는 청정개발체제사업(CDM)이다. 이는 의무감축국이 개발도상국 혹은 후진국에 투자해서 여기서 발생한 감축 실적을 투자한 국가에서 받아오는 것이다. 그리고 배출권 거래제(ET: *Emission Trading*)는 각국이 스스로의 탄소배출권을 시장에서 자유롭게 판매할 수 있도록 하는 제도이다. [60]

먼저 탄소배출권이 어떻게 형성되는지를 알아보기 위해 공동이행제 도(JI)와 청정개발체제(CDM)를 살펴 본 뒤, 확보된 탄소배출권이 거 래되는 배출권 거래제를 살펴보도록 하자.

(1) JI [61]

공동이행제도(JI: *Joint Implementation*, 이하 JI로 통일)는 교토 의정서 제6조에 규정된 것으로, 부속서 I 국가 간에 온실가스 저감 사업을 수 행하여 발생한 저감분인 ERUs(*Emission Reduction Units*)를 공동의 저 감실적으로 인정하는 것으로 청정개발체제(CDM)와 유사한 제도이다. JI는 러시아 및 동구권 국가와 같이 아직 기술발전이 미진한 시장경제 전환국을 주요대상으로 한다. 즉, 선진국인 A국이 선진국인 B국에 투 자하여 발생된 온실가스 감축분의 일정분을 A국의 배출 저감실적으로 인정하는 제도를 말한다.

그렇기 때문에 현재 비부속서 I 국가인 우리나라가 활용할 수 있는 제도는 아니다. 현재 EU가 동부유럽국가와 JI를 추진하기 위하여 활 발히 움직이고 있다.

---

60) 《그린 머니: 기후변화를 활용하는 신투자트렌드》, 2008, 조현재 지음, 매일 경제신문사, pp. 110~111; 문하영, 위의 글, p. 174.

61) Joint Implementation, en. wikipedia. org; "지자체 기후변화 대응업무 안내 서", 2008. 12, 환경부; "알아둡시다!: 기후변화와 국제동향", 2008. 10., 대 한상공회의소

(2) CDM

청정개발체제(CDM: *Clean Development Mechanism*, 이하 CDM으로 통일) 사업이란 선진국의 기업들이 개발도상국에서 온실가스배출 감축 프로젝트를 수행하고, 그 감축분만큼 배출권(CERs: *Certified Emission Reduction*)으로 얻는 사업을 말한다.

교토 의정서에 따르면, CDM 목적은 ▪ 개발도상국의 지속가능한 개발을 지원하고 ▪ 기후변화협약의 궁극적 목표 달성에 기여하며 ▪ 선진국의 온실가스 감축의무 달성을 지원해야 하는 것으로 명시되어 있다.

아울러 해당 CDM 사업을 시행하면서 온실가스 감축이 추가적으로 발생해야 한다는 즉, 추가성(*additional*)이 있어야 한다는 것은 CDM 사업의 핵심적인 기준이다.

이와 같이 CDM 사업은 선진국들에는 배출권을 창출하는 한편, 친환경적인 투자와 기술이전을 통하여 개발도상국들의 지속가능한 발전을 지원한다. 또 이로 인해 개발도상국들의 대기 및 수질개선과 함께 고용증대라는 경제적, 사회적 효과도 상당할 것이다. 이와 같이 CDM 사업은 선진국과 개발도상국의 이해가 일치하므로, 향후 상당히 큰 규모로 확대될 것으로 예상된다. 다만, 교토 의정서는 선진국들이 자국 내에서 온실가스 감축 노력은 하지 않고 CDM에만 의존하는 것을 방지하기 위해, 선진국들은 자국 내 온실가스 감축노력을 위주로 해야 하며 CDM 사업은 보조하는(*supplemental*) 조치로만 사용하도록 규정했다.[62]

이와 같이 CDM 사업은 온실가스 선진국과 개발도상국 사이에서만 허용되는 것이다. 선진국은 개발도상국의 온실가스 감축사업에 투자함으로써 그 감축실적(크레디트, *credit*)을 서로의 투자지분의 비율에

---

62) 문하영, 위의 글, pp. 174~176.

따라 나눠 갖는다. 선진국은 감축한 실적량만큼 감축의무 이행을 늦출수도 있고, 개발도상국은 자신 몫의 크레디트를 해외에 판매할 수 있다. '온실가스 배출권 거래제'(ET) 는 거래국가별 제한이 없어 주로 정하여진 온실가스 용량을 다 만족하지 못하는 후진국가와 선진국 사이에서 이뤄지게 된다는 점에서 차이가 있다. [63)]

(3) ET

교토 의정서 제17조에 정의되어 있는 배출권 거래제(ET: *Emission Trading*, 이하 ET로 통일) 는 온실가스 감축의무 국가가 의무감축량을 초과하여 달성하였을 경우, 이 초과된 감축량을 여타 감축의무국가와 상호 간에 거래할 수 있도록 하는 제도이다. 반대로 의무를 달성하지 못한 국가는 부족분을 다른 국가로부터 구입할 수 있다. 이는 온실가스 감축량을 시장의 상품처럼 서로 사고 팔 수 있도록 한 것이다. 즉, JI와 CDM 사업으로부터 발생된 탄소배출권을 시장에 팔수 있게끔 하는 것을 ET라고 할 수 있다. [64)]

즉, 국가별로 온실가스 감축량을 할당해 놓고, 이를 줄이지 못하면 벌과금을 내거나 배출권 거래소에서 그 만큼의 배출권을 구입하도록 했다. 다시 말하면 CO_2에 가격을 매겨서 온실가스를 상품처럼 거래할 수 있도록 한 것이다.

이를 구체적으로 설명하면, 온실가스 감축의무에 따라 선진국의 어느 기업이 온실가스를 할당량보다 적게 배출하는 경우 잉여분은 배출권으로 시장에 판매하여 이익을 얻을 수 있다. 반대로 할당치를 초과하여 온실가스를 배출한 기업은 배출권을 탄소시장에서 구매해 초과분

---

63) 〈한국일보〉 2005. 4. 25, 고주희 기자 "온실가스 감축사업 '돈 벌고 기술도 쌓고'".
64) Emission Trading, en. wikipedia. org; "기업을 위한 CDM 사업지침서".

을 해소한다. 65)

또 탄소시장에서는 청정개발체제(CDM) 사업과 공동이행(JI) 사업에서 발생하는 배출권이 함께 거래된다. 탄소시장에서 6대 온실가스 CO_2, CH_4, N_2O, HFCs, PFCs, SF_6를 이산화탄소(tCO_2)으로 모두 환산되어 거래된다. 예를 들어 CH_4(메탄)의 지구온난화 지수는 21이므로, 메탄가스 1t은 21이산화탄소t(tCO_2)으로 환산되어 거래된다.

국제 배출권 거래 협회와 세계은행은 전 세계적으로 탄소배출권 거래가 본격화될 경우, 거래시장 규모가 향후 2년 이내에 1,500억 달러 규모로 성장할 것으로 예측한다. 66)

4) 탄소배출권

탄소배출권(*emission rights*)은 기후변화협약인 교토 의정서에 규정된 것으로 CO_2및 다른 온실가스 배출량을 줄이자는 취지에서 도입되었다. 즉 상대적으로 탄소 배출량이 많은 기업은 상대적으로 탄소배출량이 적은 기업으로부터 돈을 내고 탄소배출권을 살 수 있게 함으로써 기업 스스로 탄소 배출 절감 노력을 기울이도록 하는 것이다. 67)

(1) 탄소배출권의 종류

국제 탄소배출권 시장에서 거래되는 배출권의 종류에 대해 살펴보자. 배출권은 모두 이산화탄소(tCO_2)을 거래단위로 하며 아래와 같은 4가지의 배출권이 존재한다. 68)

---

65) 문하영, 위의 글, p. 144; 조현재, 위의 글, p. 95.
66) 조현재, 위의 글, p. 96.
67) Emission Trading, en. wikipedia. org; 〈아시아경제〉 2008. 6. 17, 박형수 기자, 백창기 동양투신대표, "탄소배출권에 투자하세요".

① AAU

AAU (*Assigned Amount Unit*) 는 각 선진국의 기업들이 국가에서 허용받은 배출할당량 중에서 할당분보다 적게 배출하는 경우 그 차액을 배출권으로 인정받아 다른 기업들과 거래하는 것으로, 그 배출권을 할당배출권이라고 부른다. 유럽연합 탄소시장에서는 이를 EUA (*EU Allowance*) 라고 부른다.

② CER

CER (*Certified Emission Reduction*) 은 선진국 기업들이 개발도상국에서 CDM 사업을 시행하여 발생하는 배출권이다.

③ ERU

ERU (*Emission Reduction Unit*) 는 선진국들 간에 JI 사업을 할 때, 그 감축분을 인정하여 발생하는 배출권이다. 이것은 주로 선진국들과 동구권 국가들 간에 이루어지는 사업으로, 국제 탄소 시장에서 ERU 거래량은 CER의 약 3.5% 수준을 보인다.

④ RMU

RMU (*Removal Unit*) 은 토지이용, 토지이용 변환 및 산림조림 (LULUCF: *Land use, Land-use Change and Forestry*) 사업을 통해 감축분이 발생할 때 인정되는 배출권이다. 국제 탄소시장에서 RMU는 아직 거래되지 않고 있다. 지구 전체의 온실가스 배출량 중 약 20% 정도가 산림 파괴로 인해 발생하므로 산림 보존 및 조림사업은 매우 중요한 분야이다.

LULUCF 사업은 탄소흡수원 (*carbon sink*) 인 산림의 기능을 이용하

---

68) 문하영, 위의 글, pp. 146~148.

는 사업인데, 산림의 탄소흡수는 비영속적(*non-permanence*)이라는 점
에서 다른 사업과 구분된다. 나무는 탄소를 흡수하지만 언젠가 벌채되
면 나무 안에 쌓인 탄소가 다시 대기 중으로 배출되기 때문이다. 이러
한 이유로 인해 유엔기후변화협약 당사국회의에서는 제 1차 공약기간
중에는 각국의 국내 사업과 JI, LULUCF 사업으로부터 발생하는
RMU를 합하여 각국 기준연도 배출량 3% 내에서 인정하기로 했다.

한편 CDM 조림사업에 관해서는 각국의 기준연도 배출량 1% 안의
범위에서 배출권을 인정하기로 했다.

(2) 탄소배출권 거래의 운영체제

탄소배출권 시장의 운영체계는 배출권 거래와 크레디트 획득으로 나뉜
다. 배출권 거래는 앞서 살펴본 것처럼 할당량 대비 잉여분이 발생한
기업이 각종 시장 및 거래소를 통해 배출권을 사고파는 것을 말한다.

〈그림 2-6〉 **탄소시장의 운영 메커니즘**

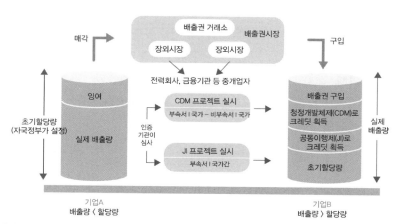

출처: 〈한국경제〉 2008. 7. 4, 김동욱 기자.

'크레디트'는 CDM을 통해 확보하는데, CDM은 온실가스를 감축하고 받은 탄소배출권을 다른 의무감축국에 판매하여 확보한 크레디트가 곧 배출권을 구입한 것과 같은 효과가 되는 셈이다.[69]

〈그림 2-6〉과 같은 운영체계에 의해 탄소배출권 시장을 크게 할당량 베이스시장과 프로젝트 베이스 시장 두 가지로 구분할 수 있다.

할당량 베이스 시장에서는 기업들이 온실가스 배출허용량을 할당받고 이에 따른 잉여분이나 부족분을 거래하는 형태를 취한다. 교토 의정서에 따라 국가별 감축 목표를 할당하면 해당국가가 그 목표를 다시 자국 기업에 할당하는 형태로 배출허용량을 결정한다.

프로젝트 베이스 시장은 배출량 감축 프로젝트를 실시해 거둔 성과에 따라 획득한 '크레디트'를 배출권 형태로 거래하는 개념이다.[70]

(3) 탄소배출권 거래시장 및 거래소

탄소배출권이 거래되는 거래시장 및 거래소의 종류는 다음과 같다.

① EU 탄소배출권 거래시장(EU-ETS)[71]

EU는 교토 의정서를 주도하는 만큼, 탄소배출권 거래도 가장 활발히 이루어진다. EU는 EU 기업들 간에 탄소배출권을 사고 팔 수 있도록 하기 위해 2005년 1월 1일부터 EU 탄소배출권 거래시장, 즉 EU-ETS(EU *Emissions Trading System*)를 개설했다. 참여 기업 수는 EU 25개국의 1만 5천 개에 달한다.

EU-ETS는 거래분야를 발전, 열·증기 생산, 정유, 철강, 시멘트,

---

69) 김준배 기자, 2008. 8. 28, "그린 오션: 탄소배출권 A에서 Z까지(취득에서 판매까지)", Etnews. co. kr

70) 위의 글.

71) European Union Emission Trading System, en. wikipedia. org

요업, 제지 등 6개 분야에만 한정한다. EU 탄소시장은 온라인상으로는 EU-ETS 하나만이 존재하지만, 오프라인상에서는 네덜란드, 영국, 독일, 프랑스, 스페인, 오스트리아, 노르웨이 등 7개 국가 이상의 거래소에서 거래가 이루어지고 있다.[72]

EU-ETS에서의 거래는 선물거래, 현물거래가 모두 이루어진다. 중개브로커를 통한 거래가 주류를 이루지만, 거래 당사자 간의 직접거래도 가능하다.

회원국들은 국가별 탄소감축계획서(NAP: *National Allocation Plan*)로 작성하여 EU에 제출·승인을 받고, EU 주요기업들에 배당된 탄소배출 할당량은 EU-ETS에 전자 등록된다. EU-ETS에 기재되는 배출권의 단위는 '허용량'(*allowance*)이라고 부르며, 1허용량은 1이산화탄소(tCO_2)과 같다.

각 기업들은 배출할당량을 넘어 온실가스를 방출하는 경우, 탄소배출권을 시장에서 구매해 균형을 맞추어야 하며, 반대로 배출을 감축한 기업은 감축분을 탄소배출권으로 시장에서 팔 수 있다.[73]

② 유럽기후거래소(ECX)[74]
지난해 기준으로 탄소배출총량거래제(*Cap and Trade*: 이산화탄소를 배출할 수 있는 총량을 제한하고 배출권을 사고파는 시스템)에 의해 사고파는 세계 이산화탄소 배출권의 80%, 유럽전체 거래량의 70~80%를 차지하며 단연 두각을 나타내는 곳이 바로 유럽기후거래소 즉,

72) 문하영, 위의 글, p. 151; 조현재, 위의 글, p. 96.
73) 문하영, 위의 글, pp. 152~153.
74) European Climate Exchange(ECX), en. wikipedia. org; 〈파이낸셜뉴스〉 2008. 7. 22, 안상미 기자, "탄소배출권 시장을 가다: ④ 영국 유럽 기후거래소"; 〈매일경제〉 2008. 9. 29, 손재권 기자, "탄소배출권 런던서 年 50조 사고 팔아".

ECX(*European Climate Exchange*)이다.

ECX에서는 탄소배출권 관련 상품만 거래되는데, 탄소배출권 관련 선물과 옵션 등 탄소 파생상품을 취급한다. ECX에서 거래되는 상품 중 하나인 EUA(*European Union Allowance*) 선물은 2008년 10억t의 이산화탄소가 거래됐으며 거래대금만 175억 유로를 기록했다. 선물시장만 생각하면 ECX 혼자서 세계의 탄소선물거래량의 80%를 기록할 정도로 시장을 선점한 상태다. ECX는 유럽 탄소시장을 선점한 비결로 낮은 비용과 가격투명성을 담보로 세계적인 기업체와 전력회사, 금융기관과 거래토록 한 것을 꼽았다. 이 밖에 제지, 석유, 헤지펀드 등 총 91개 기관이 활발히 거래에 나서고 있다. 또 ECX는 런던ICE선물 유럽거래소와 파트너십을 맺었다.

다른 거래소들은 탄소배출권을 천연가스나 전력 등 여러 상품 중 하나로 거래하는데 반해, ECX는 탄소배출권 관련 파생상품만 취급한다. 그만큼 탄소배출권 시장에만 집중해 원활히 거래가 이뤄지도록 하고 있다. ECX가 전 세계 탄소거래소 중 거래대금에서나 거래규모 면에서 단연 '리더'로 자리매김할 수 있었던 이유는 탄소배출권에만 특화했기 때문이다. 탄소배출권 관련 이슈에 귀를 기울이고 먼저 대처할 수 있는 것은 물론 탄소시장 주요 거래 참여자들과도 긴밀한 관계를 유지하였으며 참여자들의 요구사항을 먼저 반영할 수 있게 되면서 만족도가 높아졌다.

③ 미국 시카고 기후거래소[75]

미국 시카고 기후거래소(CCX: *Chicago Climate Exchange*)의 거래 규모와 거래 금액은 아직 미미한 수준인데, 이는 미국이 교토 의정서에 참여하지 않아 온실가스 감축의무가 없고, 국내법상 탄소배출에 관한 규

---

75) Chicago Climate Exchange, en. wikipedia. org; 〈파이낸셜뉴스〉 2008. 10. 6, 윤경현 특파원, "저탄소 녹색 성장 준비하자: EU, 전체거래 80% 차지".

제가 없는 탓이다.

하지만 CCX는 법적 구속력을 갖고 있다. 지난 1998년~2001년의 연간 평균 온실가스 배출량을 기준으로 2010년까지 평균 6%씩 줄이기로 합의한 것이다. 거래 규모는 2006년 1030만에서 2008년 2290만t, 거래 금액은 같은 기간 3830만 달러에서 7240만 달러로 각각 두 배 이상 확대됐다.

회원 수도 꾸준히 증가해 2003년 19개사에 불과했던 것이 지금은 듀폰과 포드, 모토로라 등 글로벌기업을 중심으로 300여 개사가 회원으로 가입한 상태다.

④ 유럽 에너지거래소(EEX)[76]

EEX(*European Energy Exchange*, 유럽 에너지거래소)는 지난 2002년 라이프치히 전력거래소와 프랑크푸르트 유럽에너지시장이 합병하면서 제 모습을 갖추었는데, 연간 2000만 EUA가 넘는 규모의 탄소배출권 거래가 이루어진다.

EEX 최대주주는 유렉스로 23.2%의 지분을 보유하고 있다.

노르웨이 전력·탄소배출권 거래소인 노드풀 본사와 작센주 은행인 작센 LB가 각각 EEX 주식의 17.4%씩을 가지고 있다. 이 외에도 각 기관투자가와 지방자치단체 등이 주주이다. 에너지 공급자 14.3%, 금융 서비스 공급자 3.3% 등 관련기관이 27% 가량을 차지하며 라이프치히시가 5.7%, 라이프치히시가 속한 작센주가 3.7%로 해당 지자체 관련지분이 26.8%다.

이렇게 주주들이 다양하게 구성되면서 주주의 이해관계에 흔들리지

---

76) European Energy Exchange, www.eex.com/en/; 〈파이낸셜뉴스〉 2008. 7.1, 안상미 기자, "탄소배출권 시장을 가다: ② 독일 유럽에너지거래소 (EEX)"; 〈파이낸셜뉴스〉 2008.7.1, 안상미 기자, "탄소배출권 시장을 가다: EEX 전력, 석탄, 천연가스도 거래".

않고 유럽의 다른 어떤 거래소보다 경영 독립성이 유지된다는 평가다.

전력거래소에서 출발했지만 유럽 시장 내 거래규모 2위에 오를 수 있었던 비결은 여타 거래소와의 연계 거래였다. 경쟁이 치열한 배출권 거래 시장에서 생존하기 위해 글로벌 금융선물거래소인 유렉스와 손을 잡은 것이다. 유렉스는 독일거래소의 자회사로 EEX 지분 23.2%를 보유하고 있다. 유렉스와 연계거래가 가능한 것은 탄소배출권 하나인 데, 유렉스 회원은 EEX 탄소배출권 상품을 유렉스 시스템 내에서 편리하게 매매할 수 있으며, 유렉스와의 협력 이후 거래규모가 급격하게 늘어나는 추세이다.

⑤ 노르웨이 노드풀[77]

전 세계 탄소배출권 거래의 80%가 이뤄지는 유럽에서도 가장 먼저 탄소배출권 거래의 물꼬를 튼 곳이 바로 노르웨이의 노드풀(Nord Pool)이다.

노드풀은 지난 15년간 유럽에서 가장 성공적인 전력거래소로 평가받으며 거래 규모 면에서도 단연 최고다. 지난해 총 거래량은 2369TWH(테라와트시, 1TWH=10억kWh)다. 1993년, 노르웨이에 뿌리를 두고 전력계약거래를 위해 노르웨이 전력시장을 운영한 'Stanett Marked AS'에 스웨덴 자본이 더해져 태어난 것이 노드풀이다. 노드풀은 이후 1998년에 핀란드, 2000년에 덴마크가 더해지면서 노르딕 지역의 전력거래를 담당하는 다국적 거래소로 발돋움했다. 북유럽 지역 외에도 벨기에나 에스토니아, 독일, 이탈리아, 리투아니아, 몰타, 네덜란드, 폴란드, 스페인, 스위스, 영국, 미국 등 전체 20여 개국의 420여 개 기관이나 기업이 노드풀에서 활발하게 거래를 하고 있다.

---

77) Nord Pool(Nordic Power Exchange), en.wikipedia.org; www.nordpool.com; 〈파이낸셜뉴스〉 2008. 7. 1, 안상미 기자, "탄소배출권 시장을 가다: ③ 노르웨이 노드풀".

〈그림 2-7〉 노드풀 구조

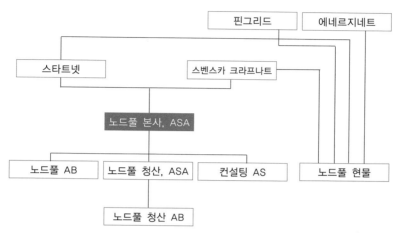

출처: 〈파이낸셜뉴스〉 2008. 7. 1, 안상미 기자, "탄소배출권 시장을 가다: ③노르웨이 노드풀".

유럽의 최대 전력거래소 노드풀이 탄소배출권 관련 거래를 시작한 것은 2005년 2월 11일로 EU-ETS에 EUA 현물·선물을 상장시키면서 탄소배출권의 역사적인 첫 거래가 이뤄졌다.

노드풀에서는 탄소배출권 관련 선물과 현물이 모두 거래된다. 2008년 6월 말 기준으로 노드풀 탄소배출권 시장에는 총 124개 기관들이 참여하고 있다.

EUA는 선물, 현물 상품이 상장됐으며 선물 계약은 2008~2012년에 맞춰졌다. CER은 선물만 거래되며 복합 상품인 CER·EUA 스와프와 스프레드도 거래된다.

전력거래소로 시작한 노드풀이 다른 거래소에 비해 먼저 탄소배출권 거래에 나설 수 있었던 이유는 고객의 필요를 충족시키기 위해서였다. 노드풀의 주요 고객인 전력 회사들은 전력을 생산하기 위해서는 석탄과 가스를 소비해야 하기 때문에 탄소배출량이 많을 수밖에 없었다.

결과적으로 전력회사들은 총 EU-ETS 내의 탄소배출 할당량의

50% 이상을 차지하게 되면서 비용이 급격하게 상승하기 시작했다.

노드풀은 15년간 거래소를 키운 노하우를 바탕으로 앞으로는 글로벌 네트워크를 확장하고 투자자들의 필요를 충족시킬 수 있는 다양한 상품을 개발할 계획을 세우고 있다. 2000년에는 독일에너지거래소인 EEX를 설립하는 데 참여하면서 EEX 지분 17.4%를 가진 대주주다. 아울러 지금까지는 유럽시장에만 초점을 맞췄지만 앞으로는 미국과 아시아 시장 공략에 나서기 위해 노력하며, 가스와 석탄, 오일 등의 파생상품도 거래할 계획 중에 있다.

⑥ 블루넥스트78)

탄소배출권 거래 하나에 모든 힘과 역량을 집중한 곳이 바로 프랑스의 탄소배출권 거래소인 '블루넥스트'(Blue Next) 다. 유럽의 전력거래소인 파워넥스트(Powernext)에서 탄소배출권 부분만 따로 떼어 내서 2007년 12월 21일 설립했고, 2008년 1월부터 탄소배출권 관련 거래를 운영하기 시작했다.

이렇게 적은 규모로 지난해 300억 달러 상당의 현물 탄소배출권 (EUA)만 240만t을 거래하며 유럽 내 현물 EUA 시장의 65%를 차지한 블루넥스트가 탄소시장을 공략할 수 있었던 이유는 시장 운영에 있어 핵심 부서만으로 조직됐기 때문이다.

정보기술(IT)이나 시스템 등 많은 부분은 뉴욕증권거래소(NYSE) 유로넥스트의 인프라를 활용하고 블루넥스트에서는 거래가 잘되는지 감독과 새로운 상품개발에만 집중한다.

현재 블루넥스트에서는 탄소배출권 관련 선물과 현물이 모두 거래된다. 기초자산인 탄소배출권은 EUA(*European Union Allowance*)와 CER(*Certificate Emission Reduction*)로 나뉜다. 주요 거래 참여자는 관

---

78) http://www. bluenext. eu/; 〈파이낸셜뉴스〉 2008. 6. 22, 안상미 기자, "fn 창간 8주년: 탄소배출권 시장을 가다 ① 프랑스 블루넥스트".

〈표 2-13〉 주요 탄소거래소

유럽 주요 탄소거래소			
운영형태	탄소거래소	위치	출범일
증권 거래소가 운영	블루넥스트	프랑스 파리	'08년 01월
독자 거래소 형태	유럽에너지거래소	독일 라이프치히	'05년 03월
	유럽기후거래소	영국 런던	'04년 11월
	노드풀	노르웨이 리사케르	탄소거래 2005년 2월부터

자료: World Bank, Carbon Exchange

련 산업체와 은행, 전력회사 등 유럽 전역 74개사 정도다. 원칙적으로 개인들도 참여가 가능하지만 실질적으로는 거래가 거의 없다.

블루넥스트는 NYSE 유로넥스트의 국제적 네트워크를 활용, 유럽을 넘어 아시아나 북미지역 탄소시장에도 진출하려는 방침이다. 아시아 탄소시장 진출은 한국을 교두보로 삼겠다는 계획이다. 이와 관련해 2009년 4월 이미 한국시장 진출에 관해 논의를 거쳤다. 또 이번에 새로 취임한 블루넥스트 최고경영자(CEO) 안드레이 마르쿠는 지난 19일 한국을 방문, 상호 협력 방안에 대해 한국증권선물거래소(KRX)와 회의를 가졌다.

블루넥스트는 KRX가 준비 중인 탄소거래소 개설에 협력하고 회원의 교차승인 및 시스템 제휴, 아시아 탄소시장에서 상호 역할 등에 폭넓게 논의하고 협력한다는 방침을 세웠다.

⑦ 아시아 탄소거래소[79]

싱가포르에 본사를 둔 ACX(Asia Carbon Exchange, 아시아 탄소거래소)는 세계 최초로 탄소배출권을 온라인에서 거래할 수 있도록 한 국제적 플랫폼이다. 네덜란드 기업인 아시아 카본 인터내셔널이 2005년 설립

---

79) http://www.asiacarbon.com, Asia Carbon Global; 〈파이낸셜뉴스〉 2008. 10.6, 윤경현 특파원, "저탄소 녹색 성장 준비하자: EU, 전체거래 80% 차지".

했으며 우리나라와 인도, 일본, 인도네시아, 베트남, 아랍에미리트연합(UAE), 호주 등 전 세계 13개국에 진출해 있다.

거래되는 탄소배출권은 수력, 풍력, 바이오매스 등 다양한 신재생에너지 프로젝트로부터 나온다. 구매자는 유럽·미국·일본, 공급자는 우리나라를 비롯해 인도·스리랑카·베트남·브라질·중국 기업들이 주류를 이룬다.

싱가포르는 금융과 교육, 석유, 상품거래에 이어 탄소배출권 거래에서도 아시아의 '허브'를 목표로 국가적인 차원에서 거래 활성화 방안을 모색하고 있다.

싱가포르 통신산업부 관계자는 "중국도 탄소배출권 거래시장에 관심을 갖고 있어 아시아의 탄소거래 중심으로 자리 잡기 위해서는 치열한 경쟁이 불가피하다"면서 "하지만 싱가포르는 온실가스 감축 필요성에 대한 아시아 국가들의 요구를 충분히 뒷받침할 수 있는 독보적인 위치에 있는 것으로 확신한다"고 말하며 지속적인 발전을 꾀하고 있다.

⑧ 호주 뉴사우스웨일스주 온실가스 배출권 거래시장[80]
미국의 경우 기업들이 자발적으로 탄소시장을 운영하지만, 호주 뉴사우스웨일스(NSW: New South Wales)주는 주 차원에서 탄소시장을 운영한다. 즉, 뉴사우스웨일스주에서는 지난 2003년부터 자발적으로 전기의 생산과 사용분야에 한정하여 NSW 온실가스 배출권 거래시장(GGAS: *Greenhouse Gas Reduction Scheme*)을 운영하고 있다. 뉴사우스웨일스주에서는 주 정부 차원에서 정한 온실가스 감축목표를 정하고, 뉴사우스웨일스주에 소재하는 전기 생산 및 사용분야 업체들은 각각 연간 허용량을 배당받게 된다. 이 연간 온실가스 배출허용량에 미달하는 온실가스를 방출하는 기업은 뉴사우스웨일스 온실가스 저감증서

---

80) 문하영, 위의 글, p. 161.

(NFACs: NSW *Greenhouse Abatement Certificates*)를 발급받고 시장에서 매도할 수 있다. 반면 배출허용량을 초과한 기업은 1이산화탄소 t(tCO₂) 초과 시 12호주달러를 벌과금으로 납부하고, 그 초과분을 시장에서 저감증서로 구입하여 감축 목표치를 달성해야 한다.

4. 포스트 교토체제(Post Kyoto Protocol)

1) 교토체제의 한계[81]

교토체제는 주로 온실가스 감축목표 설정과 관련하여 다음과 같은 세 가지 한계점이 지적된다.

첫째, 제1차 공약기간을 대상으로 단기적 감축목표를 설정하였다는 점이다. 이러한 단기 목표하에서는 장기 투자가 필요한 새로운 기술개발 촉진이 어렵다. 기존의 기술만으로는 괄목할 만한 온실가스 감축효과를 기대하기 어렵고, 많은 국가들의 경제성장을 억제할 수 있다. 단기적 감축목표로 인해 온실가스 감축을 위한 새로운 설비투자도 제한을 받을 수 있다. 현재 CDM 프로젝트들도 2012년 이후의 불확실성으로 인해 그 투자가 일부 저해되고 있다.

둘째, 선진국에 대해서만 감축의무를 설정하였다. 교토 의정서에 포함된 배출량은 전 세계 배출량의 약 3분의 1 수준이다. 온실가스 최대배출국인 미국과 에너지사용량이 급격히 증가하는 중국, 인도, 브라질 등의 개발도상국은 제외되었다. 이는 범지구적인 관점에서 누출(*leakage*) 효과가 발생하여 온실가스 감축효과를 저해할 수 있다.

셋째, 국가별 감축의무 할당이 심도 있는 분석을 통해 이루어진 것

---

81) Kyoto Protocol, http://untcc · int/Kyoto Protocol; 조현재 · 임상균 · 전병득 · 현경식 · 김기철, 위의 글.

이 아니라 정치적 합의에 의해 결정되었다는 점이다. 대표적인 예로 러시아 및 동구권 국가들은 경제침체 및 구조변경으로 인해 대규모 잉여배출권을 보유하게 되었으며, 결과적으로 실질적인 온실가스 감축효과가 악화되었다는 문제점이 지적되고 있다.

2) 포스트 교토의 정의[82]

그렇다면 포스트 교토란 무엇인가?

포스트 교토란, 선진 38개국을 대상으로 평균 5.2%의 온실가스를 감축하기위해 2005년 2월에 발효돼 2012년에 끝나는 교토체제에 이어 2013년부터 새롭게 적용되는 기후변화 국제협력체제이다.

한국이나 중국 등과 같은 개발도상국으로 감축의무 대상 국가를 확대할 것인지의 여부, 현재 감축대상국인 38개국에 대한 추가 감축목표 설정 여부 등이 쟁점이다. 또한 기후변화 다자간 협상포럼, G8(주요 8개국), 국제에너지기구, 아시아태평양 7개국 파트너십 등 다양한 채널을 통해 논의가 진행 중이다.

---

82) Post-Kyoto Protocol negotiations on greenhouse gas emissions, en. wikipedia. org; http://www. euractive. com

3) 핵심이슈

〈그림 2-8〉 포스트 교토체제 핵심이슈

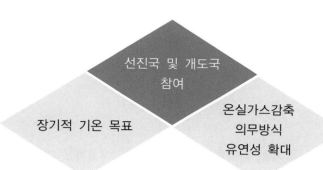

선진국 및 개도국
참여

장기적 기온 목표

온실가스감축
의무방식
유연성 확대

(1) 장기 지구기온 목표

포스트 교토체제 논의의 원활한 이해를 위해서는 장기 지구기온 목표에 대해 검토하는 것이 필요하다. 지구생태계를 안정화하기 위한 장기적인 지구기온의 목표는 산업화 이전에 비해 2℃ 이내 상승유지가 현재 가장 많이 거론된다. 2007년 11월에 IPOC에서 발표된 4차 평가보고서는 지구의 온도를 산업혁명 이전에 비해 2℃ 이내로 억제하기 위해서는 온실가스 농도를 445ppm 아래로 안정화시켜야 하며, 2050년까지 온실가스 배출량을 현재의 절반수준으로 감축해야 한다고 지적하였다. 이 목표를 위해 선진국들은 온실가스를 1990년 기준으로 2020년까지 25~40%까지 감축해야 한다고 강조하였다. 또한 지구의 온실가스 농도를 445~535ppm으로 안정화하기 위해서는 2030년 기준 세계 GDP의 3배에 이르는 비용이 소요될 것으로 전망한다.

포스트 교토체제에서는 단기목표 설정이라는 교토체제의 한계점을 극복하기 위해 2050년 또는 2100년의 지구기온 및 대기 중 온실가스

농도라는 커다란 장기목표하에 중·단기적 감축 및 흡수원활용에 대한
세부적 목표를 수립할 가능성이 높다. 세부적 목표의 시급성에 대해서
EU는 중·단기적으로도 매우 강한 목표를 수립해야 한다는 입장인 반
면, 미국은 단기적 세부목표 수립보다는 기술개발을 통한 중·장기적
목표 수립을 선호한다.[83] 이와 같이 2050년까지의 목표는 합의되어도
도달하는 경로에 대해서는 입장이 다름을 알 수 있다.

(2) 선진국 및 개도국의 참여

현재 세계 온실가스 배출량의 약 4분의 1을 차지하는 미국의 참여가
보장되지 않고서는 포스트 교토체제에서 실직적인 온실가스 감축효과
를 기대하기는 어렵다. 또한 세계 정치·경제에서 차지하는 미국의 주
도적 위치를 고려했을 때도 능력이 있는 미국의 참여는 필수적이라고
할 수 있다. EU는 포스트 교토체제에 대한 국제적 협상결과에 관계없
이 교토체제를 계승한 자신들의 정책기조를 유지할 것이라고 주장하지
만, 미국의 참여를 누구보다 바란다. 일본과 같은 다른 부속 국가들도
미국의 참여를 주장한다. 개도국들도 자신들의 감축의무 참여의 필수
적인 선제조건으로 미국의 참여를 주장한다. 반대로 미국은 개도국의
참여가 없이는 실질적인 온실가스 감축효과가 없기 때문에 미국의 참
여도 없다고 일관되게 주장한다. 따라서 미국과 개도국의 참여는 개별
적으로 발생하는 것이 아니라 동시에 발생할 확률이 높다.

　미국의 내부 상황과 외부, 특히 개도국에 대한 압박은 동전의 양면
과 같다. 내부에서 의무부담을 위한 조건이 무르익을수록 개도국에 대
한 압박도 높아질 것이고 개도국에 대한 압박 수위는 내부 상황을 반
영한다. 이 두 조건의 연결고리는 미국 산업의 경쟁력이다. 미국은 자

---

83) Post Kyoto Protocol, www.en.wikipedia.org; 임재규, 위의 글.

국 산업의 경쟁력 보호를 위해 어떤 형태로든 개도국의 참여를 이끌어
내려고 노력할 것이다.

개도국의 감축의무 참여 문제는 13차 당사국 총회의에서 도출된 발
리로드맵을 통해 명확한 근거를 마련했다. 기존의 개도국 참여 문제는
매우 불확실하였다. 개도국이 일관되게 제기하는 이슈는 '역사적 책임
론'과 '능력 부재론'이다. 현재의 기후 상황은 선진국이 산업화 과정부
터 배출한 온실가스로 인한 영향이며, 개도국은 선진국에 비해 온실가
스 감축을 위한 자본과 기술이 없다는 논리이다. 따라서 선진국이 먼저
온실가스 배출감축 노력의 진실성 및 효율성을 보이고, 개도국의 온실
가스 감축을 위해서는 선진국이 재정 및 기술 지원을 하라는 것이다.

〈그림 2-9〉 발리 로드맵

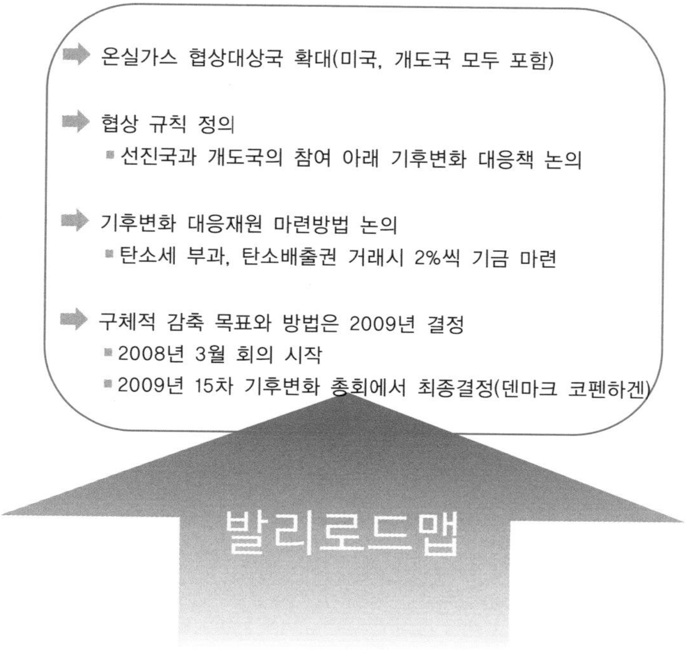

➡ 온실가스 협상대상국 확대(미국, 개도국 모두 포함)

➡ 협상 규칙 정의
  ▪ 선진국과 개도국의 참여 아래 기후변화 대응책 논의

➡ 기후변화 대응재원 마련방법 논의
  ▪ 탄소세 부과, 탄소배출권 거래시 2%씩 기금 마련

➡ 구체적 감축 목표와 방법은 2009년 결정
  ▪ 2008년 3월 회의 시작
  ▪ 2009년 15차 기후변화 총회에서 최종결정(덴마크 코펜하겐)

발리로드맵

(3) 온실가스 감축 의무방식 유연성 확대[84]

기후변화에 대해 상대적으로 가벼운 '역사적 책임'과 부족한 재정 및
기술 자원 등을 가진 개도국의 참여를 이끌어 내기 위해서는 의무부담
방식의 유연성과 재정 및 기술지원을 확대하는 것이 필수적이다. 기존
교토체제와 같은 절대적인 배출상한 및 거래설정 방식은 다양한 물리
적, 경제적, 사회적 여건을 가진 190개 UNFCCC 회원국의 이해관계
를 아우르기 어렵다. 새로운 감축 의무부담 방식은 환경적 효과성과
경제적 효율성뿐만 아니라 공평성도 함께 고려될 것이다.

현재 국제적으로 논의되는 여러 가지 감축의무 방식의 시사점을 살
펴보면 다음과 같다. 우선 절대적이고 구속적인 목표 외에 좀더 유연
한 목표 설정방식들이 제안되고 있다.

첫째는 상대적 지표인 원단위 목표(*intensity target*) 방식이다. 원단
위는 인구 및 GDP 등을 대상으로 할 수 있는데, GDP 대비 온실가스
배출량이라는 원단위 목표는 개도국의 경제개발을 크게 저해하지 않으
면서 온실가스 배출저감을 유도할 수 있다. 둘째는 비구속적 무부담
(*nonbinding 'no-lose'*) 목표설정으로 일정 배출량을 목표로 부과하되 추
가적인 감축에 대해서는 인센티브를 부여하고 목표달성을 하지 못하였
더라도 벌칙을 부과하지 않는 방식이다. 셋째는 조건부 목표
(*conditional target*) 설정으로 일정조건하에서만 (예를 들면, 준수비용이
미리 정한 수준 이하일 경우에만) 목표를 달성하면 된다.

---

84) International burden sharing in greenhouse gas reduction, www. iiasa. ac.
at; greenhouse gas reduction, en. wikipedia. org

4) UN 등 주요기구의 동향

(1) G8 정상회담

G8 정상회담 논의는 지도적 선진국들의 방향을 표명하고 국제 에너지 기구가 이 방향에 대한 논리적 뒷받침 및 구체적 계획을 수립하여 궁극적으로는 UNFCCC 체제 논의에 직·간접적으로 반영된다. 스코틀랜드 글렌이글스에서 2005년 열린 G8 정상회담은 "기후변화·에너지·지속가능발전에 관한 성명"을 발표하고 에너지 효율향상을 주요 수단으로 선정하였다. 2007년 독일에서 열린 G8 정상회담에서 유럽국가, 캐나다, 일본 등은 2050년까지 세계 온실가스 배출량은 1990년 대비 50% 수준으로 감축 한다는 데 합의하였다. 미국과 러시아는 배출량 목표에는 합의하지 않고 향후 진행된 협상과정에서 참여하기로 동의하였다. 또한, 2009년까지 포스트 교토체제에 대한 협상을 완료하도록 노력하기로 하였다.

(2) APP(아시아 – 태평양 파트너십)

미국, 호주, 일본, 한국, 중국, 인도 등 6개국이 참여하는 아·태 파트너십은 신재생에너지, 발전, 철강, 시멘트 등 주요 부문별 기술개발을 통한 장기 온실가스 저감이 그 목표이다. 2009년 현재 주요 부문별로 온실가스 저감 및 기술개발 프로젝트를 발굴 중이다. 기후변화와 문제 해결에 의미 있는 영향을 미치기 위해서는 대규모의 자금조성과 정치적 공약이 필요하다.

5. 포스트 교토체제 접근방식

현재까지 2012년 이후의 기후변화정책에 대해 많은 제안과 논의가 계속되었다. 물론 이러한 논의의 중심은 기후변화협약과 교토 의정서가 있지만, 세계적으로 검토 및 논의되는 여러 방식에 대해 언급할 필요가 있다.

포스트 교토체제의 논의는 여러 이슈별로 상이한 구조를 지닌다. 이러한 이슈는 목표방식, 참여국가, 유연성체계 이외에도 정책 및 수단의 적용방식, 저탄소기술에 대한 혜택, 취약성과 적응 등이 있다. 이러한 다양한 이슈를 포함한 포스트 교토체제에 대해 현재까지 50여 건이 넘는 보고서가 발간되었다. 이 가운데 주요한 44가지 방식을 크게 분류하면 다음과 같이 5개로 나눌 수 있다.

〈그림 2-10〉 기후정책 접근방식

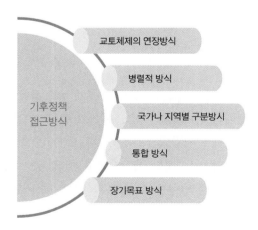

- 기후정책 접근방식
  - 교토체제의 연장방식
  - 병렬적 방식
  - 국가나 지역별 구분방식
  - 통합 방식
  - 장기목표 방식

(1) 교토체제의 연장방식(Extension of Kyoto)[85]

5개 접근방식 가운데 가장 높은 비율을 차지하며 개도국의 참여를 유도하는 다양한 목표방식, 참여방안 등을 다루고 있다.

Growth Baselines[86] 제안과 Dual Intensity Target[87] 제안은 개도국이 관심을 가질 수 있는 의무방식을 파악하고자 하는 부분에서 출발하여 논의에 참여시키는 것을 목표로 한다. Multistage Approach[88] 제안은 개도국의 4단계에 걸친 진화를 제안한다. Brazilian Proposal[89] 은 선진국의 기후변화에 대한 역사적 책임을 강조하여 개도국의 참여에 대해서는 제한적인 입장이다. Dual Track Proposal[90] 은 구속적인 감축목표를 부담하거나, 목표는 비구속적으로 하되 이를 달성하기 위한 구체적인 정책 및 조치를 제시하는 방안을 택할 수 있는 제안이다. 또한 Sustainable Development Policies and Measures Approach[91] 제

85) 선진국의 구속적 감축목표 지속을 통해 기후변화협약체제를 유지하면서 대량 배출 개도국의 참여를 유도하는 방식.

86) Hargrave, Tim, Ned Heime and Christine Vanderlan, "Growth Baselines", Center for Clean Air policy, Washington D. C, Jan 1998.

87) Kim Yong-Gun and Kevin A. Baumert. "Reducing Uncertainly Through Dual-intensity Targets", in Building on the Kyoto protocol: Option for Protecting and Climate, Kevin A Baumert with Odile Blanchard, Slivia Llosam and James FPerkaus World Resources Institute, Washinton, D, C, Oct 2002.

88) Original Multistage: Methodology-Increasing Participation, RIVMwebsite, Available on-line at http://arch.rivm.nl/fair/methodology/

89) Global Commos institute, "C & C text in 13 Languages".

90) Kameyama, Yasuko, "Maximizing Incentives Through Dual Track Approach Proposal for a Compreheneive Framework for Climate Regime Beyond 2012", in Climate Regime Beyond 2012: Incentive for Global Participation, National Institute for Environmental Studies and Institute for Global Environmental Strategies Joint Research Report, Dec 2003.

96

안은 개도국이 지속가능 발전을 위한 정책을 추진하는 서약을 맺도록
한다. 이러한 서약 방식은 진행상에 투명한 국제적 감사를 받을 수 있
게 된다는 장점이 있다.

(2) 병렬적 방식(Parallel Climate Policy)[92]

미국이 주도하는 아·태 파트너십과 같은 기술 중심 대응체계가 대표
적이다. 또한 Orchestra of Treaties[93] 제안은 기후변화협약 밖의 유
사한 입장을 가진 국가 간의 별도행동 제안을 담고 있다. 별도행동의
방법으로는 배출권 거래제나 기술협정 등이다. Portfolio Approach[94]
제안은 모든 국가를 대상으로 하는 기후변화협약과 달리 유사한 입장
의 국가 간에 협상을 진행하여 결과를 도출하는 방식이다. 이러한 유
사한 방식사례로서 현재 진행되는 미국이 주도하는 17개 다배출국가
간 협상이 있다.
　　또한 Parallel Climate Policy[95]는 초기에는 약한 의무를 부과하다

91) Winkler, Harald, Randal Spalding-Fecher, stanford Mwakasonda, and
Ogunlade Davidson, "Sustainable Development Policy and Measure:
Starting From Development to Tackle Climate Change", Building on the
Kyoto Protocol: Option for Protecting and Climate, Kevin A Baumert
with Odile Blanchard, Slivia Llosam and James FPerkaus World
Resources Institute, Washington, D. C., Oct 2002.
92) 기후변화협약에 대해 병렬적이거나 보완적인 방법으로 지역적 혹은 부문별 체
계를 기존 교토체제와 동시에 적용하는 방식.
93) Sugiyama, Taishi, Jonathan Sinton, Osamu kimura, Takahiro Ueno,
"Orchestra of Treaties", CRiEP, FNI/CRIEPI/HWWA/CASS/Post-2012
Policy Scenarios Project, 2003.
94) Benedick, R, "Striking a New Deal on climate change", Issues in Science
and Technology Online, Fall 2001.
95) Stewart, R, and J. Wiener, "Reconstructing Climate Policy Beyond

가 점차 의무를 강화하도록 제안되어 개도국의 점진적 의무체제 편입
을 유도한다.

(3) 국가나 지역별 구분방식[96]

국가나 지역별 구분방식(*Country/Region Specific*)은 대부분 개도국의
참여를 유도하기 위한 제안이 많아 교토체제의 연장방식과도 맞닿아
있다. *Bottom-up*[97] 제안방식은 한 국가가 부담할 의지가 있으면 부담
하게 될 의무를 제시하는 방식으로, 기 협상한 대안 중 선택도 가능하
고 자국이 설정한 목표를 갖고 협상을 통해 합의에 도달 할 수도 있
다. 앞서 소개한 Dual Intensity Targets 제안과 Dual Track Proposal
제안은 단기적으로 개도국이 참여 가능한 다양한 방식을 제안하였다.

(4) 통합방식(Integrated Policy)[98]

이 방식은 기후변화정책이 에너지 계획이나 천연자원관리 및 도시계획
과 같은 미래비전을 위한 복합적인 정책적 중요성을 포괄할 수 있다는
주장이다. Broad but Shallow Beginning[99] 제안은 정치적으로 수용

Kyoto", American Enterprise Institute Press, 2003.

96) 각 국가나 지역의 상황과 중요도에 맞는 계획을 세우고, 무역과 같은 형태의
협상을 통해 기존 체제에 참여하는 방식.

97) Reinstein, Robert A., "A Possible Way Forward on Climate Change",
Mitigation and Adaptation Strategies 9, pp. 295~309, 2004.

98) 개도국의 기후변화 정책과 같은 다양한 관련 이슈를 통합하여 다른 형태의 체
제를 제안하는 방식.

99) Schnalensee, Richard, "Greenhouse Policy Architecture and Institutions",
MIT Joint Program on the science and Policy Climate Change,
Cambridge, MA, 1996.

가능하며 점진적인 제도적 틀을 창출하는 것을 목표로 한다. 이 제안은 단기적 감축목표를 설정하지 않고 선진국 의무를 제외한 모든 제도적인 사항을 구축하는 것을 목표로 한다. Sustainable Development Policies and Measures Approach 제안은 전술한 바와 같이 서약방식으로 저감목표뿐만 아니라 지속가능발전을 위한 정책을 수립하도록 하고 있다.

(5) 장기목표 방식[100]

장기목표 방식(*Long-Term Targets*)은 상기 다섯 가지 분류 가운데 아직까지 세부적인 방법론이 개발되지 않은 부분이다. IPOC의 경우 4차 보고서를 통해 대기 중 온실가스 농도를 450ppm에서 안정시켜야 함을 강조하였다. EU는 2005년 유럽정상회의에서 산업화 이전에 비해 2℃ 상승으로 억제해야 함에 공감했다. 또한, 2007년 6월 G8 회의에서도 2050년까지 전 세계 온실가스 배출량을 50% 줄여야 한다는 성명서를 발표했다. 이와 함께 Brazilian Proposal 제안에서도 선진국의 100년 이상의 책임을 강조했다. 위에서 살펴본 바와 같이 50여 가지의 제안이 꼭 한 가지 방식에 국한되지는 않으며 여러 방식에 공통적으로 포함되는 경우도 있다. 주요 국가들의 접근방식에 대한 입장도 마찬가지로 한 가지 방식을 고집하지는 않으며 여러 방식을 동시에 지지하는 실정이다.

---

100) 2050년까지 선진국의 60~80% 감축을 제안하거나, 전 세계 온도상승을 2℃로 제한하는 방식 및 2100년까지 대기 중 이산화탄소농도를 550ppm으로 제한하는 등의 장기적 방식으로 장기적 필요성에 따라 단기적 정책을 결정하도록 제안.

6. 포스트 교토체제의 영향과 대응방안

1) 포스트 교토체제의 영향[101]

포스트 교토체제 및 기후변화로 인해 우리 산업계에 발생할 수 있는 영향은 다음과 같은 네 가지로 크게 정리할 수 있다.

〈그림 2-11〉 포스트 교토체제 영향

101) Post Kyoto Protocol, www.en.wikipedia.org; 문하영, 위의 글; 조현재 · 임상균 · 전병득 · 현경식 · 김기철, 위의 글; 조현재, 위의 글.

(1) 규제리스크

온실가스 저감을 위한 규제 리스크는 가장 일차적이며 직접적인 영향이
다. 온실가스 저감을 위한 규제수단으로는 직접규제, 탄소세와 같은
조세 수단, 배출권 거래제, 자발적 협약, 에너지 효율표시제도와 같은
정보공개 등이 있다. 규제의 종류 및 적용대상, 도입방법 등에 따라 기
업들의 규제이행비용은 달라진다. 일반적으로 직접규제보다는 배출권
거래제나 탄소세가 기업의 규제이행에 유연성을 제공함으로써 비용을
낮출 수 있다. 하지만, 탄소세의 세수 활용방안 및 배출권의 초기배분
방법에 따라 이러한 경제적 인센티브도 기업에 큰 부담이 될 수 있다.
기업들은 강한 규제가 도입되는 것을 예방하기 위해 자발적 협약이나
정보공개 등과 같이 완화된 또는 유연한 규제를 선호하기도 한다.

규제로 인한 리스크는 기후변화협약 초기부터 국내외에서 예측되었
으며, 부속서 I 국가로서 교토 의정서를 인준한 국가에서는 이미 현실
화되었다. EU는 2005년부터 EU-25에 속하는 EU 회원국의 6개 산
업, 약 11,500개의 사업장에 대해 배출권 거래제도를 2005년부터 시
행하고 있다. 교토 의정서 인준을 거부한 미국에서도 연방정부 차원의
온실가스 저감 규제도입의 가능성은 높아지고 있다. 일반 국민뿐만 아
니라 기업도 연방정부 차원의 명확한 규제 일정이 제시되기를 원한다.
온실가스 저감과 관련된 규제의 불확실성을 줄이고 장기 투자결정을
원활히 하기 위해서 이다.

2007년 1월 '포춘500'(Fortune500)에 속한 40개 이상의 회사들은 향
후 15년 동안 미국에서 10~30% 정도의 온실가스 감축을 위해서 강
제적 규제 프로그램의 입법화가 시급함을 주장하였다.

온실가스 배출규제는 세 가지 방향에서 기업에 영향을 줄 수 있다.

첫째는 사업장에서 발생하는 온실가스 배출에 대한 규제이다. 배출
권 거래제도가 여기에 해당한다. 이러한 규제는 생산비용 상승을 유발

한다. 산업구조에 따라 소비자에 비용을 일부 전가할 수도 있지만, 기업의 이윤감소를 일정 부분 감수해야 한다. 이러한 영향이 큰 업종은 발전·지역난방과 같은 에너지산업과 철강·시멘트·제지·요업 등과 같은 전통적인 에너지 다소비 업종이다.

둘째로 원자재 및 부품을 공급하는 공급사슬(supply chain)에 의한 영향도 중요하다. 예를 들자면, 자동차 제조회사의 경우 철강·알루미늄·유리·고무·플라스틱 등의 자재를 공급사로부터 구매하는데 이러한 자재는 모두 에너지 다소비 공정을 통해 생산된다. 공급사가 온실가스 규제에 취약할 경우, 규제 준수비용을 구매사에 전가할 위험성이 있다. 공급사슬이 국제적일 경우에는 어떤 공급사들이 EU와 같이 온실가스 규제를 시행하는 국가에 위치하는지 파악하여야 한다.

셋째, 판매 제품의 시장에 규제가 도입될 수 있다. 규제가 도입되는 시장은 국내가 될 수도 있지만, 현재 국내 기업의 입장에서는 수출시장의 가능성이 더 크다. 한국자동차 공업협회가 EU와 체결한 신차의 CO_2 배출량 저감을 위한 자발적 협약이나 EU의 에너지 사용제품의 친환경설계 지침(EuP: Ecodesign Requirement for Energy-using Product)이 수출시장에서의 규제에 해당한다.

(2) 경쟁리스크

경제시스템이 온실가스 저감에 적응하는 과정에서 새로운 기술이나 제품, 또는 시장이 창출되면서 경쟁 환경이 급변할 수 있다. 기술발전으로 인해 예전에는 전혀 다른 산업에 있던 기업끼리 경쟁하거나 또는 파트너가 되는 경우가 발생할 수 있다. 예를 들어, 플러그인 전기자동차가 발명되면 발전소는 전통적으로 수송용 유류를 생산하는 정유회사에 큰 위협요소가 될 것이다. 또한 바이오연료의 등장은 유류시장에 전통적인 정유회사가 아닌 새로운 경쟁자의 출현을 가져올 것이다.

GE는 온실가스 및 환경 규제로 인해 청정기술 제품에 대한 수요가 크게 확대될 것을 예상하여, 2005년 '에코메지네이션'(*ecomagination*) 이라는 프로그램을 시작하였다. 이 프로그램에 따라 청정기술에 투자를 2010년까지 15억 달러로 증대하며, 이 기술을 반영한 제품의 판매 수익도 두 배로 증가시키는 것을 목표로 한다. 온실가스 저감을 위해 새로 창출되는 시장으로는 최근에 급격히 성장하는 탄소시장을 들 수 있다. 1990년대 말 2000년대 초반의 탄소시장 생성기에는 공공기관 및 제조업의 활동이 주를 이루었는데, 근래에는 금융권의 진출이 활발하다. 세계적 투자은행인 골드만삭스는 배출권 거래소 지분 간접매입 배출권가격 헤징서비스 제공, 고객사를 위한 기후변화의 주가영향 분석팀 운영 등을 통해 새로운 서비스 및 시장을 창출하고 있다. 보험회사인 AIG는 배출권 거래에 참여하는 고객사를 위해 배출권 중개 및 온실가스 관리서비스를 제공한다.

(3) 소송 리스크

이상기온 및 자연재해의 빈도가 높아짐에 따라 기후변화에 대한 인지도도 과거에 비해 뚜렷하게 높아졌다. 하지만, 소비자가 실제 시장에서 자신의 구매 행동에 이를 반영하는 뚜렷한 징후는 아직 보이지 않고 있다. 그러나 이러한 경향도 앞으로 바뀔 수 있다. 영국의 Carbon Trust(2005) sp 의해 수행된 연구에서는 향후 5년 이내에 기후변화가 중요한 소비자 이슈로 부각할 것이며, 산업에 따라 기업의 브랜드 가치에 미치는 영향이 심각할 수 있다고 경고하였다. 이 연구에 의하면 영국의 항공산업과 식품산업 기업들은 기후변화 이슈로 인해 시장가치의 약 50%와 10%에 해당하는 소비자 브랜드 가치를 잃을 수 있다고 지적한다. 정유산업·소매업·금융·정보통신 등은 상대적으로 작은 2~3%의 시장가치 하락이 있을 수 있는데, 이들 산업의 규모를 생각하면 결코 간과할 수 있는 요소는 아니다.

온실가스 다(多) 배출 기업은 담배회사나 제약회사처럼 집단소송을 당할 우려가 있다. 미국에서는 뉴욕 전 검찰총장의 주도로 미국 5대 발전회사의 온실가스 감축을 요구하는 소송이 진행 중이다. 미국의 미시시피주에서는 허리케인 카트리나 발생에 일조했다며 주요 석유 및 석탄회사에 대해서 소송이 진행 중이다. 재보험회사로 유명한 Swiss Re의 경우 기후변화 관련 소송으로부터 기업 임원진을 보호하는 보험상품 개발을 긍정적으로 검토하고 있다.

(4) 물리적 리스크

물리적 위험은 지구온난화로 인해 발생할 수 있는 피해를 의미한다. 기온상승의 장기적 피해는 앞으로 수십 년에 걸쳐 지속적으로 발생하겠지만 단기적으로도 기상이변과 자연재해, 물 부족 등의 피해를 입을 수 있다. 특히 21세기 들어 전 세계적으로 기상이변의 빈도 및 그 피해 규모가 커지고, 한반도에서도 집중호우와 같은 기상이변이 잦아지고 있다. 2007년 4월 UNFCCC 산하 기후변화 정부 간 위원회(IPCC)가 발표한 기후변화 적응 및 취약성 보고서에서는 기후변화로 인해 물 부족, 생태계 파괴, 식량부족, 홍수와 폭우, 전염병 확산 등의 위험이 증폭될 것으로 지적한다. 이러한 피해는 보험, 농어업, 산림업, 부동산업, 관광산업 등이 민감할 수 있으며, 이외의 산업에서도 예상치 못한 다양한 영향을 받을 수 있다. 허리케인 카트리나로 인해 미국 멕시코만에 입지해 있던 정유시설들이 큰 피해를 입은 것도 기상이변으로 인한 피해 중의 하나이다.

기존 사업뿐만 아니라 새로운 사업을 시작하거나 입지를 선정할 때, 기후변화는 앞으로 중요한 요소가 될 것이다. 특히 그 후 변화로 인해 수자원의 가용성 여부가 많은 영향을 받을 것으로 예상되기 때문에 수

자원 관련 업종은 이에 대한 대비가 필요하다. 코카콜라는 최근 기후
변화와 수자원 가용성의 상관관계 및 이 관계가 회사의 새로운 보틀
링(*bottling*) 시설의 입지에 어떤 영향을 미칠 수 있는지에 대해 조사를
진행하고 있다.

2) 포스트 교토체제의 대응 방안[102]

(1) 산업수준

우리나라는 아직 온실가스 감축 의무부담을 받지 않았기 때문에 온실
가스 감축을 직접 이행해야 할 기업들의 대응 능력이 부족한 상황이
다. 따라서 기업의 기후변화 대응 능력을 제고시키기 위해서는 우선
산업별 대응 전략을 수립하는 것이 필요할 것으로 판단된다.

산업계의 기후변화 대응능력을 제고시키기 위해서는 기후변화협약
동향 파악, 온실가스 배출통계 작성, 비용효과적 온실가스 감축전략
수립에 관한 능력을 배양할 필요가 있다. 또한 에너지 다소비산업과
중소기업은 차별화된 전략을 수립할 필요가 있을 것이다. 포스트 교토
체제는 국내 기업의 경영활동에 커다란 변수로 작용할 수 있기 때문에
기후변화협약의 논의 동향을 파악하여 장기 경영전략에 반영하는 유연
성을 갖출 필요가 있다.

이와 같은 온실가스 감축수단을 바탕으로 해당 산업이 온실가스를
감축할 수 있는 잠재량에 대한 분석이 이루어질 필요가 있다. 현재의
기술이 대체될 수 있는 시기를 감안하여 온실가스 감축규제가 없는 현
재의 상황과 대비하여 감축할 수 있는 온실가스 규모를 추정하는 것이

---

102) 문하영, 위의 글; 조현재·임상균·전병득·현경식·김기철, 위의 글; 조
현재, 위의 글; Kyoto Protocol, en. wikipedia. org; Post Kyoto Protocol,
en. wikipedia. org

필요하다. 온실가스 감축에는 통상 비용이 수반되기 때문에 온실가스 감축 잠재량을 한계비용에 입각해서 시장 잠재량, 기술적인 감축 잠재량으로 구분하여 분석하는 것이 중요하다. 현재의 상황에 비해 감축비용이 오히려 낮은 온실가스 감축 잠재량을 찾아내는 것이 매우 중요한데 이는 시장 실패요인이 없다면 기업이 이러한 감축수단을 자발적으로 도입할 가능성이 높기 때문이다.

산업별 온실가스 감축 잠재량과 이에 따른 온실가스 감축비용을 사전에 예측함으로써 산업 수준에서 달성 가능한 수준의 온실가스 감축목표를 설정할 수 있을 것이다. 또한 이러한 목표를 달성할 수 있는 감축수단에 관한 정보를 산업계 내에서 교환함으로써 향후의 온실가스 감축에 대한 기업별 전략을 수립하는 데 활용될 수 있을 것이다. 필요할 경우에는 온실가스 감축에 대한 정부의 지원대책을 산업별 수준에서 준비할 수 있으며 온실가스 감축이 국제 경쟁력에 미칠 영향을 파악하여 산업별 경영전략 수립에 활용될 수 있을 것이다.

에너지 다소비산업은 우리나라 전체의 에너지 수급 및 온실가스 배출에서 차지하는 비중이 높은 만큼 다른 산업과 차별화된 전략을 수립할 필요가 있을 것이다. 그동안 산업계와 정부를 중심으로 에너지 다소비산업의 에너지 효율로 인해 발생되는 산업의 경쟁력 문제를 해결하기 위해 산업별 감축목표를 설정하는 방식도 논의 되고 있다.

기업의 온실가스 배출통계는 기업의 온실가스 감축노력을 실측할 수 있는 지표이기 때문에 온실가스 배출통계 작성은 기후변화에 대응하기 위한 기초적 과정이라고 할 수 있다. 기업단위에서의 배출통계 작성은 산업별 배출통계 작성기준 및 작성 방법론을 우선 설정하고 교육을 통해서 이러한 방법론을 기업에 전달하는 것이 효과적일 것이다. 기후변화에 관한 정부 간 협의체의 통계작성 방법론을 습득한 이후에는 각 산업별 특성을 반영할 수 있는 배출통계 작성방법을 설정하여야 한다. 또한 필요한 경우에는 우리나라의 현실을 반영할 수 있는 고유의 배출계수 개발도 이루어져야 한다. 이러한 배출계수는 개별기업에 적용되기보다는 산업별로 적용되는 경우가 많기 때문에 산업별 차원에서 이루어지는 것이 합리적일 것이다. 온실가스 감축에 대비한 산업별 온실가스 감축전략을 수립하는 것은 매우 중요한 전략이 될 것이다. 온실가스 감축이 기후변화협약에 의한 의무적인 방식이거나 혹은 우리나라의 자발적 방식인 경우에도 비용 효과적으로 온실가스를 감축할 수 있는 산업별 전략을 수립할 필요가 있다.

기업의 규모가 작은 중소기업은 기후변화에 대응할 수 있는 능력이 대기업에 비해 낮은 수준에 머물 것으로 예상된다. 기후변화 관련 인력과 조직을 갖추기 어려울 뿐만 아니라 기후변화 관련 비용이 기업의 비용에서 차지하는 비중이 높기 때문에 중소기업은 기후변화 정책에서 대기업과 차별적인 대우를 하는 것이 합리적일 것이다. 따라서 중소기업은 기후변화 정책의 적용순서에서 우선순위를 낮게 두어야 하며 개별 기업별 대응보다는 중소기업을 대표할 수 있는 협회나 단체를 통해서 전략을 수립하는 것이 효과적일 것이다. 중소기업에 대한 차별적인 대우는 선진국에서도 일반적으로 적용되고 있다.

(2) 기업수준

산업별 대응 전략수립 이외에 기업이 대응할 수 있는 방안으로는 기후변화 관련 전담부서 설치 및 전담인력 양성, 온실가스 감축수단 및 감축능력에 관한 분석, 청정개발제도 및 탄소시장 활용 전략, 리스크 관리 능력 배양, 경영전략에 기후변화 대응을 포함시키는 유연성 등으로 구분할 수 있다.

일반적으로 기업은 온실가스 감축의 가장 중요한 주체이다. 산업부문의 온실가스 배출량이 국가 전체의 온실가스 배출량에서 차지하는 비중이 높을 뿐만 아니라 온실가스 감축과 관련된 행정적인 관리가 가장 용이하다는 점으로 인해 온실가스 감축의 우선적 대상이 된다. 기후변화정책은 기업의 공정 및 기술선택에 영향을 미칠 뿐만 아니라 제품의 판매 등 광범위한 영역에 걸쳐있기 때문에 기후변화를 전담하는 조직과 전담인력이 구비될 필요가 있다. 그러나 기후변화 관련 업무는 기업의 경영전략 전반에 영향을 미치는 요소가 많기 때문에 기업의 전반적인 의사결정과 상호 밀접하게 연계될 수 있는 조직을 갖출 필요가 있다.

기업 수준에서도 온실가스 감축수단에 대한 조사와 함께 비용 효과적 감축전략이 수립될 필요가 있다. 기업별 수준에서 동원 가능한 온실가스 감축기술뿐만 아니라 기타 온실가스 감축방안에 대한 조사를 실시하고 이러한 감축수단의 비용효과성을 평가하여 우선순위를 설정하는 것이 중요하다. 이와 같은 비용 효과성 평가는 탄소세나 에너지세와 같은 가격수단이 도입될 경우 활용가능한 감축수단의 우선순위와 감축비용을 추정하는데 매우 유용할 것이다. 온실가스 감축비용이 기업의 경쟁력에 미칠 영향 분석과 비용 효과적인 감축전략 수립을 통해서 종합적인 온실가스 감축 대응전략을 수립하는 것이 필요하다.

기업은 온실가스 감축사업을 청정개발제도 프로젝트로 추진하고 세계 탄소시장을 활용함으로써 새로 탄생한 탄소시장을 적극적으로 활용하여 기후변화 대응 능력을 배양시킬 필요가 있다. 청정개발제도는 탄소시장을 통해 기업의 온실가스 감축을 비용효과적으로 추진하여 지속가능한 에너지시스템 구축을 촉진할 수 있는 제도. 청정개발제도는 추진형태에 따라 선진국의 기술을 이전받을 수 있으며 또한 우리나라의 기술개발과 기술의 상업화를 촉진시킬 수 있는 장점을 갖고 있다.

기후변화는 세계적인 주요 기업의 경영전략에 큰 영향을 미치며 기업의 기준안에는 온실가스 감축이 포함되어 있는 것이 사실이다. 따라서 우리나라 기업도 이제는 온실가스 감축 및 기후변화 정책의 도입으로 인해 등장하게 될 새로운 환경변화를 기업의 경영전략에 반영할 필요가 있다. 우리나라는 의무부담 국가가 아니지만 의무부담을 적용받는 국가의 기후변화 정책으로 인해 발생되는 국제교역에서의 문제점, 예를 들면 유럽연합과의 자동차 온실가스 배출규제 등과 같은 비관세 장벽이 우리나라 기업의 경영에 영향을 미치는 것이 현실이다. 따라서 의무부담 여부와 상관없이 기후변화정책을 기업의 경영전략 수립의 한 요소로 포함시키는 융통성이 필요한 시기이다.

또한 우리나라 국민들이 온실가스 감축에 대해 긍정적 시각을 갖고 있다는 최근 설문조사를 고려하면, 기업으로서는 온실가스 배출량 산정을 시작으로 온실가스 감축 프로젝트를 개발하고 환경에 대한 투자를 증대시켜 저탄소 제품을 개발함으로써 소비자의 인식을 유도하는 전략을 세울 필요가 있을 것이다. 기후변화가 세계적인 이슈가 된 요즈음에는 기후변화 관련 리스크를 잘 관리하고 새로운 탄소시장을 유용하게 활용하는 기업이 경쟁력을 갖게 된다는 점을 인식할 필요가 있다.

(3) 그린 에너지(Green Energy)

① 그린 에너지의 출현 배경 및 필요성

아마도 에너지가 없는 현대 사회는 더 이상 상상하기 힘들 정도이다. 지금 이 순간에도 아침에 일어나 하루의 업무를 수행하고 잠이 드는 순간까지 우리는 다양한 에너지를 이용하며 편리한 생활을 하는 것이다.

사실, 에너지 소비 및 생산의 다양한 지표는 한 국가의 경제활동과 경제 수준, 나아가 국민의 생활수준을 나타내는 지표이다. 비례관계가 성립하는 것은 아니지만, 에너지 소비량이 크다는 것은 풍족한 삶을 살아가는 것이라 말할 수도 있겠고, 이른바 선진국이라 불리는 대부분의 나라를 생각해 보아도 그러하다.

세계 에너지 소비량의 10위에 위치한 우리나라는 그 소비량이 해가 지날수록 늘어나는 실정이다. 하지만 석유 한 방울 나오지 않는 나라

라는 점에서, 그리고 최고 에너지원인 석유 및 화석연료는 언젠가는
고갈된다는 점에서 예전부터 걱정이 앞서는 것도 사실이었다.

하지만 이 문제가 이젠 세계 각국의 공통적 걱정거리가 되었다. 석
유자원의 고갈 우려는 수요·공급 차원에서 유가의 급등으로 이어졌
고, 역사를 돌이켜보면 알 수 있듯이 유가의 문제로 인한 세계 공황문
제는 반복해서는 안 될 심각한 세계 경제위기를 초래하기도 했다. 물
론 석유에 비해 좀더 많고 오래 사용할 수 있는 천연가스도 있지만 이
역시 언젠가는 고갈될 자원임에 틀림없다. 즉, 우리가 사용하는 다양
한 에너지원으로부터의 혜택이 끝나는 시점에선 무엇이 남아있을까라
는 물음을 던지게 된다.

이러한 점에서 새로운 에너지 패러다임의 등장은 자연스럽고 필수
적인 변화이다. 단기적 관점에서 나아가 장기적인 인류의 생존을 위해
서도 바뀌어야 할 것이다. 그동안 경제의 양적 성장, 세계 경제의 경
쟁 구도 등 수많은 이유로 에너지원을 무자비하게 사용하고, 자연을
훼손한 것이 이젠 인류 전체가 풀어 나가야 할 공통의 숙제가 되었다.

역사를 돌이켜보면 우리는 하나의 공통적인 '산업의 발전과정'에 대
해서 알 수 있다.

가장 기초적이고 필수적인 1차 산업 '농업'으로부터 이른바 산업혁명
을 거쳐 힘을 팽창시키고 부를 증대하는 '제조업'의 과정을 거쳐, 금융
과 서비스의 시대가 도래하였다. 이 모든 다양한 형태의 산업들이 유
기적으로 연결되고 상호 보완적이며 빠지는 부분 없이 탄탄하게 기반
을 갖추는 것은 국가의 경쟁력이며 힘이 되었다.

하지만, 이른바 선진국이라 불리는 나라들은 이젠 환경에 중점을 맞
추기 시작한다. 사실 꽤 오래전부터 화석연료의 무자비한 사용에 따른
고갈문제와 환경파괴문제, 나아가 지구 전체의 이상기후 현상으로 인
한 생태계 변화가 곧 우리의 삶을 위협할 것이라는 연구와 추측이 있
었다. 그리고 그것은 점점 더 현실로 다가오는 실정이다.

그렇다면 우리가 해야 할 일은 무엇인가에 대한 물음이 던져진다. 단순히 생태계적 문제를 넘어 우리가 주목해야 하는 것은 환경의 수호가 곧 국가의, 작게는 기업의 경쟁력이라는 점이다. 다시 한 번 역사를 돌이켜보자. 1차 산업이 기반이 된 시대에는 풍부한 노동력과, 넓고 비옥한 토지, 적당한 기후와 산수의 조화가 잘 갖추어진 나라가 더 많은 생산량을 통해 부를 갖추었으며, 영국에서 시작된 산업혁명으로 산업의 흐름이 대량생산의 규모의 경제로 바뀐 시대에는 잘 갖추어진 조직, 뛰어난 기술 장비의 활용, 무역거래의 활발함이 그 나라의 경쟁력이었다. 사실 이 시대에 발전을 거듭한 나라들이 현재도 선진국의 반열에 올라 있다. 하지만 대량생산을 통한 국부의 팽창과 그를 통해 경쟁력의 우위를 나누는 시대는 사실상 끝났다. 다시 말해, 우위요건에서 최소요건으로 전락한 셈이다.

현재 대부분의 선진국 활동을 살펴보면 하나의 공통적인 모습을 발견할 수 있다. 바로 환경에 초점을 맞춘 것이다. 사실 국제기구 'UN'은 오래전부터 환경문제에 한 발짝 앞서나갔다. 앞에서 살펴본 '교토의정서'는 지구의 환경문제에 대처하기 위한 구체적 활동과 규약이다. 환경문제를 다루는 것이 경제로 직결됨으로 인해 이른바 '신재생 에너지'로 불리는 많은 대체산업과, 친환경 에너지가 지구온난화의 주범인 화석연료를 대신해 부각되고 있다.

② 신재생 에너지의 정의

'신재생 에너지'(Renewable Energy)란 그 기술과 최종 에너지의 형태에 따라 태양열, 태양광 산업, 지열, 풍력, 소수력발전, 해양 에너지, 바이오 에너지, 폐기물 소각 열 발전, 연료전지, 수소에너지 등을 합친 11개의 에너지 분야를 의미한다. 이 에너지원들은 1차 에너지원에서 얻는 것이므로 자원의 부존량은 거의 무한대라고 할 수 있다.

물론 현대사회에서 여전히 석유와 석탄, 가스의 활용이 여전히 큰 영향력을 가지고 있는 실정이지만, 앞으로 석유는 40년 후에, 천연가스는 60년 후에, 석탄은 200년 후에, 원자력 발전에 사용되는 우라늄도 50년 후에 고갈 될 것이라고 우려한다. 또한 이들 에너지는 급격하게 치솟는 가격, 수많은 환경오염 문제의 근원이 된다는 문제를 가지고 있다는 단점이 있다. 이에 비해 대체 에너지는 적어도 그러한 문제를 가지지 않는다는 점에서 이상적이라 할 수 있겠다.

또한 그 원천이 무한하다는 것이 큰 장점이다. 하지만 이용에 있어서 아직 기술개발이 미흡한 상태이며, 천문학적인 초기 투자비용의 소요문제, 아직은 에너지 활용에 있어 경제성을 가지기 힘들다는 문제로 인해 활성화되지 못하고 있다. 하지만 역설적으로 생각해 볼 때 신재생 에너지는 기업에 무한 경쟁력을 줄 수 있다고 생각할 수 있지 않을까? 그래서 정부의 재정적 지원과 노력이 절실한 지금이다. [103]

③ 대안적 영역으로의 신재생 에너지

세계적인 기후변화에 따른 피해와 각종 기후변화 협약에 따른 탄소 감축 노력의 의무화, 화석연료 이용의 경제적 비용의 문제로 인해 새로운 에너지원 개발은 빠르게는 몇십 년 전부터 이루어졌다. 그리고 가혹한 경제적 변화와 화석 연료 수입 국가들의 생활수준 저해를 막기 위해서라도 이 신재생 에너지의 개발은 필수적이겠다.

또한 현대사회는 앞서 신재생 에너지에 과감히 투자하고, 적절히 활용하는 국가의 정책과 사례들에서 느낄 수 있듯이 이미 그 중요성에 대한 논의를 넘어 실행하고 활용하고 있다.

그렇다면, 우리나라가 내세울 수 있는 경쟁력 있는 신재생 에너지 분야는 무엇이 있을까? 다양한 분야에 활동이 착수 되었으나 어느 하나 딱히 세계 최고 경쟁력을 갖추었다고 말하기는 힘든 것이 사실이

---

103) 〈사이언스 타임즈〉 2009. 2. 26, 이강봉, "석탄은 과연 석유를 대체할 수 있는가".

다. 삼면이 바다로 둘러 싸여 있는 지리적 이점을 지녔으며, 태양열 산업에 핵심이 되는 기술도 우리나라는 충분히 갖추고 있다. 이젠 과감하게 투자하고 경쟁력을 끌어올릴 시기다.

주요 그린 에너지
분야

1. 태양열(Solar Energy)

1) 정의[1]

그동안 인류는 자신들의 에너지원을 얻기 위해 너무나 많은 자연을 파괴하고 희생시켰다. 그 결과로 지구의 자원고갈 시기가 코앞으로 다가오기 시작했고 지구온난화 등 심각한 환경오염 속에서 살아가게 되었다. 우리는 지구전체가 1년에 소비하는 에너지의 500배를 매일 태양으로부터 받고 있다. 이제 그 에너지를 개발하고 응축하여 효율적으로 사용하는 것은 우리의 몫이다.

태양열 발전이란 태양광선의 파동성질을 이용하는 태양에너지 광열학적 이용분야다. 태양열 기술은 신·재생 에너지 가운데 가장 널리 알려진 분야다. 태양으로부터 오는 복사광선을 흡수해서 열에너지로 변환 및 저장해서 냉난방 및 급탕, 산업공정열, 열발전 등에 이용하는 기술이다. 가정용에서는 주로 급탕 및 난방에 이용한다.

태양열 시스템은 집열부와 축열부, 이용부, 제어장치로 이뤄진다. 집열부는 태양 에너지를 모아 열로 변환하는 집열판을 말하며, 집열 시점과 이용 시점과의 사이에서 열을 저장하는 저장탱크를 축열부라고 부른다. 때로는 보조 보일러로 물을 데우는데 이를 이용부라고 하며 제어장치에서는 시스템 전체를 통제한다. 태양열은 에너지밀도가 낮다. 또한 계절별, 시간별 변화가 심하기 때문에 가장 근본이 되는 기술은 집열과 축열 기술이다. 태양열 발전에서는 생각보다 간단한 원리를 이용해 물을 데워 이를 급탕 및 난방용으로 쓴다. 집열판 아래 열매체가 지나가는 파이프를 설치해 열을 모은 다음, 이를 통해 물을 데

[1] Solar Energy, en. wikipedia. org;《태양에너지 혁명: 미래 비즈니스를 위한 대체에너지 시대의 성장 동력》, 2008, 트래비스 브래드 포드, 강용혁 역, 네모북스.

워 사용하는 원리다.

태양열의 집열 온도에 따라 저온(100℃ 이하), 중온(100~300℃), 고온(300℃ 이상)으로 활용분야를 나눈다. 고온용 시설은 열매체를 섭씨 300℃ 이상으로 데우는 산업용 및 열 발전용으로 쓰이고, 가정에서는 주로 섭씨 60℃ 정도의 저온용을 이용한다. [2]

2) 태양열발전의 장점과 단점[3]

(1) 장점

- 유지보수비가 적음.
- 다양한 적용 및 이용성.
- 무공해, 무제한 청정에너지원.
- 기존의 화석에너지에 비해 지역적 편중이 적음.

〈그림 3-1〉 태양열 이용시스템 구성도

출처: 에너지관리공단 신재생에너지센터.

---

2) 〈서울경제〉 2006. 10. 25, 맹준호 기자, "돈 되는 청정에너지 태양".
3) Solar Energy, en. wikipedia. org; 트래비스 브래드 포드, 강용혁 역, 위의 글.

〈그림 3-2〉 태양열 이용기술 분류

태양열 이용기술 분류			
	자연형	설비형	
		저온용	중온용	고온용
활용온도	60℃ 이하	100℃ 이하	300℃ 이하	300℃ 이상
집열부	자연형 시스템 공기식 집열기	평판형 집열기	PTC형 집열기 CPC형 집열기 진공관형 집열기	Power Tower 태양로
축열부	Trob Wall (자갈, 현열)	저온 축열 (현열, 잠열)	중온 출열 (잠열, 화학)	고온 축열 (화학)
이용분야	건물공간 난방	냉난방 급탕, 농수산 (건조, 난방)	건물 및 농수산 분야, 냉난방, 담수화, 산업공정열, 열발전	산업공정열, 열발전, 우주용, 광촉매폐수 처리, 광화학, 신물질 제조

*주: PTC(Parabolic Through solar Collector), CPC(Compound Parabolic Collector)
출처: 〈EBN뉴스〉 2007.3.8 손병훈 기자, "에너지와 화학산업: ③-2 태양에너지".

(2) 단점

- 초기 설치비용이 비쌈.
- 밀도가 낮고, 간헐적임.
- 유가의 변동에 따른 영향이 큼.
- 봄, 여름은 일사량 조건이 좋으나 겨울철에는 조건이 불리함.

118

3) 시장현황 및 기술수준

(1) 해외 4)

선진국에서는 각 나라의 국가별 특성에 맞는 태양열 이용기술을 개발
해 보급하고 있다. 또한 저온 태양열 시스템 보급 활성화를 위해 국가
기관의 인증시험 및 평가체제를 구축하고 있고 태양열 발전의 신뢰성
향상 등 지속적인 연구를 추진하고 있다.

　미국은 에너지부(Department of Energy)를 중심으로 건물용 'Solar
Building Technology'와 태양열 발전의 'Solar Thermal Energy
System'으로 구분해 발전시키고 있다.

〈그림 3-3〉 국제 태양열 에너지 온수기 시장(2006)

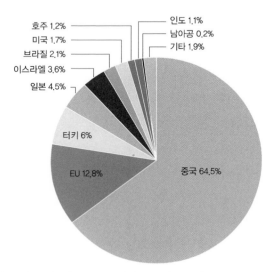

출처: www.ren21.net/ REN21, Renewable global status Report: 2009 update.

---

4) 〈EBN뉴스〉 2007. 3. 8, 손병훈 기자, "에너지와 화학산업 ③-2: 태양에너지".

일본은 업체 중심으로 태양열 온수기의 개발 및 상용화를 추진하고 있으며, 약 40개 업체가 연간 10만 대 규모를 생산해 보급·수출하고 있다.

유럽에서의 개발의 핵심은 태양열 난방 및 온수기, 대규모 태양열 시스템, 자연형 태양열건물 등이다. 또한 태양열 발전의 수출을 위한 개발과 연구도 지속적으로 추진되고 있다.

중국은 태양에너지 온수기 생산량이 세계에서 가장 많은 국가이다. 중국의 태양에너지 온수기 생산업체의 총 고용 인원은 20여만 명에 육박하며 1천여 개의 업체, 연간 120억 위안(16억 2,600만 달러) 규모의 생산으로 세계 최대다. 5) 지난 2006년까지 중국의 열수기(熱水器) 운행 보유량은 9,000만㎡로 전 세계 열수기 사용 면적의 60%를 차지하는 것으로 나타났고, 연간 생산 능력은 2,000만㎡ 규모를 넘었다. 뿐만 아니라 제품 사용량과 제품 생산량도 모두 세계 전체 사용량과 생산량의 50% 이상을 차지하는 것으로 나타났다. 6)

(2) 국내

우리나라의 연평균 수평면 일사량은 3천 42kcal/㎡ 정도로 일본(2천 800kcal/㎡)이나 독일(2천 170kcal/㎡), 네덜란드(2천 450kcal/㎡) 등에 비해 좋은 여건을 갖추고 있다. 국내 개발목표는 시스템 상용화 등이 포함된 태양열 복합이용기술과 산업용 상용화 및 실용화를 포함하는 산업용 태양열시스템 개발이다.

서울시는 대체 에너지시설 도입 시 용적률 인센티브를 부여하는 등 태양열 에너지시설 지원 도입을 검토중이다. 국내에서 태양열 에너지

5) 〈아시아경제〉 2007. 12. 12, 박선미 기자, "中 태양에너지 산업 규모 세계 1위".
6) 글로벌동향브리핑, 2007. 4. 28, "세계 최대 규모에 도달한 중국의 태양 에너지 이용한 열수기 산업".

는 대체 에너지로서 주목받고 있지만, 경제성을 이유로 널리 보급되지 못하고 있는 실정이다.

한편, 우리나라의 2007년도 태양열산업 관련 지원예산이 102억 원으로 늘어났고 수요처 확대방안도 점차 마련되고 있다.[7]

4) 전망[8]

태양에너지는 2015년에는 세계 30개 선진국 가정용 전기 수요의 7.6% 가량을 담당할 것으로 전망된다. 현재는 전체 에너지 생산량의 1%에도 못 미치는 미미한 수준이지만 앞으로 폭발적으로 수요가 늘어날 것이라는 분석이 나오고 있다. 영국의 파이낸셜타임스(FT)는 독일 리서치회사인 포톤컨설팅 보고서를 인용해 태양에너지에 대한 수요가 2015년에 10배로 급증할 것이라고 보도했다. 태양에너지 수요가 늘어나는 이유는 전 세계가 화석연료의 사용을 줄이면서 온실가스 감축에 앞다퉈 나서고 있기 때문이다. 특히 2008년 이후 탄소 배출량을 줄여야 하는 선진국들은 태양 수소 등 대체에너지 개발에 열을 올리고 있다.

이 보고서는 특히 태양열 에너지의 초기 개발비가 줄어들면서 수익률이 60%까지 급증할 것으로 내다봤다.

7) 〈EBN뉴스〉 2007. 3. 8, 손병훈 기자, "에너지와 화학산업③-2: 태양에너지".
8) 〈매일경제〉 2007. 4. 4, 이승훈 기자, "태양에너지 수요 2015년 10배로".

2. 태양광(Sunlight Energy)

1) 태양광 발전 정의[9]

태양광(太陽光, *sunlight*)은 '햇빛의 이용'이라는 점에서 신재생에너지 중 하나인 태양열과 같다. 그러나 태양광은 빛에너지를 전기에너지로 변환하는 것에 반해 태양열은 주로 빛에너지를 열에너지로 만든다는 점이 크게 다른 점이라 할 수 있다. 몇몇 선진국에서는 대형 반사경을 이용해 햇빛을 받아 온도를 800℃까지 높여 수증기를 발생시킨 뒤 이를 전력으로 생산하는 것에 태양열을 이용하기도 한다. 태양광은 반도체 구성의 솔라셀이라는 태양전지가 햇빛을 받아 빛에너지에서 전기에너지로 전환시키는 광전효과를 이용한 것이다. 수십 장의 셀로 이루어진 태양광 모듈 판이 빛을 흡수하여 순간적으로 모듈 내부에서 전자 (-)와 정공(+)을 갖는 입자가 발생하면서 햇빛에너지가 전기에너지로

〈그림 3-4〉 태양광에너지발전 시스템

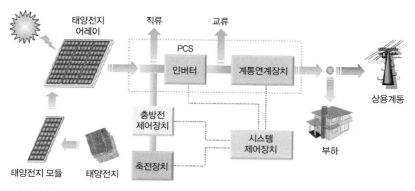

출처: 환경부, 2008. 2., 〈지자체 기후변화 대응업무 안내서〉.

---

9) Sunlight, en. wikipedia. org; photovoltaic power generation, en. wikipedia. org; 2008. 7. 29, 김병호 기자, "신재생 에너지 현장을 가다 2부(2) : 태양광".

바뀌게 되는 것이다. 태양광의 에너지 원천은 깨끗하고 무한하다는 장점을 가지고 있지만 발전의 효율성이 떨어지고 초기 시설에 대한 투자비가 많이 든다는 단점이 있다. 하지만 최근 기술의 발전으로 인해 태양전지에 대한 효율성이 점차 높아지면서 태양전지에 대한 초기 비용이 낮아 질것으로 기대된다.

2) 정책 및 현황과 기술

(1) 정책 및 현황10)

① 해외11)
일본의 샤프와 독일의 Q-Cell은 태양광 발전시장의 선두로 꼽힌다.

세계 최초로 태양전지의 상용화를 이끈 기업인 일본의 샤프는 2007년 기준으로 지난 4년 연속 흑자를 기록하고 있다. 최근에는 제품의 생산에서 판매에 이르는 전체적 과정의 수직적 계열, 생산능력을 향상, 신제품개발 등에 관한 획기적인 전략을 통해 태양광 시장에서의 지배력을 강화하고 있다. 또한 독일의 Q-Cell은 뒤늦은 사업 시작에도 불구하고 독일 정부의 적극적인 정책으로 인해 사업 시작 이후 줄곧 흑자를 기록하고 있다. 또한 태양광발전에 필수 원재료인 실리콘의 공급처를 확보하며 획기적 투자 전략을 구사하고 있다. 또한 일본은 정부 주도의 연구개발 투자를 통해 핵심기술 확보에 주력하면서 수출과 내수의 균형발전을 추구한 바 있다. 독일은 고정가격 구매 및 저리융자 등 다양한 정책지원을 통해 국내 시장을 확대했고 최근에는 정부 주도의 연구개발 투자 확대를 통해 핵심기술 확보에 주력하고 있다.

---

10) 지식경제부, "태양광 발전: 비즈니스 활성화 방안".
11) 〈파이낸셜뉴스〉 2008. 4. 15, 조창원 기자, "기업 '뉴 트리플 챌린지' 경영: ⑤ 대체에너지사업 주력". ; 지식경제부, 위의 글.

미국은 민간 기업의 태양광발전 연구개발에 대해서는 세금감면혜택을 통하여 신기술개발을 지원하는 정책을 폈었지만 2006년 이후 정부가 주도하는 정부주도의 기술개발 정책으로 전환하였다.

일본은 2006년 기준 세계 시장의 24%를 차지하고 있으며 12년 동안 주거용 태양광시스템 보급을 지원하는 프로그램을 통해 태양광 시장의 확장에 노력하였다.

또한 일본의 수출(2005년 기준)은 전년대비 65%(528MW) 성장하였으며 이 중 약 73%(386.8MW)를 유럽에 수출하는 등 샤프(Sharp), 교세라(KYOCERA), 산요전기(Sanyo Electric), 미쓰비시전기(Mitsubishi Electric) 등의 일본의 기업들이 태양전지 생산에 핵심적 역할을 하고 있다.

미국은 태양광 시장점유율 9%로, 독일, 일본에 이어 세계 3위를 차지하고 있다. 미국은 태양전지 생산회사인 쉘 솔라 인더스트리즈(Shell Solar Industries)와 GE에너지(GE Energy) 그리고 유니솔라(Uni-Solar)의 생산량 증가로 인하여 과거 적자 성장으로부터 회복, 2004년부터는 연간 10% 이상의 꾸준한 성장률 나타내고 있다.

독일은 1991년 태양광 주택 1천 호 보급을 기점으로 하여 태양광 시장 활성화를 위한 주택 보급 1백만 호 사업, 고정가격 구매제도, 저리 융자제도 등의 국가적인 여러 정책으로 자국 내 태양광 시장의 확대를 위한 대책과 정책을 펼쳐왔다.

이와 같은 독일정부의 적극적 지원정책 추진 결과, 세계 태양광발전의 누진 설치점유율 38.6%(2005년 기준)를 차지하며, 2005년 이후 일본(38.4%), 미국(12.9%)을 누르고 세계 1위 태양광발전 국가에 위치하였다. 또한 독일의 태양전지 설치는 959MW로 세계 시장의 55%(2006년 기준)를 차지하였다.

② 국내

국내 태양광발전은 일본, 중국 등과 같이 정부주도에 의해 이루어지는 실정이며, 1.3GW 보급을 목표로 하고 있다. 2003년에서 2012년까지 약 10년간 주택용으로 쓰이는 3KW 용량의 태양광 발전시스템 10만

〈표 3-1〉 2006년 신재생에너지 원별 보급현황

구분	폐기물	수력	바이오	풍력	태양열	태양광	지열
보급량 (1,000TOE)	3,975	867	274	60	33	6	6
%	76.1	16.6	5.3	1.1	0.6	0.2	0.1

출처: 웅진코웨이 R&D센터 준공기념 국제 컨퍼런스, 이성호, 2008. 2., "태양광에너지 산업의 부가가 치 및 경제적 효용성".

〈표 3-2〉 국내 태양광 발전 확산 로드맵

기간	1단계(04~08년)	2단계(09~13년)	3단계(14~18년)
용량	180MW	1.3GW	–
시스템 가격	5$/Wp	3$/Wp	1.3$/Wp
주요 내용	저가, 고효율 태양전지 개발, 박막형 개발, 저가의 원재료 개발, 공정인란화, 표준화, 호환성 개선	고효율 박막 실리콘 셀, 실리콘 쉬트기술, 양산성 10,000pcs/h까지 향상, 재활용 기술 개발	모듈 수명 50년 이상, 박막 셀, 필름 실리콘, 신재료 등
정부 지원	70%	11년까지 50%, 13년까지 20%	0%
정부대입 가격	716/kWh	11년까지 400원, 12년까지 200원	0원
적용 대상	단독가구, 그린 빌리지, 100kW 이상 작은 규모	쏠라 시티, 아파트, 콘도 등 확산, MWp 규모의 태양열 발전소	대형 태양열 발전소, 쏠라 시티, 10MWp 이상의 태양열 발전소, 사막지역

출처: 대우증권(2007. 4.), 지식경제부, "태양광 발전: 비즈니스 활성화 방안".

호와 공공건물에 주로 쓰이는 10KW 용량의 발전시스템 4만 동 및 20KW 용량의 산업용 건물 3만 동에 시설을 보급할 예정이다. 이러한 정부주도의 정책으로 인해 2004년부터 태양광 에너지 보급용량이 급격히 증가 하였다.

2007년 말 기준 주택용 태양광은 14,498호가 보급되었으며, 산업용으로 쓰이는 태양광시스템은 60MW 보급 예정이다.

하지만 국내의 태양광시스템 설치용량은 2006년을 기준하여 22MW로서 독일(750MW), 일본(290MW), 미국(141MW), 스페인(63MW)에 이어 세계 5위의 위치에 있지만 실정은 매우 빈약한 것이 실정이다.

정부의 태양광발전에 대한 지원 정책을 보면, '태양광 주택 10만 호 보급 사업', '발전차액지원제도', '공공건물 신재생에너지 의무 설치제도' 등이 있다.

(2) 기술[12]

태양광 발전 설비는 예전의 발전 방식에 비하여 효율이 떨어진다. 먼저 초기의 투자비용이 많이 들어가는 것은 물론, 해가 뜨지 않을 때는 전기를 만들어 내지 못하는 단점 때문이다. 또한 눈이나 비 등의 날씨의 영향에도 발전 효율이 떨어지는 많은 단점을 가지고 있다. 그리고 낮의 길이가 짧은 겨울에는 일조량이 적어 일조량이 많은 여름보다 효율이 떨어진다. 1년 365일을 평균했을 때 국내에서 하루 발전이 가능한 시간은 하루 3.5~4시간 정도이며 3KW 설비에서 평균 12KW 정도의 발전량이 기대된다.

우리나라는 월 평균 약 300~400KW 정도의 전력을 사용하는 가정이 가장 많다. 이러한 결과 태양광 발전설비는 시간당 2.5KW~3KW

---

12) 〈서울경제〉 2006. 10. 25, 맹준호 기자, "리빙앤조이: 돈 되는 청정에너지 태양".

정도가 적당하며 이 경우 전력 사용량의 상당 부분을 태양광 발전으로
대체할 수 있다. 또한 전력 사용량에 따른 누진적 요금체계 때문에 태
양광 설비는 더 큰 효율이 있다.

3) 태양광의 장점 및 단점[13]

〈그림 3-5〉 태양광 발전방식의 장단점

태양광의 장·단점	
장점	단점
• 무공해 에너지(無 온실가스 배출) • 짧은 건설 기간 • 막대한 부존자원 • 장소의 제약이 없음 • 유지보수의 용이 • 20년 이상의 긴 수명	• 높은 발전원가 • 야간, 강우·강설 시 발전 불가 • 에너지 밀도가 낮아 넓은 설치면적의 필요 • 지역별 일사량에 의존 • 고가의 시스템 비용

4) 해외사례

(1) 일본

① 일본 태양광 마을: 팰타운 죠사이노모리[14]

일본은 세계 최초로 태양광전지를 개발했다. 일본의 대표적 태양광전
지 기업인 교세라와 샤프, 파나소닉 등은 1975년 공동 연구 프로젝트
형식으로 JSEC(Japan Solar Energy Coporation)를 설립하여 태양광의
상업화에 첫 발을 내딛었다. JSEC를 설립할 때만해도 유토피아적인
계획이었지만, 오일쇼크와 같은 석유파동의 에너지 대란을 경험한 일

---

13) 지식경제부, 위의 글; 〈매일경제〉 2008. 7. 29, 김병호 기자, "태양광 발전,
한번 투자로 20년 운영 수출도 기대".
14) 〈서울신문〉 2007. 12. 19, 박홍기 기자, "新에너지 시대: 태양은 많다".

본의 에너지 자립에 대한 열망을 여실히 보여주고 있다.

일본 태양광 발전의 역사는 30년 정도 된다. 30년간 대표 에너지 자원인 석유가격이 등락을 거듭했지만 일본 정부는 꾸준히 태양광발전 분야에 예산을 투입하며 대체에너지 개발을 장려해 왔다.

도쿄에서 신칸센을 타고 2시간 정도 가면 일본의 대표적 태양광 기업인 교세라(KYOCERA)의 본사가 있다. 세라믹 부품 회사로 시작한 교세라는 샤프와 같이 세계 최초로 태양광사업에 뛰어든 기업으로 평가 받는다. 태양광전지 생산량 규모는 세계 4위(2007년 기준). 교세라의 태양광 에너지 사업본부 해외영업부 책임자 야기 히로시(48)씨는 "세계적으로 보면 '이 분야는 일본에 맡겨라' 하는 분야가 있다"며 "태양광이 앞으로 그런 분야가 될 것"이라고 자신만만하게 말했다.

교세라의 내부 보고서에 따르면 2013년 세계 태양광발전 시장은 2008년보다 5.2배 커질 전망이다. 5년 사이에 일본 4.5배, 미국 10.4배, 유럽 3.6배, 한국 30배의 성장이 기대된다. 마야스마 에너지청 정책과장은 "성장과 환경이 충돌하지 않는 유일한 분야가 태양광발전"이라며 "탄소배출량이 제로이면서 경제성장을 가능하게 하는 방법은 태양광밖에 없다"고 말했다.

일본의 군마현 오타시에는 세계 유일의 태양광발전마을인 '팰타운 죠사이노모리'가 있다. 지붕에 600여 개 태양광전지를 단 집들이 마을을 이루어 신기한 모습을 연출한다. 이곳의 가구당 연 전력소비량은 평균 4,600KW이며 이 중 태양광전지를 통해 연 3,600KW의 전력 소비량이 대체되고 있다.

팰타운 죠사이노모리 마을은 태양광주택이 밀집돼 있을 경우 어떠한 문제가 일어나는지를 연구하였다. 연구는 종료됐지만 주민들은 마을에 남아 살고 있으며 연구를 수행한 칸덴코 사(社)의 히로유키 박사는 "6년간 마을을 운영했지만 전력사고는 없었다"며 "태양광발전마을에 기술적 문제가 없다는 것이 확인된 셈"이라고 말했다.

2년 전 이 마을로 이사와 태양광 주택을 경험하고 있는 곤도 나츠코 (39·주부)씨는 "특별히 불편한 건 없고 전기세가 싸서 좋다"면서 "옛 날 집과 비교하면, 전기요금이 반밖에 안 되는 것 같다"고 말했다.

오타시에서는 연간 600가구 정도 태양광주택을 늘린다는 목표 하에 보조금을 지원하고 있다. 현재의 전력시스템을 변함없이 사용할 수 있으며 별도의 구축물이 필요하지 않다는 것이 태양광주택의 장점이 다. 하지만 2,500만 원의 초기 설치비가 단점이 되고 있다.

오타시의 토지개발공사인 카즈오 나가시마(54·팰타운 분양 담당)씨 는 "정부가 태양광주택 보급 확대를 위해 보조금 등 제도를 정비하는 중"이라며 "제도가 완비되면 업체들이 태양광주택 상품 개발에 적극 나설 것이고 태양광주택이 일본 전역에 빠르게 보급될 것"이라고 말했 다. 이에 교세라는 자국 내 태양광주택 보급률이 2020년에는 2005년

〈그림 3-6〉 일본 군마현 오타시 팰타운 전경

출처: 〈한국일보〉 2009. 1. 13, 김범수, "100년 준비하는 日기업: (中) 태양광발전".

에 비해 10배, 2030년에는 40배로 확대될 것으로 보고 있다. 일본 정부는 2020년 신축주택의 70%에 태양광시설을 달게 하겠다는 목표를 가지고 있다. 또한 중단되었던 태양광주택에 대한 보조금도 지원하기로 했다.

② 쓰쿠바의 산업기술총합연구소[15]
도쿄도 근교에 위치한 이바라키현 쓰쿠바는 연구중심 도시다. 일본 최대 연구소인 산업기술총합연구소(산총연)도 쓰쿠바에 자리 잡고 있다.

산총연은 연구동과 부속건물 가운데 일부인 27개 동을 4개 구역으로 나눠 건물의 옥상과 외벽에 태양전지 모듈을 설치했다. 모듈은 투명한 특수유리와 흡사해 유리벽이나 유리지붕의 모습을 하고 있다. 또한 대형 주차장의 지붕은 100KW 규모의 태양전지 모듈로 만들어졌다. 이러한 태양전지 모듈의 설치는 태양광 발전 시설은 물론이거니와 모듈의 성능을 측정하려는 목적도 있다. 산총연이 2004년 4월 태양광발전을 시작한 이래 지난 7월 300만KW를 넘어섰다.

그러나 하루 생산 전기량은 산총연 전체 전력 소비의 1%로 매우 미미한 수준이다. 산총연의 태양광발전연구센터(센터장 곤도 미치오)는 태양광발전 연구를 담당하는 곳이다. 센터는 태양광발전의 생산단가를 절감하기 위한 신재료·디자인 등의 개발에서부터 태양전지의 표준화·상용화를 위한 평가기술, 국제협력에 이르기까지 국가 차원에서 태양광발전을 종합적으로 다루고 있다.

③ 샤프, 교세라, 산요전기, 미쓰비시전기[16]
세계의 태양광발전 시장은 매우 넓다고 할 수 있다. 유가가 수직적으로 상승하는 시대에는 더욱더 필요성이 부각될 수밖에 없다. 2005년

---

15) 위의 글.
16) 위의 글.

〈그림 3-7〉 태양전지 시장점유율

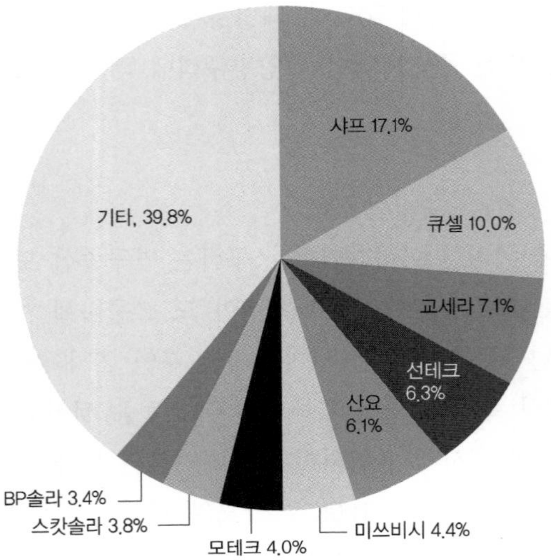

출처: www. upi. com

150억 달러 규모의 태양광발전 시장은 2010년 361억 달러로 두 배 정
도 커질 것으로 전망된다.

일본의 세계 태양전지 시장점유율은 1위를 달리고 있다. 생산에서
부터 조립·설치·건설 등의 태양전지에 관한 다양한 분야에서 최고
수준을 보이고 있다. 일본의 대표적 태양광 기업인 샤프·교세라·산
요전기·미쓰비시전기 4곳의 태양전지 제품은 지난해 세계 시장에서
무려 39.1%나 차지했다. 그러나 독일의 큐셀(Q-Cell)이나 중국의 선
테크(Suntech) 등의 성장으로 인해 전년에 비해 6.9% 정도 시장점유
율이 줄었다.

샤프는 태양전지의 대량생산으로 인해 태양광발전 시대를 걷고 있
다. 현재 샤프는 세계 최고의 태양전지 셀과 모듈을 만드는 회사다.
2008년 세계 태양전지 시장의 19.3%와 일본 자국 내 시장의 46.8%
의 점유율을 보였다. 2003년 10억 엔에 불과하던 영업이익이 2008년

210억 엔으로 급격한 수직 상승을 보였다. 태양전지 두께의 점진적인 축소(98년 300㎛에서 2006년 180㎛, 올해 160㎛)가 영업이익의 가장 큰 요인으로 보인다.

교세라는 1975년 태양전지 연구를 시작, 1982년 대량생산에 들어갔다. 세계 시장에서 샤프, 큐셀에 이어 3위(8.0%의 점유율)를 차지하고 있다. 일본에서는 처음으로 주택용 태양광발전 시스템을 판매하였으며 일본 자국 내 시장점유율은 18.4% 정도이다. 또한 교세라는 2010년까지 300억 엔을 투입해 생산능력을 현재의 3배인 50만 KW까지 끌어올릴 목표를 가지고 있다.

산요전기는 1980년 소규모 전자제품용 태양전지를 생산하기 시작하였으며 세계 시장점유율은 6.9%로 4위, 반면 일본 자국 내에서는 22.7%로 2위다. 2010년까지 600MW 이상의 생산능력을 갖출 계획으로 태양전지와 축전지 사업에 1천억 엔을 투입할 예정이다.

미쓰비시전기는 1976년 우주용 태양전지 사업부를 설립하여 1986년 산업용 태양전지 사업을 시작하였다. 미쓰비시전기의 세계 시장점유율은 4.9%이며 자국 내에서는 10.7%의 점유율을 차지하고 있다. 그리고 자동차제조사로 유명한 혼다는 '혼다솔텍' 태양전지공장을 설립하여 가정용 태양전지 사업에 참여했다.

(2) UAE(아랍에미리트연합국)

① 사막에 '태양에너지 도시'[17]

세계 최초로 온실가스 배출 제로를 목표로 삼은 친환경 도시가 아랍에미리트 아부다비에 세워질 예정이다. 비즈니스위크는 아부다비의 '마스다르' 계획인 친환경 개발로 두바이, 카타르와 같은 중동의 도시개

---

17) 〈한국경제〉 2007. 12. 14, 김유미 기자, "Global Focus: 사막에 태양에너지 도시".

발 경쟁이 새로운 시대를 맞이했다고 보도했다.

아부다비가 발표한 친환경 도시계획은 태양에너지로 자급자족한다는 매우 독특한 특징을 가지고 있다. 아라비아어로 '근원'이라는 뜻을 가진 '마르다스'는 모든 에너지가 시작되는 태양을 의미한다. 하지만 이러한 친환경 도시를 만들기 위해서는 최소한 600만 m² 위에 10만여 명의 생활을 위한 300MW의 전력이 필요하다. 이러한 점들을 해결하기 위해 독일과 아부다비의 제조센터에서 5억 달러의 전지판을 공급받아 설치할 계획이다. 이로 인해 아랍에미리트 인들에게 일자리를 공급하는 고용창출의 효과도 기대된다. 또한 온실가스 배출 제로의 목표를 달성하기 위해 탄소 배출의 주범이 되는 자동차는 도시 안으로 들어갈 수 없다. 도시 안으로 들어가기 위해서는 걷거나 자전거 또는 지하철을 이용해야 한다. 도시의 건물들은 전통 아랍도시와 같이 좁은 골목의 밀집된 구조를 가질 계획이다. 차 없이도 쉽게 이동하며 태양광 발전의 효율을 높이기 위한 이유에서다. 설계를 맡은 영국의 포스터앤드

<그림 3-8> 아부다비에 세워질 친환경도시

출처: www.solarplaza.com

파트너스는 "마치 아라비안나이트를 연상시키는 전통적인 건축 양식을 보게 될 것"이라고 밝혔다.

또한 도시의 에너지 효율을 높이기 위해 사막 들판의 뜨거운 지열을 분수로 식히고 풍차를 이용해 환기를 해결하는 식의 다양한 아이디어가 사용되었다. 풍부한 석유 매장량에도 불구하고 석유에 의지하지 않는 도시를 건설한다는 점이 매우 흥미롭다. 하지만 이는 석유가 바닥날 때를 대비한 아부다비의 미래지향적인 계획이기도 하다. 이번 도시 계획의 책임자인 술탄 알 자베르는 "원유가 고갈된 미래에도 아부다비가 경제적 주도권을 잃지 않으려면 대체에너지에 집중 투자해야 한다"고 주장했다.

(3) 독일: 프라이부르크[18]

독일의 프랑크푸르트에서 기차로 두 시간여의 거리에 위치한 인구 20만 명의 작은 도시인 프라이부르크(Freiburg)는 '태양의 도시'로 불린다. 독일 내에서 일조량이 가장 많으며 청정에너지 자원인 태양에너지의 활용도가 가장 높기 때문이다. 프라이부르크 시 슐리어베르크의 주택단지는 이 도시가 '태양의 도시'라는 이름을 얻은 이유를 단적으로 보여준다. 또한 주택단지 내 58가구의 모든 주택들은 태양에너지를 이용하여 전기를 생산하는데 생산량이 쓰고도 남아 남은 전기를 팔아서 돈을 벌고 있다. 주택단지 내 모든 주택들의 지붕에는 집의 크기에 관계없이 모두 태양전지판이 덮여 있다. 이 전지판은 연 평균 2MWh의 전기를 생산하여 가정에 사용되고 있다. 또한 이 정도의 생산량은 단지 내 한 가정의 1년 사용 전기량(1.5MWh)보다 많아 가구당 연 평균

18) http://www.rp-freiburg.de.; 〈한국경제〉 2007. 1. 1, 김선태·장유택·신경원·장경영 기자, "이제 신재생 에너지다 - (2) 꺼지지 않는 불 '태양': 가정집, 축구장… 獨 덮은 태양 전지판".

0.5MWh의 전기가 남는다. 이 단지에 사는 주부 울라이크 비놀드 씨는 "오래된 임대아파트에서 살다 이곳으로 이사왔는데, 전에 비해 전기를 아껴 쓰지는 않는데도 집 자체가 에너지 절약형으로 설계된 데다 잉여 전기를 KWh당 50센트 안팎에 비싸게 팔 수 있어 매달 60~120유로(7만~14만 원) 정도의 돈이 남는다"고 설명했다.

이 단지를 설계한 태양광주택 설계 전문가인 롤프 디쉬씨는 "건축비가 일반주택보다 15% 가량 비싸지만 매달 전기판매 수익을 올릴 수 있어 수익성이 충분하다"고 강조했다.

그는 "태양광 발전이 아직 생산단가는 비싼 편이지만 10~15년 뒤면 기존 발전비용보다 싸져 그때는 정부지원 없이도 충분히 경제성을 가질 것으로 확신한다"고 말했다.

프라이부르크에서는 어디서든 태양전지를 볼 수 있다. 일반주택의 지붕 위는 물론 건물 옥상, 아파트 외벽, 축구장 지붕, 호텔 옥상에 이르기까지 매우 다양한 곳에 태양전지가 이용되고 있다. 이 지역에 설치된 태양광전지판은 모두 32,000㎡로 축구장 4개 크기에 달한다. FC 프라이부르크라는 프로축구팀의 바데노바 구장은 1,146개의 태양전지 모듈(일정량의 전지판을 모아놓은 기본단위)이 2,300㎡ 넓이로 지붕에 설치돼 있다. 이 시설에서 생산되는 전기는 구장에서 한 시즌 사용하는 전기를 자체 충당하는 데 충분한 약 250MWh정도이다. 지붕 한쪽에는 선수들이 사용하는 샤워풀과 잔디밭 난방에 쓰이는 온수 생산을 위한 8개의 태양열 집열판이 설치되어 있다. 또한 축구장 지붕의 발전시설은 시민 주주들에게 연간 6%의 수익을 안겨주기까지 하고 있다. 독일 정부의 적극적인 지원으로 이러한 친환경적이고 에너지 효율성이 높은 도시인 프라이부르크와 같은 '태양의 도시'가 만들어 졌다.

프라이부르크시 환경보호국장인 디터 뵈르너 씨는 "독일은 1990년대 말부터 대대적인 태양에너지 보급 정책을 펴왔다"며 "특히 태양전지를 통해 생산된 전기를 전력회사가 20년간 의무적으로 높은 가격에 사들

〈그림 3-9〉 프라이부르크 태양광 발전 규모

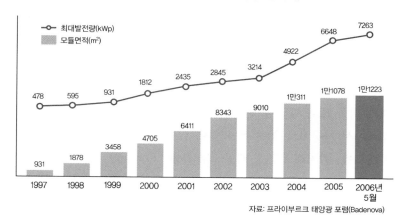

자료: 프라이부르크 태양광 포럼(Badenova)

출처: 〈세계일보〉 박성준 · 김창덕 기자 2007. 11. 20, "태양광 · 바이오 가스로 에너지 자급자족".

이도록 한 정책이 주효했다"고 강조했다.

　이러한 점들로 인해 독일의 태양광 발전설비 용량은 2004년 말 기준 794MWh로 늘어나 2003년까지 세계 1위였던 일본을 앞서게 되었다.

　뵈르너 씨는 "정부 정책 이외에 시민들의 적극적인 참여가 지금의 프라이부르크를 있게 했다"며 "2010년까지 전체 전기 사용량의 10%를 신재생에너지로 조달한다는 시의 목표도 반드시 달성될 것"이라고 힘줘 말했다.

(4) 미국

① 다우코닝: 햄록 반도체[19]

미시간 주 디트로이트에서 자동차로 2시간 거리의 조그만 시골 마을 햄록에는 최근 수요가 기하급수적으로 증가하고 있는 태양전지의 핵심

---

19) http://www.dowcorning.com; 〈동아일보〉 2009. 1. 3, 조용우 기자, "그린 이코노미 현장을 가다: (3) 美 다우코닝 - 햄록반도체".

소재인 폴리실리콘의 생산 기업인 헴록반도체가 있다. 최근 시장이 급성장하고 있는 태양광 발전은 폴리실리콘(태양전지 원소재)→잉곳(덩어리)·웨이퍼(얇은 판)→태양전지→모듈→시스템 설치 등의 과정을 거쳐 이뤄진다. 핵심 재료인 폴리실리콘은 태양전지의 90% 가량의 비중을 차지한다. 태양광 발전 시장은 독일과 일본이 앞서 있지만 자본과 기술력의 미국 또한 태양광 발전 시장의 후발 주자로 선전이 기대 된다.

헴록에서 자동차로 20여 분 거리에 있는 인구 2만여 명의 작은 도시 미들랜드에 위치해 있는 다우코닝(Dow Corning)의 9천여 m²(약 2,730평) 규모의 태양광 솔루션 개발센터에서는 태양광 발전의 각종 소재에 대한 개발, 평가, 시험 사용 등이 이뤄지고 있었다.

"노령화, 물 부족, 대체에너지 수요증가 등 메가트렌드에 대비해 새로운 제품으로 시장을 공략해야 한다고 판단했다." 다우코닝 고위 관계자는 실리콘과 반도체용 폴리실리콘 생산 기업이었던 다우코닝과 헴록반도체가 태양광 분야 기업으로 변신하게 된 배경을 이렇게 설명했다. 헴록반도체는 지난해 전 세계 생산량의 30% 가량인 1만9천 t(톤) 가량의 태양전지용 폴리실리콘을 생산했다. 다우코닝은 10억 달러(약 1조 3천억 원)를 추가 투자해 기존의 헴록반도체 공장을 증축하고, 20억 달러의 폴리실리콘 공장의 신축을 발표했다. 이러한 결과 최근 다우코닝의 폴리실리콘 분야 투자 계획만 45억 달러에 이르게 됐다. 회사 측의 설명으로는 공장이 모두 완공되는 2015년 즈음엔 폴리실리콘 생산량이 2005년(7,700t)의 10배인 77,000t으로 늘게 될 것이라고 하였다.

일반적으로 폴리실리콘 생산에 10억 달러를 정도를 투자하면 웨이퍼, 태양전지, 모듈 제조 및 설치 등과 같은 단계와 관련해 20억 달러 이상을 투자해야 될 것으로 예측된다.

제라드 어펠딩 다우코닝 홍보담당자는 "폴리실리콘에 10억 달러를 투자할 때마다 관련 직업이 3,500개 정도 새로 생겨난다"고 설명했다. 기존 공장 직원은 정규직은 300명(비정규직 800여 명) 수준이지만 증설하는 공장이 완공되면 1,400명으로 늘어나게 된다. 새로 짓는 클라크스빌 공장에서도 800여 명의 정규직 일자리가 생기게 된다. 이로 인하여 생산량 향상과 고용창출의 이중효과를 누릴 수 있다. 폴리실리콘을 생산하는 다우코닝은 친환경을 도모하며 기업의 성장 일자리 확보 등 일석삼조의 역할을 하고 있는 셈이다.

다우코닝의 피터스 총괄책임자는 "세계 각국이 투자를 늘려 생산량이 늘어난다면 단점으로 지적돼 온 높은 발전 원가가 인하되어 태양광 발전 수요는 더욱 큰 폭으로 증가하게 될 것"이라고 말했다.

5) 국내사례

(1) 충남 당진[20)]

태양광발전 시공전문 업체 솔라비전과 한국농촌공사는 현재 공동으로 충남 당진 석문저수지 수면 위에 태양광발전소를 건립을 추진중이다. 솔라비전은 특허를 취득한 '태양전지를 이용한 부유형 발전시스템' 기술을 사용하며 테스트 설비에 대한 건설허가도 받았다. 현재 테스트 설비의 설치를 진행하고 있다. 솔라비전은 테스트 설비를 설치·운용한 후 구체적인 사업계획을 확정한다는 계획이다. 이 프로젝트는 지면을 적게 사용하고 넓은 공유수면을 활용하려는 게 가장 큰 목적이다. 물 위에서 태양 움직임에 따라 발전설비를 회전시키면 태양에너지를 이용할 수 있는 최적의 상태를 유지하기도 쉽다. 농촌진흥공사와 솔라비전의 사업도 전국에 산재한 농업용 저수지의 공유수면을 이용하려는 차원에서 기획되었다.

---

20) *Etnews*, 2008. 9. 16, 최순옥 기자, "그린오션: 물위에 '태양광 발전소' 뜬다".

(2) 전라남도[21]

전라남도는 '선시티'(Sun-City)로 조성되고 있는 남악 신도시에 태양광
발전 설비 지원을 위해 입주 예정인 2곳의 아파트에 25억 원의 사업비
를 지원할 계획이다. 전라남도에 따르면 지난 2006년부터 중점사업으
로 추진되고 있는 남악신도시 선시티 조성 사업은 올해 입주 예정인
신동아건설 파밀리에, 한국건설 아델리움 아파트 등에 약 25억 원의
사업비를 지원하기로 했다. 전라남도는 최근 계속되고 있는 고유가와
국제 기후변화 협약 이행에 따른 이산화탄소 배출 감소의 에너지환경
정책에 따라 태양광이 신재생에너지로 급부상하고 있다고 판단하여 이
같은 지원을 하기로 한 것으로 보여 진다. 또한 공동주택과는 별도로
일반 주택에도 태양광발전시설 설치를 확대하기 위해 태양광발전시설

〈그림 3-10〉 푸르지오 아파트의 채광시설

출처: www.edaily.co.kr 2009.6.11, 온혜선 기자, "(그린아파트 뜬다) 대우건설 태양광으로 전기료 20
만 원 절감".

---

21) 〈데일리안〉 2008.2.13, 신영삼 기자, "전남도, 'Sun-City' 조성에 25억 원 지
원".

비의 60%를 정부에서 보조해주고 있으며 전라남도에서도 2007년부터
지역주민의 에너지비용 절감을 위해 정부 보조금 외에 가구당 100만
원을 추가 지원하여 이미 110세대에 설치를 완료했다. 전라남도는 올
해도 국비 이외에 2억 원의 도비를 더 확보해 태양광 주택 보급 사업
을 확대해 나갈 계획이다.

한편, 전체 시설비의 80%를 지원해주는 공동주택 태양광발전시설
설치 지원사업의 경우 지난해 옥암 대우 푸르지오 아파트 550세대를
시작으로 현대 아이파크 580세대, 국민임대주택 1,825세대가 태양광
발전시설을 설치했다. 지난해 3월 120KW의 태양광발전시설을 설치한
대우 푸르지오는 누적 발전량이 11만 7,230KWh로 지난 1년 동안 주
민들에게 1,100만 원의 전기요금 절감혜택이 있었다.

(3) 광양

친환경 에너지로 주목받고 있는 태양광 발전시설 구축에서 단연 돋보
이는 곳이 바로 광양이다. 광양시는 작년과 올해 공공시설 태양광 발
전시설 설치와 관련해 국고 보조금을 포함해 45억 원의 예산을 확보함
으로써 전라남도에서 1위를 차지했다. 지방보급사업으로 광양은 마동
정수장 100KW, 광양읍사무소 30KW, 중마시장 20KW, 총 150KW의
태양광 발전시설을 설치할 계획으로 인근 도시와 비교해 3배 이상의
큰 차이를 보였다.

아울러 이미 수립한 신·재생에너지 중장기 보급 계획에 따라 연도
별 태양광 발전시설과 홍보관, 테마파크, 연료전지 시스템, 태양열 온
수기, 폐기물 에너지 저장시설 등을 건립할 계획이다. 특히 지난 2005
년부터 민간기업 유치에 행정력을 집중한 결과 태양광 발전소 13개소
와 소수력 발전소 1개소를 유치하는 성과를 거두었다. 광양시의 에너
지 분야에 대한 적극적인 투자와 지원은 기업으로 이어져 신성장동력

을 창출하고 있다. 광양제철소가 지난 6월 4일 냉연 제품창고 지붕에 상업용 설비로는 국내 최대 규모인 1MW 태양광 발전설비를 준공해 연간 8억 4천만 원의 전력 판매 수익과 함께 8백 t 규모의 온실가스 감축효과를 기대할 수 있게 된 것이다.

(4) 광주22)

광주가 태양광과 태양열을 비롯한 신재생에너지 산업의 성지로 떠오르고 있다. 일사량이 전국 평균보다 21%나 많은 광주시는 2004년 전국에서 처음으로 태양에너지도시 지원조례를 제정한 데 이어 최근에는 '태양에너지도시' 상표 특허출원을 내기도 했다. 또한 도심 90여 곳에 태양광 발전시설과 6천여 곳의 태양열 발전시설이 가동중이다. 광주 시청 주차장에는 100KW 규모의 발전 설비를 설치해 시청의 전체 전력 소비량(매월 시간당 50만KW)의 2%인 시간당 1만 KW를 충당하고 있다. 서구문화센터 태양열 냉난방 시설, 조선대 기숙사 '그린 빌리지'(110가구), 남구 신효천마을의 태양광 발전시설도 가동중이다. 시는 2011년까지 1,939억 원을 들여 태양광 에너지 설비와 수소연료 전지 등 신재생에너지 산업 기반을 구축할 계획이다. 시는 또 올해 초 한국중부발전(주)과 시간당 4,300KW 규모의 태양광 발전시설을 건설하는 투자양해각서(MOU)를 교환했다.

---

22) 〈동아일보〉 2006. 11. 3, 김권 기자, "광주/전남: '빛고을' 이름값 하는 태양에너지 도시".

(5) 마라도[23)

제주도의 남서쪽 끝에 있는 모슬포항에서 12km나 떨어져 있는 마라도
는 아름답고 낭만적이고 아름다운 섬이다. 마라도에 사는 23가구의 전
력의 대부분은 태양광 발전시설로 전기를 자급자족한다. 태양광 발전
은 햇빛을 이용해 전기를 만들어 내는 신·재생 에너지의 대표적인 분
야이다. 마라도에는 지난 92년 시간당 30KW짜리 태양광 발전설비가
처음 설치됐고 지난해에는 시간당 150KW짜리 설비가 들어섰다. 마라
도 주민들은 태양광, 풍력을 중심으로, 경유 발전기에서 나온 약간의
전기로 섬에 필요한 전력을 자급자족하고 있다.

(6) 포스코(POSCO)[24)

포스코는 설비투자액의 12.2% 수준인 4,940억 원을 환경설비에 투자
해 '굴뚝산업'이라는 이미지를 벗기 위해 '친환경 경영'에 힘을 쏟고 있
다. 포스코는 창립 이후 40년 동안 설비투자액의 8.9% 수준인 3조
4,468억 원의 천문학적 금액을 환경개선사업에 투자하고 있다. 지난
해 상용화한 친환경적 혁신기술인 '파이넥스'가 대표적인 사례이다.
    최근에는 친환경 대체에너지로 주목 받고 있는 태양광 발전설비를
광양제철소 냉연강판 공장 지붕에 설치해 상업용 발전도 시작했다. 산
업시설에 이와 같은 대형 태양광 발전설비를 세운 것은 국내에서 포스
코가 처음이다. 포스코는 광양제철소에 이어 포항제철소 지붕에도 비
슷한 규모의 태양광 발전설비를 설치해 본격적인 태양광 발전 사업을

---

23) 〈서울경제〉 2006.10.25, 맹준호 기자, "리빙 앤 조이: 돈 되는 청정에너지
    태양".
24) 〈한국경제〉 2008.7.14, 안재석 기자, "에코 이코노미가 뜬다: 포스코… 조업
    부산물 98.7% 재활용".

계획하고 있다.

포스코는 태양광 발전설비로 다양한 효과를 기대할 수 있게 되었다. 먼저 쓰지 않는 공간인 공장 지붕을 활용해 생산한 전력의 판매로 연 16억 원의 기대 수익을 얻을 수 있다. 또한 친환경에너지인 태양광 에너지이용으로 인한 환경 보호 효과를 얻을 수 있다. 포스코는 태양광 발전설비로 연 온실가스 배출을 1,600t 감축할 것으로 기대하고 있다. 그로 인한 온실가스 배출의 감축은 탄소배출권 형태로 축적돼 향후 기후변화협약에 대비할 수 있는 자산이 된다.

〈그림 3-11〉 포스코의 파이넥스공정

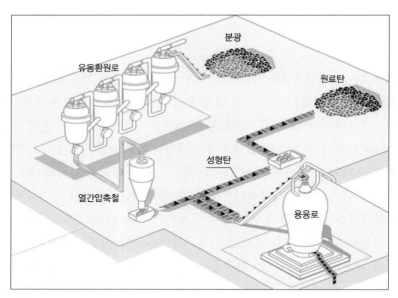

출처: www.posco.co.kr

(7) 효성/LG/삼성/현대중공업[25]

국내 최대 일사량의 대표지인 경남 밀양에서 차로 30분가량 떨어진 곳에는 대단위의 태양광발전단지가 있다. 2009년 5월 말 공식 준공한 삼랑진태양광발전소로 1만 7,172장에 달하는 태양광모듈판이 4만 ㎡ 용지를 빼곡히 덮고 있다.

삼랑진태양광발전소는 효성이 설계·구매·시공을 맡아 총 3MW 규모로 완공됐다. LG솔라에너지가 충남 태안에 14MW급 태양광발전소를 완공하기 전까지만 해도 국내 최대를 자랑했다.

삼랑진태양광발전소에서 생산하는 3MW 전력은 밀양시의 3만여 가구 중 2천여 곳에 공급할 수 있는 양이며 연간 800KL 유류를 대체하는 효과가 있는 것으로 예상하고 있다. 또 여기서 나오는 전력을 한국전력에 판매해 연 25억 원의 수입을 기대하고 있다. 국내에서 태양광발전 열풍은 비단 삼랑진뿐만이 아니다. 국내 기업들은 고유가를 대체할 새로운 에너지원을 찾는 과정에서 태양광에 주목하기 시작했다. 에너지관리공단 신·재생에너지센터에 따르면 2008년 태양광을 통한 국내 발전 용량은 39.2MW(가정용 등 자가발전 제외)에 그쳤지만 2009년까지 170MW에 이르고 있다. 정부가 설치비의 50%를 지원해주는 자가발전용을 포함하면 200MW가 넘는다. 하지만 이는 국내 총 전력생산량의 0.3%에 불과한 수치다.

에너지관리공단 관계자는 "신재생에너지로 분류되는 11개 에너지원 가운데 올 생산목표치를 달성한 것은 태양광이 유일하다"면서 "당초 연말까지 180MW를 계획했는데 이미 200MW를 넘겨 목표를 초과 달성했다"고 밝혔다. 태양광이 폭발적인 인기를 얻고 있는 이유 무엇보다 태양광시장에 대한 전망이 좋기 때문이다. 전 세계 태양광시장 조

25) 〈매일경제〉 2008.7.29, 김병호 기자, "태양광발전, 삼성·LG도 주력사업… 1년 새 300% 성장".

144

〈그림 3-12〉 태양광 밸류체인에 뛰어든 국내 기업

폴리실리콘	잉곳·웨이퍼	태양전지(셀)	모듈	시공 서비스
동양제철화학	실트론(LG계열)	현대중공업	현대중공업	현대중공업
KCC	SKC	LG전자	LG전자	LS산전
LG화학	코오롱(박막형)	한화석유화학	삼성SDI	LG솔라에너지
웅진폴리실리콘		STX솔라		효성
삼성석유화학		삼성전자		삼성에버랜드

출처: 〈매일경제〉 2008. 7. 29, 김병호 기자, "태양광발전, 삼성·LG도 주력사업 … 1년 새 300% 성장".

사업체로 유명한 독일의 '포톤컨설팅'에 따르면 1999년부터 2007년까지 9년 동안 태양광산업은 연평균 48%의 고속성장을 이뤘다. 2006년 태양광발전 규모는 2,536MW였는데 2008년에는 두 배에 가까운 4,279MW로 늘어났다. 오는 2010년까지 23GW가 넘을 것으로 예측하고 있다. 최근 삼성경제연구소는 태양광이 석유나 석탄 등 화석연료와 대등한 경제성을 갖는 시기를 일본은 2010년, 미국은 2015년, 한국은 2020년께가 될 것으로 예측하기도 했다. 기업들이 태양광에 매달리는 것은 신재생에너지라는 효용 외에 부가가치를 키울 수 있는 산업 연관 효과가 크기 때문이다. 규소를 정밀 가공해 만든 폴리실리콘을 시작으로 잉곳과 웨이퍼를 거쳐 셀과 모듈을 만든 뒤 시공에 이르는 일관된 밸류체인(가치사슬)에서 기업들은 저마다 수익을 창출해낸다. 폴리실리콘을 생산하는 동양제철화학은 올해 들어 수조 원에 달하는 공급계약을 해외 기업들과 체결했다.

국가적으로도 태양광발전은 온실가스 감축은 물론 기술 축적과 고용창출 효과까지 높아 국가적으로 추진하고 있는 핵심적인 분야이다. 지식경제부 산하 태양광사업단의 임희진 사무국장은 "국내 태양광시장은 오는 2015년까지 5900만 t의 이산화탄소 발생을 줄이고, 78만 명의 고용을 창출하는 등 산업효과가 다른 신재생에너지보다 우수하다"고 밝혔다.

이러한 분위기 속에서 국내 기업들도 태양광사업에 속속 뛰어들고 있다. LG그룹은 반도체를 만들어온 LG전자가 셀과 모듈을, LG화학이 폴리실리콘을, 실트론이 웨이퍼를 생산하는 등 역할 분담의 수직계열화 구도를 구축하였다. 삼성그룹 또한 태양광 사업에 대한 수직계열화 구도를 완성했다. 삼성석유화학 등 유화계열사가 폴리실리콘을 맡고, 삼성전자(셀), 삼성 SDI(모듈), 삼성에버랜드, 삼성물산(설치·운영) 등이 참여하는 형태다. 에버랜드는 오는 9월 경북 김천시 어모면 옥계리 58만 m^2 용지에 18MW급 태양광발전소를 짓는 데 총 1,410억 원을 투자하기로 했다. 삼성물산 상사부문은 전남 진도군 고군면 일대 8만 6천 m^2 용지에 3MW급 태양광발전소인 '솔루채 진도'를 완공하고 본격적인 전력생산에 들어갔다. 솔루채 진도는 삼성물산이 건설한 첫 태양광발전소로 향후 삼성이 공급하는 태양광 신소재 성능을 직접 테스트하고 검증할 수 있는 시스템을 갖췄다는 점에서 의미가 크다. 이 외에도 현대중공업, 한화석유화학, 웅진폴리실리콘 등 대기업들도 자가 업종과 관련하여 태양광 분야에 속속 진출하고 있다.

6) 전망[26]

현재 태양광 발전의 세계시장은 빠르게 성장하고 있어 작년 1995년 이후 연평균 33% 이상의 성장세를 보이고 있으며 중장기적으로 매우 유망한 분야로 손꼽히고 있다. 지난 2007년 9월 그린피스 및 EPIA(*European Photovoltaic Industry Association*)가 공동으로 발표한 보고서에 따르면, 태양광 발전은 향후 7년 안에 비용 경쟁력을 높여 2030년에는 연간 3천 억 유로가 넘는 시장규모를 구축할 것이라고 전망했다.

26) 〈한국재경신문〉 2008. 4. 7, 김동한 기자, "미래를 위한 선택, '신재생에너지사업'"; 〈한국경제〉 2007. 1. 1, 김선태 기자, "이제 신재생 에너지다 - (2) 꺼지지 않는 불 '태양': 발전단가, 화력수준까지 '뚝'… 경쟁력 충분".

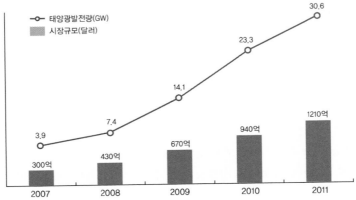

〈그림 3-13〉 세계 태양광 발전량 및 시장규모 전망

출처: 〈세계일보〉 2008. 6. 2, 하동원 기자, "고유가시대 태양광산업 '활활' … 청정에너지로 각광".

2030년까지 태양광 발전 산업은 650만 건의 고용을 창출할 것이며, 세계 전력 수요의 9.4%를 채우는 등 연간 3천 억 유로의 매출을 올릴 가능성이 있다고 예측된다. 이처럼 태양광 발전 산업의 성장가능성을 높이 평가했다.

1998년 이래, 태양광 발전시장은 연평균 35%의 높은 성장세를 계속 유지하고 있으며 현재는 연간 90억 유로를 넘는 시장규모에 이르렀다. 2006년 태양광 발전시스템의 설비 발전능력은 2000년 1,200MWp (메가와트피크)로부터 크게 발전되어 합계로 6,500MWp에 이르렀다. EPIA의 빈프리트 호프만(Winfried Hoffmann) 씨는 "지금부터 2010년까지 세계의 태양광 발전 산업은 140억 유로의 투자를 실시해 2015년까지 최종 소비자에게 경쟁력 있는 전기요금을 설정할 수 있을 것이다"고 말했다.

태양에너지 연구소로서 세계적인 권위를 갖고 있는 독일 프라운호퍼 태양에너지시스템 연구소의 아이케 베버 소장은 이제 태양광 발전은 일부 지역에서는 정부 보조 없이도 충분한 경쟁력을 갖추기 시작했다고 강조했다. 태양광이 좋은 캘리포니아에서는 정오부터 오후 6시까지 피크타임 때 태양광의 발전단가가 KWh당 25센트로 KWh당 33센트 안팎의 비용이 드는 일반 발전 방식보다 8센트 가량 오히려 더 싸다는 게 그의 설명이다. 베버 소장은 캘리포니아에서는 하루 24시간을 평균해도 태양광 발전의 단가가 일반 발전 단가와 큰 차이가 나지 않는 수준까지 떨어졌다고 지적했다.

또한 베버 소장은 솔라셀을 건물 옥상이나 지붕, 벽 등에 설치할 경우 추가적인 공간을 확보할 필요성이 없고 전지판의 원료인 실리콘은 무한정 공급할 수 있다는 점도 태양광 발전만이 가진 장점이라고 꼽았다. 그는 한국에서 태양에너지가 자리 잡는 데에는 초기에 정부의 적극적지원이 필수적이라며 독일에서 관련법이 제정된 후 태양광 발전설비의 수요가 매년 100% 가까이 늘어났다는 점에 주목해야 한다고 강조했다.

3. 핵융합(Nuclear Fusion)

1) 핵융합이란?[27)]

차세대 에너지 혁명기술로 주목받고 있는 것이 인공태양으로 비유될 수 있는 핵융합(核融合, *nuclear fusion*) 기술이다. 인공태양이라고 명명되는 기술인만큼 태양이 핵융합을 이용해 에너지를 내고 있는 것을 과학자들이 조건이 다른 지구에 적용시킨 기술이라고 보면 되지만 아직까지 학술단계를 벗어나지 못하고 있다.

핵융합은 태양과 같이 1억 도($°C$) 이상의 플라즈마 상태를 조성하여 4개의 수소원자핵을 합쳐서 하나의 무거운 헬륨 원자핵으로 바뀌는 과정에서 나오는 에너지를 이용하여 대량의 전기를 생산하는 방식이

---

27) Nuclear Fusion, en. wikipedia. org; http://www. iter. org

148

〈그림 3-14〉 핵융합 과정

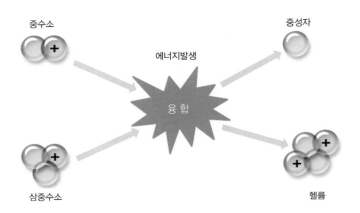

다.28) 가벼운 원소를 합쳐서 발생하는 에너지를 이용한다는 것이 우라늄이나 플루토늄을 쪼갤 때 나오는 에너지를 이용하는 현재의 핵분열 기술과의 차이점이다.29)

　먼저 반응을 일으키기 위해 1억 ℃ 이상의 온도가 되어야만 한다. 우리는 기본적으로 물질의 상태가 고체, 액체, 기체로 형상화되고 있는 것은 알고 있다. 우리가 가정하고 있는 1억 ℃라는 상상할 수 없는 온도하의 상태에서 전자와 핵이 분리되어 불규칙하게 움직이게 되는 제4의 물질상태인 플라즈마가 만들어지는데 오로라나 번개, 형광등에서 흔히 볼 수 있는 현상이다.30)

　하지만 이 플라즈마 상태만으로는 핵융합반응이 일어나지 않는다.

---

28) 〈매일경제〉 2007. 9. 4, 김은표 기자, "인공태양 KSTAR: 1억℃ 핵융합이 에너지혁명 이끈다."

29) 〈연합뉴스〉 2008. 6. 24, 윤석이 기자, "대체에너지를 찾아라: ③인공태양 '핵융합발전'".

30) 〈매일경제〉 2007. 9. 4, 김은표 기자, "인공태양 KSTAR: 1억℃ 핵융합이 에너지혁명 이끈다".

분리되어 있는 원자핵들끼리 서로 충돌할 수 있도록 고온으로 가열시키는 것이지만, 플라즈마는 워낙 고온이기에 지금의 기술력으로나 자원으로나 견딜 수 있는 반응로가 개발되어 있지 않기 때문에 이 고온 상태에서는 반응로를 녹일 수 있고, 이온 입자들이기에 초전도 자석의 강한 자기장을 통해 상태를 유지하기 위한 토카막이라는 장치가 필요하다. [31]

2) 국내외 연구현황[32]

핵융합 연구국가들의 계획이나 현황을 살펴보면 다음과 같다.

(1) EU

초대형으로 EU가 건설한 토카막 JET에서 1991년 중수소(D):삼중수소(T)를 9:1의 비율로 섞은 혼합연료를 사용한 D-T핵융합 실험을 성공시킴으로써, 그 당시로서는 획기적인 결과로서 약 2MW라는 핵융합에너지를 보여주었다. 1997년에는 D-T혼합비율을 각각 절반씩으로 한 실험에서 16MW의 에너지를 발생시켜 최근 우리나라 KSTAR가 내놓은 결과가 나오기까지 기록을 유지하고 있었다.

(2) 일본

미국과 EU가 저마다의 토카막 장치들을 건설하여 핵융합 실험을 진행시킬 무렵 일본도 1985년에 JT-60을 완공시켜 1991년에는 JT-60U로 개조된 형태를 가동시키기 시작했다. 그리고 마침내 1998년에 JT-

---

31) 경향닷컴, 2007. 5. 21, 홍인표 기자, "中 인공태양으로 '무한 에너지' 꿈".
32) http://www.nfri.re.kr; http://www.iter.org; http://www.newans.org

60U에서 핵융합실험을 위해 투입한 에너지와 반응 후 출력된 에너지가 같은 경우인 에너지 분기점을 증명하였다. 핵융합연구 선진국들 중의 하나인 일본은 대기업을 중심으로 연구를 진행중이며 이를 지원하기 위하여 지금까지 1,100억 원을 투자하던 것을 앞으로는 크게 확대시킬 전망이다.

(3) 미국

1982년에 완공되어 미국이 선보인 TFTR(*Tokamak Fusion Test Reactor*)은 1994년에 플라즈마 온도 3억 ℃ 및 D-T비율이 5:5인 혼합연료를 이용해 11MW 핵융합에너지를 달성하여 91년 EU의 JET에서 발생시킨 에너지량보다 훨씬 큰 에너지를 발생시킨 것으로 기록을 남겼다. 2003년에 '핵융합에너지 개발 계획'을 수립하여 영국과 마찬가지로 35년 이내에 DEMO 실증로를 통해 전력을 생산하려는 계획을 가지고 있으며 지금까지 약 2,500억 원 정도를 투입하던 것을 앞으로는 늘려나갈 전망이다.

(4) 러시아

러시아는 1951년 구소련의 물리학자 안드레이 사하로프와 이고르탐이 토카막 장치를 설계한, 세계 핵융합 실험에서 선구자인 국가이다. 1968년 T3 토카막의 성공적인 실험으로 지금까지 우리나라를 포함해서 같은 연구를 수행중인 국가의 핵융합 실험에서 가장 기본적인 장치로 자리매김하였고 세계 핵융합 연구 초기부터 유럽, 미국과 함께 연구개발에 중심 국가로 참여해 왔으며, 현재 진행중인 ITER 프로젝트에서도 핵심 축을 담당하고 있다.

(5) 중국

2006년 EAST를 설계하고 방전실험에 성공하여 우리나라 KSTAR와 더불어 가동중인 국가이기도 한 중국은 뒤늦게 ITER사업에 뛰어든 국가라고 볼 수 있다. 중소형 상전도 토카막인 HL-1M을 운영과 실험을 반복하여 진행하고 있고, 1995년 독일에서 들여온 중형 ASDEX토카막을 새로이 개조하여 2002년 12월부터 가동을 시작하였다.

(6) 인도

1970년 기초 플라즈마연구를 시작으로 다른 국가들과 비슷하게 출발은 했지만 아직 이렇다 할 성과를 내지 못하고 있는 인도는 1980년에 필요한 실험을 수행할 수 있는 ADITYA라는 작은 규모의 토카막 설계에 들어가 1986년에 비로소 시운전을 시작하게 됨으로써 첫발을 내딛었다. 그리고 1995년 Steady-State Tokamak-1(SST-1) 프로젝트를 시작하여 2005년 조립을 끝내고 본격적인 가동에 착수함과 동시에 ITER에 가입하여 공동목표를 위한 연구에 돌입했다.

(7) 한국

ITER에 중국, 인도와 함께 뒤늦게 가입함으로써 세계와 어깨를 견줄 수 있게 되었고, 지난 1995년 건설을 시작한 인공태양 실험로인 KSTAR의 진공 용기, 초전도 자석, 전류 인입 장치 등 주요 부품이 설치되었고 최종적으로 진공 누설 검사와 진공 배기 공정의 단계를 거쳐 완성되었다. 이는 2008년 6월부터 본격적으로 가동되어 2015년까지 ITER의 시험 장치로서 각종 데이터 형성 등의 역할을 하게 된다. 또한 2015년 ITER 가동 이후 핵융합발전소 상용화 연구의 원천기술을

바탕으로 2025년까지 우리나라의 핵융합 발전소 상용화에 기본 모델
이 될 것이다.

---

3) 장단점 및 보완점

고갈되어 가는 화석연료 대신 무한정으로 공급 가능한 신에너지를 개
발하기 위해 전 세계가 각축전을 벌이고 있다. 핵융합의 대표적인 장
점은 무엇보다도 쉽게 구할 수 있는 원료를 가지고 많은 양의 에너지
를 생산할 수 있다는 점이다.

   좀더 구체적으로 말하면, 원료가 되는 중수소와 삼중수소는 각각 바
닷물과 리튬에서 무한정으로 공급이 가능하기에 우리나라에는 안성맞
춤의 조건이 되며, 핵융합원료 1g으로 석유 6,000L의 열량 또는 시간
당 10만 KW의 전력 생산을 가능케 하는 장기적인 관점에서 연구가 성
공한다면 고효율 에너지라는 점이다.

   해수는 지구 표면의 70% 이상을 차지하고 있기에 화석연료처럼 자
원의 편중됨이 심하지 않아 자원분쟁과 이로 인한 군사적인 대응문제
가 발생할 가능성이 없는 평화적인 에너지라고도 평가할 수 있을 것이
다. [33]

   그리고 핵융합 기술은 안전하다고 하는 원자력 발전에 비해 100%
의 안전성을 가지고 있다는 점, 많은 에너지를 오랫동안 공급할 수 있
다는 점에서 그 의의가 있다. [34] 그 외에 이산화탄소를 발생시키지 않
고, 원자력의 0.04%에 불과하며 길어도 100년 내에 재활용이 가능한
방사성 폐기물만을 발생시키는 청정에너지로서 원자력 발전에서 발생
할 수 있는 폭발이나 누출 위험이 제로라는 점에서도 의의가 있다. [35]

---

33) 헤이 코리안, 2008. 9. 15, 최용국 기자, "'인공태양 꿈 밝히다"; 〈국민일보〉,
    2000. 11. 16, 김남웅 기자, "'인공태양 지구의 마지막 에너지원".
34) 〈국민일보〉 2000. 11. 16, 김남웅 기자, "'인공태양 지구의 마지막 에너지원".

　그러나 아직 연구단계에 있기에, 이 기술의 상용화를 위해 발전소를 만드는 기술을 이룩하지 못했다는 점이 문제다.

　설령, 계획대로 2050년에 발전소를 건설했다 하더라도 직면하게 되는 또 하나의 문제점은 경제성에 관한 문제이다. 아직 제대로 된 발전소라고 할 수 있는 시설이 있는 것은 아니지만 이 새로운 기술을 적용시키는 데 여타 발전소보다 많은 고정비용이 들 것이라는 점을 추측해 볼 수 있다.

　이와 관련해 ITER 한국사업단장인 이경수 박사는 "현재, 문제는 전기를 생산하는 데 있어서의 효율성이기에 원자력발전이 불과 몇 십 원으로 전기를 생산하고 있는데 반해 핵융합에너지 경우 10배의 단가를

〈그림 3-15〉 세계의 핵융합 에너지 연구 장치

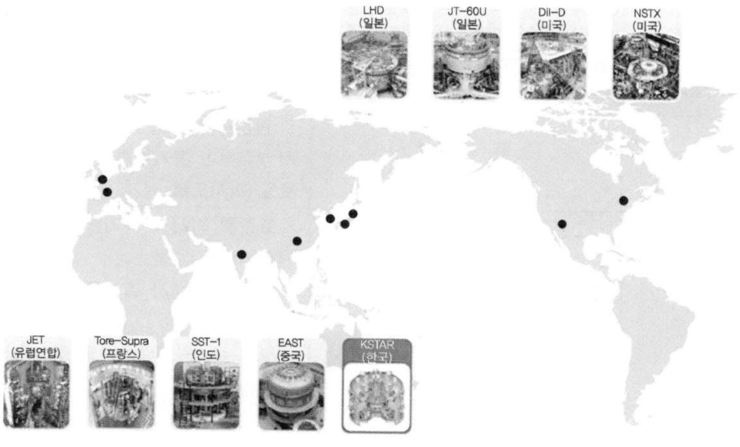

LHD (일본)　JT-60U (일본)　DII-D (미국)　NSTX (미국)

JET (유럽연합)　Tore-Supra (프랑스)　SST-1 (인도)　EAST (중국)　KSTAR (한국)

핵융합에너지 상용화 가능성 검증
● 유럽의 JET: 세계 최고의 핵융합에너지 방출(16MW), 1997년
● 일본의 JT-60U: 에너지 분기점(Q=1)초과 달성(Q=1.25), 1998년
　Q값=투입에너지 대 산출에너지의 비율

출처: 국가핵융합연구소, http://www.nfri.re.kr/

35) 〈전자신문〉 2007. 10. 24, 박주식 KSTAR센터장, "테마기획: 지구에서 만나는 태양E '핵융합'".

보이기에 적어도 100원 아래로 떨어져야 한다"고 언급했다.

마지막으로, 아직 1억 ℃ 이상의 플라즈마를 가둘 수 있는 물질이 없기에 환경조성을 위한 물질개발에도 나서야 함은 두말할 나위가 없는 듯하다.[36)]

〈표 3-3〉 원자력발전과 핵융합발전 비교

구분	원자력발전	핵융합발전
개념	핵분열에너지 이용	핵융합에너지 이용
연료	우라늄, 플루토늄 등	중수소, 삼중수소 등
연료가격	킬로당 900달러, 연간 540억 원	중수소: l당 약 10만 원 (연간 5천만 원)
에너지방출량	농축우라늄 1kg은 석유 50t, 석탄 100t	원자력 발전의 4.5배
안전성	· 99.9%이상 안전 · 일반적 고장에는 매우 안전하지만 통의 고장 등 통제 불능 때 심각해질 가능성 잠재	· 100% 안전 · 연료가 가스 상태로 공급되기 때문에 노심에는 3~5초간 장치를 가동시킬 수 있는 연료만 들어 있음 · 원전사고와 같은 대규모 에너지 유출이 불가능하며 자발적으로도 꺼지도록 설계
폐기물	· 고준위 방사성 폐기물 · 주요 구조물은 영구적으로 폐기해야 함. (연간 100만KW 발전소당 25t 생성)	· 고준위 방사성 폐기물 원천적으로 없음. · 핵융합 중성자 발생으로 처리가 용이. (방사능량: 원자력발전의 0.04%)
건설비 (100KW)	약 20억 달러 (한국형 경수로 기준)	약 40억 달러 (상용화시 비용절감 가능)
폐로	· 건설비의 약 1.5~2배 소요 · 수명: 평균 30년	· 일반설비 해체와 비슷 · 수명: 평균 40년 추정

출처: 〈디지털타임즈〉 2009. 3. 8, 안경애 기자, "알아봅시다: 원자력발전 vs 핵융합발전".

---

36) 〈한겨레〉 2007. 11. 1, 오철우 기자, "20년 뒤 '인공태양' 가시화 … 에너지혁명 일어난다".

4) 해외 사례

(1) 중국

중국정부는 자체 연구제작에 성공한 '완전 초전도 토카막 핵융합 실험 장치'(EAST)가 첫 방전실험에 성공했다고 밝혔다. 이는 태양이 에너지를 발하는 원리와 같은 열 핵융합 반응을 통해 탄소를 배출하지 않고, 저준위 방사능 폐기물만을 가지기에 '인공태양'이라고 불리고 중국이 세계에서 최초로 가동하고 있다고 전해졌다. [37]

　중국 과학원 플라스마 물리 연구소 연구원 완우엔시(万元熙)는 발전이 가능할 것으로 보는 시점에 대해서는 30~50년 후라고 답했다. 그는 여기에 덧붙여 과거에는 수소폭탄 폭발로 말미암아 핵융합 반응이 현실화 됐으나 제어할 수 없다는 문제점으로 반쪽짜리였던 기대였던 반면에, 지금의 실험 설비는 반응을 제어할 수 있는 수준이라고 밝혔다. 중국이 자체적으로 제작한 EAST는 운행시간이 세계에서 가장 긴 핵융합 변환 실험 설비이다. [38]

5) 국내 사례

(1) KSTAR[39]

아직은 걸음마 단계이지만 우리나라도 KSTAR(초전도핵융합연구장치)를 통해 과도한 에너지 수입의존도를 낮추기 위해 연구에 박차를 가하고 있다. [40] 이러한 연구 진행의 과정에서 차세대 핵융합 실험장치인

---

37) 〈한겨레〉 2006. 9. 29, 베이징AP연합, "중 '인공태양' 방전실험 성공".
38) 〈내일신문〉 2007. 10. 21, 新華网, "중국 인공태양, 30~50년 후 발전 가능", china. com. cn.
39) KSTAR, en. wikipedia. org; http://www. nfri. re. kr

KSTAR가 드디어 디딤돌을 내딛게 되었다. 토카막 장치인 KSTAR는 세계 최초로 플라즈마 발생에 성공해 전류 133킬로암페어(KA), 온도 200만 ℃에서 249밀리초(ms) 동안 유지하는 데 성공했다. 100KA 플라즈마 전류와 100ms라는 당초 목표치를 가볍게 뛰어넘은 성과였다. 이는 우리나라가 핵융합 연구에서 앞서나가는 계기가 되었다.

ITER의 25분의 1 규모의 KSTAR는 국제 협력연구의 한 구성원으로서 ITER가 완성될 때까지 필요한 연구데이터 제공 및 공유를 하는 데 있어 제공원이 되며 우리나라에 맞는 핵융합로 건설에도 많은 역할을 하게 된다. 미국, 일본, 러시아, EU 등 다른 참여국들과 함께 공동연구 참가자로서 국제 핵융합 실험로(ITER)를 추진중인 상황에서 같은 초전도 재료인 니오븀주석합금(Nb3Sn)을 사용하여 성공함으로써 한 걸음 더 나아가게 되었다.[41]

(2) ITER[42] 공동개발사업

ITER(*International Thermonuclear Experimental Reactor*)은 우리나라를 포함한 EU, 일본, 미국, 러시아, 중국, 인도 등 7개국이 참여하는 국제 협력연구 형태의 국제 핵융합 실험로이다. 이는 프랑스 카다라쉬에 2015년 완공목표로 추진되는 핵융합 프로젝트이고 여기에 우리나라가 참여하게 됨으로써 운영 및 상용화에 필요한 관련 기술을 주도적으로 수행하며, 관련국들과 공유를 통해서 연구기술을 증진시킬 수 있게 되었다.

2003년 6월 ITER에 가입하여 2006년 11월 공동이행협정에 서명함

---

40) 〈매일경제〉 2007. 9. 4, 김은표 기자, "인공태양 KSTAR: 1억℃ 핵융합이 에너지혁명 이끈다".
41) 〈한국경제〉 2008. 7. 18, 황경남 기자, "한국의 인공태양 'KSTAR' 불꽃 밝히다".
42) ITER, en. wikipedia. org; http://www. iter. org

으로써 우리나라도 더 이상 국제적 이슈와 기술에 관한 부분에서 후발 주자가 아닌 (KSTAR 실험 성공 이후) 선두주자로 나서게 됨에 따라서 역대 정부에서 추진해 왔던 과학강국 코리아라는 타이틀을 획득하고 국제적 위상을 제고할 수 있는 기틀을 마련하게 되었다.

ITER사업은 현재 해결하지 못하고 있는 핵융합의 상용화와 실용화를 위해서 최종 공학적 검증 사업이다. 건설단계에서만 약 51억 유로가 투입되는 역사상 유래를 찾을 수 없는 막대한 규모의 사업이며[43] EU가 전체 사업비의 46%를 부담하고 나머지 6개 국가들이 각각 9%씩을 분담하게 된다. 현금으로 출자를 해서 수행하는 것이 아닌 78% 정도를 각국이 할당받은 장치를 제작하거나 조달을 통해 조립·완성하는 방식을 채택하고 있다.

6) 전망[44]

우리나라가 세계에서 가장 진보된 실험결과를 내보인 건 KSTAR를 통해서이다. 이는 독자적으로 토카막 장치개발과 이로 인한 부품, 설비의 최첨단화를 이끌어냈다.

이와 관련해 과학기술부 이상목 기초연구국장은 "세계 최고 성능의 초전도체 개발기술로 710억 원 규모의 국내 생산유발 효과를 기대할 수 있고, 국제 핵융합실험로를 제작하고 있는 시점에서 우리에게 할당된 만큼의 부품 공급을 통해 KSTAR 부품제작에 참여했던 기업체들의 경쟁력 강화는 물론 이를 기반으로 하는 신성장 동력산업 창출의 기반을 마련했다"고 밝혔다.

핵융합 반응을 위해서 필요한 원료 중에 하나인 중수소는 무한정으

43) 한국경제국가핵융합 연구소(http://www.nfri.re.kr), 2008.7.18, 황경남 기자, "한국의 인공태양 'KSTAR' 불꽃 밝히다".
44) 〈전력신문〉 2007.9.17, 양현석 기자, "꿈의 에너지 '핵융합'시대가 열린다".

로 공급이 가능하기에 삼면이 바다로 둘러싸인 우리나라의 지정학적 요인이 중요한 역할을 할 것이다. 핵융합 상용화로 온실가스는 급격히 감소할 수 있을 것이고 원자력 발전에 비하면 턱 없이 낮은 소량의 폐기물 발생은 환경을 위한 기술이지만 환경 유지비용이라는 것을 필요로 하는 구조를 점차 없애 나갈 수 있을 것이다.

이는 환경단체를 중심으로 하는 여러 이익단체들의 반대를 불식시키고 나라 전체의 합의를 이끌어 낼 수 있기에 사회적 비용을 줄이고 신뢰성을 높임에 따라 정부와 국민이 동반자의 관계로 나아갈 수 있을 것이다. 이러한 분위기 속에서 2040년대에 상업용 핵융합발전소 건설

〈그림 3-16〉 핵융합 실용화 파급효과

차세대 국가성장
동원력으로의 역할

2040년대 이후
미래성장동력원
으로 기대

국가 에너지
자립을 통한
에너지 안보 확보

경제적 가치 이상의
국가 최우선 과제

플라즈마 응용 등
신산업 창출

핵융합 실용화 파급효과

환경적,
사회적 비용 절감

이산화탄소 등
온실가스 무방출,
고준위 폐기물
무발생

초고온, 초전도,
극저온, 고진공 등
극한 기술
활용분야의
기술 경쟁력 강화

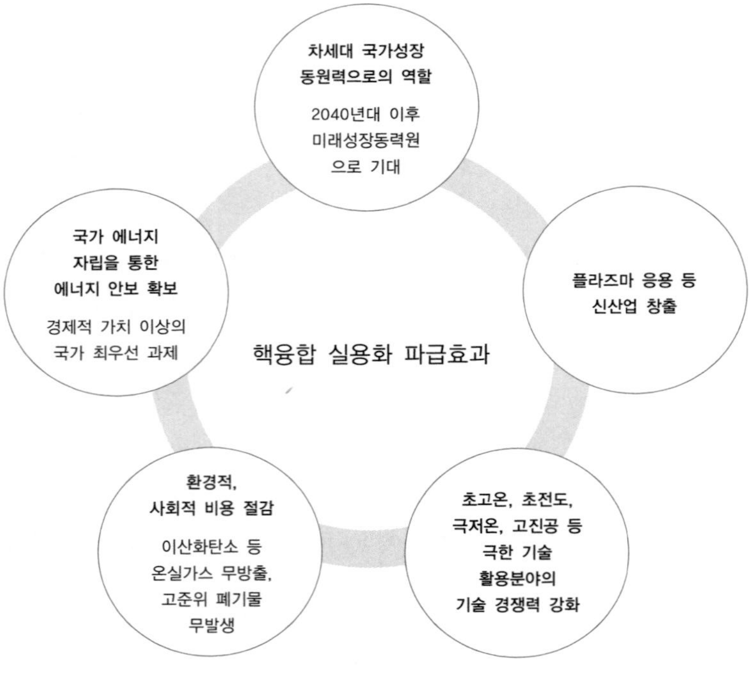

출처: 국가핵융합 연구소 http://www.nfri.re.kr/

을 위해 원천기술을 조기에 발견하고 이로써 안전성을 바탕으로 한 핵융합기술을 통해서 에너지 안보의 초석을 닦는 데 큰 어려움이 없을 것으로 전망된다.

2050년대에 핵융합에너지의 시대가 펼쳐지면 국내 전력 수요의 30% 이상을 공급하게 될 것이고 선진국과 대등한 관계 속에서 진행된 연구결과를 원천기술로 보유할 수 있게 됨에 따라서 세계 곳곳에 발전소를 건설하는 데도 참여할 수 있는 조건을 갖추게 될 것이다.

4. 수소에너지(Hydrogen Energy)[45]

1) 수소에너지 정의

수소에너지 (*Hydrogen Energy*) 란 수소(H_2)의 형태로 에너지를 저장하고 석유를 대체할 수 있는 에너지다. 그리고 수소에너지 기반의 경제를 수소경제라고 부른다. [46] 수소경제란 화석에너지 (탄소) 경제에 대응하는 새로운 개념이다. 하지만 수소경제는 물을 분해하면 생기는 수소원소를 동력원으로 이용하기 때문에 화석에너지경제에서 발생하는 여러 문제점을 해소할 수가 있다. [47]

수소를 산소와 화학적으로 결합시키면 물이 형성되고 엄청난 양의 에너지가 방출된다. 수소는 연소되어도 산소와 반응하여 물로 환원되고 수소 가스의 제조·저장·사용의 각 단계에서 기술이 새로이 개발되고 있다. 수소는 물을 전기분해하면 쉽게 얻어지지만 최고 40%정도만이 발전효율로 발생하고, 열에너지의 약 30%만이 수소에너지로

---

45) Hydrogen Economy, en. wikipedia. org; http://www. ipde. net

46) 〈전자신문〉 2009. 1. 18, "수소경제시대의 도래".

47) 〈디지털 타임스〉 2005. 5. 3, "이덕환의 과학세상: 수소의 정체는".

〈그림 3-17〉 수소경제 구도

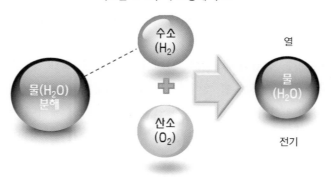

전환된다. 48) 그리고 수소를 이용할 경우 같은 양의 화석 연료에 비해
2배 이상의 에너지가 발생할 수 있다. 수소에너지는 사용에 따라 발생
되는 오염을 일으키는 물질이나 온난화 현상을 발생시키는 물질도 없
기에 최고의 청정에너지로써 주목받고 있다. 49)

2) 수소에너지 기술의 원리50)

수소에너지 발생효율을 올리는 방법으로는 열화학 분해법이 자주 사용
되고 있다. 열화학 분해법이란 수소가 화학반응의 평형이 온도에 따라
서 분해되는 성질을 활용하여 물을 온도가 다른 2개의 열원을 이용하
여 분해하는 방법이다.

　수소에너지에서 수소 저장법은 수소에너지를 사용하는 데 있어서
가장 중요한 기술이라고 할 수 있다. 오늘날에는 수소의 저장법으로
금속 산화물에 흡착을 이용한 방법이 가장 유망하다. 마그네슘과 같이
금속 중에는 수소를 잘 흡수하는 금속수산화물이 들어 있는데, 이와

---

48) 최재중의 인터넷 교실, http://www.teachmate.co.kr/energy/menu1-13.
49) 〈디지털 타임스〉 위의 글.
50) 최재중의 인터넷 교실, 위의 글.

같은 금속을 수소저장합금이라고 한다. 수소저장합금은 일정량의 열을 가하였다가 압력을 감소하게 되면 흡착이 되어있던 수소가 다시 방출하는 특성이 있다. 따라서 수소를 잘 흡수하는 금속분말을 이용해서 흡착하여 수송하거나 저장하기란 그리 어려운 문제가 아니다. 수소저장합금을 사용할 경우 수소가스를 저장하는 경우보다 1/3~1/5정도로 부피를 줄일 수 있고, 폭발될 염려도 없으므로 가장 안전성이 높아 선호 대상이 될 수 있는 방법이다.

3) 수소에너지 기술 및 활용 분야

(1) 수소에너지의 기술[51]

수소에너지를 사용하기 위한 기술은 제조 및 분리, 저장 및 응용기술 등이다. 우선 제조 분리기술에서 물로부터 수소를 발생시키는 기술은 태양광, 풍력 및 기타 대체에너지 등을 이용해 전기분해를 하는 것이 기본적인 방법이다. 더 나아가 산화물과 화합물, 염화물 등을 저온 열분해하거나 금속산화물을 이용하는 광촉매방식, 혐기발효와 광합성을 이용하는 바이오방식 등이 연구되고 있다. 하지만 이러한 대부분의 기술이 실용성 측면에서 아직은 실행되고 있지 않은 상태이다.

다른 수소 제조 기술인 화석연료로 제조하는 수증기 개발방식은 현재 실행되고 있으며, 반응기나 플랜트건설을 통한 기술도 미국은 이미 상용화 한 상태이며, 촉매, 반응기를 사용하는 고온열분해 방식은 현재 미국 등에서 개발중이다. 최고의 순도 수소를 제조하는 수소정제기술은 이미 기술 선진국들이 확보하고 있는 현실이다.

또 다른 수소에너지의 핵심 기술인 수소 저장기술에서 이산화탄소

51) EBN뉴스센터, 이창환 선임연구원, "미래의 무한 에너지 수소, '수소경제권' 실현".

를 이용한 메탄올 저장 및 에탄올 합성저장법은 이미 사용하고 있는 기술이다. 물리적 저장 기술인 액체저장법은 독일이 사용하고 있으며 고체저장법도 일부가 실용되고 있는 실정이다. 하지만 실질적으로 사용해야 하는 이용분야에서는 확립적인 기술이 존재하지 않아 수소에너지의 실용화를 저해하는 요소로 작용하고 있다.

〈그림 3-18〉 수소에너지 기술 개발 시스템

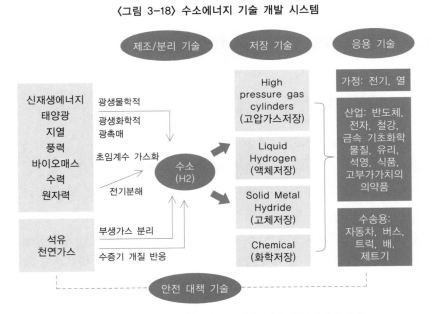

출처: EBN뉴스센터, 이창환 선임연구원, "미래의 무한 에너지 수소, '수소경제권' 실현".

〈표 3-4〉 수소에너지 기술의 개발 내용

대분류	중분류	기술개발내용
제조	물로부터 수소제조 (세계적으로 연구단 계임)	전기분해(SPE, 태양광, 풍력 등 대체전원이용 등)
		저온열분해(산화물, 유황화합물, 염화물, 불화물, 요오 드화물 등)
		광촉매(금속산화물, 페롭스카이트, 제올라이트 등)
		바이오(광합성 직·간접, 혐기발효, 과합성 발효 등)
	화석연료로부터 수 소제조	수증기개질(사용화 되어 있음)
		플라즈마 개질(반응기, 플랜트 건설) - 미국 상용화
		고온열분해(이론정립, 촉매, 반응기) - 미국 개발단계
	수소정제	고순도 수소 제조(PSA, MH이용 등) - 선진국 기술 확립
저장	물리적 저장	기체저장(상용화 되어 있음)
		액체저장(저장용기, 극저온 연구 등) - 독일 상용화
		고체저장(재료, 고용량저장, 무게 등) - 일부 상용화
		CNT(재료, 합성, 공정기술 등) - 선진국 개발단계
	화학적 저장	CO_2 이용 메탄올, 에탄올 합성(상용화 되어 있음)
이용	이용	가정(전기, 열), 산업(반도체, 전자, 철강 등), 수송(자 동차, 배, 비행기) - 수소의 제조, 저장기술이 확립되 지 않아 실용화된 사례가 없음
	안전대책	역화방지 등

출처: 에너지관리공단.

(2) 수소에너지 기술 개발의 현황

① 해외현황

미국은 약 30년 후에 수소·연료전지가 현재 미국의 1일 석유수입량수준인 1,100만 배럴의 석유 수요를 대체할 것으로 예상하고 있다. 또한 미국은 향후 5년 동안 'Hydrogen Fuel Initiative'(수소인프라)와 'FreedomCAR'(연료전지차 연구파트너십)에 17억 달러를 투자할 계획이다. 미국은 '수소경제로의 이행을 위한 국가비전'을 발표(2001.11.)하였으며, 수소연료전지차를 포함한 자동차관련 기술개발 프로그램인 'FreedomCAR' 발표(2002.1.), "2003년 대통령 연두교서"에서 향후 5

년간 약 12억 달러를 투자하겠다고 발표하였다. [52)]

일본은 WE-NET project로 1993년부터 2020년까지 약 27년 동안 24억 달러를 투자하여 연구할 계획이다. 이러한 계획에 발맞추어 일본은 에너지 자급과 연료전지의 산업화를 위하여 자동차 및 가정용/건물용 연료전지 개발에 주력하고 있다. 일본은 2003년에 연료전지 자동차를 시판하였고, 6개의 수소스테이션을 시범설치 하였다. 그리고 2010년까지 연료전지 자동차 5만 대를 생산하고, 2020년 5백만 대를 보급할 계획이다. 그리고 2010년까지 가정용/건물용 연료전지 210만 KW, 2020년 1,000만 KW를 공급목표로 설정하고 있다. [53)]

독일은 German hydrogen energy project로 정부의 수소 및 연료전지 관련 기술개발에 1997년부터 25백만 DM, 2000년 31백만 DM을 투자하여 계속적인 연구에 투자하고 있다. 그리고 Hysolar project에서는 84.8백만 DM, 뮌헨공항 수소화 프로젝트로는 30백만 DM을 투자하였으며, 이를 통해 벤츠 자동차에서 수소에너지 자동차를 개발하여 시운전을 하였고, 태양에너지를 이용하여 수소제조공장 건설하고 수소엔진, 연료전지 시스템을 개발 하는 중이다.

그 밖에 프랑스, 영국, 중국, 이스라엘 등에서 수소에너지의 개발을 활발히 연구하고 있는 중이다. [54)]

② 국내현황

우리나라는 1980년대 후반까지 신재생에너지로서의 수소에너지 기술개발에 대한 인식 부족으로 인하여 전반적인 연구 수준은 기초 단계이다. [55)]

---

52) 한국 신재생에너지협회, "신재생분야/수소에너지/국내외 기술개발 현황 및 동향".
53) 위의 글.
54) 위의 글.
55) 에너지관리공단.

③ 수소에너지 기술의 활용 분야 사례

수소에너지는 산업용의 기초 소재로부터 일반 연료, 수소자동차, 수소비행기, 연료전지 등 현재 에너지시스템 전반, 거의 모든 분야에 걸쳐 사용이 가능하다.

a. 연료전지용 초소형 수소제조장치[56]

연료전지 핵심부품인 마이크로 수소제조장치가 국내에서 실용화됐다. 특히 기존 선진국 개발 장치보다 부피를 30% 이상 줄인 반면 성능을 50% 이상 향상시켜 가격경쟁력 확보가 가능하며 대량 생산기술이 개발될 경우 연료전지의 사용이 좀더 활발해질 것으로 예상하고 있다.

b. 연료전지/축전지하이브리드 추진 자동차 개발[57]

고분자 전해질 연료전지 시스템을 자동차의 동력원인 엔진에 적용하기 위한 기술로서 수소를 연료로 사용하는 진정한 의미의 무공해 자동차이다. 대우자동차에서 연료전지와 축전지를 조합한 하이브리드 형태의 동력원을 미니밴 레조에 적용하였으며, 최고속도는 125km/h까지 성능검사를 실시한 바 있다.

4) 수소에너지의 장 · 단점

(1) 장점

수소에너지는 미래의 궁극적인 에너지원으로 여겨진다. 수소를 태울 때 극소량의 질소가 생성되는 것을 제외하고는, 이산화탄소나 그 밖의 공해물질이 전혀 배출되지 않는다.[58] 수소는 가스 혹은 액체 상태로

---

56) 〈EBN뉴스〉 2005. 1. 26, 최정엽 기자, "연료전지용 초소형 수소제조장치 실용화".
57) 한국에너지기술연구원.

저장하여 수송할 수 있고, 산업용으로 혹은 자동차, 비행기 등 다양한 교통 분야에서 널리 사용될 수 있다. 또한 인구가 밀집된 도시에서 수소를 연료로 사용하면 환경오염 문제를 상당히 줄일 수 있다.

(2) 단점

수소에너지는 제조, 수송, 저장, 변환, 이용 등 모든 분야에서 해결해야 할 많은 문제점이 있다. 경제적인 제조법, 저장 및 수송법, 활용법이 해결해야 할 숙제로 남아있지만, 아직까지도 수소는 완벽한 청정원료가 아니다. 수소를 높은 온도에서 연소할 때 발생하는 엄청난 양의 수증기가 지구 온난화에 영향을 미칠 수 있기 때문이다.[59]

5) 시장 현황 및 기술수준 사례

(1) 해외 사례

① 일본
일본은 2020년까지 수소연료전지 자동차 5백만 대, 수소 충전소 3,500개 개설 등을 목표로 본격적인 수소 경제 시대를 준비하고 있다.

② 미국
미국은 '수소는 미국 청정에너지의 대안이다'라는 비전을 수립하고, 2030년까지 총 에너지 사용량의 10%를 수소로 공급하겠다는 계획을 세웠다. 또한 미국은 호주, 브라질, 캐나다, 독일, 프랑스, 일본, 한국 등 17개국이 참여하는 '수소경제 국제파트너십'(IPHE: *International*

---

58) 〈대전일보〉 2006. 1. 31, 이준기 기자, "미래청정 대체에너지 각광".
59) 위의 글.

Partnership for the Hydrogen Economy)을 창설했다. 수소경제 국제파트너십(IPHE)은 수소경제 구현을 위한 다자간 연구개발을 추진중이며, 2020년까지 수소전지 자동차가 경제성을 확보하는 것에 우선순위를 두고 있다. 또 수소 제조, 저장 및 수송기술, 수소충전 인프라 구축, 수소 연료 전지 개발, 보급에 관한 국제적인 표준화 및 규정을 마련하고 있다.

③ EU

EU는 매년 수소에너지 분야에 수십억 달러를 투자하고 있으며, 프랑스와 독일은 개별 국가 차원에서 투자를 병행하고 있다.

④ 캐나다

캐나다는 연료 전지 분야에서는 발라드(Ballard), 수소 저장 용기 분야에서는 다이네텍(Dynetek), 시험 장비 분야에서는 퓨엘셀텍(Fuel Cell Tech) 등과 같이 각 분야별로 세계 선두권에 속한 기업들이 연구개발을 진행하고 있으며, 정부와 기업들 간의 공동 프로그램을 통해서 수소 경제로의 신속한 진입을 추진하고 있다.

(2) 국내 사례

한국에서는 에너지관리공단, 한국에너지기술연구원, 한국원자력연구원 등이 고효율 수소에너지 제조, 저장, 이용기술 및 수소연료전지 등을 개발하기 위해 노력하고 있다. 정부는 2040년까지 총 에너지 중 수소에너지 비중을 15%, 수소연료전지 산업 규모를 국내총생산(GDP)의 5%까지 끌어올린다는 계획이다. 특히 2040년까지 연료전지 자동차는 총 자동차 수요의 54%, 가정용 연료전지는 총 주거 전력수요의 23%를 대체한다는 목표이다.

6) 수소에너지 전망

수소는 가장 가벼운 기체로서 다른 천연가스에 비해 약 80배 이상의 침투성을 가져 쉽게 용기 밖으로 확산, 배출될 위험이 높다. 또한 용기 밖으로 배출된 수소가스가 미미하다 하더라도 가연한계보다 훨씬 낮은 농도에서도 연소될 수 있으며, 연소시 발열량이 매우 크고 다양한 연쇄반응 경로를 거친다.[60] 따라서 앞으로 수소차단, 누출방지와 같은 감시기술은 물론 재료와 수소의 상호 작용 및 수소의 존재상태가 재료의 역학특성에 미치는 영향을 규명하는 일들이 사회기반의 안전성과 신뢰성을 보장하는 데 매우 중요한 요건이 될 것이다.[61] 지금까지 연구개발은 수소제조의 기초연구와, 저장 기술로 실험실 규모에서 연구되었다. 따라서 향후에는 나열식이 아닌 제조, 저장, 이용을 하나로 하여 사용할 수 있는 제품 또는 단위공정을 연구토록 하여 제품화를 추진해야 할 필요가 있다.

언젠가는 우리의 도시가스 배관에 수소 가스가 흐르게 될 것이다. 현재 전기에너지는 보관하기 어렵지만 수소에너지는 필요할 때 소비할 수 있으며 남으면 저장이 가능하다. 매우 편리하면서 효용성이 좋은 에너지 형태이다. 그리고 무엇보다 깨끗하다. 하지만 현재 수소를 얻기 위해서는 다른 에너지원이 필요하기 때문에 태양에너지나 풍력, 해양에너지 등 자연에너지가 석유, 석탄을 대신할 수 있을 때 진정한 친환경 에너지가 될 수 있다.

---

[60] 신재생에너지측정센터, 한상수 선임연구원, "수소에너지기술: 현황과 전망".
[61] 에너지관리공단.

5. 지열 발전(Geothermal Electricity)

1) 지열 발전의 정의 및 원리

(1) 지열 발전의 정의[62]

지열(*Geothermal Power*)이란 지표면의 얕은 곳에서부터 수 킬로미터 (km) 깊이에 존재하는 뜨거운 물과 암석을 포함하여 땅이 가지고 있는 에너지를 말한다. 이 지열은 태양열의 약 47%가 지표면을 통해 지하 에 저장되면서 생성되는 것이며, 이렇게 태양열을 흡수한 땅속의 온도 는 지형에 따라 다르지만 지표면 가까운 땅속의 온도는 대략 10~20℃ 정도로 연중 큰 변화가 없으나 지하 수 km의 지열온도는 40~150℃

〈그림 3-19〉 미국 전역의 지열 분포도

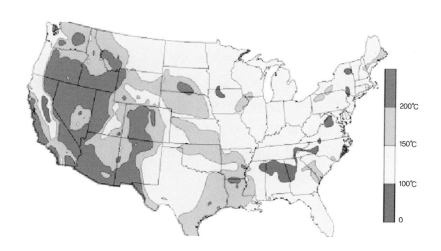

62) Geothermal Power, en. wikipedia. org; http://www. 1. eere. energy. gov /geothermal; (주) 예한, http://www. yehansolar. co. kr.

이상을 유지한다. 이렇듯 지열은 태양과 지구가 존재하는 한 계속 생성되는 에너지의 보고로서 지열에너지원은 무궁무진하다 할 수 있다.

우리나라의 경우 일본, 이태리 등과 같은 지열지대가 거의 존재하지 않아 심층지열 이용은 매우 힘든 것으로 나타나지만, 지하 100~150m 깊이의 지열을 이용하는 시스템의 개발 보급이 점차적으로 활성화되고 있다. 지하 5,000m 깊이에 있는 고온의 암반까지 파내려가서 지구 중심부의 방사성 물질 붕괴로 인해 발생하는 섭씨 4,000℃ 정도 되는 증기를 포집, 그 열로 터빈을 돌려 전기를 얻어 냉난방 공급에 이용하는 친환경 발전방식을 지열발전이라고 한다. 63)

(2) 지열 발전의 원리

지열의 원천적 요소로는 지표면으로부터 수십 미터 깊이의 흙(*ground source*), 또는 지하수(*ground water source*), 호수나 강물(*water source*) 등이라고 할 수 있다. 지열은 통상 건물의 냉난방 열원으로 활용되는데 이를 우리는 지열 냉난방 시스템이라 부르며, 주요설비로는 지열 회수를 위한 열교환기와 회수한 저온의 지열을 유효에너지로 변환시키기 위한 히트펌프(*heat pump*)가 있다. 64) 지열과 같은 저온의 열원으로부터 열을 흡수하여 고온의 열원으로 열을 전달해 주는 장치를 히트펌프라고 하며 열을 빼앗긴 저온 측을 여름철 냉방에 사용하고, 열을 얻은 고온 측을 겨울철 난방에 사용하는 설비이다. 65)

63) 신재생 에너지 센터, 에너지 관리공단, http://www.knrec.or.kr/NC/NC55 0000.jsp.
64) 위의 글.
65) (주)예한, http://www.yehansolar.co.kr.

〈그림 3-20〉 지열 에너지 시스템 구성도

출처: 신재생 에너지 센터, 에너지 관리공단.

〈그림 3-21〉 지열 발전의 냉난방 시스템 원리 및 순환도

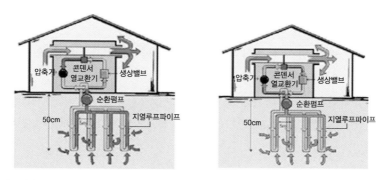

출처: 신재생 에너지 센터, 에너지 관리공단.

172

2) 지열 발전의 장·단점[66]

(1) 장점

① 경제성
- 지열의 원천은 때와 장소 무관하게 무료제공.
- 기존 냉동기, 보일러, 에어컨, 냉각탑, 굴뚝 등 옥 내외 설비 불필요.
- 경유석유, 가스 등의 화석연료가 전혀 소요되지 않는 대체에너지 시스템임.
- 냉방 시 전기요금 45~55% 절감, 난방 시 가스, 기름 연소시의 65~75% 절감.
- 약간의 전기요금: 평균 45~73% 절감, 3~6년 내 투자비 회수됨.

② 친환경적 측면
- 지구온난화 방지 국제협약(리오협약) 이행 위한 가스발생 줄이는 일환책.
- 이산화탄소 외 기타발생량이 거의 없음.
- 세균 감염경로가 없고 공기순환경로가 오염되지 않기 때문에 친환경적임.

③ 공간활용 측면
- 기존시설공간의 1/3 정도 소요되므로 건축비절감 효과 있음.
- 불필요 설비가 없으므로 외부가 깨끗함(도시미관).

④ 반영구적 수명
- 미국 ASHRAE(미국공기조화협회): 35년 이상 수명보장.

---

66) 미래 에너지 포럼, "지열에너지, 지열발전시스템의 종류 및 특징".

• EGSHPA (국제지열협회) : 65년 이상 수명보장.

⑤ 다양한 기능
• 하나의 시스템으로 냉방, 난방, 온수기능을 보유.
• 시스템에 의한 위험 원천적으로 없음.

(2) 단점

• 지열 발전소의 자본비용은 화석연료를 사용하는 타 발전 방식에 비해 매우 높은 편.
• 지열 발전이 가능한 지역은 한정적.
• 주로 경관이 뛰어난 곳에 가능한 지역이 많으므로 주변 경관과의 조화가 필요.
• 시설의 가동 중 이산화탄소, 황화수소, 암모니아, 메탄 등의 가스가 배출될 수 있음.
• 저류층으로부터 많은 물을 퍼 올리게 되면 지반침하가 발생할 가능성도 있음.
• 높은 자본 비용으로 경제성이 떨어짐.
• 지열 자원의 매장량에 대한 정확한 파악이나 지열 저류층의 장소 예측이 난해함.
• 화석연료에 비해 작은 발전용량.

3) 국내외 현황 및 기술수준

지열 에너지의 연구는 아직 초보 단계이다. 그리고 비용 측면에서도 아직 석유 시추 비용의 5배에 달하는 최대 800만 달러 (약 74억 원)의 시추 비용이 든다. 하지만 지하 5km에 위치한 과열된 암반층에 구멍을 뚫어 물을 넣은 후 분출하는 수증기의 힘을 이용하는 것이기 때문에 한번 시추하면 영구적으로 사용할 수 있다. [67] 또한 기후나 환경에 거의 무해하며 세계 에너지 수요의 25만 배나 되는 에너지를 얻을 수 있다고 전했다. 전문가들은 지열 에너지가 100년 안에 전 세계 에너지 수요의 50% 이상을 차지할 것으로 보고 있다. [68]

(1) 해외 현황 및 기술 수준

① 해외 현황

지열시스템에서 가장 중요한 설비인 지열원 히트펌프에 대한 연구는 1940년대 후반과 1950년대에 미국과 유럽에서 시작되었으며 본격적으로 난방을 목적으로 사용되기 시작한 것은 1970년대 유가파동 이후로서 현재는 미국 내에서만 매년 수만 기의 지열원 히트펌프가 설치되고 있으며, 유럽국가에서도 사용이 급증하고 있는 추세이다.

특히 미국은 지열협회(ISGHPA)를 중심으로 연구를 시작하여 80년대부터 실용화 보급을 실시하고 있으며, 최근 오클라호마대학을 중심으로 히트펌프회사, 설계, 시공, 진단업체가 활동중이다.

일본은 지질구조상(지진 관련) 지열이용이 바람직하지 않은 것으로 여겨졌으나 미국회사와 공동으로 인공연못을 활용하는 지열교환기를 개발하여 지열냉난방 시스템을 완성하였고 현재 계속 연구가 진행 중이다. [69]

---

67) 〈서울신문〉 2007. 8. 7, 구동회 기자, "지열, 새 대체에너지 각광 100년 내 전 세계 50% 충당".
68) 위의 글.
69) 신재생 에너지 센터, 에너지 관리공단, http://www.knrec.or.kr/NC/NC550000.jsp.

② 기술 수준

2000년도까지 공급된 지열원 열펌프(히트펌프)는 세계적으로 약 512,000여 대로 추정하고 있으며 미국, 스위스, 스웨덴, 독일 등이 대표적인 사용국으로 나타나고 있다.

"Geothermal heat pumps: An overview"(John W. Lund)에 의하면 지열원 열펌프의 보급률은 지난 10여 년간 매년 10% 이상씩 증가하고 있으며, 미국의 경우 매년 12% 이상씩 증가하고 있는 것으로 보고되었다.

연속 냉난방 보급이 보편화되어 있는 미국, 유럽 등 선진국에서는 일반가정 및 중소규모의 건물, 스포츠센터, 원예단지를 대상으로 냉난방시스템에 지열을 이용하는 열펌프시스템이 일반적으로 설치되어 운용되고 있다.

미국에서는 일반주택을 중심으로 냉·난방시스템 및 항온·항습용 보조에너지 개념으로 널리 이용되고 있으며, 이 시스템이 빌딩에 도입된 오클라호마 주의 주의회 의사당은 기존의 냉난방 시스템을 개선하였고 켄터키 주의 갈트하우스호텔은 600여 개의 방을 냉난방하고 있으며, 미국 전역에 지열시스템을 설치한 수백 개의 학교가 있다.

한편 일본에서는 주간에 전력소비가 많기 때문에 심야전기를 이용하는 열펌프를 설치하였고 효과적인 방법으로 인증 받아 주거용으로도 보급시키고 있다.

(2) 국내 현황 및 기술수준

① 국내 현황

국내 지열분야의 기술개발지원은 1988년부터 2005년 말 기준 19개 개발과제로서 지열에너지 탐사 및 히트펌프 이용 지열 냉·난방시스템 개발이 추진되었다.

향후 경제성 확보를 위한 히트펌프의 성능계수 향상과 지중열교환기의 효율향상 등 기술개발과 아울러 이미 설치되어 운전되고 있는 건물의 지열이용시스템에 대한 성능평가 및 효과측정 등을 추진할 계획이다.

② 기술 수준

히트펌프를 이용하는 지열이용시스템은 운영비가 기존의 설비에 비해 적은 반면 초기투자비가 커 경제성이 다소 약한 것이 단점이다.

이에 따라 국내 지열이용 시스템 도입 실적을 살펴보면, 2000년도에 최초 도입된 후 2004년 말 현재까지 설치된 곳이 학교, 모텔, 레스토랑 등 약 64개소이며, 미 8군 내 아파트 156동에 지열이용 열펌프 156대가 외국기업에 의해 설계, 시공된 바 있다.

앞으로 고성능 히트펌프의 개발과 지중열교환기의 효율이 높아진다면 히트펌프를 이용한 지열이용시스템의 보급은 점차적으로 증가할 것으로 예상된다.

4) 지열 발전 사업전망

〈표 3-5〉에서와 같이, 이미 확인된 자원으로부터 추정된 지열에너지 부존량은 연간 전 세계 1차 에너지 사용량의 거의 절반을 공급할 수 있을 정도의 막대한 양이며, 기술 개발 여하에 따라서 이보다 훨씬 많은 양의 생산이 가능하다. 최근의 고유가의 영향으로 지열발전을 위한 투자가 가속화될 가능성이 크며 특히 인도네시아의 경우에는 세계 최대의 지열발전 국가를 목표로 지속적으로 노력하고 있으므로 지열발전의 비중은 전 세계에서 더 높아질 가능성이 높다.[70]

---

70) 2005, 송윤호·안은영, "세계 지열에너지자원 활용현황 분석과 향후 전망".

〈표 3-5〉 세계 지열 에너지 부존량 추정표

	최소 추정 부존량	확인된 자원으로부터 추정된 부존량	최대 추정 부존량
발전에 이용할 수 있는 자원량	0.05 TWc	0.2 TWc	1~2 TWc
지접이용 가능 자원량	1 TW1	4.4 TW1	22~44 TW1
전체 부존량	1.5 TW1	6 TW1	30~60 TW1

출처: 2005, 송윤호·안은영, "세계 지열에너지자원 활용현황 분석과 향후 전망".

　우리나라도 세계의 추세에 발맞춰 지열의 도시지역 보급이 확대되고, 낮은 단가로 보급률이 급상승할 것으로 예상된다. 에너지경제연구소에 따르면 2010년 지열열펌프시스템의 가격은 RT당 370만 원으로, 2020년에는 290만 원, 2030년 250만 원으로 점점 하락할 것으로 전망된다. 지열은 타 에너지원에 비해 안정적인 열원을 확보가능하고 높은 환경성으로 만족도가 높다.[71]

　지열분야의 기술개발은 핵심기술의 설계 제조 시공기술을 중점으로 추진될 것이다. 또 지역 지열발전소 건설을 비롯해 각종 사회환경문제에 대처 가능한 연구가 진행될 것으로 보인다. 이에 대한 원천기술로 한국형 지열발전 플랜트 사이클 기술의 개발이 필요할 것으로 보인다.

---

71) 에너지경제연구원, "2009 신재생에너지 전망".

6. 풍력에너지(Wind Energy)

1) 풍력 발전의 정의 및 원리[72]

(1) 풍력 발전의 정의

풍력발전(*Wind Power Generation*)이란 자연 바람을 이용하여 풍차를 돌리고, 풍차를 기어기구 등을 이용하여 속도를 높여 발전기를 돌리는, 즉 공기의 운동에너지를 기계에너지로 바꾸고 이로부터 전기를 얻는 기술이다.

풍력발전은 자연 상태의 무공해 에너지로 현재 대체에너지원 중 가장 경제성이 높은 에너지원으로서 바람의 힘을 회전력으로 변화시켜 발생되는 전력을 전력계통이나 수요자에게 직접 공급하는 기술이다. 풍력발전은 여러 가지 형태의 풍차를 사용하며 무한정의 청정에너지인 바람을 동력원으로 하므로 기존의 발전방식과는 달리 발열에 의한 열공해나 대기오염 그리고 방사능 누출 등과 같은 환경오염 문제가 없는 무공해 에너지 발전방식이다.[73]

(2) 풍력 발전의 원리

풍력 발전기는 바람의 힘을 회전력으로 전환시켜 발생되는 유도전기를 전력계통이나 수요자에게 공급하는 기술로서 풍력이 가진 에너지를 흡수, 변환하는 운동량변환장치, 동력전달장치, 동력변환장치, 제어장치 등의 요소로 구성되어 있으며 각 구성요소들은 상호 연관되어 하나의 시스템으로서 기능을 수행한다.

---

72) Wind Power, en. wikipedia. org; http://www. awea. org; http://www. bwea. com

73) 정재학 교수(영남대학교), "신재생에너지: 풍력발전".

〈그림 3-22〉 풍력 발전기의 원리모형

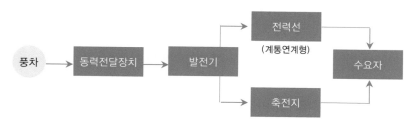

출처: http://www.hketech.co.kr/

2) 풍력 발전의 필요성

현대 사회는 아직까지 화석연료에 의존하고 있다. 언제 화석연료가 고
갈될지는 몰라도 모두가 인식하고 대비해야 하는 우리 인류의 큰 해결
과제다. 또한 인류는 점점 더 발전하면서 더 많은 에너지를 필요로 한
다. 따라서 이제는 화석연료를 사용해 전력을 생산하는 것보다 훨씬
경제적이고 현재의 신발전기술 중에서 가장 실용성이 있고 발전단가가
가장 낮은 풍력 발전에 관심을 가져야 할 때다.[74]

그리고 유엔 기후변화협약 당사국 회의에서의 교토 의정서 이행안
승인에 따른 대책으로도 신재생에너지의 개발, 그 중에서도 경제성이

〈표 3-6〉 미국의 생산 단가

(단위 : ￠/kWh)

연도 / 에너지원	1985	1994	2000
천연가스	10~13	4~5	3~4
석탄	8~10	5~6	4~5
풍력	10~13	5~7	4~5

출처: 에너지관리공단 신재생에너지센터.

---

74) 에너지관리공단, 신재생에너지센터.

높은 풍력 발전 개발의 당위성은 더욱 높아질 수밖에 없는 실정이다.

풍력 발전은 에너지에 대한 공급을 늘려줄 뿐만 아니라 고용 창출을 증대시키는 효과도 있을 것으로 예상된다. 현재 신재생에너지 개발이 대기업에 많이 편중되어 있는 실정이지만 지역에 기반을 두고 있는 중소기업들도 많이 진출하고 있다. 중소기업들을 정부에서 보조해주며 산업단지 등을 조성하여 지원해 준다면 지역의 일자리 창출이 가능할 것이다.

3) 풍력 발전의 분류와 장·단점[75]

풍력발전기는 구조상으로 날개의 회전축이 놓인 방향에 따라 발전기의 축이 바람의 방향과 수평으로 설치되어 있는 수평축(*Horizontal Axis Wind Turbine*), 수직으로 설치되어 있는 수직축(*Vertical Axis Wind Turbine*)으로 분류할 수 있다.

① 수평축 풍차
수평축 풍력발전기는 날개의 수가 세 개인 것과 두 개인 것 그리고 하나인 것으로 나눌 수 있다.

날개가 두 개인 형태는 주로 바다에 세우는 초대형 발전기(예상발전 용량 3~6MW)에 많고 지상에 세워지는 풍력발전기는 대부분 세 개의 날개를 가지고 있다. 그리고 수평축 풍차는 바람에너지를 최대한 받기 위해서 바람추적 장치가 필요하며 시스템 구성이 다소 복잡하나 에너지 변환효율이 높아 현재 가장 안정적인 고효율 풍력발전으로 인정받고 있다.

---

75) 위의 글.

〈그림 3-23〉 수평축 풍력발전기의 종류

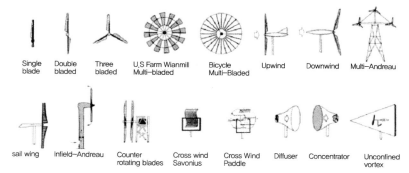

출처: 정재학 교수, "신재생에너지: 풍력발전", 영남대학교 디스플레이화학공학부.

② 수직축 풍차

수직축 발전기는 땅 위에 세워진 기둥 주위에 볼록한 형태의 큰 날개
가 붙어서 서서히 도는 형태를 하고 있다. 수직축 풍차의 장점은 바람
의 방향에 관계없이 운전 가능이 가능하다는 점과 시스템 불필요 증속
기 및 발전기가 지상에 설치되어 하중이 비교적 적어 설치 시 건설비
용이 작다는 점이다.

〈그림 3-24〉 수직축 풍력발전기의 종류

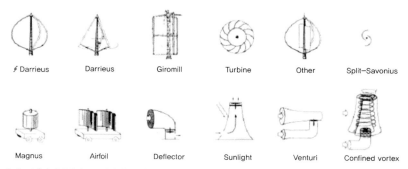

출처: 〈신재생에너지: 풍력발전〉, 정재학 교수, 영남대학교 디스플레이화학공학부.

182

단점은 시스템 종합효율이 낮고, 주베어링의 분해 시 시스템 전체를 분해해야 하며 넓은 전용 면적이 필요하다는 점이다.

4) 시장현황 및 기술수준

(1) 세계 시장 현황 및 기술 수준[76]

풍력발전은 1990년대에 가장 성장한 자원으로 2002년 말에는 세계 전체의 누적설치 용량이 3,200만 KW에 달했다. 이 가운데 국가별 풍력발전 현황을 살펴보면 '성공사례'와 '실패사례'로 확연히 구분된다.

대표적인 성공사례로는 독일이 있는데, 스페인, 덴마크도 이에 포함된다. 풍력발전의 급속한 보급 확대에 성공하여 덴마크에서는 이미 전력공급의 20% 가까이를 풍력발전으로 보충하고 있으며 독일도 전력공급의 5% 정도를 풍력발전이 차지하는 등 이들 세계 3개국의 풍력발전 비중이 세계 전체 풍력발전 설치량의 2/3를 차지하고 있다.

한편 성공사례에 해당하는 3개국 이외의 대부분 국가들은 실패사례에 속하는데, 독일과 비교하여 영국, 덴마크와 비교하여 스웨덴, 스페인에 비교하여 프랑스 등이 대조적인 실패 예라고 할 수 있다. 이들 국가는 풍력발전 보급에 관한 성공사례를 거둔 국가들과 동등 이상의 유리한 물리적 조건을 갖추고 있음에도 불구하고 풍력발전의 보급에 실패한 경우인데, 이는 정책적인 요인에서 기인하는 것으로 생각된다.

이러한 가운데 일본의 풍력발전은 정부가 과거에 발표한 목표치를 상회하는 신에너지라는 점에서는 가장 성공적인 자연에너지라고 할 수 있지만, 성공을 거둔 국가들과 비교해 보면 독일의 1/30, 스페인의 1/10 정도에 불과해 지금까지의 성적으로는 성공사례라고 하기에 무리가 있다.

---

76) 한국 신재생에너지협회, 신재생에너지분야, 풍력에너지.

〈그림 3-25〉 풍력발전 성공사례

풍력발전 성공사례	
국가	기업
독일	Enercon, Siemens, Repower
덴마크	Vestas, Nordex, LM Glasfiber
스페인	Gamesa, Acciona Windppower

① 지역별 풍력발전 현황[77]

- 2006년 세계 풍력산업의 총 발전용량 74.2GW 중 유럽이 48.5GW 규모로 65.4%를 차지하여 전체 시장을 주도하였으며 2006년에 신규로 설치된 용량도 유럽이 7,708MW로 전체 신규 총 용량 15,197MW 중 50.7%를 차지하였다.

- 북미와 아시아의 풍력발전 용량은 2006년 13,062MW 및 10,667MW로 세계 총 발전용량 중 17.6% 및 14.4%를 차지하는 등 최근 높은 성장세를 보인다. 2006년 북미와 아시아의 신규 설치 용량 증가율은 32.9% 및 52.6%를 기록해 지역적으로 투자규모가 급격히 증가하고 있음을 알 수 있다.

② 기술개발 동향[78]

- 풍력발전기의 대형화: 풍력발전기는 현재 제작사별로 3MW급(베스타스, 에너콘, GE 윈드) 기술이 개발 완료되어 생산중이며 5MW급(리파워 등)은 개발 후 실증 테스트를 거치고 있다. 이 같은 발전기의 대형화 추세는 대형화를 통해 에너지 효율의 증대 및 단위 용량당 건설비 및 설비비 절감이 가능하기 때문이다.

---

77) 에너지관리공단, 신재생에너지센터.
78) 위의 글.

∙ 해상 풍력발전 기술 개발: 해상 풍력발전 기술은 아직 초기 응용 단
계로서, 미국의 GE가 3.6MW급을 상용화하였으며 5MW급 풍력 발
전기는 덴마크의 2종과 독일의 4종이 시험중이다.

(2) 국내 시장 현황 및 기술 수준[79)]

2003년도에 정부 주도하에 보급 사업으로서 제주도, 전남 무안, 울릉
도 등에 61기 22.1MW정도의 풍력발전 설비가 설치되어 운영중이며,
이는 풍력발전으로 47.0TWh/년 정도의 청정전력을 생산하여 1만
500TOE/년 에너지 수입을 대체하는 효과를 얻을 수 있는 양이다. 전
국시설 용량별로는 600KW급 이상이 27기에 불과하지만 발전량은
85%를 점유하고 있다. 특히 정부의 지역에너지 사업으로 조성된 제
주 행원지역의 풍력발전 단지는 국내 최초의 상업용 풍력발전 단지로
제주 전체 전력수요의 10%를 풍력발전으로 대체하려는 제주도 풍력
발전 실용화 사업(국가보조 73억)의 일환으로 건설, 추진중인 사업으
로서 1997년도부터 단계별로 건설중이며, 현재 9795KW(15기)의 규모
로 운전중인데 전국 풍력발전시설 용량의 50%를 차지하고 있다.
　현재 풍력발전기술 분야의 사업화는 그동안의 연구개발의 체계적인
지원 부족으로 풍력발전시스템 관련 기술 자체가 완전히 국산화되어
있지 못하고, 국내 시장이 활성화되어 있지 못한 관계로 주로 정부주
도로 사업이 진행되고 있다.
제주 행원 풍력발전 단지의 경우에는 평균 발전 원가가 90원/KWh 수
준으로서 제주도내 한전발전소의 평균발전원가가 약 1백 30원/KWh인
데 비해 저렴한 상태로서 자체적으로도 충분한 경쟁력을 지니고 있어
서, 풍력에 의한 연간 전력생산을 12GWh/년으로 예상하고 있으며,

---

79) 이수갑(서울대), "풍력발전의 현황 및 향후전망".

한전에 대한 매전으로 연간 6~7억 원 정도의 매전수입이 예상되고 있어 제주도의 입장에서는 충분한 사업성을 갖추고 있다고 할 수 있다.

풍력기술의 사업화는 아직 초기단계로서 제주도의 성공적인 풍력기술 사업화 성과에 대한 사례를 타 지방자치단체에서도 주목하고 있어

〈표 3-7〉 풍력 발전 용량별 기술 개발 현황(2006)

용량별 구분	업체/기관	내용
소형 풍력발전기 (100KW 미만)	한국화이바	30KW급 수직형 풍력발전기 개발 및 시운전
준대형 풍력발전기 (200KW~1MW)	(주)효성	750KW급 기어드형 풍력발전기 개발
	유니슨(주)	750KW급 기어드형 풍력발전기 개발
대형 풍력발전기 (1MW 이상)	(주)효성	2MW급 풍력발전기 개발 중
	유니슨(주)	2MW급 Multibrid형 풍력발전기 개발중
	서울대학교	3MW급 해상용 풍력발전기 설계 진행중

〈그림 3-26〉 제주 행원 풍력발전 단지

출처: www.jejusamda.com

정부주도 지원 사업 및 민간자본유치를 통한 풍력기술의 사업화는 획기적으로 증가될 것으로 예상되고 있다. 대표적인 예로 제주도(한경), 강원도(대관령지구, 태백), 전라북도(새만금), 경북(영덕) 및 인천(서해안지역) 등의 지방자치단체 및 산업체가 사업화에 본격적인 참여를 희망하고 있는 상황이다.

5) 해외 사례

(1) 덴마크[80]

덴마크는 현재 전체 에너지 소비에서 신재생 에너지 비중이 15%에 달한다. 이 중에서 바이오매스가 70.6%, 풍력이 18.4%를 차치하고 있다. 풍력은 전체 에너지에서 차지하는 비중은 높지 않지만 전력만을 놓고 보면 전체 전력소비의 20%를 차지하고 있다. 덴마크는 일찍부터 풍력에 관심을 기울여서 현재는 풍력에 관한한 세계에서 가장 앞서 있다고 할 수 있다. 세계에서 가장 큰 해상 풍력발전 단지를 보유하고 있고, 세계 1위 풍력발전기 제조업체인 베스타스 사, 세계 1위 풍력발전기 날개 제조업체인 LM 글래스화이버(LM Glasfiber)사가 덴마크 회사이다.

2006년 기준으로 풍력발전 산업과 관련된 기업 315개사가 활동중이며, 이들의 총 매출액은 약 97억 달러이다.

① REJSBY HEDE WINDFARM

이 풍력단지는 덴마크 서부의 REJSBY HEDE에 위치하며, NEG-MICON사의 600KW 풍력시스템 40기로서 총 용량 24MW를 이루고

---

80) Wind Power in Denmark, en. wikipedia. org; http://www. windpower. org /en/core. htm; 〈아시아경제〉 2006. 10. 9, 은용주 기자, "2011년 신재생에너지 보급률 5% 목표".

있다. 풍력단지는 자동제어장치로서 모든 풍력시스템이 제어되고 있으며, 연간 약 60GWh의 전력을 생산한다. 이 단지는 덴마크의 2005년도에 1,500MW의 풍력시스템을 추가로 건설하려는 'Energy 2000'계획에 의거하여 건설되었으며, 덴마크 남 유틀란드 지역 전력회사가 1995년도에 건설하였다. 여기서 생산되는 전력은 약 16,000가구에 충분한 전력을 공급할 수 있는 양이며, 이로 인해 연간 45,000t의 이산화탄소와 150t의 이산화황의 배출억제 효과를 갖는 것으로 분석되고 있다.

② TUNO OFF-SHORE WINDFARM

세계에서 첫 번째로 건설된 Vindeby 해안형 풍력단지에 이어 세 번째로 건설된 해안형 풍력단지 (*off-shore Windfarm*) 가 덴마크 Jutland 동쪽 6km 근해 수심 약 3~5미터 내외의 해상위에 설치되어 1995년도부터 운전중이다. 이 풍력단지는 'Energy 2000'계획의 일환으로서 덴마크 베스타스사의 500KW 풍력발전시스템 10대가 2열로 배치되어 있으며, 해안형 풍력단지에 대한 시범사업 성격으로 건설되었다.

〈그림 3-27〉 덴마크 TUNO Off-shore windfarm

출처: www. energynatura. org

188

독일 중부지방의 작센 주에 위치한 다르데스하임(Dardesheim)은 과거
소규모 수공업자가 많았던 지방의 소도시에서 이제는 독일의 신재생에
너지를 대표하는 세계적인 성공마을 모델로 탈바꿈했다.

그리고 1993년 최초로 풍력발전단지를 만들기 시작하여 1990년 후
반까지 총 4대의 풍력터빈을 설치, 시간당 1MWh의 발전용량을 확보
해 연간 1천 MWh의 전기를 생산해냈다.

초기 작업을 위해 이 마을에선 에너콘(Enercon)이라는 풍력에너지
회사를 설립했다. 초기 투자비를 위해 주민들이 20%의 출자금을 부
담하고 지방정부가 20%의 지원을 했다. 나머지는 지역은행에서 담보
대출을 받았다. 풍력발전에 대한 중앙정부의 지원책인 발전차액지원
제도(FIT: *Feed in Tariff*)에 대한 신뢰와 향후 건설될 풍력발전기(*wind
farm*) 자체가 담보가 되었기에 가능했다. 2007년 기준 다르데스하임
마을공동체가 생산한 전력용량은 총 62MW으로, 2MW급 28대와
6MW급 1대가 전력을 생산하여, 이를 통해 6MW급 1개의 풍력터빈에
서만 연간 12,000~15,000MWh의 전력을 생산한다. 4천여 명의 주민
들의 전력수요를 충당할 수 있는 규모이며 풍력 단지가 설립된 이후에
부가적인 관광 수입이나 일자리 창출과 같은 효과도 등장했다.

---

81) 녹색연합 기후에너지국, 2009. 5. 2, 손형진, "독일의 재생가능 에너지 마을,
다르데스하임".

(3) 네덜란드[82]

네덜란드 수도 암스테르담의 동쪽에 위치한 12번째 주 플레보란드는 대규모 간척사업으로 인해 바다가 변한 땅이다. 이 도시에서는 농사를 본업으로, 그리고 재테크로 풍력발전을 하는 사람들을 볼 수가 있다. 태양광은 많은 부지가 필요하고 수소연료전지는 고급기술이 동반돼야 하기 때문이다. 농장에 풍력발전기를 세워 전기를 생산해 팔고 있는 것이다.

(4) 미국[83]

미국은 2008년에 풍력발전을 통해 모두 21,000MW의 전력을 생산했다. 5.5백만 가구가 사용하는 양이다. 화력발전을 풍력발전으로 대체함으로써 9,100만 배럴의 석유를 대체하는 효과를 가져왔다. 미국은 앞으로 20년 후인 2030년에는 총 전력의 20%를 풍력발전으로 대체할 수 있을 것으로 전망하고 있다.

① 텍사스

지난 100년간 '석유의 땅'으로 이름났던 텍사스가 '풍력 발전의 땅'으로 변신하고 있다. 텍사스 주는 지난해 풍력 발전으로 4,356MW의 전력을 생산해 미국 내 1위를 차지했다. 주 전체 전력 사용량의 3.3%에 해당한다. 2위인 캘리포니아 주(2,439MW)를 멀찌감치 따돌렸다. 7억 달러가 투자된 풍력발전소는 2009년 1월부터 10만 가구가 사용할 수 있는 전력을 생산하고 있다.

---

82) Wind Power, en. wikipedia. org; http://www. awea. org;//http://www. bwea. com

83) http://www. awea. org

주 정부도 풍력 발전을 적극 뒷받침하고 있다. 주 공공시설위원회는 2008년 7월 앞으로 4년 내에 풍력으로 발전한 전력을 송전할 수 있는 용량을 현재의 5배 수준을 웃도는 25,000MW로 확대한다는 계획이다.

6) 풍력 발전 산업전망

(1) 세계 풍력발전 산업의 전망[84]

GWEC (*Global Wind Energy Council*, 글로벌풍력위원회)에 의하면 세계 풍력발전용량은 2006년 74.2GW에서 2010에는 149.5GW에 연평균 19.1% 증가할 전망이며 신규 설치용량은 2006~2010년 중 연평균 8.4% 성장하여 2006년 15.2GW에서 2010년 21GW까지 증가할 것으로 보인다.

또한 풍력발전기는 향후 육상용은 2~3MW급, 해상용은 3.5~5MW 급이 시장추세일 것으로 예상된다. 풍력발전기 시장은 2006년 230억 달러에서 2010년 390억 달러로 연평균 14% 성장할 것으로 전망된다.

(2) 풍력 발전의 국내전망

우리나라의 경우 풍력발전에 대해 아직은 초보 단계인 만큼 수출에 앞서 국내 풍력발전기 보급부터 늘려 나가는 게 급선무다. 삼면이 바다로 둘러싸인 우리나라는 풍력발전소를 건설할 수 있는 입지가 풍부하고 바람도 비교적 양호해 전망이 밝은 편이다. 그리고 우리나라는 이미 풍력발전기 부품을 만들어 수출하는 등 상당한 기술을 갖고 있는 만큼 이른 시일 내에 선진국 수준에 다다를 수 있을 것으로 예상된다.

---

84) 2008. 2. 18, 전국경제인연합회/경제동향 및 이슈/세계 풍력발전산업의 동향 및 전망, 경제정책팀

7. 조력 에너지(Tidal Energy)

1) 조력 발전의 정의 및 원리[85)]

(1) 조력 발전의 정의

조력 발전(*Tidal Generation*)은 바다의 밀물과 썰물의 차이를 이용하여 밀물 때 유입된 바닷물을 저수지에 가뒀다가 썰물 때 수문을 열어 수력 발전처럼 터빈을 돌려 전기를 생산한다. 기존 방조제와 방식 면에서는 비슷하지만 해수의 유통을 전제를 이용한다는 점을 다른 점으로 꼽을 수 있다. 건설 지형에 영향을 받기 때문에 아무 곳에나 설치할 수는 없으나 무공해이며 에너지의 양이 무한하다는 점에서 크게 주목 받고 있다.[86)] 세계적으로 간만의 차이로 인해서 조력이 발전된 지역은 영국해협, 아이리시해의 연안, 프랑스 랑스강 하구이며 우리나라는 황해 지역을 꼽을 수 있다.

(2) 조력 발전의 원리

① 조력 발전의 원리

조력발전의 원리는 간단하다. 바닷물이 가장 높이 올라왔을 때, 물을 가두었다가 물이 빠지는 힘을 이용해 발전기를 돌리는 것이다. 수력발전소와 비슷한 원리인데, 차이점은 수력발전의 낙차가 수십 m인데 비해 조력발전은 낙차가 보통 10m 이하라는 점이다. 따라서 효율이 좋은 수차발전기를 개발하는 것이 관건이라고 할 수 있다. 밀물 때 수문

---

85) Tidal Power, en. wikipedia. org; http://www. libertyparkusafd. org

86) 〈매일경제〉 2008. 5. 8, 염기대 한국해양연구원장, "에너지 문제, 조력발전이 해법".

을 닫아 두었다가 문을 열면 물이 쏟아져 들어오면서 터빈을 돌려 발전하게 된다. 썰물 때는 터빈의 날개가 반대 방향으로 돌면서 다시 발전하게 된다.

2) 조력 발전의 필요성

해양은 지구상에 남은 마지막 자원 창고로서 점점 그 중요성이 대두되고 있다. 우리나라 연안은 세계적으로 해양에너지 개발 유망지역으로 에너지 대체효과뿐만 아니라 온실가스 배출 억제에도 큰 기대가 모아지고 있다.

우리나라의 에너지 해외의존도는 97% 정도로 약 380억 달러, 총 수입액의 21%에 해당한다. 이는 국가적으로 엄청난 지출이라고 할 수 있다. 그리고 현재의 에너지 소비율을 감안할 때 기초 에너지원의 가채년수는 석유 약 41년, 천연가스 약 61년, 석탄 204년 등에 불과하다. [87]

그리고 이렇게 에너지원의 차원을 넘어 유엔기후변화협약과 관련하여 국제에너지 환경과 지구 온난화 방지를 위한 기후변화협력의 채택과 교토 의정서의 발효에 따라 온실가스 배출 억제를 위해 더욱 강화될 국제적 환경규제 등에 능동적으로 대처하고, 지속가능한 미래를 위해 에너지 사용의 효율화와 신재생에너지의 개발, 활용 등 에너지원의 다변화와 관련 기술개발에 총력을 기울이는 것이 전 세계적 추세이다. [88] 이와 같은 전 세계적 추세에 조력 발전은 새로운 해결책 역할을 할 것이다. 조력 발전은 온실가스를 발생시키지 않는 청정에너지로서 청정개발체제 제도를 활용하여 경제부담 완화 또한 가능할 것이다. 우리나라 서, 남해안은 세계적으로 보기 드문 조력 발전의 적지

---

87) 한국 수자원공사, http://www.kwater.or.kr.

88) 2007. 12. 5, 이광수 한국해양연구원, "국정브리핑: 조력에너지 실용화 기술개발, 왜 필요한가".

<table>
<tr><td></td><td></td><td></td><td></td><td></td></tr>
</table>

〈표 3-8〉 우리나라의 조력발전 추정 부존량

구분	계	조력(서해안)	조류 (서, 남해안)	파력(전해안)
부존량(추정)	1,400만kw이상	650만kw	100만kw	650만kw

로서 총 해양에너지 부존량은 1,400만 KW 이상, 조력 에너지는 650
만 KW 이상으로 추정되고 있다.

3) 조력 발전의 분류 및 장·단점

(1) 조력 발전의 분류

최근 개발되어 실용단계에 들어간 환경친화적인 조력 발전은 수력터빈
을 이용하는 것이 아니라 풍력발전기에서 사용되는 것과 비슷한 날개
를 돌려서 발전하는 것이다. 규모도 댐 방식에 비해서 훨씬 작다. 이
것은 그림과 같이 바다 밑바닥에 박힌 기둥 중간에 날개가 달려 있고,
이 날개가 조수에 따라 회전하면서 전기에너지를 생산하도록 되어

〈그림 3-28〉 새로운 조력발전기

출처: 풀뿌리시민단체에너지전환, http://energyvision.org/35

있다. 날개는 해수면으로부터 10미터 아래에 놓인다. 이러한 발전방식은 댐 방식에 비해서 여러 가지 이점을 가지고 있는데, 바다의 경관을 해치지 않고 갯벌에도 아무런 영향을 미치지 않으며, 아무런 소음도 일으키지 않는다는 것이다. 이러한 발전기는 조수가 있는 곳에는 어디에나 큰 문제없이 세울 수 있기 때문에 이로부터 얻을 수 있는 전력 잠재량은 대단히 클 것으로 예상된다. 세계에서 조수가 가장 심한 영국의 경우 잠재량은 영국 전체 전기수요의 20%로 추정된다.

조력발전 방식은 조력발전 저수지의 수에 따라 단조지식과 복조지식으로, 또 조석의 이용횟수에 따라 단류식과 복류식으로 구별할 수 있다. [89)

단조지단류식(單潮池單流式)은 하나의 저수지를 조성해서, 밀물 때 수문을 개방하여 저수지 내에 해수를 만조수위까지 채운 후 수문을 닫고 저수지와 외해 조위 간의 수위차가 생길 때를 기다려 그 낙차를 이용하여 발전하는 방식이다. 썰물 때 수문을 열어 저수지 수위를 간조수위까지 낮춘 후 발전을 할 수도 있으나 발전 효율 면에서 전자보자 약간 불리하다. 어느 경우이든 발전을 할 대 방향의 흐름만을 이용하므로 단류식이라 한다. 밀물과 썰물 때에 따라 발전이 잠시 중단되는 단점이 있지만, 발전 방식이 가장 간단하고 발전설비의 가격도 저렴하여 가장 실용적인 조력발전 방식이다.

단조지복류식(單潮池復流式)은 밀물과 썰물에 관계없이 발전이 가능하기 때문에 단조지단류식에 비해 발전 시간이 연장될 수 있다. 그러나 이 경우에도 역시 조지와 외해의 수위차가 발전가능 낙차에 이를 때까지 기다려야하기 때문에 연속적으로 발전을 할 수 없다. 또한 수차도 2방향 발전이 가능해야 하기 때문에 단류식 수차보다 구조가 복잡해진다. 일반적으로 이 발전 방식은 조차가 아주 큰 지역에서는

---

89) 한국과학교실, http://www.kordi.re.kr/chongseo/vol1/vol1_08.asp.

단류식보다 유리하다.

　복조지연결식(復潮池連結式)은 연속발전이 가능하나 발전 효율은 단조지 발전방식에 비해 떨어진다. 조력발전 대상지점이 지형상 2개의 조지 형성이 가능할 경우 하나를 고조지, 다른 하나를 저조지로 조성하여 2개 조지 간의 수위차를 이용, 고조지에서 저조지로 해수를 유통시키면서 발전하고 외해의 조석변화에 따라 고조지와 저조지의 수문을 조작하여 조지의 수위를 계속적으로 조정한다.

　복조지분리식(復潮池分離式)은 2개의 단조지단류식 발전소를 독립

〈그림 3-29〉 영국 MCT tidal farm

출처: 풀뿌리시민단체에너지전환, http://energyvision.org/35

적으로 운영하여 계통으로 연결시키는 방식이다. 즉 한쪽 조지는 밀물 때 단류식으로 발전하고 이와 동시에 다른 쪽 조지에 바닷물을 채웠다가 썰물 때 발전함으로써 계속 발전할 수 있다.

(2) 조력 발전의 장점[90]

- 공해발생 문제가 전혀 없는 청정에너지이다.
- 석유나 석탄처럼 희소한 자원이 아닌 고갈되지 않는 무한 에너지이다.
- 초기의 막대한 투자에 비하여 연 유지비가 투자비의 3.63%로 매우 낮다.
- 에너지 밀도가 높아 대규모로 개발이 가능하다.
- 조석의 반복 특성으로 인하여 발전 출력 장기 예측이 가능하다.
- 장기적이고 지속적인 공급이 가능하다.
- 가격 면에서도 KWh당 발전비용이 90.50원에 불과해 신재생에너지 중 가장 경제적인 에너지원으로 손꼽힌다. [91]

(3) 조력 발전의 단점[92]

- 초기 투자시 시설비가 많이 든다.
- 경제성을 따질 때 화력, 원자력 발전보다 효율이 떨어진다.
- 조위의 변화가 연간 균일하지 않다.
- 조위가 일정한 시간대, 즉 조수간만의 차가 일정한 시간대에는 발전할 수 없다.

---

90) 한국과학기술정보연구원, "풍력발전, 태양전지, 조력발전".
91) 〈매일경제〉 2008.7.4, 박용범 기자, "프랑스 조력발전소 하나로 인구 25만 명 도시 밝힌다".
92) 한국과학기술정보연구원, 위의 글.

4) 시장현황 및 기술수준

(1) 시장현황

① 조력 발전의 국외시장 동향[93]

프랑스 La Rance는 240MW급 조력발전소를 운영중이며, 1966년에 건설하여 현재까지 성공적으로 운영(시설용량 240MW, 벌브형 수차, 평균 가동률 97%)하고 있다. 영국 Wavegen사는 연안고정식 파력 발전과 풍력 발전장치를 조합하여 3.5MW급 발전장치를 제안하였다. 일본은 초대형 해양구조물 상부에 태양광 및 풍력발전, 수면에서는 파력발전, 수면 아래에서는 조류발전을 하는 복합발전방식을 제안하였다.

〈표 3-9〉 개발 계획중인 조력 발전소

국가명	조력 지점수 (개소)	최대지점			
		위치	평균 낙차 (m)	조지 면적 (km^2)	시설 용량 (GW)
러시아	7	Penshinsk	6.2	20.530	87.4
프랑스	3	Cotentin	8.0	4.750	50.0
영 국	9	Severn	8.3	480	8.6
캐나다	4	Cobequid	11.8	264	4.0
미 국	9	Knik-Arm	8.4	1.600	1.4
브라질	2	Sao Lais	–	–	4.1
아르헨티나	4	San Jose	–	–	5.3
인 도	4	Cambay	6.8	1.972	7.4
중 국	9	Luoyuanwan	5.2	160	0.5
한 국	4	Inchon	5.9	200	0.8
호 주	2	Walcolt	–	264	1.8

출처: 지엔지컨설턴트, 정종화·김양근, "조력발전 기술현황 및 전망".

---

93) 위의 글.

198

② 조력 발전의 국내 시장 동향

우리나라 정부는 현재 태양광 및 풍력, 해양 에너지 등을 이용한 신재
생에너지원 개발을 계획하고 구체화하고 있다. 그 중에서도 삼면이 바
다이며 황해의 조수 간만의 차이가 큰 특징을 살려 조력, 조류 등 해
양에너지 자원을 더욱 활용할 계획이다.

2010년까지 정부는 세계 최대 규모인 254MW 시화호 조력발전소를
준공하고, 94) 520MW 가로림만 조력발전소를 착공할 계획이다. 95) 또
한 720MW 천수만 발전소, 1,140MW 인천만 발전소, 400MW 새만금
발전소 등의 조력 발전소 건립이 계획 중이다.

〈표 3-10〉 국내 해양 에너지 목표

1997~2001	2002~2006
• 해양에너지 자원 정밀 조사 (최적 후보지 선정) • 적정 플랜트 시스템 기본 설계 • 시스템 성능해석 및 운전제어 기술개발	• 저가 고효율 발전시스템 개발 • 시범 플랜트 설치 및 실증실험 • 복합 발전 시스템 기술 개발

출처: 한국과학기술정보연구원, 풍력발전, 태양전지, 조력발전.

(2) 조력 발전의 기술 수준

① 해외 기술 수준

선진국은 오염물질 확산, 해수유동 등을 감안하여 최적 개발 후보지를
선정하고 개발에 따른 부작용을 최소화하는 해양에너지 활용방안을 집
중적으로 연구하고 있으며, 실용화를 위한 해양에너지 발전시스템 개
발 및 동일지점에서 서로 다른 에너지원을 이용하는 복합발전시스템

---

94) 〈뉴시스〉 2008.9.11, 변휘 기자, "그린 에너지전략 5: 신재생에너지, 조력 6
    개, 풍력 14개 발전소 건설".
95) 〈서울경제〉 장현일 기자, "서해안 조류, 조력 발전소 러시".

〈표 3-11〉 주요 선진국들의 해양에너지 기술개발 및 보급현황

영 국	• 2MW급 상용 파력발전장치 개발 • Bristol channel에 조류발전시스템 설치 추진
프랑스	• Rance 조력발전소 운영중 　시설용량 240MW급으로 평균가동률 97%
캐나다	• Annapolis에 시험발전소 설치, 운영중 　시설용량 20MW급으로 Straflo수차
일 본	• 수면에서는 파력발전, 수하에서는 조류 발전하는 복합방식을 추진중

출처: 지엔지컨설턴트, 정종화 · 김양근, "조력발전 기술현황 및 전망".

개발을 추진중에 있다. [96]

② 국내 기술수준

조력 발전의 핵심은 수문 기술이다. 수문 설계는 지금까지 주로 해외 기술에 의존했지만 한국해양연구원에서 국내 연구팀이 조력발전량 예측 정확도를 크게 높이고 조력발전소 건설비용은 낮출 수 있는 최적화된 수문설계기술을 개발했다.

　국내 연구진은 최초로 조력 발전에 가장 이상적인 수문을 개발했다. 수문의 바닥을 볼록하게 하고 측면은 오히려 평평하게 만들었다. 대형 수조에 수문을 설치하고 실험한 결과 새로 개발된 수문이 이전 수문에 비해 물의 유입량과 속도를 20~30%가량 높이는 것으로 나타났다. 수문구조물에 대한 신설계기술 개발로 국내외 조력발전소 건설 추진에 따른 경제적 타당성이 개선될 것이다. [97]

---

96) 지엔지컨설턴트, 정종화 · 김양근, "조력발전 기술현황 및 전망".
97) 홍계신 자유기고가, "해양력은 미래 국가 성장동력: (인터뷰) 이재균 국토해양부 장관".

200

5) 해외 사례[98]

현재 가동중인 조력발전소는 프랑스의 랑스(1967년 완공, 용량 400
KW), 소련의 키슬라야(1968년 완공, 용량 800 KW), 캐나다의 아나폴
리스(1986년 완공, 용량 2만 KW), 중국의 지앙시아(1980년 완공, 용량
3,000 KW) 등이다.

　현재 캐나다, 중국, 프랑스, 구소련 등에서 조력발전소를 건설해
활용하고 있으며, 조력발전이 가능한 지역을 보유하고 있는 미국, 호
주, 인도 등의 국가에서도 조사작업이 한창이다. 1980년대 중반에 완
성된 캐나다의 아나폴리스 조력발전소는 20 KW급 대형발전소다.

　프랑스는 '랑스' 조력발전소에 이어 연간 30억 KW 규모의 조력발전소
를 계획했으나 아직도 계획 선에 머물러 있다. 구소련은 1968년 실험용
조력발전소를 준공했는가 하면 일본은 물결이 센 에히메현 내도해협에
서 조류발전 실험에 성공했다. 중국은 발해에서 북부만에 걸쳐 8기의
조석발전소를 보유하고 있는데 그 용량은 모두 합쳐 6천 KW이다.

<표 3-12> 국외 가동중인 조력발전소 현황

항 목	랑스	아나폴리스	키슬라야 구바	지앙시아
위치	프랑스	캐나다	러시아	중국
최대조차(m)	13.5	8.7	3.9	8.39
방조제연장(km)	0.75	–	0.15	–
시설용량(MW)	240	20	0.4	3.2
준공연도	1966	1984	1968	1980
연간발전량(GWh)	544	50	1.2	6.0
개략이용율(%)	29	29	34	21
발전방식	복류식	단류식	복류식	복류식

출처: 지엔지컨설턴트, 정종화·김양근, "조력발전 기술현황 및 전망".

98) 시화호 조력발전소, "조력발전소의 개요", http://www.daebudo.info/tidal/
index.htm.

현재 영불 해협을 비롯하여 남북 아메리카, 중국, 러시아 등을 포함하여 세계 도처에는 조석의 차가 크게 벌어지는 곳이 많다. 이런 곳을 이용하여 조력발전을 한다면 수력발전의 4배가 넘는 10억KW의 전력을 생산할 수 있다. 아직은 막대한 건설비 때문에 주춤한 상태이지만 21세기 중반 경에 화석연료 자원이 바닥이 나면 조력발전은 다시 각광을 받게 될 것으로 전망된다.

6) 국내 사례

우리나라 경기만 일대는 세계적으로 드문 조력발전의 최적지로 부상한 곳이다. 1932년 일제 강점기 때부터 발전소 설계도를 작성한 기록이 있을 정도이며, 1986년 영국의 공식조사 결과에 따르면 가로림만에 조력발전소를 지을 경우 시설용량이 40MW, 연간 발전량은 836GWh 까지 가능한 것으로 판명되기도 했다.

　우리나라에서의 조력발전 건설은 서해안에 부존하는 천혜의 조력에너지를 개발함으로써 지역경제의 균형발전을 도모할 수 있을 것으로 기대되고 있다.

(1) 가로림만[99]

충남 태안군 이원면 내리와 서산시 대산읍 오지리 일대에 설비용량 520MW, 연간발전량 950GWh, 방조제 길이 2,053m의 세계 최대 규모 조력발전소가 건설을 계획하고 2012년 준공을 목표로 하고 있다. 가로림만은 조석간만의 차가 크고 저수 면적이 넓으며 만 입구가 좁아 최적의 입지조건을 갖춘 곳으로 평가 받고 있다.

---

99) 〈연합뉴스〉 2009. 4. 27, 유의주 기자, "가로림조력발전 사전환경성검토 설명회 열려".

202

(2) 석모도[100]

석모도 해협은 조수간만의 차가 최고 9.6m(평균 6~7.6m)에 달하는 조력발전소 건설에 적절한 입지로 평가 받고 있다. 발전용량 812MW 급으로 강화도, 교동도, 석모도, 서검도 등 4개의 섬을 총 연장 7,795m의 조력댐 방조제로 연결하여 25.4MW 수차 발전기 32개를 설치하게 된다. 2015년부터 상업 운전을 시작할 경우 연간 1,536GWh의 발전량을 생산한다. 이 시설은 인천지역 총 전력사용량 18,165GWh의 8.4%이며 인천시내 93만 가구의 43%인 40만 가구가 사용할 수 있는 전력량이다.

(3) 시화호[101]

수자원공사는 현재 경기도 안산시 시화방조제에 시화호 조력발전소를 건설하고 있다. 시설용량은 254MW급으로 연간 발전량은 552GWh에 달한다. 시화호 조력발전소는 연간 600억 원의 유류수입 대체효과가 있을 것으로 추산된다. 또한 이산화탄소 절감 효과도 연간 31만 5천t에 달할 것으로 추정된다. 시화호 조력발전소는 전기 생산뿐만 아니라 시화호 수질 개선의 부가적 효과도 거둘 것으로 기대된다.

---

100) 〈조선일보〉 2007.6.25, 최재용 기자, "세계 최대 '강화도 조력발전소' 건설 논란".
101) 〈뉴시스〉 2009.6.17, 박정규 기자, "시화호조력발전·CDM사업 … 저탄소녹색성장, 수자원공사가 이끈다".

〈그림 3-30〉 시화호 조력발전소

출처: http://www.dwconst.co.kr

7) 조력 발전의 개발효과[102]

대체에너지 분야 중 태양전지, 풍력 그리고 해상에너지는 가장 상용화 가능성이 높으며, 선진국의 일부 분야에서 실용화에 성공하여 많은 실적이 누적되고 있다.

이 외에도 조력발전소는 개발입지가 한정되어 있어 세계적으로 드문 시설로서 청정에너지 테마파크 조성이 기대되며 교육, 과학, 관광 자원으로서의 가치가 크다. 조력댐은 외해의 파랑을 차단하는 방파제 역할을 하게 되어 만내 정온한 수역을 확보하게 되고 해수 투명도가 증가하여 해양레포츠활동에 좋은 환경을 제공해준다. 단 국내의 서해안은 세계적으로 중요한 갯벌 등 보호되어야 할 지역이 있으므로 조력발전 입지선정에 신중을 기해서 청정에너지 개발로 인해 환경파괴가 발생하지 않도록 주의하여야 한다.

---

102) 〈이데일리〉 2009. 4. 3, 윤진섭 기자, "변신! 공기업: 수자원公 '한국형 녹색 뉴딜 선봉'".

8. 파력에너지(Wave-Force Energy)

1) 파력발전의 정의[103]

파력발전(波力發展, *wave-force generation*)은 움직이는 파도에너지를 터빈과 같은 원동기의 구동력으로 전환하여 발전하는 신재생 에너지의 하나이다. 파력발전은 설치하는 방법에 따라 부유식(浮游式)과 고정식(固定式)으로 나뉜다.

또한 물입자의 운동방향에 따라 파도의 상하운동, 파도의 수평운동, 파도에 의한 수중 압력을 활용하여 각각 공기에너지나 기계에너지 또는 수력에너지로 변환시키는 세 가지 방법으로 구별할 수 있다.

파력발전에 대한 연구는 영국, 노르웨이, 스웨덴 같은 북유럽과 일본에서 주로 이루어져 왔으며, 영국의 경우 부체식의 공기터빈에 대한 연구가 주를 이루고, 일본은 고정식 파력장치가 주로 연구되고 있으며 기계적 터빈방식이나 수력터빈방식이 대부분이다.

2) 자원 분포[104]

세계 에너지 회의는 파력에너지의 시장 잠재력을 연간 200TWH가 초과하는 것으로 측정하였다. 원자력과 수력 발전이 지리적으로 광범위하게 배치되어있는 것과 비슷하다. 파력에너지는 25~30년 전의 풍력에너지보다 낮은 개발비용이 들고 현재의 태양광전지 비용보다 적고, 잠재적인 추가비용의 발생도 가장 적게 든다.

---

103) http://www.knrea.ok.kr/신재생에너지/해양에너지; http://www.kordi.re.kr, 2008.01.08, 한국해양연구원, "기타 자연과학 연구 개발업 에너지, 신재생에너지".

104) www.pelamiswave.com/Wave Energy/The Market

〈그림 3-31〉 파력 분포도

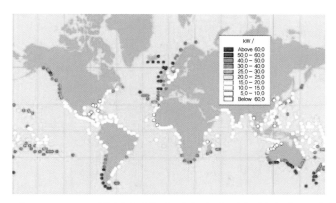

출처: http://www.kordi.re.kr 〈파력발전 기술 비교분석 및 한국연안 적용성 검토〉, 홍기용·신승호·홍석원, 한국 해양연구원 해양시스템안전연구소, p.6.

3) 파력발전의 종류

(1) 가동물체형 방식(부유식, 잠수식)[105]

가동물체형(可動物體型) 방식은 파도로 인해 고정되어있는 힌지(hinge, 경첩)를 중심으로 상하·피칭(pitching) 운동을 하는 부유(浮游) 구조물을 사용하는 파력발전 방식으로서 파도에너지를 직접적으로 흡수하는 방식이다. 옆에 설치되어 있는 뜸이 파도가 치면서 생기는 높이차만큼 상하 움직임을 반복하게 된다. 그때 생기는 압력의 차만큼 터빈이 있는 공간으로 공기가 출입을 반복하면서 터빈을 가동시키게 되고 그 가동되는 힘으로 인해 발전기에서 에너지를 생성하는 원리이다. 진동 수주 방식과의 차이는 이 방식은 물체가 움직여 다니면서 에너지를 발전할 수 있다는 점이다. 가동 물체형은 부유식과 잠수식으로 구분된다.

---

105) 〈파력발전 기술 비교분석 및 한국연안 적용성 검토〉 2006.6.15, 홍기용·신승호·홍석원, 한국해양연구원 해양시스템 안전 연구소, p.9.

〈그림 3-32〉 가동 물체형 방식

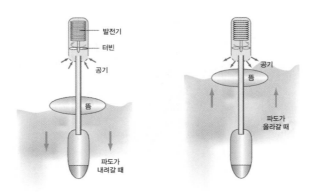

발전기
터빈
공기
뜸
파도가
내려갈 때

공기
뜸
파도가
올라갈 때

출처: http://2jong.daehane.com

(2) 진동수주형 방식(부유식, 고정식, 안벽형)[106]

진동수주형(振動水柱型) 방식은 파도에 의해 공기실(空氣室) 안의 물이 위아래로 진동함으로써 터빈이 설치된 덕트(duct) 사이로 공기실안의 공기가 왕복 운동하는 것을 활용하는 것이다. 파도에너지를 공기의 유동에너지로 변환하고 이 유동에너지를 공기 터빈을 활용하여 기계적인 회전에너지로 변환하는 방법이 사용된다. 진동수주형은 부유식, 고정식, 안벽형으로 구분된다.

---

106) 위의 글.

〈그림 3-33〉 진동수주형

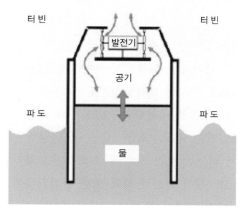

출처: 〈파력발전 기술 비교분석 및 한국연안 적용성 검토〉 2006. 6. 15, 홍기용·신승호·홍석원, 한국
해양연구원 해양시스템 안전 연구소, p. 9.

(3) 월파형 방식[107]

월파형(越波型) 방식은 파랑(波浪)의 진행방향 전면에 경사면을 두어
파랑에너지를 위치 에너지로 변환하여 저수한 후 형성된 물 높이 차이
를 이용하여 저수지의 하부에 설치한 수차(水車) 터빈을 돌려 발전하
는 방식이다. 월파형 방식은 수력발전과 비슷한 방식으로 이루어져 있
다. 즉, 이 방식은 바닷물을 모아 밑에 터빈을 연결하고, 밖과 연결되
는 부분을 만들어 위치에너지 차로 물이 나가면서 터빈을 돌리게 되는
힘으로 전기를 생성하는 것이다.

---

107) 한국해양연구원, 2005. 3. 9, 홍기용, "월파형 파력발전 기반기술 연구".

4) 파력발전의 장·단점

(1) 장점[108]

파력발전의 장점은 일단 시스템을 한번 구축한 후에는 비용이 들지 않고 온실가스 등의 폐기물이 배출되지 않는다는 것이 가장 큰 장점이다. 이러한 장점으로 인하여 파력발전기술은 화석연료 사용에 따른 환경오염과 자원고갈 문제를 극복할 수 있는 주요 대체에너지 기술의 하나이다. 또한 해양에는 파도, 조류, 수온 등 다양한 에너지원이 존재하는데 이 중에서 파도는 모든 해역에 폭넓게 분포하기 때문에 가용에너지원이 풍부하고, 설치 가능한 해역 또한 광범위하여 활발한 연구가 진행되고 있다. 이런 파력의 특성으로 반도의 지형적 특성을 지닌 우리나라 연안에서도 에너지 자원으로 충분히 활용이 가능하다.

(2) 단점[109]

파력발전은 파도에 대한 의존도가 높고, 파도의 상태에 따라 에너지의 산출량이 크게 변동한다. 높은 파도가 충분히 있는 적절한 입지를 선정하는 과정에서도 문제가 발생된다. 또한 설계적으로 소음이 매우 심한 경우가 존재하고, 거친 날씨에도 견딜 수 있는 시스템의 개발이 필요하다.

---

108) 〈NEDO 해외리포트〉 No. 962, 2005. 9. 7, SRI Consulting Business Intelligence Explorer Program, "유럽 및 미국의 조력·파력발전에 관한 연구개발".
109) 위의 글; 홍기용, 위의 글.

5) 파력발전 현황

(1) 해외현황

① 영국(가동물체형 부유식)[110]

영국의 Pelamis Wave Power 회사의 Pelamis WEC는 1998년부터 가동물체형 파력발전장치를 개발하여 2004년에 해안에 설치되었다. 현재 시험 운용중이며 Pelamis WEC는 실린더들을 힌지로 연결한 형태로 반잠수식 부유 장치이다. 파도에 의해 일어나는 힌지의 운동을 유압펌프로 연결하여 모터를 구동시켜 발전을 하는 장치이다. 구조물의 길이는 120m이며 직경은 3.5m이고 750KW의 출력이 가능하다.

〈그림 3-34〉 영국, 가동물체형 부유식

출처: www.pelamiswave.com/

---

110) 홍기용·신승호·홍석원, 위의 글, p. 11.

② 미국(가동물체형 잠수식)[111]

미국의 Ocean Power Technology회사는 Power Buoy를 개발하여 하와이 Ohau 섬에 2004년 6월에 파력발전장치를 설치하였다. 기계 하나당 250kw의 출력이 가능하며 Power Buoy는 형태를 이루어 파력발전이 가능하다는 장점이 있다. 40기의 Power Buoy는 10MW를 발전할 수 있고 설치 수심은 30m 내외이다.

③ 덴마크(월파형 부유식)[112]

덴마크의 Wave Dragon은 부유식 파력발전 장치로 곡면을 가진 반사판으로 파도를 모으고 경사로를 통해 저수지로 월파시켜서 만들어지는 물 높이 차이를 이용하여 전력을 생산한다. Wave Dragon은 수심 20m 이상의 해역에서 4MW 이상의 전력을 추출하는 것을 목표로 설계되었다.

④ 호주(진동수주형 부유식)[113]

호주의 Energetech사는 부유식 구조물체에 포물선형의 벽면을 설치하여 파도를 만드는 파도집중 구조물체와 신개념의 가변 피치 공기터빈의 고효율의 Dennlss-auid 터빈을 도입하여 350kw의 발전을 할 수 있는 진동수주형 파력발전장치를 개발하였다. 이 장치를 Port Kambla Project로 불리는 실험을 위해 2005년 10월에 Kembla항에 설치하였다. 구조물의 폭은 35m이며 총 무게는 450xhs 정도이며 설치 수심은 10~50m내외이다.

---

111) 위의 글, p. 12.
112) 위의 글, p. 13.
113) 위의 글, p. 14.

(2) 국내현황

① 주전A호(진동수주형 부유식)[114]

한국해양연구원에서 1993~2001년에 행해진 프로젝트로 공기터빈의 종류는 Wells, 형태는 Tandem이며 터빈의 날개형상, 날개 수, 직경은 8개, 1.35m, NACA0015를 사용하였다. 발전기 종류는 Heller 발전기를 사용하며 40kw를 출력한다.

② 소형 부유식 파력발전기(150W) 개발[115]

한국해양연구원에서 개발한 장치로 Backward Bent Duct Buoy (BBDB)라고 불린다. 항로표지, 등부표용 부유식 파력발전기로 차귀도 해역의 파력발전 적용성의 검증이 이 장치의 개발 목적으로 2006. 5~2007. 4월까지 운용되었다.

③ 월파형 파력발전 장치 연구[116]

한국 해양 연구원에서 이루어진 연구로 월파제어구조물의 최적설계를 위하여 형상인자들에 따라 월파효율의 변화를 수치 및 실험적 방법으로 해석한 연구이다. 월파형 파력발전에 적용 가능한 초저낙차 수차터빈을 설계하고 성능을 검증하기 위해 모형시험을 수행하였다.

---

114) 위의 글, p.17.
115) 위의 글, p.19.
116) 위의 글, p.21.

6) 파력발전 전망

파력발전시스템이 효율적으로 설계·운영되면 해수흐름을 방해하지
않아, 해양오염을 줄이면서 에너지를 생산할 수 있다는 장점이 있다.
　또 파력발전설비를 거대 부체 구조물에 설치해 태양광 발전과 풍력
발전 등 자연 에너지와 혼합한 복합 에너지 시스템도 실현 가능성이
크다.
　그러나 파력발전의 해양 에너지는 에너지 밀도가 낮아 발전기계의
작동효율에 관계없이 비용이 일정하게 들어가기 때문에, 해양 에너지
를 얻는 양이 적으면 이윤 창출이 어렵다. 또한 초대형 태풍으로 인한
대형 파도가 수십 년에 한 번 오는 것을 예상하여 설계할 필요가 있는
것도 비용면에서 과제로 등장하고 있다.

(1) 해외 전망[117]

미국의 리서치회사 BCC Research가 발행한 기술 시장조사보고서에
따르면 세계의 풍력/파력 에너지 시장은 2008년에 119,343메가와트
(MW)에 달했다. 향후 동 시장은 CAGR 13.3%로 확대되어 2013년에
는 223,213MW에 도달할 전망이다. 2008년도 파력 에너지의 이용량은
불과 4MW였으나, 2013년에는 122MW에 도달할 것으로 예측된다.

---

117) 〔Energy from Wind and Waves : The Global Market〕 / BBC Research

(2) 국내 전망118)

① 추진배경 및 과제내용
한국은 지정학적 위치상 3면이 바다로 둘러 싸여있는 지리적 특성으로 인하여 파력에 대한 미래의 성장가능성이 높으며, 주로 남해와 동해안 권에서 파력개발이 가능하다.

다른 신재생에너지보다 경제적인 면에서 가동률과 효율성이 높으며, 개발비용 또한 타 에너지에 비해 저렴한 것이 장점이다.

현재 500kW급의 발전 모듈 제작하였으며 상용화하기 위해 기반을 구축해 놓은 상태이다. 후보지로는 제주도와 울릉도가 거론되고 있다.

② 추진전략 및 방안(5년 단위)
· 단·중기적으로는 기술개발을 추진하고, 현재 건설 중인 파력발전소가 예상대로 준공이 될 수 있도록 점검하여야 한다.
· 장기적으로는 복합발전 및 해수온도차 발전을 추진 중이다.

〈그림 3-35〉 단·중기적 기술개발 방안

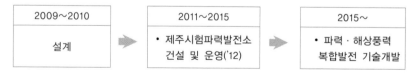

2009~2010	2011~2015	2015~
설계	· 제주시험파력발전소 건설 및 운영('12)	· 파력·해상풍력 복합발전 기술개발

118) 지식경제부, 2009. 5, 문병근, "신성장동력 종합추진 계획 — 세부계획1".

214

③ 추진일정

〈표 3-13〉 파력발전 추진 일정

연도	주요내용
2009	• 제주파력발전사업 협약체결 완료 • 파력발전 구조물 상세 설계도면 작성 • 파력발전 전력 제어장치 기본 설계
2010	• 시험파력발전소 플랜트 제작 및 환경예측기술개발
2011	• 파력-해상풍력 복합발전 적지조사 및 가동형 파력발전 기술개발
2012	• 제주시험파력발전소 완공
2013	• 제주시험파력발전소 시운전 및 보완 기술개발

9. 원자력 에너지(Atomic Energy)

1) 정의[119]

'모든 물질이 에너지'란 개념은 앨버트 아인슈타인에 의해 주장되었고, 어네스트 러더퍼드는 방사성 물질의 붕괴 이론을 주장하였다. 그리고 마침내 페르미는 방사성 물질인 우라늄에 중성자를 충돌시켜 일어나는 핵분열을 조절하는 데 성공했다. 무질서하게 일어나는 연쇄반응을 인간의 힘으로 조절함으로써 원자력을 평화적으로 이용할 수 있는 길을 열었던 것이다.

우라늄에 저속의 중성자(열중성자)를 흡수시키면 핵이 불안정해져서 두 개의 원자핵으로 분열한다. 이것을 핵분열이라 한다. 이 때 분열 전 질량과 분열 후 감소한 질량의 차이 만큼에 해당하는 열이 발생한

---

119) http://www.khnp.co.kr(한국수력원자력) ; atomic energy, en. wikipedia. org

다. 핵분열에서 만들어지는 중성자의 속도를 감속재로 줄여주면 하나의 핵분열에서 만들어지는 2~3개의 중성자는 다른 핵에 흡수되어 분열을 거듭한다. 이를 연쇄반응이라 한다. 그리고 카드뮴 막대와 같은 제어 물질로 반응속도를 조절한 것이 원자력 발전의 원리이다. 이 때 핵분열을 일으키고 핵분열 속도를 조절하는 장치를 원자로라고 한다. [120)]

〈그림 3-36〉 원자력 발전 개념도

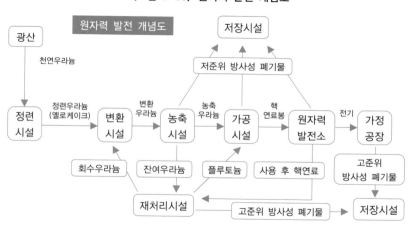

출처: 〈매일경제〉 2007. 10. 25, "원자력 발전, 연료용 우라늄 농축기술이 핵심".

120) "여러 가지 발전방식", 물리나루, http://moolynaru.kyungpook.ac.kr.

2) 원자력발전의 장·단점

(1) 장점

① 경제성

현재까지 신재생에너지의 가장 큰 문제는 화석에너지에 비해 경제성이
크게 떨어진다는 점이다. 때문에 원자력에너지가 국내자원을 해결할
수 있는 중요한 열쇠로 급부상하고 있다. 우라늄 1kg은 부피가 골프
공 정도지만 석유 9,000드럼, 유연탄 3,000t과 맞먹는 에너지를 만들
어 낼 수 있다.

세계에너지기구의 통계자료에 의하면 풍력의 설비이용률은 약
20%, 태양광의 설비이용률은 10~15%에 불과하다. 반면에 원자력발
전소, 석탄발전소, LNG발전소는 연료만 넣으면 언제든지 가동할 수
있다. 이용률을 감안한 경제성 차이를 원전과 비교할 경우 풍력은 원
전의 약 6.8배, 태양광주택용은 약 40배나 비싼 에너지가 된다.

원자력은 막대한 건설비와 철거비 등 제반비용을 감안하더라도 원
가 측면에서 가장 저렴한 에너지원이다. 2007년 기준으로 1KWh를 생
산하는 데 드는 비용은 39.4원이지만 유연탄은 40.9원, 중유와 LNG
는 각각 117.0원과 128.3원으로 현재 가장 많이 사용되는 에너지원인
석유의 3분의 1에 불과하고, 특히 탄소배출권 비용을 감안할 경우 유
연탄의 발전원가는 27.2원이나 상승한다.[121]

---

121) 〈매일경제〉2008.10.28, 김은표 기자, "재미있는 과학: 원자력은 대표적인
    저탄소 녹색산업이죠".

〈표 3-14〉 발전원별 생산단가

발전원별 생산단가(단위: 원/KWh, 2007 기준)								
발전원	원자력	석탄	유류	LNG	목합	수력	양수	풍력	태양광
판매단가	39.40	40.96	117.04	123.32	104	93.61	173.76	107.29	711.25

출처: 〈이투데이〉 2008. 6. 9, 안경주 기자, "기자원자력 발전이 유일한 대안인가?".

② 친환경성

원자력의 가장 큰 장점은 발전 과정에서 이산화탄소 배출이 거의 없다는 점이다. 공기를 태우면서 이산화탄소를 배출하는 게 아니라 핵분열 과정에서 연료 스스로 열을 발생시키기 때문이다. 실제로 발전원별 이산화탄소 배출량을 비교해 보면 원자력의 장점은 탁월하다. [122] 국제원자력기구(IAEA)에 따르면 1KWh를 발전하는 데 발생하는 이산화탄소의 양은 석탄 991g, 석유 803g, 천연가스 549g, 태양광 57g 등인

〈그림 3-37〉 발전원별 이산화탄소 배출량

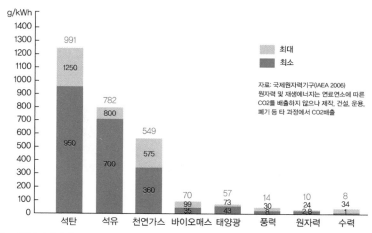

출처: 한국수력원자력.

---

122) 위의 글.

반면 원전은 10g에 불과하다. [123]

③ 안정적 에너지 확보

원자력 발전의 원료가 되는 우라늄은 세계 전역에 골고루 분포돼 있어 세계 에너지 정세에 크게 영향을 받지 않는다. 따라서 연료를 수입에 의존하더라도 다른 에너지원보다 안정적인 공급을 기대할 수 있다. 한국수력원자력에 따르면 에너지 자원별 이용예상기간은 석유가 앞으로 40년, 천연가스는 60년, 석탄은 230년인데 비해 우라늄은 3,600년으로 사실상 무한한 자원으로 평가받고 있다. [124]

또한 우라늄은 적은 양으로 막대한 에너지를 낼 수 있고 수송과 저장이 쉽다는 장점을 가지고 있다. 100만KW급 발전소를 1년간 가동하려면 LNG는 110만t, 석유는 150t, 유연탄은 220만t이 필요하지만 우라늄은 단지 30t이면 충분하다.

〈그림 3-38〉 에너지 자원별 이용 예상기간

3600년(재처리시)

230년

40년   60년

석유   천연가스   우라늄   석탄

출처: 한국수력원자력.

123) 〈이투데이〉 2008. 6. 9, 안경주 기자, "원자력 발전이 유일한 대안인가?".
124) 〈파이낸셜뉴스〉 2008. 10. 23, 김용민 기자, "'착해진 원자력' 세상을 밝히다".

〈그림 3-39〉 100만 KW급 발전소를 1년간 운전할 때 필요한 연료

원자력 30톤
10톤 트럭 3대

천연가스 110톤
10만톤급 선박 11척

석유 150만톤
10만톤급 선박 15척
(중유 940만배럴)

석탄 220만톤
10만톤급 선박 22척

출처: 한국수력원자력.

(2) 단점

① 안전성

원전에 반대하는 사람들은 무엇보다 안전성 문제를 제기한다. 윤순진 서울대 환경대학원 교수는 "정상적인 원전 운전과정에서는 방사능 누출이 미미하지만 원전 사고는 원전 설계의 기술적 결함만이 아니라 원전 설비를 다루는 사람의 실수나 관리·감독 소홀에서 비롯될 수 있어 완벽한 안전성을 보장하기 어렵다"며 "확률은 낮지만 사고 가능성이 결코 없지 않고 한 번의 사고가 너무나 엄청난 생태적 재앙을 가져올 수 있다"고 강조한다. [125]

② 폐기물 문제

'원자력법'에 따르면 방사성폐기물이란 '방사성물질 또는 그에 의하여 오염된 물질로서 폐기의 대상이 되는 물질'이라고 규정하고 있다. 방사성폐기물에서 나온 방사선이 외부로 노출되게 되면 원자 폭탄에 의한 피해나 체르노빌 원자력 발전소 사고에서 알 수 있듯 인체에 해로

---

125) 〈서울경제〉 2009. 1. 20, 안의식 기자, "원자력, 기후변화시대 총아인가".

220

운 영향을 미친다. 에너지와 전하량이 너무 큰 탓에 DNA나 단백질의 주요 구조를 망가뜨려 암을 일으키거나 돌연변이나 기형이 나올 확률이 높아진다. 126) 이미 지난 50년간 원자력 발전으로 어마어마한 에너지와 폐기물이 만들어졌고, 이 중 상당수인 플루토늄은 1g 정도가 석유 1t에 비견될 정도의 폭발성을 지닌다. 127)

사용 후 핵연료(고준위 방사성 폐기물) 저장시설 문제는 장기적인 원전 확대에 대한 핵심 선결 과제다. 울진·월성 원전은 2016년까지 원전용지 내에서 이를 관리할 계획이지만 이후 중간 저장시설 건설이 포화상태에 이른다. 이에 대한 최종 처리 방안 논의는 아직 시작조차 못하고 있는 단계다. 128)

3) 시장현황 및 기술수준

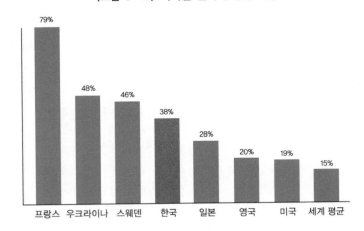

〈그림 3-40〉 나라별 원자력 발전 비중

출처: IEA "세계 에너지 통계 2007".

126) 〈소년한국〉 2008. 11. 18, 윤석빈 기자, "원자력을 알자: '방사선'은 생활의 일부".
127) 〈경향닷컴〉 2008. 9. 2, 김유진 기자, "세계: 에너지 경제학 '원자력 딜레마'".
128) 〈매일경제〉 2008. 8. 7, 박용범 기자, 원자력발전소 2030년까지 10기 추가 건설.

(1) 해외

원전 건설은 선진국과 개도국을 불문하고 전 세계적으로 붐이다. 국제 원자력기구(IAEA)의 발표에 따르면 전 세계 원자로는 모두 439기이고, 118기가 건설중이거나 건설될 예정이다. 자타가 인정하는 원자력 분야 의 세계 1위는 미국이다. 미국은 러시아나 영국, 프랑스, 중국이 따라 갈 수 없는 최첨단 핵무기를 개발해 보유하고 있다. 또 미국은 세계에 서 가장 많은 103기의 원자로를 가동하는 원자력 발전 1위국이다(한국 은 20기로 세계 6위, 프랑스는 59기로 2위, 일본은 55기로 3위). [129]

(2) 국내

우리나라는 1978년 4월 국내 최초의 원자력발전소인 고리 원자력 1호 기가 시설용량 587MW로 상업 운전을 개시한 이래 31년째인 2007년 말 현재 20기가 상업 운전중이다. 현재는 전남 영광과 경북 울진에 각 각 6기, 경북 월성과 부산 고리에 각각 4기를 가동하고 있다. 총 시설 용량은 17,716MW로서 1978년에 비해 30.2배 이상 증가했다. 발전량 으로는 국내 원자력발전의 원년인 1978년에 23억 KWh를 발전해 전체 발전량의 7.4%에 불과했으나 2007년도에는 1,429억 KWh를 발전해 1978년에 비해 64배의 발전량 증가를 기록했다. [130]

설비규모 세계 6위의 위치에 있는 우리나라의 원전 기술자립도는 95%를 넘어선 상태이다. 뿐만 아니라 그동안 원전의 건설, 운영 및 정비 등 여러 분야에서 기술개발과 경험을 축적한 결과 원전의 운영 면에서도 괄목할 만한 성과를 거두고 있다. 우리나라는 8년 연속 90%

---

129) 〈신동아 매거진〉 2008. 1. 25, 이정훈 신동아 편집위원, "韓·日·佛 원자력 삼국지".

130) 〈파이낸셜뉴스〉 2008. 10. 23, 김용민 기자, "'착해진 원자력' 세상을 밝히다".

<표 3-15> 연도별 국내 원전운영 현황

구분	'80	'90	'00	'02	'04	'06	'07
가동기 수	1	9	16	18	19	20	20
설비용량(만 KW)	58.7	762	1,372	1,572	1,672	1,772	1,772
설비비중(%)	6.3	36.2	28.3	29.2	28.6	27	26
발전량(백만 KWh)	3,477	52,887	108,964	119,103	130,715	148,749	142,937
발전비중(%)	9.3	49.1	40.9	38.9	38.2	39	35.5

출처: 〈이투데이〉 2008. 6. 10, 안경주 기자, "기획: 원자력 발전이 유일한 대안인가?".

이상의 이용률을 달성하여 세계 평균을 훨씬 상회하면서 원전 운영기
술의 안전성과 신뢰성을 세계적으로 널리 인정받고 있다. 131)

4) 해외사례

(1) 방사능폐기물 관리장 운영사례

① 프랑스

59기의 원전을 운영하며 국가 발전량의 78%를 원자력발전으로 공급
하고 있는 프랑스는 1969년부터 영화 '쉘브르의 우산'으로 유명한 쉘브
르 인근의 '라망쉬 방사성폐기물 관리시설'을 25년간 성공적으로 운영
한 뒤 1994년 용량 포화로 운영을 종료하였다. 이어 포도 주산지로 유
명한 곳인 로브에 '로브 방사성폐기물 관리시설'을 건설해 1992년부터
운영하고 있다. 132)

---

131) 〈대전일보〉 2008. 6. 22, 김종민(한국수력원자력발전기술원 실장), "에너지
　　　위기 돌파구 '원자력'".
132) 한국수력원자력, 한국방사성폐기물관리공단.

〈그림 3-41〉 로브 시설

출처: 한국방사성폐기물관리공단.

② 영국

세계 최초의 상업용 원자력발전을 시작한 영국은 현재 31기의 원자력 발전소를 운영중이며 맨체스터 서북쪽 200km 거리에 위치한 셀라필드 원자력단지에서 약 10여 km 떨어진 '드릭'에 방사성폐기물 관리시설을 세워 1959년부터 가동하고 있다. 133)

〈그림 3-42〉 드릭 방사성폐기물 관리시설

출처: 한국방사성폐기물관리공단.

③ 스웨덴

환경국가로 이름난 스웨덴은 11기의 원자력발전소를 운영하며 국가발 전량의 50%를 원자력발전을 통해 공급하고 있다. 수도인 스톡홀름에

---

133) 위의 글.

〈그림 3-43〉 포크마크 처분시설 내부, 방사성폐기물 시설 전경

출처: 한국방사성폐기물관리공단.

서 약 160km 떨어진 아름다운 발틱해를 끼고 있는 '포스마크'지역에 세계 유일의 해저동굴 방사성폐기물 관리시설을 만들어 1988년부터 운영하고 있다.

④ 일본

세계 유일의 원폭 희생국인 일본은 53기의 원전을 통해 총 발전량의 36%를 공급하고 있으며 동경 북방으로 700km 떨어진 아오모리현의 '로카쇼무라'에 방사성폐기물 관리시설을 건설하여 1992년부터 운영하고 있다.

〈그림 3-44〉 로카쇼무라 처분시설

출처: 한국방사성폐기물관리공단.

⑤ 미국

103기의 원전을 운영하는 원전 대국인 미국은 리치랜드 방사성폐기물 관리시설과(1965년부터 운영)와 '반웰' 방사성폐기물 관리시설(1971년부터 운영)을 건설해 운영해오고 있다.

〈그림 3-45〉 반웰, 리치랜드 처분장

출처: 한국방사성폐기물관리공단.

5) 국내사례

(1) 경주 방사능폐기물 관리장 건설[134]

경주 양북면 봉길리에 들어설 중저준위 방사선폐기물처분장(방폐장)에는 앞으로 60년 동안 국내의 원자력발전소, 연구소, 병원 등에서 나오는 모든 중저준위 방사선폐기물을 밀봉 상태로 저장하게 된다. 현재 원자력발전소에서 나오는 중저준위 방사선폐기물은 연간 4천 드럼이다. 국내에서 발생하는 방사선폐기물의 90%다. 나머지 10%는 연구소와 병원에서 사용하는 방사선동위원소 폐기물이다. 60년 치를 따지면 26만 드럼이 넘는다. 한국수력원자력은 원전 증설에 따라 방사선폐기물이 늘어날 것으로 보고 앞으로 60년 동안 발생할 폐기물을 40만

---

134) 〈한겨레〉 2005. 11. 4, 정남기 기자, "경주 방폐장, 60만 평에 거대 콘크리트 구조물 160개 들어서".

226

드럼까지 예상하고 있다. 여기에 원자력발전소 해체에 따른 중저준위 폐기물이 40만 드럼가량 발생할 것으로 예상된다.

경주 방폐장은 현재 한국수력원자력이 확보한 신월성 1~4호기 원전 부지 70만 평 가운데 아직 빈 땅으로 남아있는 3~4호기 부지 40만 평에 주변 땅 20만 평을 합쳐서 60만 평 규모로 세워지게 된다.

이렇게 만들어지는 방폐장의 실제 면적은 20~25만 평. 여기에 35~40만 평의 완충지대가 만들어지면 방폐장이 완성되게 된다. 방폐장 반경 1km 안으로는 일반인이 접근할 수 없다.

(2) 국내기업의 원전수출[135]

1986년 옛 소련 체르노빌 원전 사고로 침체에 빠져 있던 원전 분야에 '르네상스'가 도래하고 있다. 고유가에 따른 대체에너지 개발과 저탄소 기반의 '녹색성장'이 화두로 떠오르면서 원전 건립이 대안으로 제시된 것이다. 원전 건립을 중단한 유럽에서도 이의 필요성이 제기되면서 세계 원전 시장의 규모도 점차 커지는 추세다. 국내 대형 건설사들도 원전 수출을 새로운 성장 동력으로 삼겠다고 벼르고 있다.

국내 건설사 중 원전 완공 실적이 있는 회사는 현대건설, 대우건설, 두산중공업, 삼성건설, 대림산업 등 5개 사에 불과하다. 이 밖에 현대건설, GS건설 등도 원전 수주물량의 증가에 대비해 관련 분야의 신규 인력 채용에 적극 나서는 중이다.

국내업체들이 발 빠르게 움직이는 것은 향후 국내외에서 원전 건립이 크게 늘어날 것으로 보기 때문이다. 국제원자력기구(IAEA)에 따르면 2030년까지 세계적으로 300기(基)의 신규 원전이 발주될 예정이다. 국내에서도 2030년까지 10기의 원전이 추가 건립될 것으로 보인다.

---

135) 〈동아일보〉 2008. 9. 9, 정세진 기자, "원자력 꽃이 피었습니다".

6) 전망

(1) 해외전망

지구 온난화를 막기 위한 온실가스 감축이 지구촌의 이슈로 부각되면서 원자력 발전이 다시 관심을 끌고 있다. 에너지 안보와 온실가스 감축이라는 두 마리 토끼를 잡을 수 있다는 점에서다.[136] 경제개발협력기구(OECD) 원자력기구는 원자력 이용개발의 세계적 동향 및 미래를 예측한 '원자력에너지 전망'(*Nuclear Energy Outlook*)을 발표하고 "2030년까지 총 311기의 원전이 신설되고, 시장 규모는 700조 원에 이를 것으로 추정되고 있다. 또한 세계 원자력 발전 설비용량은 2008년 372GW에서 2050년에는 최소 1.6배, 최대 3.9배까지 증가할 것"이라고 밝혔다. 또한 원자력 발전 점유율은 현재의 16%에서 2050년 22%로 증가할 것으로 예측했다.[137]

① 미국

30년 이상 새 원전을 세우지 않았던 미국이 현재 발전기 건설을 논의하고 있으며, 대선 정국에서 원자력이 후보 간 공방에서 중요한 쟁점으로 떠오르기도 했다. 미국 오바마 대통령은 '그린 뉴딜'을 표방하며 "향후 10년간 1500억 달러를 투자해 일자리 500만 개를 창출하겠다"고 밝혔고, 이에 미국 정부는 석유의존도를 낮추기 위한 인센티브를 제공하며 신규원전건설을 적극 지원 중인 것으로 알려졌다. 이는 美에너지부(DOE) 에너지정보국(EIA)이 2030년까지 12GW(10기) 이상의 신규

---

136) 〈한국경제〉 2008. 9. 10, 황경남 기자, "원전을 수출산업으로…원전 10기 수출하면 GDP 3% 더 늘어난다".

137) 〈뉴시스〉 2008. 10. 16, 김형섭 기자, "원자력 발전 2050년에 지금보다 3.9배 성장".

228

원전건설을 추진 중에 있다는 사실에서도 드러났다. [138)

현재는 18개 기업이 2015년까지 30여 개 원전을 추가로 지을 수 있도록 인·허가를 받아놓은 상태이며, 이 원전이 모두 가동되면 원자력발전이 미국의 총 전력 수요에서 차지하는 비중도 현재 19.4%에서 25.5%로 높아지게 된다. [139)

② 일본

일본 정부는 2030년까지 이산화탄소 13% 감축과 석유의존도를 현재 50%에서 40%로 낮추기 위해 원자력발전에 대한 비중을 크게 늘릴 계획이다. 비등경수로(BWR) 32기, 가압경수로(PWR) 23기 등 원전 55기를 운영하고 있는 일본은 현재 원전 2기를 추가 건설 중인데, 2020년까지 신규원전을 11기 더 건설해 총 68기 보유하여 현재 30% 수준인 전체 발전비중 중 원자력 발전의 비중을 40%까지 확대시킬 예정이다. [140)

③ 러시아

러시아는 2015년까지 원전 건설 종합플랜을 마련하고 순차적 원전 건설에 500억 달러의 예산을 책정했다. 러시아는 현재 31기 원자로에 더해 2020년까지 26기 원자로를 추가 건설한다는 계획이다. 이를 통해 원자력발전 비중을 현 16%에서 25~30%로 늘릴 예정이다. 특히 러시아는 석유와 천연가스가 대량 매장돼 있는 자원 강국이라는 점에서도 주목할 만하다. 더 이상 화석연료에만 의존해선 국가경쟁력을 유지

---

138) 〈아시아 투데이〉 2008.12.25, 염희선·최성록 기자, "녹색성장…원자력으로 승부 건다".
139) 〈매일경제〉 2008.10.28, 김은표 기자, "재미있는 과학: 원자력은 대표적인 저탄소 녹색산업이죠".
140) 위의 글.

하기 어렵다는 판단을 했던 것이다. [141]

④ 중국

중국은 새로운 원자력 강국으로 떠오르고 있다. 현재 중국이 보유한 원전은 10기에 불과하고 전체 전력 생산에서 차지하는 비중도 1.3%에 불과하다. 하지만 중국은 2020년까지 원자력발전량을 추가로 40GW 늘리기로 결정하고, 이를 위해 원자로 32기를 추가 건설할 계획이다. 또 차세대 원전으로 유력한 고속 증식 실험로에 대해서도 2010년 가동을 목표로 개발에 박차를 가하고 있다. [142]

(2) 국내전망

온실가스 배출량 세계 10위, 경제협력개발기구(OECD) 국가 중 CO_2 배출증가율 1위인 한국도 효과적으로 CO_2를 감축하려면 원전 비중을 늘리는 방법 이외에 마땅한 대안이 없다. 지식경제부가 2030년까지 11기를 짓고 원전 비중을 36%에서 59%(발전량 기준)로 확대하겠다고 발표한 것은 이런 맥락에서다. [143] 현재 우리나라는 고리와 울진, 월성에 6기의 원전을 신규로 건설하고 있고, 2기의 원전을 준비 중이다. 정부는 제4차 국가에너지기본계획에서 원자력발전 설비 비중을 현재 26%에서 2030년까지 40.6%로 높이겠다고 밝혔다. 발전량 기준으로 보자면 전체 전기생산원의 60% 정도(현재 38%)를 원자력에 의존하겠다는 것이다. 이를 위해 원전 12기를 더 지어야 한다. [144] 2007년 전

---

141) 〈매일경제〉 2008.10.28, 김은표 기자, "재미있는 과학 — 원자력은 대표적인 저탄소 녹색산업이죠".

142) 위의 글

143) 〈한국경제〉 2008.9.10, 황경남 기자, "원전을 수출산업으로 … 원전 10기 수출하면 GDP 3% 더 늘어난다".

력수요량은 3686억 500만 KWh였다. 기본계획에 따르면 국내 전력소
비량은 연평균 2.1%씩 늘어 2022년이면 5000억 9200만 KWh에 달할
것으로 예상했다. 또한 정부의 계획대로 전력수급 계획이 진행되면
2022년 KWh당 발전 연료비의 원가는 18.3원이 돼 2008년 (41.2원)보
다 56% 줄게 된다. [145)]

10. 바이오에너지(Bio Energy)

1) 정의[146)]

기본적으로 바이오에너지 (*Bio energy*) 란 유기물 (주로 식물체) 과 무기물
을 소비하여 생성되는 모든 바이오매스 (*Bio-mass*) 에너지를 의미한다.
바이오매스는 동물, 식물, 미생물 등 생물체의 유기물을 총망라하는
것이다. 일반적으로 바이오에너지는 재생가능 (*renewable*) 하고 환경 친
화적이기 때문에 최근 많은 대체에너지 중 가장 광범위하게 사용되고
있다.

---

144) 〈쿠키뉴스〉 2008. 9. 1, 임항 환경전문기자, "핵에너지에 대한 상식의 허실".

145) 〈중앙일보〉 2008. 12. 29, 김종윤 기자, "원자력발전소 2022년까지 12기 추
　　가 건설"

146) Bioenergy, en. wikipedia. org;《바이오에너지 시장 진출가이드》, 외교통상
　　부, 2007. 12.

2) 바이오에너지의 장·단점[147)]

(1) 장점

바이오에너지는 환경 친화적인 특성을 가지고 있으면서도 화석연료에 비해 효율이 크게 떨어지지 않고 기존에 있는 에너지의 산업기반을 거의 그대로 사용할 수 있어 대체에너지원으로 이상적이라 평가받는다.

화석연료는 완전연소가 되지 않기 때문에 사용 시 미세분진, 일산화탄소 등의 오염물질을 배출해 환경오염에 직접적인 영향을 끼친다. 특히 황산화물, 질소산화물 등은 공기 중의 수분과 반응을 하여 산성비의 원인이 되기도 한다. 반면, 바이오에너지는 화석연료에 비해 이러한 오염물질 배출을 크게 줄일 수 있다. 특히 바이오에너지의 연소에서 배출되는 이산화탄소(CO_2)는 다시 식물 등에 흡수·고정되므로 이산화탄소의 순 배출량은 거의 없으며, 황산화물이나 탄화수소의 배출량도 화석연료에 비해 현저하게 낮기 때문에 스모그 및 오존 발생을 크게 줄일 수 있어 자동차 연료로도 적합하다.

또한 바이오에너지의 원료는 수분과 온도조건만 맞으면 어느 곳에서나 얻을 수 있으며 계속 생성되어 자원 고갈 문제가 없다.

(2) 단점

바이오에너지의 에너지원은 대부분 식량으로 이루어지기 때문에 농업과 토지 이용에 있어서 경쟁한다. 뿐만 아니라, 전 세계적인 바이오에너지 붐과 함께 옥수수 값이 폭등하고 사료 및 축산품 값도 급등하는 등 전반적인 소비자 물가가 상승하는 '애그플레이션'(*agflation*)의 위험

---

147) Bioenergy, http://en.wikipedia.org；〈LG주간경제〉김경연, 2001. 11. 7, "대체에너지원으로 급부상하는 바이오연료".

이 있다. 애그플레이션이 발생하면 에너지와 식량의 수입의존도가 높은 국내경제는 큰 타격을 받을 것으로 예상할 수 있다.

또한 바이오에너지는 이용기술개발의 까다로움, 대규모 설비가 필요한 점, 자원이 산재해 있어 수송이나 수집이 불편한 점 등의 단점이 있다.

3) 바이오에너지 분류 및 특성

바이오에너지는 변환시스템에 따라 바이오에탄올(에탄올이라고도 함), 바이오부탄올, 바이오디젤, 바이오 메탄가스 등으로 분류된다.

〈그림 3-46〉 바이오에너지 기술 분류

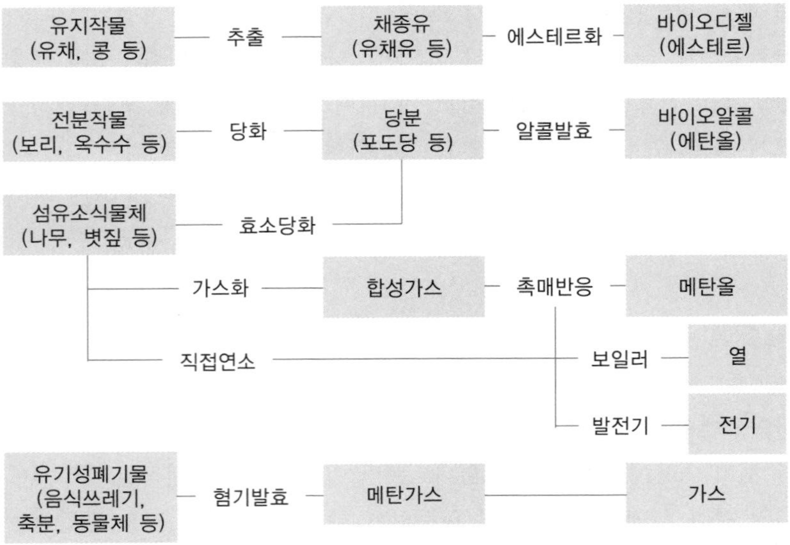

출처: 에너지관리공단(2004).

(1) 바이오에탄올(Bio etanol)

① 정의148)

바이오에탄올은 사탕수수, 옥수수 등의 식물성 원료를 발효시켜 제조한 에탄올이다. 효모와 같은 미생물이 산소가 없는 환경에서 식물에 들어있는 탄수화물인 당(糖)을 에탄올로 변환시킨다. 화석연료와 달리 친환경적인 과정으로 생성되는 바이오에탄올은 기후변화협약 대응을 위한 중요한 연료원으로 각광받고 있다.

　그러나 바이오에탄올의 부상과 함께 그 원료인 사탕수수, 옥수수, 밀 등에 대한 수요가 급증해 곡물 가격 상승의 원인이라는 비난이 일자 식물성 원료를 제외한 목질계, 해조류 등에서 에탄올을 추출하는 연구가 활발히 진행되고 있다.

② 개발현황

현재 국내에서는 갈대·왕겨, 나무, 폐기물, 해조류 등에서 바이오에탄올을 추출하는 기술이 개발됐다.

a. 갈대·왕겨

경기도 보건환경연구원은 갈대와 왕겨에서 바이오에탄올을 생산하는 기술을 개발했다. 갈대와 왕겨를 황산에 녹여 에탄올의 원료가 되는 당을 추출하는 실험을 통해 각각 건조 무게의 55%와 52%에 이르는 당을 생성했다. 또 이를 통해 생산된 포도당 건조무게의 44%와 47%에 이르는 에탄올을 만들었다. 149)

---

148)　Bioetanol, en. wikipedia. org;〈디지털 타임즈〉2006. 9. 5, 이덕환(서강대 교수, 국제화학올림피아드 사무총장), "바이오에탄올".

149)〈조선일보〉2009. 1. 1, 권상은 기자, "갈대·왕겨에서 에탄올 생산".

b. 나무

바이오에너지연구센터 이오규 박사팀이 나무에서 에탄올을 대량 생산하는 기술을 개발했다. 이 기술은 백합나무를 초임계상태에서 30초 내지 1분의 짧은 시간에 포도당으로 분해시키는 기술로 학계에서도 괄목할 성과라는 평가를 받고 있다. 숲 가꾸기 산물 등으로 나오는 목재 130만 톤을 활용해 생산되는 에탄올로 국내 수요 가솔린양의 2%를 대체한다면 연간 3천만 달러의 외화를 절감하는 동시에 160만 톤의 이산화탄소 배출저감 효과를 거둘 수 있다고 산림과학원은 설명했다. 150)

국립산림과학원(원장 최완용) 분자생물연구팀은 이런 목질계 바이오에탄올을 생산하는 데 걸림돌이 된 리그닌 성분을 효율적으로 분해하는 유전자 변형균을 개발했다고 2008년 발표했다. 연구팀은 나무를 썩게 만드는 버섯의 일종인 백색부후균에서 리그닌을 분해하는 락카아제 유전자를 분리해 이 효소의 활성을 높일 수 있도록 유전자 조작을 해 분해균을 만들었다. 이 형질전환 버섯의 리그닌 분해 능력이 야생백색분후균보다 4배나 뛰어난 것으로 확인됐다. 또 이 버섯은 리그닌과 구조적으로 유사한 환경호르몬인 노닐페놀을 야생종보다 4배나 빨리 분해하는 것으로 나타나 환경정화용 미생물로 활용될 수 있는 가능성도 있다. 151)

c. 폐기물

오클라호마 대학 연구팀의 애런 만델과 앤드루 펄만 박사 등이 2006년 클로스트리디아 박테리아가 폐기물 등 모든 탄소가 함유된 물질에서 기체를 섭취하면 이를 에탄올과 물로 변화시킨다는 사실을 발견했다.

---

150) 〈연합뉴스〉 2008. 10. 1, 정윤덕 기자, "나무에서 에탄올 대량생산 기술 개발 산림과학원".
151) 〈매일경제〉 2009. 1. 19, 유용하 기자, "산림과학원, 바이오연료 양산 미생물 개발".

이 성질을 활용한 에탄올 생산 공정은 크게 4단계로 나뉜다. 1단계에선 탄소 함유 물질을 엄청난 온도로 가열해 기화시킨다. 2단계에선 기체 상태가 된 탄소 함유 물질에서 불순물을 거른다. 3단계에선 박테리아를 번식시킨 원통 속으로 이 기체를 통과시키면 불과 2~3초 내에 에탄올과 물이 생산된다. 4단계에선 혼합물을 증류시켜 순도 99%의 에탄올을 추출해 낸다. [152]

국내에서는 기존에 알려진 육상 작물이나 목질계가 아닌 해조류에서 에탄올 추출의 새로운 가능성을 찾기 위한 연구가 진행 중이다. 해양 식물은 바이오매스의 30~70%까지 사용 가능한 유지성분을 함유하고 있으며 육상식물 생산토지의 1~3% 정도면 충분히 재배가 가능하다.

d. 구멍갈파래

구멍갈파래는 지난 수년간 남해와 동해에서 번식하며 녹조현상을 만들어 악취를 풍기고 경관을 훼손하던 일명 '골칫덩어리' 해조류다. 한국해양연구원과 강원대학교 공동연구팀은 제주도 연안에 서식하는 해조류인 구멍갈파래를 이용해 농도가 뛰어난 바이오에탄올을 생산하는 데 성공했다. 연구팀은 구멍갈파래에서 전분을 추출한 뒤 당화과정 없이 포도당으로 전환하는 직접 추출 기술을 이용한 전처리 기술을 개발, 알코올 및 포도당 내성 균주를 개량해 이번 연구를 성공시켰다. 과거 우뭇가사리(홍조류)를 이용해 바이오에탄올을 생산한 한국생산기술연구원의 선행연구와 비교할 때 에탄올 농도는 2.1%에서 30%로 높아지고 에탄올 생산수율도 3배 가까이 향상됐다. [153]

---

152) 〈중앙일보〉 2008. 6. 2, 남정호 특파원, "Save Earth Save Us: 폐타이어·쓰레기서 에탄올 뽑아요".

153) 〈뉴시스〉 2008. 6. 17, 김양수 기자, "해조류에서 대체에너지 생산한다 … 해양研, 바이오에탄올 신기술 개발".

(2) 바이오부탄올(Bio Butanol)

① 정의

바이오부탄올이란 옥수수·사탕수수·유채꽃과 같은 바이오매스에서 미생물 발효를 통해 생산하는 에탄올을 말한다. 바이오부탄올은 에탄올과 그 성질이 유사하지만 에너지 효율 측면에서 에탄올에 비해 더욱 강력한 힘을 낼 수 있다는 장점을 갖고 있다. 에탄올은 휘발유 효율성의 70%밖에 내지 못한다. 반면 바이오부탄올은 휘발유와 같은 정도의 높은 효율을 낼 수 있다. 탄소가 4개로 구성된 알코올인 바이오부탄올은 1ℓ당 에너지양이 7323kcal로 현재 널리 사용되고 있는 바이오에탄올의 에너지양인 5592kcal보다 30% 이상 에너지양이 높으며 가솔린의 7656kcal와도 큰 차이가 없다.

바이오부탄올은 에탄올과는 달리 물 성분을 갖고 있지 않기 때문에 석유제품과 같은 산업기반을 사용할 수 있는 장점을 지니고 있다. 바이오부탄올을 휘발유에 곧바로 섞어 사용할 수 있으며, 흡수성이 적어 기존 파이프라인을 통해 수송이 가능하므로 추가적인 산업기반 조성비용이 들지 않는다. 154)

② 국내현황

KAIST 이상엽 교수팀과 GS칼텍스 공동 연구팀은 바이오부탄올을 효율적으로 생산할 수 있는 균주를 개발했다. 공동 연구팀은 폐목재, 볏짚, 잉여사탕수수 같이 식용으로 사용되지 않는 바이오매스를 사용해 다량의 바이오부탄올을 생산할 수 있게 하는 균주를 개발하고 특허를 출원했다. 155)

---

154) Bio Butanol, en. wikipedia. org; (주)지식을 다함께
155) 〈파이낸셜뉴스〉 2008. 6. 2, 이재원 기자, "바이오부탄올, 차세대 에너지로 뜬다".

(3) 바이오디젤

① 정의156)

바이오디젤은 식물성 유지(쌀겨, 대두유, 유채유 등)와 알코올을 반응
시켜 만든 지방산 메틸에스테르로써 순도가 95% 이상인 것을 말한다.
바이오디젤은 식물성 기름을 원료로 해서 만든 바이오연료로 주로 경
유를 사용하는 디젤자동차 등의 첨가제나 차량연료로 사용되는 대표적
인 대체에너지다.

　바이오디젤은 고유가 시대에 대응하고 기존 화석에너지 사용에 따른
대기오염 및 온실가스를 감축시키는 환경개선 효과가 있다는 점에서
의미가 있다고 할 수 있다. 또한 산소함유량이 높아 완전연소 비율이
높고 발암물질인 입자상 물질 등을 저감할 수 있다. 특히 독성이 적고
생분해도가 높아 유출시 환경오염이 적다는 점도 장점으로 꼽힌다.

　그러나 성분의 안전성이 떨어지고 장기 보관시 산소, 수분, 열 및
불순물 등의 노화현상이 나타나며 원료생산을 위해 사용되는 비료 및
살충제에 의한 장기적인 환경영향이 일어날 가능성이 있다. 또한 식용
인 원료를 에너지로 소비함에 따른 기아 확산, 작물재배를 위한 열대
우림 파괴 등 다른 형태의 환경피해를 유발시키는 문제가 제기된다.
원료수급이 원활하지 않을 가능성이 높아 경제성이 낮아질 수도 있다
는 단점도 있다.

② 국내현황

바이오디젤 연료에 함유되는 바이오디젤 원액 비율이 현행 0.5%에서
2012년까지 3%로 높아진다. 바이오디젤에 대한 면세 지원도 2010년

---

156) Biodiesel, en. wikipedia. org;〈머니투데이〉 2008. 6. 25, 배성민 기자, "바이
　　오디젤 펑펑 인공유전을 가다";〈디지털타임스〉 2008. 7. 31, 이준기 기자,
　　"알아봅시다: 바이오디젤".

까지 연장된다. 정부는 2007년 9월 7일 경제정책조정회의를 열어 이
같은 내용의 '바이오디젤 중·장기 보급계획'을 확정했다. 157)

(4) 바이오 메탄가스(Bio Metangas)

① 정의158)
바이오 메탄가스는 다양한 유기성 폐기물을 메탄발효 시켜 얻을 수 있
는 가스로 메탄(60%)과 이산화탄소(40%)가 주된 성분을 이룬다.
   바이오 메탄가스는 동물 사체와 오폐수 등에서 배출되는 가스로 생
성되는 연료다. 화학적으로 천연가스와 동일해 기존 천연가스 수송관
과 동일한 관련 설비를 그대로 사용할 수 있다. 기존 에너지 시스템을
그대로 사용할 수도 있어 적용 가능성이 크다. 뿐만 아니라 CNG(압
축천연가스)와 LNG(액화천연가스)로 쉽게 변형이 가능하다. 또한 바
이오 메탄가스의 원료는 폐기물에서 추출되기 때문에 옥수수 등을 원
료로 하는 바이오연료와 달리 식량 문제를 야기할 우려가 없고 공급
측면에서도 세계 에너지 시장의 영향을 받지 않는다는 장점이 있다.
기존 화석연료 시장의 영향을 전혀 받지 않고 생산과정에서 온실효과
를 유발하는 가스를 소모하기 때문에 예상되는 바이오 메탄가스의 잠
재력은 매우 크다.
   또한 바이오 메탄가스는 경제적이다. 바이오 메탄가스는 태양광 에
너지나 풍력 에너지와 같은 대체에너지보다 경제적 활용이 가능하다.

---

157) 〈한국경제〉2007. 9. 7, 정재형 기자, "바이오디젤 혼합비율 2012년까지 3%
    로 늘린다".
158) Bio Metangas, en. wikipedia. org; 〈에너지경제신문〉(http://kienergy. net),
    2009. 5. 25, 김세헌 기자, "바이오가스 등 도시가스로 사용된다"; 〈데일리
    안〉2007. 6. 14, 심희진 기자, "축산분뇨가 바이오가스로 변신"; 〈내일신
    문〉2006. 5. 11, 남준기 기자, "바이오 메탄가스의 4가지 장점들".

〈표 3-16〉 대체에너지별 생산단가

구분	태양광	풍력	소수력	폐기물
생산단가(원/kwh)	716	107	70	71

② 국내현황

농촌진흥청 농업과학기술원은 미국 환경청(EPA)과 공동으로 '메탄가스 상업화' 연구를 실시했다. 이는 가축분뇨를 이용한 지구온난화 방지와 청정에너지 개발의 일환이다. 농촌진흥청은 이번 연구를 통해 우리나라 축산의 메탄가스 발생 잠재력을 평가하게 되는데 농과원 내 운영중인 지리정보시스템(GIS)을 이용하여 바이오 메탄가스 생산시설의 최적입지 조건을 선정하는 한편, 우리나라의 축산농가의 규모와 지역별 분호를 분석한다.

국내외 바이오 메탄가스에 대한 높아진 관심과 함께 각 시도별로도 바이오 메탄가스 관련 시설 설립도 늘어나고 있다. 아래는 울산시, 전남도 순천, 아산시의 사례다.

a. 울산시[159]

울산시는 2007년 7월 음식물 쓰레기 및 하수 슬러지 감량화 시설 설립 사업을 시행하기로 결정했다. 국내 최초로 시도되는 이 사업은 용연하수처리장 소화조에 음식물 쓰레기와 하수 슬러지를 넣은 뒤 초음파를 이용해 처리효율을 향상시키고 가스정제시설을 통해 고순도(97%)의 바이오 메탄가스를 생산하는 기술이다.

울산시 남구 용연하수처리장에 고순도 바이오가스 생산시설을 설치 중인 (주)SBK(Scandinavian Biogas Korea)는 하루 1만5천 톤의 바이

---

159) 〈뉴시스〉 2007. 7. 16, 조현철 기자, "음식물 쓰레기로 고순도 바이오 가스 생산"; 〈연합뉴스〉 2009. 6. 22, 서진발 기자, "울산하수처리장서 국내 첫 바이오가스 생산".

오가스를 생산해 인근 SK케미칼(주)에 공급할 계획이다. 현재 SBK는 용연하수처리장에 음식물전처리시설과 초음파시설, 가스 정제시설, 농축기 등을 설치했거나 설치 중이다. 이는 국내 최초로 바이오가스를 생산해 지역 기업체에 공급하는 것이다. 이를 통해 SBK는 연간 30억 원 이상의 수익을 내고 SK케미칼은 연료인 벙커C유를 바이오가스로 대체해 연간 수억 원을 절감하는 것은 물론 이산화탄소와 하수슬러지를 줄여 온실가스 배출권을 확보할 수 있을 것으로 예상된다.

b. 전남도 순천[160]

2008년 10월 31일 전남 순천에 하루 5천5백 마리의 돼지에서 발생되는 분뇨 20톤을 활용해 하루 1천 KW 규모의 전력을 생산할 수 있는 축분 바이오 메탄가스 발전시설이 완공됐다. 이 시설은 오는 2012년까지 해양투기가 금지되는 가축 분뇨의 처리와 함께 처리 과정에서 발생되는 바이오 메탄가스로 전기를 생산하는 것은 물론 잔여물로 비료까지 생산함으로써 1석 3조의 효과를 거두는 자원순환형 분뇨처리 시설이다. 준공된 고효율 축분 바이오 메탄가스 플랜트는 하루 1천 KW의 전력을 생산하게 된다.

c. 아산시[161]

아산시에 바이오 메탄가스 플랜트 시설이 완공돼 고농도 유기성 폐기물을 이용해 전기를 생산하게 된다. 플랜트 시설의 1일 전기생산량 2,867KWH로 318가구분의 전기를 생산하여 하수종말처리장 내 자체 전력으로 활용할 계획이다. 아산하수처리장 내에 설치한 바이오 메탄

---

160) 〈연합뉴스〉 보도자료, 2008. 10. 31, 전라남도청, "전남도, 순천에 고효율 축분바이오가스 발전시설 완공".
161) 〈아시아투데이〉 2008. 11. 13, 이신학 기자, "아산하수처리장 통합형 바이오가스 플랜트 준공".

가스 플랜트 시설은 하수슬러지, 음식물, 가축분뇨 등 고농도 유기성 폐기물을 자원화하는 시설로 준공된 플랜트는 1일 100톤을 처리할 수 있다.

d. 대구시 162)

대구시 환경시설 공단은 하수처리과정에서 발생하는 신재생에너지인 바이오 메탄가스를 대체에너지로 자원화하고 기후변화에 영향을 주는 온실가스 감축을 위한 CDM(청정개발체제) 사업을 추진하고 있다.

환경시설공단은 이번 용역을 통해 6개 하수처리장의 바이오 메탄가스 생산량을 하루 24,300m³에서 44,300m³로 82% 정도 늘리기로 했다. 이 가운데 24,000여 m³를 전기를 만드는 데 활용함으로써 온실가스 배출량 감축 등의 효과를 거둘 계획이다. 공단은 이 경우 연간 전력 생산량이 12억 원 상당에 이르고 유엔 등록절차를 거쳐 탄소배출권까지 얻으면 연간 3억 원의 추가수익도 기대할 수 있을 것으로 전망하고 있다.

e. 원주시

강원도와 SBI는 2009년 공동으로 180억 원을 투자, 원주시 가현동 원주하수처리장 일대 17,500m²부지에 바이오 메탄 생산시설 공사를 시작, 2010년 12월 준공할 계획이다. 이 공장에서는 도축장 부산물, 폐슬러지 등의 유기성 폐기물과 하수처리장에 발생하는 가스를 성분 97% 이상의 고순도로 정제, 시내버스 4만 대를 충전할 수 있는 연간 572Nm³의 바이오 메탄(CH_4) 가스를 생산할 계획이다. 163)

162) 〈연합뉴스〉 보도자료, 2008.7.16, 정책홍보관실, "대구시 환경시설공단, 하수처리장 발생 바이오 메탄가스 자원화 추진"; 〈서울신문〉 2008.9.19, 한찬규 기자, "대구시, 바이오 메탄가스 활용 전력생산 추진".
163) 〈중앙일보〉 2008.4.17, 이찬호 기자, "바이오 메탄 자동차 연료화 추진".

4) 바이오에너지의 시장 현황 및 생산 현황

세계 바이오에너지 생산증가 추이를 보면 주요 선진국들은 대체에너지 중 바이오에너지 사용 비율이 30~50%로 높은 편임을 알 수 있는데

〈그림 3-47〉 세계 바이오디젤 생산량 추이

(단위: ℓ)

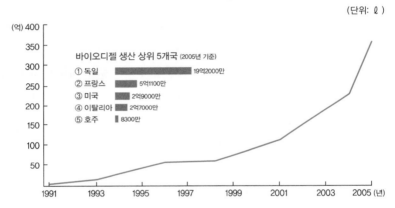

출처: www. worldwatch. org

〈그림 3-48〉 세계 바이오연료 생산현황

바이오에탄올 (총생산량: 450억 리터)   바이오디젤 (총생산량: 117억 5천만 리터)

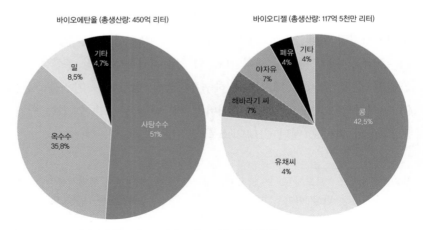

출처: dongA. com "'돈된다' 쬬개도국 바이오 연료 작물 재배 열풍".

이는 1970~1980년대에 이미 바이오에너지를 선도적으로 도입한 브라질, 미국과 EU 등이 고유가에 대비해 대체에너지인 바이오에너지 생산을 크게 확대하였기 때문이다.

한편 국가별 바이오에너지 생산량을 보면, 바이오에탄올은 브라질과 미국이 절대량을 차지하고 있고 그 외 중국이 그 뒤를 잇고 있으며 바이오디젤은 EU가 가장 많이 생산하고 있는 것으로 보인다.

〈그림 3-49〉 세계바이오연료 생산량

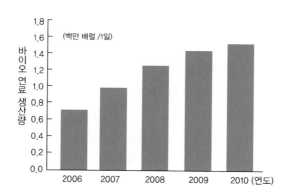

출처: 〈한국경제〉 2008. 4. 27, 박성완 기자, "지구촌, 바이오연료 논쟁 거세진다".

〈표 3-17〉 국가별 바이오에너지 생산현황(2005)

	바이오에탄올		바이오디젤		전체	
	Mtoe	Kb/d	Mtoe	Kb/d	Mtoe	Kb/d
미국	7.50	254	0.22	5	7.72	259
캐나다	0.12	4	0.00	0	0.12	4
EU	0.48	16	2.53	56	3.01	72
브라질	8.17	277	0.05	1	8.22	278
중국	0.51	17			0.51	17
인도	0.15	5			0.15	5
세계전체	17.07	579	2.91	64	19.98	643

출처: International Energy Agency(2006, p. 387).

244

5) 주요국의 바이오에너지 시장과 정책

바이오에너지의 시장현황은 각국의 에너지 시장현황과 정책에 의해 영
향을 받는다. 미국, 유럽연합, 중국, 브라질을 비롯해 풍부한 자연자
원으로 인해 바이오매스 발전의 중심지로 인정받고 있는 중남미 주요
국을 중심으로 각 국의 에너지 시장과 정책을 알아보자.

(1) 미국, EU, 중국의 바이오에너지 현황 및 정책

① 미국의 바이오에너지 시장과 정책164)

a. 바이오에너지의 재조명165)
미국은 대체에너지 기술개발을 통해 2025년까지 중동산 원유 수입량
의 75%를 감축할 계획이며 AEI는 주거용 전력과 운송용 연료 분야의
기술개발에 집중할 계획이다. 미국의 계획안에서 바이오에너지의 비
중은 대체에너지 중에서도 30~60%로 높은 편이다. 그리고 액체 바
이오매스가 미래의 핵심 바이오에너지 자원이 될 것이라 확신하고 바
이오디젤이나 바이오에탄올 등을 통한 연구 집중적으로 하고 있다.

b. 바이오에너지의 개발현황
미국은 바이오에너지 기술개발 및 보급 활성화를 위한 다양한 지원정
책을 시행한다. 바이오연료 생산자에게는 생산 보조금 지급, 설비투
자비의 일부 보전 등 경제적 인센티브와 함께 바이오연료의 의무사용
등 강제규정도 병행하고 있다. 소비자에게는 바이오연료에 대한 각종
세금 공제 등으로 구매를 장려하며, 연방정부의 공공조달 시에 우선

---

164) 〈SERI경제포커스〉 제80호, 2006. 2. 20, 삼성경제연구소.
165) 〈CEO information〉 제524호, 2005. 10. 26, "석유시장 big player 동향과 유
    가전망".

〈표 3-18〉 미국의 바이오에너지 관련 정책

법.정책 (실행시기)	주요 내용	특징
Biomass R&D Act(2000)	에너지성 및 농업성에게 국가바이오매스 전략의 실행의무	바이오매스의 국가비전 및 기술로드맵 수립(2002)
National Biomass Initiative (2001)	바이오매스 관련 R&D및 자원관리를 총괄하는 정책	산하에 Biomass R&D Initiative를 운영
Federal Procurement of Biobased Products (2002)	연방정부가 만 달러 이상의 구매활동시, 바이오성분이 다량 함유된 제품의 구매를 우선하도록 의무화	농업성이 바이오성분 함량 품질을 측정하여 우선구매목록인 Biobased Product Lists를 작성
Renewable Energy Systems & Energy Efficiency Improvements (2003)	농가나 지역 소기업의 재생 에너지 생산 또는 에너지 시설 개선에 대한 보조금 또는 저리의 차관을 지금	2005년도는 22.8백만 달러를 배정
Continuation of bioenergy Program (2003)	연간 바이오에너지 생산량이 증가한 생산자에게 증산비용의 일정액을 연간 150백만 달러 한도에서 2006년까지 지원	연간 65백만 갤런 이하 생산자는 증가량 2.5유닛당 1유닛, 65백만 이상은 3.5 유닛당 1유닛의 비용을 보조
E85 Tax Credit (2002)	수송용 대체연료에 대해 갤런당 총 0.7985달러의 세금을 공제	E85판매용 시설투자를 한 소매 사업자도 연간 3만 달러의 소득세를 공제. 2007년 기한
Renewable Fuels Standard(RFS) (2005)	2012년까지 바이오연료 등 재생가능연료의 사용량을 연간 50억 갤런까지 확대. 2012년까지 정유회사는 일정기준 이상의 RFS를 생산하거나, 다른 정유사로부터 RFS사용권을 구입해야 함.	환경청이 공급 상황에 따라 목표수치를 증(감)량할 수 있도록 규정 일정규모 이하의 소형 정유 사업자는 RFS사용량 또는 사용권 구매의무를 2007년 말까지 유예
Tax Incentives for Biodiesel (2004)	100% 천연식물오일로 제조한 바이오디젤은 갤런당 1달러, 재활용 오일로 만든 바이오디젤은 갤런당 0.5달러 세금공제	미국시장에서 바이오디젤이 석유계 디젤 대비 생산비가 갤런당 1달러 비싼 수준

출처: 미국 농무성 및 에너지성 홈페이지.

구매하도록 법제화시켰다. 2000년 바이오매스 R&D법 제정을 계기로
바이오에너지 개발을 본격화했다. 미국의 넓은 국토와 풍부한 산림농
산물 자원을 바탕으로 바이오자원의 에너지화를 강력히 추진 중이다.
이 바이오매스 관련 R&D에만 연간 150백만 달러 이상을 투자하여 특
히 리그닌, 셀룰로오스 등 식물 섬유질에서 에탄올을 생산하는 기술의
발전을 꾀하고 있다.

② EU의 바이오에너지 시장과 정책

EU 국가들은 EU 공동농업정책(EU COMMON Agricultural Policy)을
통해 바이오에너지 보급확대를 위해 노력하고 있다. 또한 EU의 정책
적 권고를 바탕으로 바이오에너지 지원정책을 수립하고 있는데 주로
바이오에너지에 대한 최소한의 부가가치세율 적용 혹은 면제, 바이오
에너지 작물 재배지에 대한 자금지원, 의무혼합제 시행 및 바이오에너
지 생산국에 대한 최혜국 관세 등을 시행하고 있다.

③ 중국의 바이오에너지 시장과 정책

a. 중국의 에너지 수급동향과 특징

중국의 에너지 생산량은 1978~2005년 기간 중 3.3배가량 증가 했다.
같은 기간 생산량 구성 비중 중에서 눈에 띄는 분야를 보자면 석탄은
70.3%에서 76.4%로 증가했고 석유생산량이 23.7%에서 12.6%로
크게 감소한 것과 수력, 원자력 풍력 등이 3.1%에서 7.7%로 두 배
이상 증가한 것을 볼 수 있다. 에너지 공급원 중에서 석유의존도가 절
대적이라는 점과 석유 생산량의 감소라는 점에 주목할 필요가 있다.
반면 같은 기간 에너지의 소비구조는 생산구조와는 다른 양상을 보인
다. 소비량 구성비를 보면 석탄은 70.7%에서 68.9%로 약간 낮아졌
고 석유와 천연가스는 각각 22.7%에서 21%, 3.2%에서 2.9%로 약

〈표 3-19〉 중국의 에너지 생산량과 소비량 및 구성비

구분	에너지 생산량 및 구성비					에너지 소비량 및 구성비				
	생산량 (만 톤)	구성비(%)				소비량 (만 톤)	구성비(%)			
		석탄	석유	천연 가스	수력 원자력 풍력		석탄	석유	천연 가스	수력 원자력 풍력
1978	62,770	70.3	23.7	2.9	3.1	57,144	70.7	22.7	3.2	3.4
1980	63,735	69.4	23.8	3.0	3.8	60,275	72.2	20.7	3.1	4.0
1985	85,546	72.8	20.9	2.0	4.3	76,682	75.8	17.1	2.2	4.9
1990	103,922	74.2	19.0	2.0	4.8	98,703	76.2	16.6	2.1	5.1
1995	129,034	75.3	16.6	1.9	6.2	131,176	74.6	17.5	1.8	6.1
2000	128,978	72.0	18.1	2.8	7.2	138,553	67.8	23.2	2.4	6.7
2005	206,068	76.4	12.6	3.3	7.7	233,319	68.9	21.0	2.9	7.2

출처: 박현태·고재모, "중국의 바이오에너지 개발동향과 전망".

간 감소하였으며 수력, 원자력, 풍력의 비중은 3.4%에서 7.2%로 크게 증가했다.

중국의 1차 에너지 생산량과 소비량은 빠른 속도로 증가해 왔는데, 소비량의 증가속도가 생산량의 증가속도를 앞질러 결국은 자급율의 하락을 가져왔다.

b. 바이오에너지 개발 정책[166]

급격히 발달하는 시장 덕분에 중국의 국내 에너지 부족량과 1인당 소비량은 늘어만 가고 있다. 때문에 중국은 바이오에너지의 중요성을 인식하고 있는 만큼 바이오에너지 활용방안에 대해 많은 노력을 기울여 왔다. 또한 국무원은 바이오매스 자원을 이용하여 발전량을 늘리고, 액화연료의 생산을 증가하며, 메탄가스와 고체연료 생산을 증가시킨다는 내용의 '재생가능에너지 중장기 발전계획'을 발표했다. 위 계획의

---

166) 박현태(한국농촌경제연구원 선임연구위원)·고재모(협성대학교 교수), "중국의 바이오에너지 개발동향과 전망".

<表 3-20> 중국의 바이오에너지 생산관련 구체적 목표

목표연도	구체적 목표
2010년	연간 바이오매스 이용량이 1차 에너지 총 소비량의 1% 달성 • 바이오매스를 이용한 발전량 550만 kW • 바이오매스 액화 연료 생산량 200만 톤 • 연간 메탄 이용량 190억 m^3 • 바이오매스 고체 연료 생산량 100만 톤
2020년	연간 바이오매스 이용량이 1차 에너지 총 소비량의 4% 달성 • 바이오매스를 이용한 발전량 3,000만 kW • 바이오매스 액화 연료 생산량 1,000만 톤 • 연간 메탄 이용량 400억 m^3 • 바이오매스 고체 연료 생산량 5,000만 톤

출처: 박현태 · 고재모, "중국의 바이오에너지 개발동향과 전망".

목표는 '10년까지 연간 바이오매스 이용량이 1차 에너지 총 소비량의 1%, 20년까지 4%까지 달성하는 것'이다.

(2) 중남미 주요국의 바이오에너지 현황

① 브라질
남미 국가 중에서도 브라질은 포스트 가솔린 시대 가장 유망한 대체에너지로 각광받는 바이오에탄올의 세계 최대 수출국이자 미국에 이은 2대 생산국이다. 이러한 성과는 정부의 적극적인 에탄올 산업 육성책 (ProAlcool)과 에탄올의 원료인 사탕수수 경작에 적합한 기후 및 토양, 낮은 인건비와 저렴한 토지비용 등 유리한 물적 · 인적 조건, 에탄올연료의 조기 상용화 성공과 넓은 소비시장 등에 힘입은 바가 크다.
    최근 브라질 정부는 에탄올의 국제상품시장 형성을 위해 양자차원에서는 미국, 일본 등과 연구개발 협력을 강화하고, 지역차원에서는 미주개발은행(IDB), 미주기구(OAS) 등을 통해 미주지역의 바이오에탄올 사용을 장려하며, 다자차원에서는 국제바이오연료포럼(IBF) 설립을 주도하는 등 다층적인 노력을 기울이고 있다.

또한 브라질 정부는 풍부한 식물 종을 바탕으로 바이오디젤산업 육성 정책을 적극 펼치고 있다. 이의 일환으로 2005년에 브라질 정부는 관련법을 제정해 2008년부터 바이오디젤 혼합비율 2%, 2013년부터 5% 혼합비율 의무화 규정을 도입하였다.

② 아르헨티나

세계적으로 풍부한 유지작물 및 식물성 유지를 보유해 바이오에너지 산업 발전 잠재력이 높은 아르헨티나도 브라질과 마찬가지로 각종 진흥정책을 통해 바이오에너지 산업을 적극 육성해 오고 있다. 특히 2006년 아르헨티나 정부는 신 바이오법을 제정해 바이오연료의 생산, 혼합, 유통, 세제혜택 등에 대한 상세 규정을 명시하였다.

③ 콜롬비아

남미에서 브라질 다음으로 바이오에너지 산업을 적극 육성하고 있는 콜롬비아는 커피와 화훼 등의 분야에서 앞선 농업기술을 바탕으로 환경보전과 에너지 자급자족 목적의 바이오에너지 개발을 적극 추진하고 있다. 특히 2001년부터 바이오연료 혼합 의무규정 제정, 바이오연료 관련 규정 제정, 바이오연료 생산에 대한 인센티브 제공 등의 정책을 추진해오고 있다.

④ 페루

아마존지역의 풍부한 식물자원을 보유하고 있는 페루도 바이오연료 육성 프로그램제정 및 바이오연료 기술위원회 설립 등을 통해 적극적인 바이오에너지산업 육성정책을 실시해 오고 있다. 페루는 2006년 6월부터 일부 지역에서 바이오에탄올 7.8% 혼합 정책을 실시하고 있으며, 2010년 1월부터 전국으로 확대할 계획이다. 특히 바이오디젤의 경우 우선적으로 일부지역에 한해 5% 혼합정책을 실시하고 2010년 1월부터 역시 전국으로 확대할 계획이다.

⑤ 칠레

바이오에너지 개발 부문에서 다른 중남미 국가들에 비해 다소 뒤쳐져 있는 칠레는 우드칩을 활용한 제2세대 바이오에탄올 생산발전 잠재력이 큰 것으로 평가받고 있다.

⑥ 에콰도르

에콰도르는 바이오에너지의 원료가 되는 사탕수수, 야자나무 등을 풍부하게 보유하고 있어 바이오에너지 분야에서 발전 잠재력이 높은 것으로 평가받고 있으며, 현재 2010년까지 바이오에탄올 혼합비율을 10%로 의무화할 계획도 가지고 있다.

(3) 동남아 주요국의 바이오에너지 현황[167]

① 인도네시아

계속되고 있는 에너지가격(특히, 국제유가)의 상승추세와 함께 점차 줄어들고 있는 인도네시아 원유매장량은 바이오에너지를 포함한 대체에너지(신재생에너지)를 육성해야 할 필요성을 가중시키고 있다.

이에 따라 인도네시아 정부는 국가에너지정책을 에너지 공급안보 확보 및 지속가능한 국가발전지원을 목표로 하고 있으며, 정책 목표의 달성을 위한 주요정책과 지원정책으로 구별하여 수립했다. 대체에너지 개발, 특히 바이오에너지 육성을 지원하기 위한 다양한 정책들을 수립하여, 에너지 정책에 관한 기본 정책으로 국가에너지정책에 관한

---

167) 《바이오에너지 시장 진출 가이드》 2009. 04. 09, 외교통상부.

대통령령 2006-5호, 바이오에너지 활용에 관한 대통령 지시 2006-1호
가 있다.

열대기후 국가인 인도네시아는 바이오에탄올 원료인 사탕수수, 당
밀, 카사바에서부터 야자, 자트로파 등 거의 모든 바이오에너지 원료
의 경작이 가능하여, 바이오에탄올과 바이오디젤 모두 강점을 가지고
있다. 인도네시아는 말레이시아와 함께 전 세계 팜오일 생산량의 85%
를 차지하고 있으며 2007년에는 종전의 1위 국가인 말레이시아를 제
치고 세계 1위 팜오일 생산국이 될 전망이다.

② 말레이시아

동남아의 여러 국가 중에서도 말레이시아는 바이오에너지 중 강점을
가지고 있는 바이오디젤의 산업적 육성을 통해 바이오디젤을 먼저 정
착시키겠다는 의도를 갖고 있다. 특히, 2006년 1588만 톤의 팜오일을
생산하여 인도네시아와 더불어 전 세계 팜오일의 85%를 생산하는 최
대 팜오일 생산국가라는 점에서, 세계 1위의 바이오디젤 생산국이 되
겠다는 계획이 반영되어 있는 것이다. 목표달성을 위한 구체적인 방안
으로, 수출시장을 겨냥해 추운 기후에서도 견딜 수 있는 바이오디젤
생산을 위한 시험 연구시설을 건립할 계획을 세워 주목을 받고 있다.
또, 원료인 팜오일의 안정적이고 지속적인 공급을 위해 플랜테이션 기
업들과 구매계약을 체결하고 있다.

말레이시아는 바이오디젤 산업의 발전을 통해 고유가 문제 대응, 친
환경에너지의 사용, 세계 최대 팜오일 산업의 새로운 수요처 발굴 등
을 기대하고 있다. 또한 정부는 2005년 8월 10일 바이오에너지를 말
레이시아의 5대 에너지원으로 육성하겠다는 '국가 바이오연료 정책'을
발표하였다.

6) 바이오에너지 시장의 전망[168]

현재 바이오연료는 전 세계의 총 수송연료의 1% 정도만을 차지하고 있으나 2030년에는 최대 5%까지 늘어날 것으로 예상된다. 또한 향후 바이오에너지는 고유가 지속의 가능성, 국제적인 규제의 강화나 에너지 안보의 필요성, 환경오염에 대한 국제적 규제 강화 등에 따라서 국제적인 상품시장으로 발전할 가능성도 있다.

이러한 상황에 따라, 앞으로 바이오연료 시장은 바이오매스의 원활한 수급, 가격경쟁력 확보, 효율적 연료공급 네트워크 구축 등에서 우위를 점하는 기업들 중심의 경쟁 구도로 전환될 것으로 보인다. 특히 대부분의 에너지원을 수입에 의존하고 있는 국내의 경우 다양한 바이오매스를 활용한다는 측면에서 바이오연료의 사업화를 시도할 수 있을 것으로 보인다. [169]

현재 바이오에너지 시장은 과거 인터넷 산업의 성장과 비견될 정도로 성장가능성을 높게 평가받고 있으며, 기존 연료와 손쉽게 병용할 수 있는 특성으로 인해 환경 문제 해결 및 에너지 안보를 위한 각국정부의 지원 정책도 더욱 강화될 것으로 보인다. 실제 IEA의 정태적 시나리오에 따르면 2005년 현재 2000만 toe에서부터 2030년에는 9200만 toe에 달해 연평균 6.3%의 증가율을 보이고 2005~2030년 동안의 누적 투자액은 1600억 달러에 달할 것으로 전망된다. 반면 IEA의 동태적 시나리오는 세계 바이오에너지의 공급이 2030년까지 연평균 8.3% 증가하여 2030년에는 1억4700만 toe에 달하고 2005~2030년 동안의 누적투자액은 2250억 달러에 이를 것으로 전망한다. 바이오에너지에 대한 수요는 특히 OECD를 중심으로 한 선진국에서 더욱 증가할 것으

---

168) 위의 글.
169) 〈LG주간경제〉 2001. 11. 7, 김경연, "대체에너지원으로 급부상하는 바이오연료"

로 예상된다.

이렇게 장기적 관점에서 바이오에너지는 수요 초과 현상이 지속될
것으로 보이고 바이오에너지를 생산할 수 있는 원료의 충분한 확보가
핵심 이슈로 대두될 전망이다.

7) 바이오연료의 기술과 산업에 대한 비판의 시각[170]

한편 바이오에너지 활용에 따른 수많은 이점에도 불구하고 여기저기서
바이오연료의 폐해가 제기되고 있다. 20개의 유엔 산하기구 등으로 구
성된 '유엔에너지'는 보고서에서 이 문제점들을 구체적으로 지적했다.

환경 친화적으로 인식되어온 바이오연료의 환경파괴 가능성이 그
첫 번째이다. 보고서는 "바이오연료가 온실가스 방출량을 획기적으로
줄이긴 하지만 전 세계 토지와 수자원에 큰 부담을 줄 수 있다"며 "바
이오연료 생산 작물들은 최고 수준의 토양과 물, 환경에 해로운 화학
비료를 필요로 한다"고 지적했다. 보고서는 이어 "단일작물 대량 재배
는 생물다양성을 크게 줄이고 토양침식 등을 일으킬 수 있다"며, 에너
지용 작물이 삼림을 대체하면 토양이 방출하는 탄소량을 증가시킨다고
밝혔다.[171] 브라질의 경우, 바이오연료를 만들기 위해 아마존 삼림을
깎아내고 농산물을 경작하고 있어 환경적으로 문제가 일고 있다.[172]

또 다른 폐해로 최근의 애그플레이션(농산물 가격의 급등)의 원인 제
공자가 바이오연료 생산 붐이라는 것을 들 수 있다. 바이오연료의 재
료로 사용되는 일부 곡물의 수요가 증가하면서 곡물의 가격이 오르고,
이 같은 현상이 다른 작물의 가격에도 영향을 미쳐 농산물 가격의 급

170) 《바이오에너지 시장 진출 가이드》 2009. 04. 09, 외교통상부.
171) 〈한겨레〉 2007. 5. 10, 김의현 기자, "유엔, 바이오연료 폐해 지적".
172) 〈서울경제〉 2007. 5. 30, 유상연 과학칼럼니스트, "'KISTI의 과학향기' 바이
오연료의 진실과 오해".

254

등이라는 결과를 가져왔다는 설명이다. 미국 지구정책연구소의 레스터 브라운 소장은 "SUV 차량을 한 번 채울 에탄올을 생산하는데 한 사람이 1년 내내 먹을 수 있는 곡물이 들어간다"며 "미국의 경우 1년 연료 생산에 들어간 옥수수의 양은 가난한 나라 100개국 국민들이 소비하는 것과 같다"고 평가했다.

또 바이오연료의 온실가스 배출량은 석유의 사용으로 인한 온실가스 배출량보다 30%이상 적기는 하지만 바이오연료를 생산하기 위해 파괴되는 자연생태계를 감안하면 추후에 다시 곡물을 재배한다고 하더라고 오히려 더 큰 환경적인 비용을 발생시킨다는 주장이다. 사탕수수밭을 만들기 위해 열대 우림을 파괴하고 이를 이용해 바이오연료를 만드는 방식이라면 결국 삼림의 이산화탄소 흡수량은 감소할 수밖에 없으며 작물 재배에 사용되는 비료는 온실가스인 아산화질소를 배출해 온난화에 기여하기도 한다. 여기에 생물다양성, 물의 순환, 토양 보호 등 삼림의 이들을 고려하면 바이오연료가 결코 친환경적이지 않다는 것이 바이오연료를 반대하는 주요한 관점이다.

11. 전지(電池) 배터리, 연료전지, 태양전지

1) 배터리[173]

배터리(*battery*)는 자동차부터 전류를 필요로 하는 작은 전자제품까지 다양한 제품에 적은 양의 전류를 공급해 주는 장치이다. 배터리의 전기생산 방식은 기존의 발전기에 사용되는 자석과 코일을 이용한 기계적 방식의 발전이 아닌, 산화환원 반응을 통하여 전기를 생산한다.

---

173) Battery, http://en.wikipedia.org; 〈디지털 타임즈〉(www.dt.co.kr), 2007. 12.11, 이덕환, "이덕환의 과학세상: 배터리".

배터리의 경우 파손으로 인하여 '+'극과 '-'극의 화학물질이 직접 접촉하게 되면 격렬한 화학반응과 함께 이로 인한 과다한 열이 발생되며, 심지어 폭발이 일어날 수 있게 된다. 자칫하여 폭발성 기체인 수소가 만들어지는 경우도 있기 때문에 항상 파손과 충격에 주의를 기울여야 한다. 이러한 이유로 요즘 생활필수품 이라고도 할 수 있는 휴대전화의 경우 수소 기체가 발생할 가능성이 전혀 없는 리튬이온 배터리를 사용한다. 리튬이온 배터리의 경우 내부의 화학물질 양이 타 배터리에 비해 적기 때문에 심각한 폭발 가능성은 거의 없다.

이처럼 배터리는 우리 실생활에 없어서 안 될 장치이며, 점점 전자화와 기계화되고 있는 현대사회의 경우 그 필요성이 더욱더 증가될 것이다. 현재 다양한 종류의 배터리가 있지만 지속적인 연구를 통한 신제품 개발이 요구되는 분야 중 하나이다.

(1) 1차전지 & 2차전지

① 정의 및 개념174)

〈그림 3-50〉 2차전지 개념

출처: 2차전지, 道(다음 블로그), 2008. 12. 29, http://blog.daum.net/jlee0811

---

174) Rechargeable Battery, http://en.wikipedia.org; List of Battery Types, http://en.wikipedia.org; 〈헤럴드경제〉 2007. 11. 1, 윤정식 기자, "발견! 생활과 산업기술: 〈12〉 리튬이온전지도 대체될(?) 기술".

1차전지와 2차전지의 가장 큰 차이점은 재사용 가능여부다. 2차전지
란, 일회 사용만 가능한 1차전지와 달리, 충전을 사용하여 반영구적으
로 재사용이 가능한 전지를 말한다. 사용되는 전해질의 종류와 사용처
에 따라서 리튬이온(액체), 리튬폴리머(고체, 젤)와 각형(휴대전화),
원통형(노트북) 등으로 나뉜다.

② 2차전지 종류[175]

〈표 3-21〉 물질 종류에 따른 2차전지 구분

물질	전지 종류	용도
리튬 계	리튬이온 / 폴리머	• 휴대폰, 노트북, PDA 등
알칼리 계	니켈 카드뮴 니켈 수소 니켈 아연	• 전동공구, 무선전화, 카세트, UPS 등 • 전기면도기, 전기장난감 등 • 공업용 대용량
산성 계	납축 전지	• 자동차용, 산업용 등

a. 리튬계 [176]

리튬이온전지는 전지의 구성 무게의 대부분을 전해액을 담는 케이스가
차지하고 있다. 따라서 이것은 케이스의 크기 및 형태에 따라서 충분
한 경량화가 가능하며, 같은 용량의 니카드, 니켈수소 전지에 비해 질
량과 부피가 40~50% 작다는 장점이 있다. 리튬이온전지 하나의 평
균 전압은 3.7V이다. 이러한 장점으로 인하여 휴대폰, 캠코더, 노트
북, 디지털카메라 등 전자제품의 배터리와 전기자동차의 동력원으로
쓰이기도 한다.

175) List of Battery Types, http://en.wikipedia.org
176) Lithium-iron Battery, http://en.wikipedia.org

〈그림 3-51〉 리튬 전지의 개념

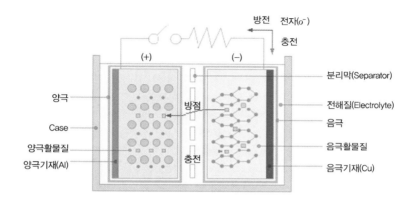

출처: 2차전지, 道(다음 블로그), 2008. 12. 29, http://blog.daum.net/jlee0811

〈표 3-22〉 리튬의 구성요소

구성 요소	역할 및 소재
양극 (Cathode)	• 외부 XX으로부터 전자를 받아 양극 활물질 (리튬코발트옥사이드, LiCoO2)이 환원되는 전극 • 알루미늄 Foil
음극 (Anode)	• 음극 활물질(흑연,Carbon)이 산화되면서 XX으로 전자를 방출하는 전극 • 구리 Foil
분리막 (Separator)	• 양극과 음극의 전기적 접촉을 막는 다공성 막 • 포리에틸렌 or 폴리프로필렌
전해질 (Electrolyte)	• 양극과 음극간의 이온 이동을 가능케 하는 중간 매개체 • Liquid, Gel, Solid 형태의 화합물
Case	• 금속 Can(원통형, 각형), Al Pouch

리튬 이온 전지는 케이스 모양과 사이즈에 따라 원통형과 각형으로 구분된다.

〈그림 3-52〉 제품의 종류 및 구조

원통형

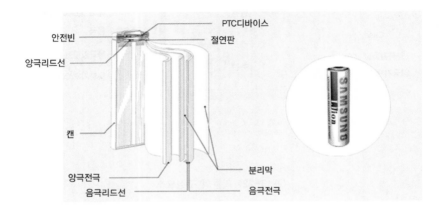

각형

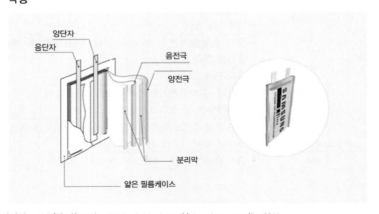

출처: 2차전지, 道(다음 블로그), 2008. 12. 29, http://blog. daum. net/jlee0811

b. 알칼리계 [177]

알칼리계 전지는 니켈 카드뮴, 니켈 수소, 니켈 아연 전지로 구분할
수 있다. 니켈 카드뮴 전지는 양극에 니켈의 수산화물, 음극에 카드뮴
을 사용하며, 갱내 안전등, 여차점등용, 통신전원, 전기차 동력, 디
젤 기관의 시동, 기타 고율방전용 등에 이용된다. 니켈 수소전지도 니
켈 카드뮴처럼 양극에 니켈을 사용하지만, 음극에 수소흡장합금을 사
용하는 차이가 있으며 전해질로 알칼리 수용액을 사용한다. 고용량화
가 가능하고 작고 가벼우며 과방전, 과충전에 잘 견디고 충전가능횟수
가 많은 장점을 가지고 있다.

〈그림 3-53〉 니켈-카드뮴전지

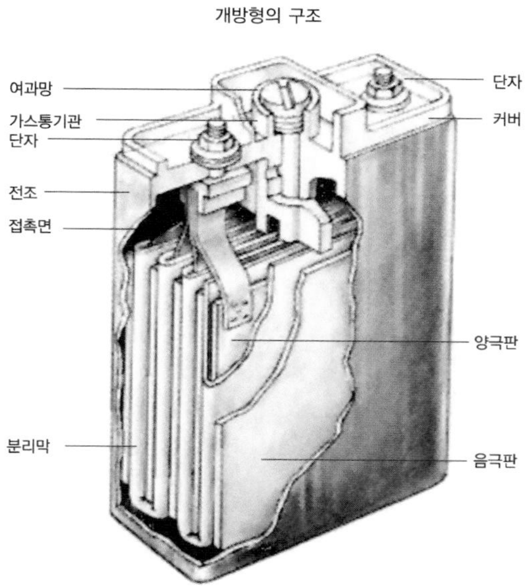

개방형의 구조

출처: 두산백과사전.

---

177) Alkaline Battery, http://en.wikipedia.org; Nickel-Cadmium Battery, http:
//en.wikipedia.org; 두산백과사전, 배터리.

c. 산성계 [178]

산성계 전지로 대표적인 것이 자동차에 가장 많이 사용되는 납축전지이다. 엔진 시동용으로 사용되며, 시동시 전기를 공급하고 운전시 발전기에서 발전된 전기로 충전을 하는 과정을 반복하게 된다. 전지 내부구성은 여러 개의 셀로 구성되며 한 개의 셀에서 약 2.1V의 전압이 출력된다.

(2) 시장 규모 및 전망[179]

세계 2차전지 시장의 규모는 급속한 성장을 보이고 있다. 2007년 217억 달러를 돌파하였으며, 이 중에서 리튬 2차전지가 시장규모의 29%를 점유하는 것으로 파악되고 있다. 현재도 2차전지 시장은 연평균 6% 정도 성장세를 보이며, 리튬2차전지의 경우 같은 기간 17%의 성장률을 보일 것으로 예상하고 있다. 초기 리튬 2차전지 시장의 대부분은 일본에 의해 독점되었으나, 현재는 한·중·일 세 나라가 주도권을 잡기 위해 경쟁하고 있는 상황이다.

178) Lead-acid Battery, http://en.wikipedia.org; http://chem.ebn.co.kr, 2009. 5. 26, 최일권 기자, "2차전지 에너지의 블루오션 각광"; http://www. etnews.co.kr, 2009. 6. 24, 류경동 기자, "꿈에 Green 에너지 녹색 미래를 밝히다".

179) *Etnews*, 2008. 9. 11, 최순욱 기자, "나눔의 IT문화 이제는 학교다: (114) 2차 전지".

<그림 3-54> 2차전지 시장 점유율 및 전망

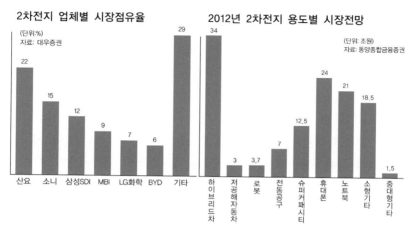

출처: <서울경제> 2008. 1. 16, 정영현 기자, "2008 코스닥 유망테마: (4) 2차전지".

<3-55> 세계 2차전지 시장 점유율 추이

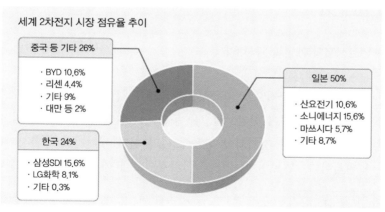

〈출처: 차세대전지성장동력사업단〉

출처: <디지털타임스> 2008. 10. 19, 길재식 기자, "2차전지 투자확대 시장선점 '시동'".

(3) 국내 생산 현황 및 정책[180]

현재 국내 2차전지 생산규모는 2007년 31억 달러 수준에서 절반 이상
이 소형 리튬2차전지가 차지하고 있다. 2004년부터 2007년까지 연평
균 31%의 성장률을 기록하며 성장한 리튬 2차전지는 수출에 있어서
도 큰 역할을 차지한다. 현재 국내 생산기술은 최고 수준이라고 할 수
있는 일본과 비슷한 수준에 올랐지만 아직 부품·소재 분야 원천기술
이 부족하다는 지적이 있다. 또한 모바일기기 전지생산의 미래성장 동
력인 친환경자동차, 로봇 등에 사용될 2차전지의 핵심기술도 미흡한
실정이다. 이러한 이유로 정부에서는 2차전지 산업 발전전략을 마련
하여 리튬 2차전지 산업을 신성장 동력으로 집중 육성, 2015년까지 세
계시장 점유율 45%를 목표로 하고 있다. 이를 위하여 핵심기술개발,
성장기반 확충, 기업 간 협력확대의 3대 전략을 추진할 계획이다.

2) 연료전지

(1) 연료전지의 개념과 종류[181]

연료전지란, 반영구적으로 사용할 수 있는 3차전지로 불리며, 수소를
기본 연료로 사용하여 전기, 열, 물 등을 생산한다. 수소와 산소가 가
진 화학적 에너지를 전기화학 반응에 따라 전기 에너지로 변환시키는
것이 원리이다. 연료전지는 구조와 사용연료에 따라 인산형, 요용탄

180) 위의 글; *Etnews*, 2008. 9. 5, 이진호 기자, "리튬 2차전지 시장 신성장동력
     육성".
181) 〈연합뉴스〉 2006. 10. 9, 이선근 기자, "차세대 자동차 '심장' ③ 연료전지
     차"; *Etenws*, 2008. 9. 23, 한세희 기자, "창간특집-기술이 미래다: 그린 에
     너지 — 연료전지"; 〈매일경제〉 2009. 2. 2, 김은표 기자, "차세대연료전지 가
     정서도 쓴다".

〈그림 3-56〉 연료전지의 전기 발생 원리

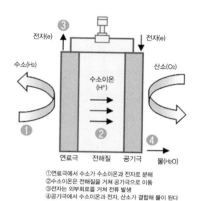

①연료극에서 수소가 수소이온과 전자로 분해
②수소이온은 전해질을 거쳐 공기극으로 이동
③전자는 외부회로를 거쳐 전류 발생
④공기극에서 수소이온과 전자, 산소가 결합해 물이 된다

출처: 〈매일경제〉 2009. 2. 2, 김은표 기자, "차세대연료전지 가정서도 쓴다".

산염, 고체산화물, 고분자전해질, 직접메탈올, 알칼리형 연료전지 등 6가지 정도로 구분된다. 또 사용용도에 따라 연료전지는 가정용 연료전지, 수송용 연료전지, 발전용 연료전지로 구분된다.

수소 외에도 천연가스나 메탄올, 석탄가스 등 다양한 연료를 사용할 수 있으며, 오염물질 배출이 거의 없고, 이산화탄소 발생량도 화력발전에 비해 20~40% 줄일 수 있는 친환경 전력원이다.

(2) 연료전지 발생 배경182)

가정은 물론이고 설비나 기계, 장비 모두가 전기에서 동력을 얻는다. 우주에 떠 있는 인공위성처럼 고도의 기술이 들어간 제품에서부터 아주 작은 손전등까지도 전기를 필요로 한다. 하지만 외부에서 전선으로

---

182) 〈연합뉴스〉 2006. 10. 9, 이선근 기자, "차세대 자동차 '심장' ③ 연료전지차" / 〈특집 ― 그린 테크 녹색성장과 그린 테크산업〉, 2008. 10. 15, "연료전지, 5년 후의 '진검승부' 핵심기반개발 박차".

전기를 공급받지 않는다면 자체적인 발전 시스템을 통하여 전기를 공급해야 하는 한계에 직면한다. 또 다른 한계점으로는 전기를 생산했을지라도 이를 저장하는 수단이 미비할 경우 충분한 전력공급원으로써는 매력이 없다. 한 번 쓰고 버리는 1차전지나, 재충전하여 사용할 수 있는 2차전지는 무게나 크기에 비하여 에너지 저장밀도가 낮아 전력으로는 적합하지 않다. 이러한 이유로 연료전지는 차세대 에너지원으로 각광 받고 있으며, 이미 여러 선진국의 경우 신성장동력으로 연료전지 개발에 적극적인 투자를 확대하고 있다. 특히 일본은 연료전지 선진국답게 이미 발전기와 보일러를 병용한 가정용 연료전지 코제너레이션 시스템(*cogeneration system*)과 연료전지 자동차 등을 선보이며 보급을 늘리고 있다.

(3) 해외현황[183]

현재 수소연료전지의 개발은 전 세계에서 이루어지고 있다. 덴마크는 유럽 최초로 수소전차 사용화를 목표로 하고 있으며, 독일과 프랑스, 영국, 중국, 이스라엘 등에서도 개발이 활발하다. 미국의 경우 2040년경 수소연료전지가 현재 1일 석유수입량의 석유 수요를 넘어설 것으로 추산되며, 일본의 경우 1993년부터 24억 달러 투자계획으로 2010년까지 전지차 5만 대, 2020년 5백만 대 보급을 목표로 하고 있다.

---

183) 〈아주경제〉 2009. 1. 15, 김준성 기자, "그린 에너지 시대: 수소연료전지, 무소음, 고효율 신기술".

(4) 국내현황[184]

현재 국내에서도 수소연료전지에 대한 개발 및 투자, 여러 시범사업을 추진 중에 있다. 가스공사는 천연가스에서 수소를 빼내는 수소제조장치 및 연료처리장치 기술개발에 성공하였다.

(5) 연료전지의 장점[185]

연료전지는 기존의 화석연료를 통한 화력발전보다 전기를 생산하는 과정 중 열이 발생하기 때문에 에너지 효율이 높은 장점이 있다. 친환경적인 측면에서도 질소산화물, 이산화탄소등 공해물질의 배출과 소음 발생이 거의 없다는 많은 이점을 가지고 있으며, 수소뿐만 아니라 천연가스, 도시가스, 나프타, 메탄올, 폐기물 가스 등 다양한 연료를 사용한 전력과 열의 생산이 가능하다.

(6) 연료전지의 단점[186]

연료전지는 지속적 투자 및 개발을 통한 기존의 기술적 한계의 극복을 해결해야 한다. 먼저, 현재 기술적 난점과 한계로 수소의 생산·저장 인프라와 연료전지차의 경우 차량 내 시스템 또한 그 수준이 아직 미

---

184) 〈머니투데이〉 2008. 4. 6, 정진우 기자, "서울시 '수소연료 본격 보급한다'"; *Etnews*, 2008. 11. 28, 최순욱 기자, "수소연료전지 '환경·경제성 꼼꼼히 따져봐야'"; 〈머니투데이〉 2008. 11. 26, 양영권 기자, "가스공사, 수소연료전지 개발·보급".

185) 〈매일경제〉 2009. 2. 2, 김은표 기자, "차세대 연료전지 가정서도 쓴다".

186) 〈연합뉴스〉 2006. 10. 9, 이선근 기자, "차세대 자동차 '심장' ③ 연료전지차"; 〈아주경제〉 2009. 1. 5, 김준성 기자, "그린 에너지시대 — 기고: 녹색성장을 향한 수소연료전지 산업화 방향".

비하다. 또 수소의 경우 청정연료지만 이를 생산하는 과정을 본다면 청정에너지라고 하기엔 모순이 있다.

다음으로는 연료전지의 가격과 신뢰성, 내구성 문제다. 현재 높은 가격을 낮추기 위하여 향상된 기술개발과 국내 자체 인프라구축 등을 통한 원가 절감이 필요하며 더불어 국가의 적극적인 지원이 필요하다.

3) 태양전지

(1) 정의[187]

태양전지(*solar cell*)는 태양 빛을 직접 전기 에너지로 변환시키는 반도체 소자이다. 태양전지는 햇빛이 흡수되면 내부 전지가 회로를 흘러 전기를 발생시키는 반도체 원리를 이용한 것이다.

(2) 태양전지의 장 · 단점[188]

태양전지는 요즘처럼 높은 유가와 기후변화 현상, 환경오염이 문제가 되고 있는 시점에서 주목 받고 있는 전력 생산 방법으로, 여러 장점과 함께 아직 해결해야 하는 과제 또한 함께 가지고 있다. 장점으로는 오염물질 발생이 거의 없는 친환경 에너지원이며, 소음이나 진동발생이 없고, 관리비용이 적게 들고, 수명도 최소 20년 이상이라는 점을 들 수 있다. 하지만 단점으로는 비싼 가격으로 경제성 약화, 계절, 기후, 환경 등의 영향으로 햇빛이 없는 날이나 밤에는 전력생산이 불가능하며, 일조량에 따른 발전량의 편차가 심하여 안정된 전력공급이 힘들다는 것이 있다.

---

187) Solar Cell, http://en. wikipedia. org
188) 〈로이터〉·〈뉴시스〉· *International Business Times*, 2008. 10. 16, "美과학자들 실리콘 이용, 태양전지 효율성 높이는 방법 개발".

〈표 3-23〉 태양전지의 세대별 장·단점

태양전지의 세대별 장·단점				
세대	구분	변환효율	장점	단점
1세대	• 단결정 실리콘 • 다결정 실리콘	12~15%	신뢰성 · 생산기반 우수	반도체 공정과 유사 해 생산단가 높음
2세대	• 박막실리콘 • CIGS • 연료감응	7~12%	생산단가 저렴	내구성 취약, 크기확대 시 변환효율 떨어짐
3세대	• 유기 • 나노	5% 수준	생산단가 매우 저렴	내구성 · 저효율 극복 필요

출처: 〈서울경제〉 2008. 7. 30, 강재윤 기자, "차세대 태양전지 개발 가속도".

(3) 생산과정[189]

태양전지를 만드는 데는 실리콘 웨이퍼가 필요하다. 보통의 둥근 형태의 웨이퍼는 반도체용에 쓰이지만 태양전지용 웨이퍼의 경우 사각형이 보통이다. 웨이퍼를 필요한 크기로 다이아몬드 또는 절단용 와이어로 자른 후 절단 시 발생한 표면 자국을 없애기 위해 특수 화학약품에 담그는 세정작업을 실시하는데, 이를 에칭(etching) 공정이라 한다. 에칭 공정 후에는 웨이퍼의 태양광이 닿는 면적을 최대한 넓히기 위한 공정으로 스크래칭을 넣는데 이를 텍스처링(texturing) 공정이라 하며, 웨이퍼에 전도성을 띠게 하기 위한 작업을 거치고 나면 반도체와 같은 형태가 완성된다. 이 후 또 한 번의 에칭 공정과 반사방지막의 형성, 전극 형성을 위한 푸른색 실크스크린을 인쇄, 저온에서의 두 차례 건조 후 소성공정, 마지막으로 레이저를 이용한 전극의 분리를 하게 되면 태양전지가 완성된다.

---

189) 〈디지털 타임스〉 2008. 4. 28, 김승룡 기자, "알아봅시다: 태양전지 어떻게 만들어지나".

(4) 태양전지 전망 및 현황¹⁹⁰⁾

고유가 시대를 맞아 태양광을 발전에 이용하는 태양전지의 수요는 급
증하고 있다. 2011년, 태양광 시장의 규모는 1천억 달러를 넘어설 것
이며 기본의 반도체 시장을 추월할 것으로 예상된다. 현재 국내시장은
태양전지 관련 업체들 대부분이 원재료인 폴리실리콘 생산과 태양광
발전소 설치에만 집중하고 있다. 이러한 투자 편중 현상은 2010년이
되면 폴리실리콘시장의 경우 포화상태가 될 것이며, 또 중간 단계 기
술과 재료 공급기반이 취약하기 때문에 태양전지 셀은 중국과 대만에
서, 기술은 독일과 일본에서 수입하고 있는 상황이다.

2008년 말 일본과 독일은 세계 태양전지 생산량의 1, 2위를 차지하
였으며, 태양광 발전의 수요도 아직 미국보다 독일, 스페인, 일본 등
이 앞선다. 미국의 경우 2007년 '솔라 아메리카 이니셔티브'라는 국가
적 프로젝트를 통하여 현재 태양광 산업의 선두자리를 노리고 있으며,
금융구제법안에도 태양광 관련 분야의 세제 혜택을 8년간 연장한다는
내용을 포함하였다. 또한 앞으로 2018년까지 태양광 등 신재생에너지
산업에 18백억 달러를 투자할 계획도 가지고 있다. 이처럼 세계 각국
에서 투자를 늘려 생산량이 증가한다면, 그동안 단점으로 지적되었던
높은 발전원가가 인하되어 태양광 발전 수요가 더욱 큰 폭으로 증가하
게 될 것이다.

---

190) 〈동아일보〉 2009. 1. 3, 조용우 기자, "그린 이코노미 현장을 가다: 〈3〉 美다
우랭 ─ 햄록 반도체"; 〈매일경제〉 2008. 12. 15, 유용하 기자, "태양전지 수
출에 승부 걸어라".

〈그림 3-57〉 세계 태양전지 산업 성장 전망

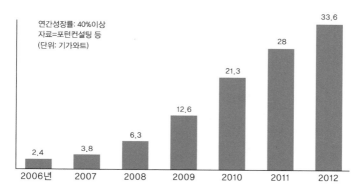

출처: 〈매일경제〉 2008. 12. 15, 유용하 기자, "태양전지 수출에 승부걸어라".

〈그림 3-58〉 태양전지 세계 수요와 업계 생산능력 및 시장 점유율

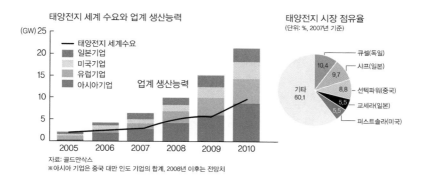

출처: 〈한국경제〉 2008. 8. 25, 최인환 기자, "태양전지 '증설 전쟁' … 큐셀 · 샤프 등 생산능력 3년 내 2
배로".

(5) 태양전지의 종류[191]

태양전지는 결정질실리콘(Si), 비정질실리콘, 화합물 반도체 등으로
분류된다.

〈그림 3-59〉 태양전지의 종류

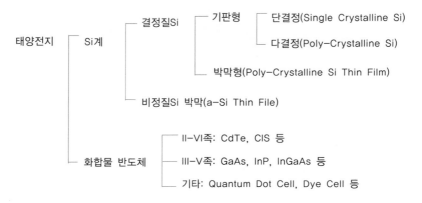

출처 : "태양전지의 종류", Ms. Story (네이버블로그), 2009. 4. 15, 밤하늘(ID: iisunsunii).

① 결정질실리콘
결정질실리콘은 단결정실리콘과 다결정실리콘으로 나뉜다.
　단결정실리콘은 1980년대 이후 태양전지 제조에 가장 먼저 사용된
반도체 재료이며, 특히 기타재료로 만든 태양전지에 비해 변환효율이
높아 대규모 발전에 많이 사용되었지만, 현 시장에서의 비중은 많이
떨어지고 있다. 단결정실리콘으로 만든 태양전지는 높은 가격의 문제
를 해결하는 방안으로 보다 저급의 실리콘을 이용하거나, 대량생산 및

191) Solar Cell, http://en. wikipedia. org; Timeline of Solar Cells, http://en. wikipedia. org; 네이버블로그 '태양은 가득히', 2006. 8. 4, 태양아래(ID: solarpia), "태양전지의 종류".

공정 개선에 의한 방법 등이 시도 또는 계획되고 있다.

다결정실리콘 태양전지는 원재료로 저급의 실리콘 웨이퍼를 사용하는데, 효율성은 단결정질실리콘보다 낮지만 싼 가격이 장점이며, 주택용 시스템 등이 주이용분야 대상이다.

단결정, 다결정실리콘 할 것 없이, 결정질실리콘은 모두 벌크상태의 원재료로부터 태양전지를 만들고 있다. 이는 비싼 원재료와, 복잡한 공정으로 인하여 가격 절감 측면으로는 한계가 있다. 이러한 문제점을 해결하기 위해서는 다양한 혁신적 기술과 기존의 박막 제조공정을 이용한다면 기존에 비해 많은 절감효과를 가져올 수 있다.

② 비정질실리콘

비정질실리콘은 박막 태양전지 중 가장 처음 개발되었으며, 기존 결정질실리콘 태양전지의 약 1/100에 해당하는 두께만으로도 태양전지를 만들 수 있다. 하지만 낮은 효율과 초기 빛에 노출될 경우 효율이 급격히 떨어지는 단점이 있다. 따라서 대규모 발전용보다는, 시계, 라디오, 완구 등 소규모 가전제품의 전원용으로 사용되며, 최근 효율의 향상과 초기 열화현상을 최소화할 수 있는 다중접합 구조의 비정질실리콘 태양전지의 개발과 함께 일부 전력용으로 이용되기 시작하였다.

③ 화합물반도체

뒤이어 출현한 박막 태양전지는 $CdTe$, $CuInSe_2$계의 화합물반도체를 소재로 한 것이다. 비정질실리콘에 비해 높은 효율과, 비정질실리콘의 단점이었던 초기 열화현상이 없는 등 비교적 안정성이 높으며 현재 $CdTe$는 대규모 전력용으로 사용하기 위해 실증시험 중에 있다. $CuInSe_2$는 박막 태양전지 중 가장 높은 변환효율을 가지고 있는데, 아직까지 시험 생산단계로 대량생산단계까지는 미흡한 수준이다. 이들 박막 태양전지는 전력용으로 사용되기까지는 많은 연구개발을 통한 기술향상이 필요하다.

다결정 박막 실리콘은 최근 주목받고 있는데 이는 부존량이 풍부한 실리콘이 원재료이며, 박막 태양전지 제조공정을 통하여 대량생산을 통해 가격을 획기적으로 절감할 수 있다는 장점이 있다. 최근 일본의 Kaneka에서 제품을 생산하고 있지만, 아직 가격 측면에서 기존 결정질실리콘 태양전지보다 큰 이점이 없는 상황이다.

GaAs, InP 등의 단결정으로부터 만든 화합물 태양전지는 결정질실리콘 태양전지 보다 더 높은 효율을 보이지만, 비싼 가격이라는 큰 단점을 지니고 있다. 따라서 용도 또한 첨단기술 분야인 우주선 등의 전원공급용에 국한되어 있다. 지상용으로의 상용화를 위해서는 값싼 기판 위에 박막으로 제조가 가능하지만, 기술력 부족으로 아직까지 실용화단계까지 미치지 못하고 있다.

12. 포집 및 저장기술(CCS)

1) CCS의 등장 배경과 개념[192]

에너지산업 분야에서 지구온난화의 주범, 또 온실가스 중 가장 높은 비율을 차지하고 있는 이산화탄소 배출을 줄이기 위해선 세 가지 방법이 있다.

첫째, 화석연료가 아닌 에너지원을 사용하는 것이다. 이에 따라 각광받고 있는 것이 우리가 앞에서 살펴본 신재생에너지원(태양열에너지, 태양광에너지, 핵융합에너지, 수소에너지, 지열에너지, 풍력에너지, 조력

---

192) 〈서울경제신문〉 2009. 3. 16, 박건형 기자, "2009 녹색성장 비전: 석탄을 청정에너지로 만드는 CCS"; Carbon Capture and Storage, http://en.wikipedia.org

에너지, 원자력에너지, 바이오에너지, 파력에너지, 연료전지 등)이다.

두 번째, 기존의 화석연료를 이용을 하되 저탄소 에너지원으로 바꾸어 사용하는 것이다. 혹은 화석연료를 이용함에 있어서 효율성의 향상을 통해 화석연료의 이용량을 줄이는 방법도 있다. 이런 방법을 청정발전기술(CCT)라고 부른다.

마지막으로 위의 노력에도 불구하고 발생하는 CO_2를 포집하여 저장하는 이산화탄소 포집 및 저장 기술(*Carbon Capture and Storage*, 이하 CCS로 통일)이다. 즉, CCS는 공기 중으로 방출되는 CO_2를 붙잡아 압착한 뒤, 원유와 가스를 빼낸 빈 공간이나 안전한 지층에 밀어 넣는 것이다.[193] 우리가 이번 장에서 살펴볼 것이 바로 미래의 기술로 각광받고 있는 CCS기술이다.

CCS가 주목받는 가장 큰 원인은 급격하게 변모하고 있는 사회의 속도 때문이다. 부존자원량이 감소하고, 지구온난화의 실질적인 원흉으로 지목되는 석유의 시대가 100년 가까이 지속되다 저물어가고 있지만, 아직까지 석유를 완전히 대체할 수 있는 에너지는 개발되지 않았다. 태양광, 풍력 등의 신재생에너지는 성장과 확산 속도가 느리고, 원자력 발전의 경우에는 환경유해성, 위험성과 같은 논란에서 아직까지 자유롭지 못하다. 또한 가장 유력한 미래 에너지로 평가되는 핵융합 발전은 2045년에 돼서야, 수소에너지 역시 그 무렵에 이르러서야 원활한 사용이 가능하다. 이 때문에 인류가 새로운 에너지를 갖게 되기 전까지 매장량이 풍부한 석탄을 보완할 수 있는 신기술 개발이 절실한 상황이다. 이런 상황 속에서 CCS가 그 대안으로 떠오르고 있는 셈이다.[194]

IEA(국제에너지기구)에 따르면 CCS기술은 2050년에 발생한 CO_2의

193) 〈에너지 경제신문〉 2009. 6. 4, 함봉균 기자, "온실가스, CO_2 회수, 저장기술로 잡는다. 창간특집: 녹색성장 에너지기술이 열쇠다—CCS".
194) 박건형 기자, 위의 글.

20%를 감축할 수 있는 기술로 평가되고 있다. 발전부문에서 12%, 철강부문에서 10%의 감축이 예상된다.

현재 세계석유회의(WPC)에 참석한 원유 생산국들은 CCS기술을 열렬히 지지하는 추세이며, 셸 그룹(Shell Group)의 Jeroen van der Veer 회장은 "CCS 기술은 세계경제 번영에 필요한 에너지를 조달하면서도 온실가스 방출량을 줄일 수 있는 현실적인 유일한 대책"이라고 말했다. [195]

이와 같이 CCS는 미래 탄소시장의 신성장동력으로 각광받고 있으며, 온실가스 감축량 목표 달성을 위한 핵심기술로 평가받고 있다.

2) CCS 기술의 종류

CCS기술은 CO_2를 배출하는 배출원에서 CO_2만을 따로 회수하는 회

〈그림 3-60〉 이산화탄소 포집 저장 기술

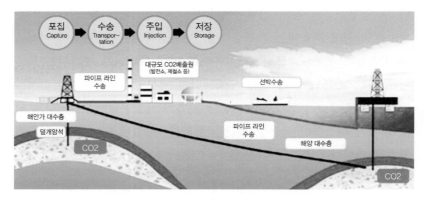

출처: 〈서울경제〉 2007. 11. 22, 안의식 기자, "기후변화의 경제학: (1부 - 5 · 끝) 이산화탄소 포집 · 저장기술 잡아라".

---

195) http://www.wbcsd.org, 한마음사무실, "온실가스 포집저장기술(CCS), 과연 그 현실성은? 기후변화 대응 CCS 기술의 극복 과제".

수(*capture*) 공정과 회수한 CO_2를 대기와 격리 저장하는 저장(*storage*) 공정으로 나눌 수 있다. [196)

(1) 회수방식에 따라 구분되는 CCS기술[197)

① 연소 후 CO_2 회수기술

연소 후 CO_2회수기술은 일반적인 현재의 화력발전과 같이 석탄 발전소나 공장에서 배출되는 혼합가스에서 CO_2만을 분리하는 여과 방식이다. 이산화탄소와 결합하는 흡수제 속에 배출가스를 통과시키면 흡수제에서 이산화탄소를 별도로 분리해 저장할 수 있다.

② 연소 전 CO_2 회수기술

연소 전 CO_2회수기술은 IGCC (석탄가스화복합) 발전과 같이 연소 전의 가스화 상태에서 미리 처리하여 CO_2를 분리, 회수해 내는 방법이다.

③ 연소중 CO_2 회수기술

연소 중 CO_2 회수기술은 순산소 연소기술이라고도 말한다. 순산소 연소기술은 화석연료를 순산소 또는 O_2/CO_2로 연소하여 80% 이상의 CO_2와 물로 구성된 배기가스 중의 CO_2를 분리하여 별도의 분리공정 없이도 CO_2를 회수하여 쉽게 분리해 내는 원리다.

---

196) 함봉균 기자, 위의 글.

197) Carbon Capture and Storage, http://en.wikipedia.org; 박건형 기자, 위의 글.

276

(2) 세부기술에 따라 구분되는 CCS기술[198]

CCS기술은 세부방법 측면에서 흡수법, 흡착법, 저온냉각법, 막분리법 등으로 구분할 수 있다. 현재 이 중에서 흡수법이 대용량으로 상용화 가능한 기술로 평가되고 있다. 흡수법은 아민계 또는 암모니아계의 액체 흡수제를 이용하는 습식 기술과 고체 흡수제를 이용하는 건식 기술로 구분된다. 그러나 CO_2회수와 압축단계에서 손실되는 에너지효율은 20~25%이기 때문에 CCS 적용은 효율이 높은 플랜트에만 가능하고 40% 이하의 발전소는 경제성이 없다. 따라서 CCS 적용을 위해서는 발전소의 효율 향상이 선결조건이다.

3) 세계 각국의 CCS기술 현황 및 전망

세계 각국은 CCS기술의 상용화를 향해 지속적으로 연구에 투자하고 있지만, CCS는 아직 미지의 기술이다. 세계 각국은 CCS 원천기술을 선점할 경우 향후 20~30년간 전 세계를 주도하며 막대한 이익을 얻을 수 있다는 점 때문에 막대한 투자를 아끼지 않고 있다. [199]

(1) 미국[200]

미국 플루오르(Fluor)사는 캐나다 서스캐처원(Saskatcerwan)주 에스테반(Estevan)에 위치한 SaskPower Boundary댐 통합 CCS 실증 프로젝트의 기본공정 계약을 체결하였다. 이번 프로젝트가 계획대로 추진된

---

198) 함봉균 기자, 위의 글.
199) 박건형 기자, 위의 글.
200) *Carbon Capture Journal* (http://www.carboncapturejournal.com), 2009. 4. 8, "Fluor selected for SaskPower CO_2 capture project Capture".

다면, 이는 북미 석탄화력발전소에 상업규모의 탄소 포집시스템이 처음 적용되는 사례가 될 것으로 예상된다.

　해당 프로젝트는 현재 Boundary댐에 있는 유닛을 개보수하는 것을 포함하며, 플루오르사는 자회사인 에코나민 FG 플러스(Econamine FG Plus)의 용매기술을 해당 유닛에 보완할 예정으로 이 프로젝트를 통해 CCS기술의 기술적, 경제적, 환경적 성과가 검증될 것으로 전망되고 있다.

　또한, 기본공정 계약은 플루오르사의 기술을 활용한 세부적인 공정설계, 비용산정 및 설계실증 분석 등을 포함하고 있다.

(2) 일본[201]

일본은 미래의 2050년까지 CO_2배출량을 60~80%까지 줄이겠다는 목표를 세우고 CCS기술에 전폭적인 지원을 아끼지 않으며 석탄을 이용한 화력발전소에서 발생하는 CO_2를 분리, 회수해 'CO_2 제로 화력발전소'를 꿈꾸고 있다. 기후변화에 관한 정부간 협의체(IPCC)는 이 같은 화력발전소가 실제로 널리 사용될 수 있다면, 과거 100년 동안의 전 세계 CO_2 배출량에 해당하는 2조 톤의 CO_2저감이 가능할 것으로 보고 있다.

　대형 전력회사 '제이파워'(J-POWER)가 현재 일본의 CCS기술을 주도하고 있다. 이 회사는 이미 1992년부터 CCS기술 개발에 착수, 현재 이미 초기 상용화 단계에 접어들었으며, 2천억 원을 들여 2010년 호주 칼라이드 석탄 발전소에 CCS기술을 접목시켜 저장장치 실증에 나설 계획을 세우고 있다.

---

201) 박건형 기자, 위의 글.

(3) 캐나다[202]

캐나다 에너지회사인 엔카나(Encana)는 생산량 감소추세에 있는 웨이
번 유전에서 더 많은 석유를 추출하고자 땅속에 연간 100톤가량의 대
규모 CO_2를 주입하는 방식을 도입하면서 CCS기술의 가장 앞선 단계
의 프로젝트를 추진 중에 있다.

엔카나(Encana)사는 이 과정에서 필요한 CO_2를 석탄과 산소를 결
합시켜 연소시키는 방식으로 합성가스를 생산하는 다코다 가스화회사
(DGC)에서 공급받고 있는데. 원유 생산정 근처에서 땅속으로 주입된
CO_2가 일종의 용매역할을 해 지층 틈새에 박혀 있는 원유가 쉽게 빠
져나올 수 있도록 함으로써 CO_2를 땅속에 격리시킬 수 있을 뿐만 아
니라 석유를 많이 뽑아 올릴 수 있는 일석이조의 효과를 보고 있다.

〈그림 3-61〉 캐나다 웨이번 유전

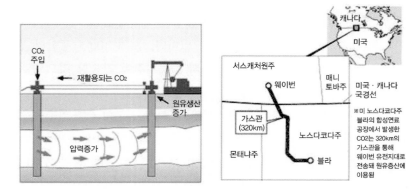

출처: 〈한국경제〉 2008. 2. 19, 이종배 기자, "포스트 교토, 뉴비즈를 찾아라: ⑶ 탄소 잡는 핵심기술
'CCS' … 車 670만 대 1년간 내뿜는 CO_2 땅에 묻는다".

---

202) 〈한국경제〉 2008. 2. 19, 박성완·장경영·김유미 기자, "포스트교토 뉴비즈
를 찾아라: ⑶ 탄소잡는 핵심기술 CCS"; 박건형 기자, 위의 글.

CO_2를 안전하고 현실적으로 저장하기 위해 웨이번(Wabern)사는 천혜의 자연요건을 이용하여 유전이나 가스전을 포함한 염대수층(깊은 땅 속 짠 물이 고여 있는 지층)에 저장하거나 또는 캐낼 수 없는 석탄층과 같은 땅속에 묻고 있다. 한국과 일본 등이 CCS기술 적용을 위해 별도의 공간을 찾아야 하는 데 반해서 캐나다의 경우에는 석유를 뽑아낸 지하지형을 그대로 이용할 수 있다는 점이 큰 이점이다.

(4) 노르웨이[203]

노르웨이 정부는 CCS기술 개발에 관해서 국가브랜드의 하나로써 "환경친화·환경보존"을 선정하고 환경과학기술개발 투자에 정책적 우선순위를 부여해 오고 있다.

특히 지구환경위기 극복 및 미래성장산업 육성방안의 일환으로 CCS기술 개발에 막대한 투자를 하여 그 결과 CCS기술은 현재 상용화 단계까지 접근하고 있는 상황이다.

노르웨이 정부는 CCS기술 개발을 위해 정부예산을 대규모로 지원하는 한편, 산학연협력 프로젝트 및 국제협력 프로젝트들을 동시에 추진하고 있다. 2009년 노르웨이 정부는 20억 크로네(약 4억 불)의 정부예산을 CCS기술을 개발하기 위해 책정하였는데, 그 세부 내용으로는 노르웨이의 선진 CCS기술 개발에 크게 기여하고 있는 기후변화 관련 주재국 정부의 핵심사업연구소 Mongstad Test Centre에 9억 2천 크로네를 책정하였다.

전 세계 각광 받는 CCS기술의 가장 큰 한계는 비용이다. 화력발전소에 CCS기술을 적용할 경우 두 개의 발전소에 드는 만큼의 비용이 들어간다. 일본 제이파워(J-POWER)사의 경우 현재 이산화탄소 1톤을 처리하기 위해 6천~8천 엔의 비용이 들어간다. 이는 현재 초기상

203) 〈저탄소 녹색성장 각국 정책사례〉 2008. 11. 3, http://www.mofat.go.kr.

태인 기후거래소의 이산화탄소 거래비용과 비슷한 수준이다. 그러나 학자들은 본격적인 상용화 단계에 접어들면 처리비용은 급격히 줄어들 것으로 보고 있다.[204]

4) 한국의 CCS기술 현황 및 전망[205]

(1) CCS 기술 현황 및 전망

현재 국내의 CCS 기술은 포집분야에서는 세계 경쟁국과 비교했을 때 정상급으로 평가할 수 있다. 다만 저장분야에서는 저장장소 탐색 등의 해결과제들이 아직까지 많이 남아 있는 상태이다. 선진국들이 1990년 대부터 CCS 기술개발 및 투자에 주력한 데 반해, 한국은 2002년에야 사업단을 출범시키고 본격적인 경쟁구도에 뛰어들었다. 하지만 채 10년이 지나지 않은 현재, 한국은 선진국과의 격차를 기존 10년 이상에서 1~2년 이내로 극복했다는 것이 국내 전문가들의 평가다.

국내연구진은 선진국들이 사용하는 연소 후 회수기술, 연소 전 회수기술, 연소 중 회수기술(순산소 연소) 등 세 가지 기술 모두를 보유한 상태이며, 천연가스가 풍부하게 매립되어 있는 동해에서 사용할 수 있다는 이점과 함께 한국적 상황에 맞는 독창적인 기술도 다수 개발중에 있다.

현재 국내에서는 연소 후 회수기술이 중점적으로 연구되고 있다. 이중에서 습식 CO_2 회수기술은 선택적으로 CO_2를 흡수하는 화학물질을 이용해 흡수한 후, 온도와 같은 여러 조건을 변화시키며 CO_2를 후에 별도로 분리하여 처리하는 기술이다. 이 기술은 석유화학공정에 적용한 경험을 바탕으로 발전소 배기가스 내 CO_2를 회수하기 위한 자체기

---

204) 박건형 기자, 위의 글.
205) 박건형 기자, 위의 글; 함봉균 기자, 위의 글.

술 확보를 목표로 하고 있다.

국내에서 2002년부터 기술개발에 착수한 건식고체 CO_2흡수제를 이용한 회수공정 개발은, 현재 한국전력 발전 5개사 전력연구원과 한국에너지기술연구원이 합자하여 기술개발에 힘쓰고 있다. 특히 이 방법을 통해 개발된 흡수제는 기술의 독창성으로 볼 때 세계 어디에 내놓아도 뒤떨어지지 않을 국제적인 기술 우위를 보이고 있다.

이 건식 흡수제는 기존 흡수제에 비해 소재 가격이 싸고 부식성이 없는 친환경 재료를 사용해 CO_2회수비용을 절감할 수 있고, 폐수가 발생하지 않는 장점이 있다. 시멘트, 발전소, 철강 등 산업설비에서 화석연료 연소로 발생하는 배기가스에 포함된 CO_2를 경제적이며 효과적으로 분리하는 데 활용될 수 있을 전망이다. 향후 하동화력발전소 부지에 0.5MW 실증설비는 2011년경에, 10MW 실증설비는 2013년경에 건설되어 실증될 예정이며, 2015년경에 건설예정인 삼척 석탄화력발전소에 300MW 규모의 CO_2 회수 상용화 설비가 함께 건설되어 운영될 예정이다.

아울러 지질자원연구원과 해양연구원은 땅과 바다에서 포집한 CO_2를 저장할 장소와 기술개발에 나섰다. 지질자원연구원은 경북의 경상분지, 동해 6-1광구 지역의 동해-1 가스전이 가능성이 높은 것으로 보고 정밀조사를 실시하고 있다. 해양연구원은 동해가스전에 최대 1억 8천만 톤을 저장할 수 있는 것으로 판단하고, 2014년까지 약 1만 톤 규모의 저장 가능한 시범 프로젝트를 진행할 계획 중에 있다. 그리고 2015년이면 100만 톤 규모로 저장 용량을 늘릴 수 있을 것이라고 전망했다.

국내에서 배출되는 탄소 1억23백만 톤의 약 32%는 화력발전소에서 배출된다. 향후 탄소세가 적용되어 경제성이 확보되는 시점에 CCS기술을 화력발전소에 적용한다면 약 23억6천만 달러를 절감할 수 있을 것으로 기대된다.

282

2013년부터 시작될 포스트교토체제에서 우리나라가 온실가스감축 의무국이 되고 탄소세가 부과될 확률은 매우 높다. 그렇기 때문에 CO_2 회수기술의 국산화는 더욱 중요해지며, 현재 개발 중인 기술을 통해 국제시장 진출, CO_2 회수처리 시장을 선도하는 것은 더욱 중요하다.

〈그림 3-62〉 국내 CO2 저장기술 계획

출처: 〈서울경제〉 2007. 11. 22, 이종배 기자, "기후변화의 경제학: 국내 CCS기술 현주소".

(2) 기업사례 – 두산중공업

두산중공업은 온실가스 규제, 화석연료 고갈에 따른 청정에너지 기술에 대한 높아진 관심에 따라 그린 에너지 기술 확보에 적극 나서고 있다. 또 한편으로는 기존 석탄 화력 발전소의 CO_2배출을 줄이는 청정석탄(clean coal) 기술을 확보하는 데 주력하며, 풍력, 연료전지와 같은 신재생에너지의 기술개발과 상용화에도 노력하고 있다.

두산중공업은 2008년 9월, 캐나다 HTC사에 지분투자 및 기술협약을 통해 이산화탄소 포집 및 저장(CCS) 원천기술을 확보했다. 포스트교토(2013~2017년) 체제하에서 전 세계 석탄 및 가스 화력발전소 신규 발주 물량(연간 80~100GW)의 절반가량이 CCS 기술을 전면 또는 일부 적용할 것으로 예상되기 때문이다. 즉, CCS 원천기술이 없으면 미국, 유럽 등 선진국의 발전설비 시장에는 아예 진입조차 할 수 없는 것이다. 이를 금액으로 환산하면 연간 50~60조 원에 이른다.

순산소 연소기술(oxy fuel)은 두산 밥콕이 세계 최고수준 기술을 보유하고 있다. 두산 밥콕은 화력발전소용 보일러의 온도를 700도까지 높임으로써 에너지 효율을 높이고 CO_2배출은 줄이는 'AD(advanced) 700' 프로젝트를 추진하고 있다. 이 밖에도 질소산화물(NOx)을 줄이거나 바이오매스(Biomass)를 사용하는 연소기술도 연구개발 중이다.

13. 재활용(Recycling)

1) 서론[206]

미국, 유럽을 비롯한 세계 각국에서는 쓰레기 배출량을 최소화하기 위해 제도를 마련하고 협회를 설립하는 등 재활용(recycling)에 대한 지속적인 노력을 하고 있다. 이와 더불어 노키아(Nokia), 필립스(Philips) 같은 기업들의 경우 재활용을 위한 기술 개발을 꾸준히 함으로써 환경에 미치는 영향을 최소화하기 위해 노력하고 있다.

그 대표적인 예로 생산자책임 재활용제도(EPR)를 들 수 있다. 생산자책임 재활용제도(EPR: *Extended Producer Responsibility*)란 재활용 폐기물 처리 문제를 원인제공자 부담원칙에 따라, 생산자에게 최종적으로 재활용 처리하도록 그 책임을 지우는 제도이다. 이는 첫째, 생산자는 그 제품의 생산과정에서 재활용이 용이하도록 설계할 수 있고 둘째, 물류 시스템을 이용하여 재활용 폐기물의 효율적인 회수체계수립이 가능하며 셋째, 재생된 원료의 사용 확대가 가장 유리한 조건에 있기 때문이다.

생산자책임 재활용제도는 1991년 독일에서 '포장 폐기물법'을 제정하여 최초로 개념이 도입된 이후 프랑스, 영국 등 EU가 1994년 관련법을 제정하여 시행하였고, 일본, 멕시코, 브라질 등 전 세계적으로 확대·시행되고 있는 추세이며, OECD에서도 관장하고 있는 제도이다.

---

206) Recycling, http://en.wikipedia.org; http://www.recyclinglamp.org

2) 각 기업의 재활용의 성공사례

(1) 노키아의 자체 재활용 시스템[207]

세계 최고의 핸드폰 기업 노키아(Nokia)가 제품을 설계함에 있어 최우선시 하는 점은 바로 환경보호이다. 즉 그들은 어떻게 하면 환경을 보호해서 지구와 인간에 이로운 제품을 만들지를 고려한다. 핸드폰 회사가 제품을 생산함에 있어 제품의 수명이나 디자인, 기능보다 향후 재활용에 대한 여부를 생각한다는 것은 지금 현대 기업에 있어 재활용이 얼마나 중요한지를 보여주는 것이라 할 수 있다.

〈그림 3-63〉 수명주기 그래프를 통한 재활용

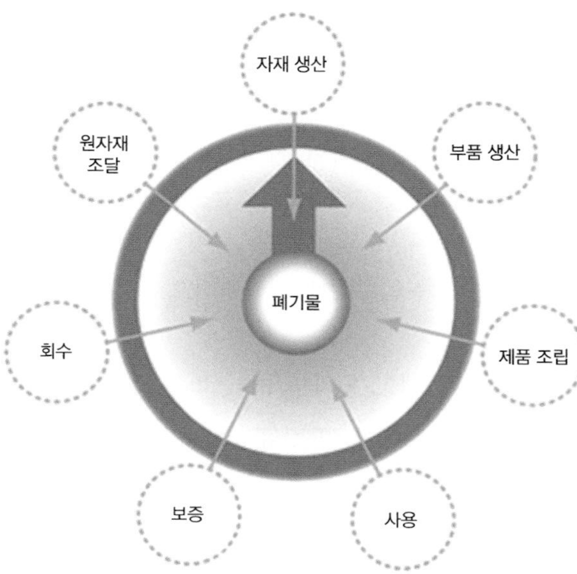

출처: http://nds2.nokia-kr.nokia.com

207) http://nds2.nokia-kr.nokia.com

노키아의 제품을 재활용하는 방법은 간단한데, 더 이상 제품을 사용할 수 없게 된 고객은 휴대폰이나 배터리, 충전기 등을 노키아의 재활용 지점에 반납하기만 하면 된다. 그리고 현재 전 세계 5천여 곳에서 이러한 폐전자제품을 수거하고 있다. 근처 재활용 지점이 없는 경우에는 우편을 통한 재활용 업체로의 무료배송을 통해서도 휴대폰을 반납할 수 있다. 이렇게 반납된 휴대폰은 내부의 귀중한 자재가 재활용되어 새로운 제품에 사용된다. 이로 인해 현재 노키아 휴대폰에 사용되는 자재 중 65~80%가 재활용되고 있다. 우수 사례에서는 사용자재의 100%가 재활용되기도 한다.

(2) 필립스의 재활용 프로그램[208]

재활용성은 재활용 및 해체를 위한 설계가 포함된 개념으로서, 물질의 재활용 가능성을 개선하고 재활용의 비용을 줄이기 위해 중요한 요소이다. 이 부분이 바로 필립스(Philips)의 EcoDesign 프로세스에서 강조하는 영역 중 하나이며, 제품의 전체적인 환경 관련 성능을 계속적으로 개선하기 위해 노력을 집중하고 있는 분야이기도 하다. 즉 "지속 가능한 방법으로 제한된 자원을 사용하는 것" 이것이 필립스의 목표이며, 생산자로써 제품 최종 주기에 친환경적으로 재활용되도록 노력하고 있다.

따라서 필립스는 각 생산자 의무(IPR: *Individual Producer Responsibility*)를 원칙으로 에코디자인(*ecodesign*)을 통한 각 제품들이 환경적인 영향을 최소화하는 생산자들에게 재정적인 상여금을 지급할 수 있게 하고 있다.

필립스는 IPR원칙을 지원하며, 유럽 지역에서 IPR을 기본으로 하는

---

208) http://www.philips.co.kr

재활용 시스템으로의 변환을 위한 많은 노력을 한다. 따라서 필립스는 IPR을 준수하기 위해 제한적인 조건에서의 공급과 시스템 구축하기 위해 업계의 파트너들과 힘을 합쳐 재활용 시스템의 구축에 관한 문제를 해결해 나가고 있다.

필립스는 또한 현재 업계 파트너들과 재활용 시스템의 구축에 관한 문제를 해결해 나가고 있으며, 기본 전략은 친환경적이고 효율적인 WEEE(*Waste Electrical and Electronic Equipment*) 회수 및 재활용을 위한 지속가능한 공급구조를 만드는 것이다. 그리고 이 방법은 환경에 대한 영향을 줄이고 이러한 활동을 위한 사회적 비용을 최소화하여 소비자의 인지도를 높여 주는 효과를 가지고 있다.

〈그림 3-64〉 필립스의 재활용 시스템

출처: www.greenpeace.org

3) 형광등 분리수거에 관한 각 국가별 사례[209]

폐형광등의 경우 재활용 가치가 다른 전자제품 등에 비해 월등히 낮고 유해물질인 수은을 함유하고 있다. 그렇기 때문에 생산자책임재활용 제도(EPR)를 적용할 경우 생산자의 부담이 너무 커질 수 있다. 그러므로 독일 등 EPR기반이 확고한 일부국가를 제외하고는 생산자가 수집에서 처리까지의 모든 과정을 단독으로 책임지는 경우는 거의 없다.

(1) 독일[210]

독일은 세계에서 가장 발달된 형광등 수거시스템을 갖추고 있는 나라이다. 1994년 이미 발생량의 70~80%에 달하는 5천만~6천만 개의 폐형광등이 재활용되었고, 현재는 폐형광등 발생량보다 처리시설의 용량이 더 크다.

　폐형광등의 EPR은 전기/전자제품 EPR을 위한 생산자단체인 ZVEI 산하의 AGLV라는 곳에서 담당하고 있다. AGLV는 폐형광등재활용을 위해 결성된 단체로 9개의 형광등 생산업체와 전국 각지의 폐형광등 처리업체 9개가 합쳐 결성한 단체이다.

　이 단체가 형광등의 수집, 운반, 처리에 관한 모든 것을 책임지고 있고, 220개의 폐형광등 수거장소와 20개의 처리장이 있어 AGLV의 형광등 재활용에 이용되고 있다.

---

209) http://www.recyclinglamp.org
210) 위의 글.

(2) 스웨덴 211)

스웨덴에서는 2001년 7월 1일부터 전기전자제품에 대한 생산자책임제
도령(SFS 2000: 2008)이 효력을 발생하였다. 이 제도는 소비자들이
새 제품을 살 때, 같은 수의 헌 제품을 반환해야 한다는 것이다. 생산
자는 무료로 제품을 회수하고 처리해야 한다. 또한 모든 생산자는 새
제품이 팔린 곳에서 헌 제품을 회수할 의무를 진다. 사업장이나 공공
기관 등에서 새 제품을 구입하지 않고 제품을 처리하길 원하는 경우에
는, 배출자가 비용을 부담하여 새로운 법에 맞게 제품을 적정처리 할
의무가 있다. 생산자는 소비자에게 무료로 헌 제품을 회수한다는 것을
알려야 하며, 스웨덴 환경부에 필요한 모든 정보를 제공해야 할 의무
를 진다. 기준에 미치지 못했거나, 의무에 태만한 생산자는 벌금을 부
과 받는다.

이 제도에 대처하여 IT제품, 백색가전, 갈색가전, 조명기구, 의료
실험기구 등의 제품을 대표한 23개의 가전회사조합들이 생산자재활용
기구(PRO: *Producer Responsibility Organization*)인 El-Kretsen을 발촉
했다. El-Kretsen에 가입함으로써 생산자는 생산자책임제도로 인해
발생하는 모든 생산자의 임무를 충족시킨다. 이 시스템은 회원사들이
그들의 판매량을 El-Kretsen에 보고하고, 신제품 판매량에 비용을 부
과하여 재정을 조달한다.

지금까지 400개의 국내외 생산자들이 El-Kretsen에 가입했다. 이
생산자들의 총 전기전자제품 점유율은 스웨덴에서 90%이상일 것으로
예측하고 있다. El-Kretsen은 무료로 전기전자제품을 회수, 재활용하
는 전국적인 역 회수 시스템인 Elretur 시스템을 구축했다. 가정에서
새 제품을 구입하지 않고 제품을 처리하길 원하는 경우에는 지방자치
단체로 반환하면 되고 지자체는 회수한 제품을 적절하게 처리해야 한

---

211) 위의 글.

다. El-Kretsen은 289개의 스웨덴 지방자치단체와 협정을 맺었는데, 이는 El-Kretsen에 속해 있는 생산자가 새 제품을 구매한 바로 그 지역에서뿐 아니라 다른 지역에도 헌 제품을 반환할 수 있다는 것을 의미한다.

회수한 모든 제품은 El-Kretsen과 계약한 해체업체로 운반된다. 위험물질들은 제거하고 적정 최종 처리장이나 소각장으로 보낸다. 금속과 다른 재활용 가능한 물질은 재활용되나, 천, 고무, 플라스틱과 나무들은 주로 에너지 회수에 이용된다. 계약한 운반업자, 해체업자, 재활용업자는 스웨덴 환경법에 따른 처리과정에 따른다. El-Kretsen은 계약자들이 이 법령과 다른 법에 맞추어 처리를 하고 있는지 정기적으

〈그림 3-65〉 스웨덴의 전자제품 EPR 수거체계

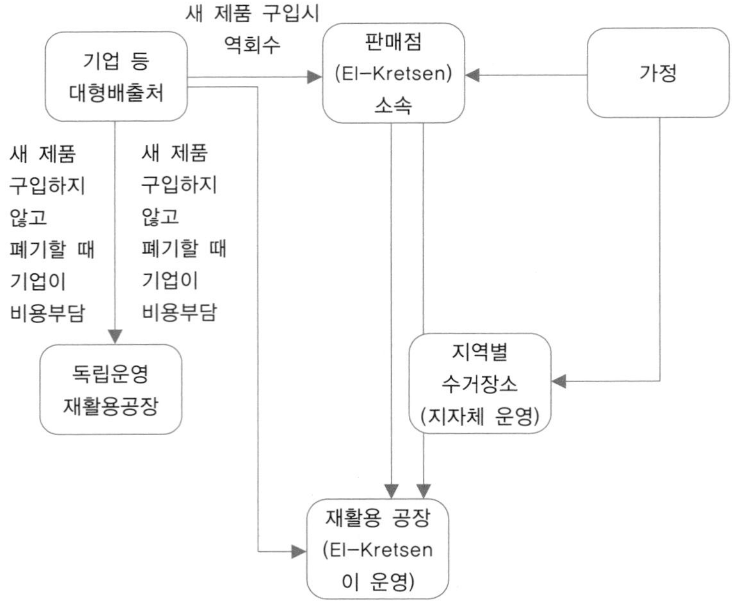

출처: http://www.recyclinglamp.org

로 점검한다.

회원생산자들을 대표하여 El-Kretsen은 소비자들에게 어디서 구제품을 역회수하는 권리와, 어디서 역회수 하는지에 대한 정보를 제공해야 한다. 또한 El-Kretsen은 환경부는 289개 지자체에게 시스템과 시스템이 하는 일, 수거결과 등을 통보해야 한다. 지자체와 생산자의 자발적인 협력으로 지자체는 수거의 전 과정을 감독하고, 생산자는 처리를 감독하게 되었다. 오늘날 스웨덴의 모든 지자체가 이 시스템을 이용하여 전기전자 폐기물을 회수하고 있다.

(3) 일본 212)

사단법인 일본전구공업회에 의하면 2000년도 일본 내 폐형광등의 연간 폐기량은 약 3억 6천만 개로 무게로는 약 6만 톤으로 추산된다고 한다. 이 중에서 회수/재자원화된 폐형광등의 양은 약 2,800만 개로 발생량의 8%에 달한다. 수은회수는 하지 않고 유리만 파쇄하여 재활용하는 경우까지 포함하면 재활용률은 어느 정도 증가하지만, 여전히 대부분의 형광등은 파쇄되어 매립되거나 소각되고 있다.

일본은 폐형광등에 관해서 특별한 제재를 가하는 법률은 없다. 2001년 일본 경제 산업성의 산업구조심의회의 〈품목별 폐기물처리/Recycle 가이드라인〉에 폐형광등이 지정품목에 추가되었다고는 하지만 법적인 제재는 없고 제목그대로 가이드라인일 뿐이다. 다만 지자체별로 형광등을 어떻게 구분하느냐에 따라 처리방법이 달라진다. 지자체의 폐형광등 분류는 폐형광등을 타지 않는 쓰레기로 분류하는 경우와, 타는 쓰레기로 분류하는 경우, 유해쓰레기로 분류하는 세 가지의 경우가 있다. 형광등을 타지 않는 쓰레기로 분류하는 지자체에서는 형광등을 다른 불연폐기물과 함께 수집하여 매립한다. 타는 쓰레기로 분

---

212) 위의 글.

류하는 지자체에서는 파쇄하여 소각한다. 유해쓰레기로 분류하는 지
자체에서는 형광등만을 따로 수집하여 노무라흥산 같은 재활용업체로
보낸다. 노무라흥산은 일본 최대의 폐형광등 재활용업체로, 일본에서
유일하게 수은을 회수하는 업체이기도 하다.

지자체의 폐형광등 회수는 사단법인 전국도시청소회의의 형광등광
역회수 시스템을 통하여 이루어진다. 원래 사단법인 전국도시청소회
의는 1986년 수은이 함유된 건전지의 회수를 위해 전국 1521개의 지
자체가 설립한 단체이다. 1985년 수은의 처리를 둘러싼 여론이 일자
후생성의 건전지 광역회수처리의 요구로 설립되었다. 건전지 광역회
수시스템의 지정운반업자로 일본통운이 지정되었고, 지정처리업체로
(주)노무라흥산이 지정되었다. 1999년 4월부터 건전지 광역회수시스

<그림 3-66> 일본의 폐형광등 수거체계

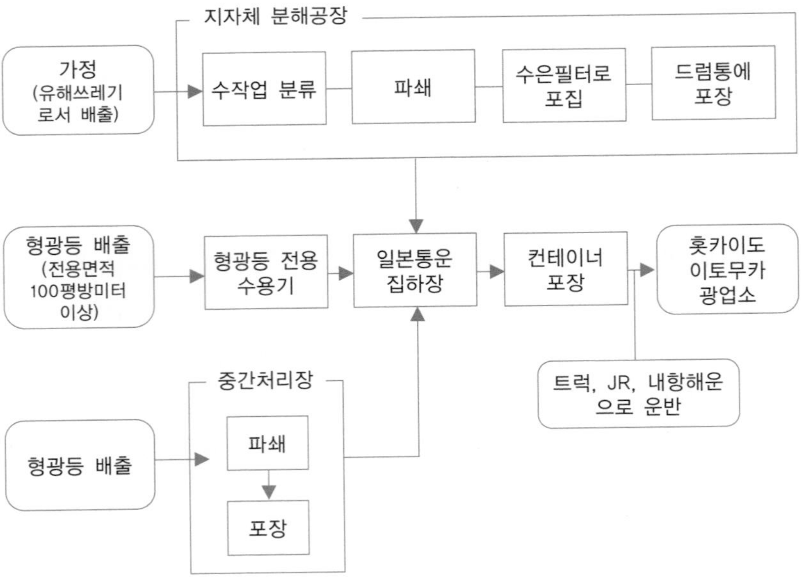

출처: http://www.recyclinglamp.org

템에 형광등을 추가시킴으로써 별도의 회수네트워크의 구축 없이 형광
등광역회수를 하고 있다. 현재 형광등 광역회수에 참여하고 있는 지자
체는 3,232개의 지자체(市町村) 중에서 약 700개 정도이다.

지자체가 분별 수집한 형광등은 지정운송업자인 일본통운이 집하하
고 수송하여 지정처리센터인 노무라흥산의 이토무카 광업소로 반입한
다. 이곳에서 건전지와 형광등으로부터 수은을 추출하여 다시 원재료로
사용할 수 있도록 출하하고, 출하한 수은은 확보된 판매처에 판매한다.

사업계 폐형광등은 각종 공장이나 사업소 등에서 회수되고 있다. 현
재 노무라흥산에 반입되는 폐형광등 중 60%가 지자체에서 발생하는
것이며 나머지 40%가 사업체 등에서 발생하는 것이다. 일본에서 사
업장에서 발생하는 폐형광등은 산업폐기물이 아닌 사업계 일반폐기물
이기 때문에 사업체에서 반드시 회수하여 재활용할 의무는 없으므로
사업장회수량이 적다고 볼 수 있다. 법적인 제재가 없음에도 불구하고
각 공장이나 사업소에서 폐형광등을 재활용 위탁하는 이유는
ISO14000시리즈에 대응하려 하거나, 기업의 환경회계 또는 환경감사
와 연관이 있기 때문이다.

4) 각 국가의 쓰레기 재활용 성공사례

(1) 일본의 쓰레기 재활용 산업 현황[213]

에어컨 1대에서 4킬로의 알루미늄을 얻을 수 있다고 했을 때 이것을
350ml 캔으로 환산하면 실제로 약 250캔이 된다고 한다. 가전제품 재
활용법이 시행되기 전까지는 이러한 가전이 해체되지 않고 일부를 제외
하고는 전부 매립되고 있었으므로 막대한 자원을 오랜 세월 낭비하고
있었던 것이다. 그러나 일본에서 〈가전제품 재활용법〉이 2001년에 시

213) http://www.enviroasia.info/

294

행된 후 현재는 브라운관TV, 에어컨, 세탁기, 냉장고의 4품목만을 대
상으로 폐가전의 재활용을 의무화하고 있다. 〈가전제품 재활용법〉에서
는 '특정 가정용 기기 폐기물로부터 부품 및 재료를 분리해 이것을 제품
의 부품 또는 원재료로서 이용하는 사람에게 유상 또는 무상으로 양도
할 수 있는 상태로 하는 것'으로 '재활용의 상품화'를 정의하고 있다.
  가나가와 현 카와사키 시에 있는 가전 재활용 센터에서는 이를 더
발전시켰다. 이곳에서는 위의 4품목 이외에도 업무용 PC, 복사기나
역의 자동개찰기 등의 재활용사업을 실시하고 있다. 이 센터에는 현재
가나가와 현, 도쿄 도, 야마나시 현, 시즈오카 현의 네 개의 도, 현으
로부터 폐가전이 모인다. 매년 TV 20만 대, 에어컨 10만 대, 세탁기
13만 대, 냉장고 8만 대, 합계 51만 대가 반입·처리되고 있다. 품목
별로 8개의 라인으로 나누어지고 컨베이어 시스템에서 40명 정도가 해
체해 여러 가지 파트로 분류한다. 이렇게 해서 수작업으로 나눌 수 있
는 파트나 부품은 그것들을 재생해서 이용하는 전문 업자에게 판매된
다. 이것으로 폐가전제품의 '재상품화'가 이루어진다.

(2) 중국의 쓰레기 재활용 산업 현황[214]

현저한 경제 발전과 더불어 폐기물 발생량 증대 등의 각종 환경문제를
안은 중국은 자원절약, 순환형 사회 구축을 위한 쓰레기 재활용이 실
시되고 있다. 이미 베이징 시에서는 1990년대 후반부터 행정 주도권
의 쓰레기 분별, 재활용이 진행되어 오고 있다. 여기서 '행정 주도형'
이라 서술한 것은, 베이징 등의 중국 각 도시부에서는 분별식 휴지통
이 설치되어 주민이 휴지통의 종류에 맞춰 분별 투입 하도록 재촉하기
때문이다. 분별된 쓰레기 중 자원 쓰레기는 위탁 회수업자에 의해 회
수되어, 자원화 되는 구조이다. 분별식 휴지통은 일반적으로 '자원 쓰

214) 위의 글.

레기(재활용 가능 쓰레기)' '부엌 쓰레기' 및 '그 외 쓰레기(재활용 불가
능 쓰레기)'로 나누어진다. 하지만 이러한 분별 보급은 분별식 휴지통
의 설치만으로 제대로 이루어지지 않고 있는 실정이었다. 그리고 청소
원에 의한 수집 단계에서의 모든 쓰레기의 혼입 또한 주민의 적극성을
저해하는 요소로 작용하였다. 이 때문에 휴지통에 내어진 후의 분별
수집, 운반이 이루어지고 있지 않았다.

 이러한 문제 해결을 위한 방안으로 제시된 것이 민간 폐품수거업자
들이다. 따라서 시범사업에서 민간 폐품수거업자는 중요한 역할을 하
게 되었다. 지역 주민들은 생활쓰레기 가운데 약 15%를 분류하여 이
들에게 판매할 수 있다. 즉 이로 인하여 빈부차이, 지방인구의 대량
도시 유입, 자원부족 문제에 직면한 많은 개도국에서 민간 폐품회수업
자들은 비공식적으로 폐품을 회수하여 재생자원화 하는 데 필요한 자
원을 절약해 주는 동시에 갈수록 증가하는 도시유입자들의 취업문제를
완화하는 역할도 한다.

그린 에너지
응용분야 사례

1. 친환경 운송수단

1) 친환경 자동차

(1) 하이브리드차(hybrid car)[1]

① 개요

하이브리드차(*hybrid car*)는 기존의 가솔린을 사용하는 가솔린 엔진과 배터리로 작동하는 전기모터를 결합한 차량이다. 즉, 시속 30km 이하의 저속주행시에는 전기모터만으로 자동차가 움직이며, 속도가 올라가면 가솔린 엔진이 작동하면서 주 동력원으로 사용되고, 전기모터는 보조 역할을 하게 된다. 하이브리드차는 배출가스를 30~50% 줄일 수 있다. 아울러 1ℓ당 20~25km를 주행할 수 있기 때문에, 일반 가솔린 차량보다 연비가 높다.

② 사례와 정부지원 정책

a. 해외사례

도요타는 2005년을 기준으로 세계 하이브리드차 시장의 78%를 점유하였다. 여기에 혼다(16%), 포드(5%)가 큰 차이로 뒤따르는 중이다. 도요타는 1997년에 복합형 하이브리드차인 프리우스를 세계 최초로 양산했고 2007년에 누적판매 100만 대를 돌파했다.[2]

　혼다는 하이브리드차 전략을 소형차로만 가져가는 특징이 있다. 친환경과 경제성이라는 하이브리드차의 장점을 결합하기 위해서는 소형 하이브리드차가 적합하다는 판단에서다. 이 때문에 혼다의 하이브리

---

1) Hybrid Vehicle, http://en.wikipedia.org
2) 〈매일경제〉 2008. 7. 17, 박인혜 기자, "하이브리드 카 어떤 걸 타지?"

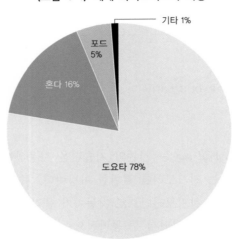

〈그림 4-1〉 세계 하이브리드차 시장

드차는 상대적으로 싸고 차 크기가 작아 공인연비가 좋은 편이다. 현재 한국에서도 팔리는 혼다의 시빅 하이브리드차는 1,400cc급 가솔린 엔진에 모터 1개를 장착한 것으로 공인연비가 23.2km/ℓ로 국내에 출시된 차 중에서 가장 우수하다.[3]

미국 2위 자동차업체인 포드는 최근 4천여 명의 직원을 감축하는 등 어려운 상황에서도 하이브리드차 부분에 대한 강화를 게을리 하지 않고 있다. 포드는 오는 2010년까지 하이브리드차 생산량을 현재의 2배 이상으로 늘릴 계획이다. 하이브리드 이스케이프 시리즈를 판매하는 포드는 하이브리드 소형차를 개발중이다.[4]

세계 각국은 하이브리드차의 구매장려를 위해 하이브리드차 구매자에게 갖가지 혜택을 주고 있다.

일본 정부는 하이브리드차 구입시 보조금을 지원하며, 기업이나 지

---

3) 〈이비뉴스〉 2008. 12. 12, 이동화 기자, "혼다, 하이브리드 카 공개".
4) 〈디지털 타임스〉 2008. 8. 24, 이형호 기자, "M자동차: 미국은 지금 하이브리드 카 '열풍'".

자체뿐만 아니라 통근 또는 업무상 자동차를 이용하는 개인도 혜택을 받는다. 하이브리드차를 구입한 뒤 연간 주행거리가 6,000km 이상인 개인 및 사업자에게 보조금을 최대 50만 엔 지급한다. 또한 차량 구입 시 22만 엔의 소득공제와 자동차 취득세 역시 감세된다.

스웨덴은 가격 할인정책을 실시한다. 하이브리드차에 대해 1,500달러를 깎아주고, 스톡홀름 시내 혼잡통행료가 면제되며 일반 자동차에 비해 자동차세가 15% 감면된다.[5]

캐나다 정부는 하이브리드차를 구입하면 연비에 따라 최소 1천 달러에서 최대 2천 달러까지 환불해주는 정책을 실시한다. '에코오토'(ecoAuto)라 불리는 이 정책은 합산 연비가 1,100km당 6.5ℓ 이하인 승용차 등이 해당한다.[6]

b. 국내사례

현대차는 2009년 하반기(7~12월) 액화석유가스(LPG) 엔진이 들어간 '아반떼 LPI 하이브리드'를 내놓을 계획이다. 2010년에는 '쏘나타'급 중형차에도 하이브리드 시스템을 적용해 선택의 폭을 넓히면서 수출도 시작하기로 했다. 이와 함께 기아차에도 점차 하이브리드 모델이 추가될 것으로 보인다. 아반떼 하이브리드는 기존 아반떼보다 연료소비효율은 40~50% 높으면서 출력(엔진+모터)도 20% 정도 향상되었다. ℓ당 갈 수 있는 거리는 20km 안팎이 될 것으로 예상된다.[7]

정부는 2009년 7월부터 하이브리드차에 대해 세금감면을 시작했다. 개별소비세, 취득세, 등록세, 교육세 등이 최대 330만 원까지 감면되며 2012년 12월 31일까지 적용된다. 신차뿐만 아니라 취득세와 등록

5) 〈연합뉴스〉 2008.9.22, 심재훈 기자, "그린 카 사면 보조금: 전 세계 녹색성장 열풍".
6) 위의 글.
7) 〈동아일보〉 2008.6.23, 석동빈 기자, "SM REPORT: 우리도 클린자동차 하이브리드 카 상용화 눈앞에".

세의 감면은 하이브리드 중고차를 살 때도 적용된다. 이는 시중 동급 차량보다 20~30% 비싼 하이브리드차에 대한 구매자들의 부담감을 줄이는 데 기여하고, 국내 하이브리드차 보급을 장려하는 데 도움이 될 것이다. [8)

③ 전망

현재 친환경 차로 가장 가능성 있는 방안은 하이브리드차이다. 수소 차량의 실용화는 2015~2020년경이 되어야 가능할 것으로 전망되기 때문에, 하이브리드차는 앞으로 10년 이상 시장을 지배할 것으로 예상된다. 전문가들은 2025년경이 되어야 수소연료전지차의 시장점유율이 하이브리드차를 초월할 것으로 예측한다. 현재 전 세계에서 하이브리드차는 2006년 39만 125대, 2007년 51만 7,911대, 2008년 75만 대가 판매되었으며, 2010년 100만 대 이상의 규모로 급성장할 것으로 내다본다. 데이코 산업연구소는 2015년까지 연평균 33%의 성장률을 보일 것으로 전망했고, 이에 따르면 2015년에는 400만 대 시장이 형성될 것으로 보인다.

(2) 전기차(Electric Car)

① 개요

차세대 차량을 이야기하면 단연 선두에 거론되는 것이 '전기차'(*Electric Car*)이다. 사실 화석연료차량이 만들어지기 전에 이미 전기차도 개발되었지만, 실용성이 떨어져 잊혀졌다. 최근 배터리와 모터의 기술이 발전되면서 전기차의 상용화가 기대된다. 2006년부터 미국에서는 가정용 전원으로 충전해 쓸 수 있는 전기차 개발에 30억 달러를 투자하

---

8) 〈동아일보〉 2009. 4. 30, 장원재 기자, "하이브리드 차(車) 최대 330만 원 싸게 산다".

〈그림 4-2〉 전기차와 하이브리드차 개념도

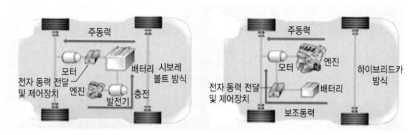

* 주: 전기차(왼쪽)는 오직 전기모터에 의해서만 달린다. 하이브리드차(오른쪽)는 엔진과 전기모터를 함께 사용한다. 연료 소모가 적은 저속 주행에서는 가솔린(혹은 디젤) 엔진을 이용하고, 시동을 걸 때와 고속 주행을 할 때는 전기모터를 사용하는 것이다.

출처: 〈중앙일보〉 2009. 1. 13, 문병주 기자, "세계 최초 전기차에 장착 … 차세대 녹색엔진 선점".

며 전기차의 급격한 보급이 일고 있으며, 유럽에서도 전기차 관련 법 개정을 준비중이다.

② 사례

a. 해외사례

■ 미국과 EU, 일본의 전기차 관련 법안

미국은 미연방자동차안전규격에 근거리 전기차를 별도로 규정해 전기차 이용을 촉진하고 있다. EU는 전기차를 사륜자전거로 규정하고 브레이크, 안전벨트 등 기본 안전장비만 장착하면 도로주행을 허용하고 있다. 일본은 한걸음 더 나아가 거의 모든 형태의 전기차의 시내 주행을 허용하며, 누구나 차를 제작하고 개조할 수 있도록 관련법도 개정하였다.

■ 일본 시장

일본 최대 전력사인 도쿄전력은 소형 전기차가 5분 충전으로 40km을 달리기에 충분한 장치를 고안했으며, 충전소가 붐비는 시간대를 대비해 운전자들이 집에서도 충전할 수 있게 하는 방안을 검토중이다. 또 미쓰비시와 스바루는 2009~2010년에 선보일 예정인 400만 엔대 충전식 전기차를 위해 슈퍼마켓이나 공공장소에 충전시설을 지을 예정이다. 일본 가나가와 현은 5년 안에 전기차 3천 대 정도 충전할 수 있는 인프라를 구축하기 위한 150개의 충전소 공사를 위탁한 상태이다. 9)

■ 중국 시장

중국 정부는 전기자동차의 운행에 필요한 인프라의 공급을 이미 계획하였으며, 시험주행을 통해 얻어진 정보들을 피드백 한다고 밝혔다. 이에 따라 기반시설의 확충과 완성차 업계들의 개발이 촉진될 것으로 보인다. 중국 최대 전력공급업체는 이미 베이징과 상하이, 텐진 등에 한 곳당 25만~30만 위안이나 소요되는 전기충전소 건설에 착수해 이에 대비하고 있다. 중국 정부는 전기차 시범주행 계획에 따라 전기차 개발에 앞으로 40억 위안을 투자한다고 밝혀 BYD를 비롯해 둥펑, 체리 등 중국 완성차업체들의 개발경쟁이 치열해질 전망이다.

■ 유럽 시장

유럽에서는 전기차가 상당한 수준으로 상용화됐다. 프랑스 우체국 '라포스트'는 교체대상 차량 1만 대 가운데 500대를 전기차로 바꿨다. 5년 안에 전기차를 1만 대까지 늘릴 계획이다. 우편물을 배달할 때 이용하는 소형 이륜차도 2012년까지 3만 대로 크게 늘리기로 했다. BMW는 미니의 전기차 버전을 출시할 계획이다. 이러한 시장구도를 시장조사 전문기관인 '프로스트 앤 설리번'은 유럽에서의 전기차 판매가 2015년에는 25만 대 이상이 될 것으로 전망했다.

9) 〈아시아경제〉 배수경 기자, "日, 민관합작 '전기차 대국' 앞장".

■ 이스라엘 시장

이스라엘의 경우 2010년까지 전기차를 일반 세단 가격으로 낮추려는 계획을 세웠다. 지금 당장은 배터리 가격이 비싸 일반 자동차에 비해 비쌀 수밖에 없었다. 이스라엘은 2009년부터 전기차 충전소를 곳곳에 건설하고, 충전시간이 오래 걸린다는 단점을 극복하기 위해서 즉석에서 배터리 자체를 교체할 수 있게 하는 방법도 추진한다.

b. 국내사례
■ 국내 전기차 기술수준

국내 전기차 업계에 따르면, CT&T와 레오모터스 등 국내 업체들의 기술수준은 이미 상용화가 가능한 정도다. CT&T가 최근 내놓은 전기차 상용화 모델은 하루 40km, 월 1,500km를 운행한다고 가정할 때 월 유지비가 1만 원 남짓이다. 경쟁사인 레오모터스가 내놓은 제품도 이에 버금가는 성능을 자랑한다. 한 차례 충전으로 100km이상을 주행할 수 있으며 최고 시속은 100km에 달한다.

■ 서울시

서울시는 서울 숲 등 시내 공원에 친환경 전기차를 도입했다. 서울시는 시내 주요 공원에 122대의 공원 순찰, 물품운반, 쓰레기 수거 등에 활용하고 있다. 서울시 관계자는 "2010년까지 시내 모든 공원의 관리 차량을 무공해 차로 교체할 계획"이라고 밝혔다. 10)

③ 전망

전기차의 보급은 사회 전반에 커다란 파급효과를 미칠 것으로 예상된다. 먼저 차량운행에 필요한 유류비가 10분의 1로 줄면 국민 생계, 기업 활동에 커다란 도움이 된다. 현재의 고유가상황이 이대로 지속된다

---

10) 〈세계일보〉 2006. 1. 5, 송은아 기자, "무공해 전기차 35대 서울 숲 등 추가배치".

면 국가 경제는 심각한 위기가 예상된다. 서민들의 유류비 지출을 국가에서 보조하는 대신, 저렴하게 탈 수 있는 개인교통수단을 보급하는 편이 경제를 살리는 데 더 도움이 된다. 또한 전기차는 배기가스가 전혀 없어 온난화의 주범인 이산화탄소 배출을 억제하므로 친환경 자동차로서는 최적의 방안이다. 전기차는 저소음, 저진동이므로 보급된다면 운전자의 피로를 덜어주고, 자동차로 인한 소음과 진동이 많이 줄어들 것으로 보인다.

또한 전기차는 무선 네트워크, 전력망과 연결돼 새로운 사업모델을 파생시킬 수 있으므로 과거 CDMA 휴대폰 기술의 발전에 버금가는 경제적 효과를 창출할 것이다. 한국전력, SK텔레콤, 삼성전자, LG전자 등이 전기차 생산과 관련 사업에 개입할 것으로 보인다.

(3) 수소연료전지차

① 개요
수소연료전지차는 화석연료를 동력원으로 하는 기존 엔진과 달리 연료전지로부터 수소가 엔진 속으로 주입되고, 산소와 결합할 때 생기는 전기의 힘으로 달리는 차량이다. 이러한 차량은 가스를 배출시키지 않고 대신 수증기가 배출되어 환경오염을 줄일 수 있다.

② 사례

a. 해외사례
■ 수소연료전지 버스
수소연료전지 버스는 유럽과 미국, 일본, 호주 등에서 이미 운행 중이다. 이 나라들 중 호주는 수소연료전지 생산능력이 없음에도 불구하고 수소연료전지 버스를 수입해서 운행할 만큼 적극적 관심을 보인다.

현재 독일 베를린에 있는 수소충전소에서 액화수소 1kg을 생산비가

〈그림 4-3〉 연료전지의 구조(상)와 수소연료전지차의 작동원리 개념도(하)

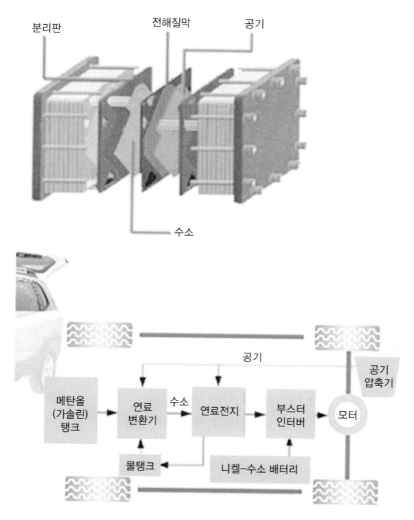

출처: 〈디지털타임스〉 2009. 1. 17, 김승룡 기자, "알아봅시다: 수소연료전지 자동차의 원리".

9유로 정도이다. 하지만 국제적 교류를 통해 기술제휴와 기술개발이 이루어진다면 생산비는 점점 감소할 것이다.[11]

■ 캐나다

캐나다에서는 수소의 정제와 압축하는 기술의 상용화에 대해 관련업체 3개사가 컨소시엄에 나섰고, 승용차용과 대형버스용 수소충전소를 별도로 건립하였다. 현재는 충전소에서 고압산소를 안전히 운송하는 연구를 진행중이다.

■ 미국

미국은 캘리포니아를 중심으로 수소연료전지차 판매가 2026년까지 연간 100만 대에서 최고 260만 대까지 늘어날 것으로 전망하였고, 그중 캘리포니아 주에서만 차지하는 비중이 30~40만 대에 이를 것으로 예상된다.[12] 미국에서 수소 충전소의 건설 및 경영은 쉐브론, BP, 쉘 등의 기업이 주체로 맡는 대신 정부에서 설치할 때의 비용을 부담하는 방식을 취하고 있다.

■ 혼다의 수소연료전지차

혼다는 세계에서 처음 상용화한 수소연료전지차로 FCX Clarity를 공개했다. 혼다는 2명의 고객에게 리스로 임대하는 것을 시작으로 원하는 고객의 응모를 받았는데, 200대 리스하는 데에 신청한 인원이 총 5만 명을 넘을 정도로 대단한 인기를 끌었다. 혼다는 LA 오토 쇼에서 이 차를 처음으로 공개했는데, FCX Clarity는 혼다 V Flow 연료전지 플랫폼을 탑재하였다. 니혼게이자이 신문에 따르면 Clarity는 한 번의

---

11) 〈오토타임즈〉 2008. 5. 6, 진희정 기자, "수소차는 자동차업계의 미래".
12) 〈아시아경제〉 2008. 8. 13, 우경희 기자, "수소연료전지차, 혼다가 세계 첫 상용화".

충전으로 620km정도 주행할 수 있어 가솔린 자동차와 비교해도 뒤지지 않는다. 또한 전기자동차가 충전에 10시간 이상 걸리지만, 혼다의 수소자동차는 2~3분이면 가능하다.

b. 국내사례

정부의 수소연료전지차 육성 사업은 핵심기술과 원천기술의 확보, 그리고 관련업체들의 기술수준 강화 등 두 가지로 요약된다.

국내 수소연료전지차에 관한 특허청에의 출원은 2000년 이전에는 한 건도 없었다. 그러나 2000년 27건이 출원되고 2005년까지 5년 동안 평균 11건이, 2006년에는 43건이 출원되어 연 대비 300%이상의 증가율을 보이고 있다.

현대차는 지난 1998년부터 수소연료전지차 개발을 시작했다. 2000년 6월에는 세계적 자동차 제조사들과 공동으로 미국 캘리포니아 연료전지 시범사업(CaFCP)에 참여했고, 같은 해 11월에는 UTCFC(United Technology Corp. Fuel Cells)사와 75KW급 연료전지를 탑재한 싼타페 연료전지차의 공동개발에 성공했다. 2001년 6월에는 세계최초로 350기압에서 수소 충전에 성공하였다. 연료전지차 경주 대회인 '미쉐린 환경친화자동차 경주대회'에 참가하여 싼타페 연료전지차로 2001년에는 금메달 2개와 은메달 2개를 수상했고, 2003년에는 금메달 3개와 은메달 1개를 수상하였다. 또한 투싼 연료전지차가 2007년에 금메달을 차지해 이미 세계 수준의 기술력을 보유하고 있음을 인정받았다. 프랑크푸르트 모터쇼에서 선보인 아이블루는 최초의 수소연료전지 전용차로 최고속도 시속 165km에 한 번 충전에 600km를 가는 등 투싼보다 높은 완성도를 보였다.

현대기아차는 2012년에는 연료전지차 1,000대의 생산에 뒤이어 2018년까지는 3만 대 정도를 양산하는 것을 계획하였다. 100만 대 양산단계인 2030년 즈음에는 16조 8,000억 원의 생산유발액이 발생할

310

것으로 보여 부가가치가 매우 높은 사업이 될 것으로 전망한다. 13) 현
재는 총 66대의 수소연료전지차를 국내외에 시범적으로 운행중에 있
어 국내 수소연료전지차의 선도 기업으로 자리매김 하고 있다.

③ 전망14)

2040년경에는 수소연료전지의 보급이 대중화되어 국내 자동차의 54%
가 연료전지로 대체될 전망이다. 지식경제부는 2006년부터 480억 원
을 투입해 수소연료전지차의 모니터링 사업을 실시하였다. 아직 상용
화하기에는 효율성이 떨어지고 인프라 구축 및 연구 개발에 많은 비용
이 들어가지만 전문가들이 수소자동차의 개발을 지지하는 이유는 장기
적으로 보았을 때 화석연료의 가격상승이 불가피한 데 반해 수소에너
지는 개발에 따라 가격이 하락할 것으로 보기 때문이다. 또한 수소연
료전지차는 오염물질이 나오지 않는다는 것만으로도 적극적으로 개발
할 가치가 충분히 있다.

(4) 에탄올 자동차

① 개요

제 1세대 바이오연료는 설탕이나 곡식 등 인간이 식품으로 사용할 수
있는 것들을 원료로 얻어낸 에탄올 등을 칭한다. 차세대 연료로 주목
받았지만 식량부족을 가속화할 수 있다는 단점이 지적되었다. 그러나
폴크스바겐이 상용화를 선언한 제 2세대 바이오연료는 식량을 채취하
고 남은 부분을 이용하여 연료를 생산한다. 예컨대 추수가 끝난 옥수
수 대나 볏짚을 이용해 연료를 생산한다는 것이 제 2세대 바이오연료

13) 〈비즈 플레이스〉, "현대기아 수소연료전지차 美 대륙 횡단 성공".
14) 〈파이낸셜 뉴스〉 2006. 8. 13, "수소연료전지 자동차 시대 오는가: 현재로선
    꿈의 차(車)"; 〈연합인포맥스〉 2005. 6. 17, 박승영 기자, "日도요타, 2015년
    까지 5만 달러 대 수소전지자동차 출시(FT)".

의 개념이다.

　바이오연료는 예전에 경제성이 없다는 이유로 외면당했지만, 고유가 시대가 오자 새로이 그 경제성이 주목받고 있다. 그 대표적 연료로는 E85가 있다. 이는 에탄올을 85％, 휘발유를 15％를 혼합한 연료이다. 수송 분야에서의 석유 의존도를 낮추기 위해서 각국은 E85의 보급에 노력을 기울이고 있다. E85는 CO_2 발생량을 크게 줄일 수 있기 때문이다. 이때 사용되는 에탄올은 현재 사탕수수를 주원료로 한다.

② 사례

a. 해외사례
■ 도요타
도요타는 북미지역에서 에탄올과 휘발유 등 혼합연료를 사용할 수 있는 트럭을 출시할 계획이라고 니혼게이자이 신문이 보도했다. 휘발유 가격은 연일 상승하고 자동차 배기가스에 대한 국제 규정이 엄격해짐에 따라 도요타는 환경친화적 자동차 생산을 늘리기로 한 것이다.[15] 미국 자동차 회사인 GM과 포드, 다임러 크라이슬러가 이미 오는 2010년까지 에탄올 자동차를 생산할 계획을 밝힌 바 있다. 이 세 회사의 주요 소득 모델이 트럭이라는 점에서 도요타의 계획이 북미 지역에서의 경쟁을 더욱 심화시킬 것으로 전망된다. 도요타가 내놓을 혼합연료 트럭은 휘발유만 사용할 수도 있고, E85같은 혼합연료를 사용할 수도 있다. 도요타의 에탄올차는 2007년부터 브라질 시장에서 판매한다. 에탄올기술은 현재 브라질에서 생산되는 '카로라'승용차부터 적용할 것으로 알려졌다. 이 회사의 에탄올차는 사탕수수로부터 추출하는 에탄올과 가솔린을 동시에 연료로 사용할 수 있으며 에탄올만으로도

---

15) 〈이데일리〉 2006. 11. 6, 김유정 기자, "도요타, '에탄올＋휘발유' 트럭 만든다".

주행이 가능하다. 16) 사탕수수의 산지인 브라질은 에탄올이 가솔린보다 저렴해 2005년 판매된 170만 대의 신차 중 절반이 에탄올을 연료로 사용 가능한 차종이었다.

■ GM

GM은 폐지와 고무, 플라스틱 등 도시 쓰레기에서 추출한 에탄올을 연료로 사용하는 차량을 2010~2011년 양산할 계획이다. 이를 위해 쓰레기에서 셀룰로오스 에탄올을 뽑아내는 기술을 확보한 벤처기업 코스카타와 2008년 전략적 제휴를 맺었다. 셀룰로오스 에탄올은 옥수수 등 곡물에서 추출하는 에탄올보다 에너지 효율성이 1.3배 정도 높으면서도 제조비용이 갤런당 1달러 미만이라는 것이 특징이다. GM관계자는 "기름 값이 미국에서 갤런당 4달러가 넘어가는 상황에서 저렴한 비용으로 연료를 생산할 수 있다는 게 매력"이라 밝혔다. 17) 또한 GM대우의 에탄올차 개발에 참여여부를 검토중이라 밝혔다.

■ 볼보

볼보 코리아는 노르웨이에서 열린 스웨덴 투어링카 챔피언십(STCC)에서 바이오연료인 E85를 사용하는 볼보 C30 그린 레이싱카가 첫 우승을 차지했다고 밝혔다. 18) 볼보는 E85를 차량 개발에 있어 중요하게 생각하여 일찌감치 개발했다. 볼보가 스웨덴에서 파는 차 가운데 4분의 1은 E85를 사용할 수 있는 차량이라고 한다. 스웨덴에서는 E85가 휘발유보다 40%정도 저렴하다. 또한 E85차량에는 시내 진입 혼잡통행료

---

16) 〈한국경제〉 2006.6.14, 최인한 특파원, "도요타, 에탄올 차(車) 브라질 시장서 내년 첫선".

17) 〈한국경제〉 2008.5.29, "쓰레기서 뽑은 에탄올 넣고: 철도에서도 달리는 자동차".

18) 〈뉴시스〉 2008.9.18, 김훈기 기자, "볼보 에탄올 C30, 스웨덴 투어링카 챔피언십 첫 우승".

면제, 주차비 감면, 세제혜택 등 다양한 혜택이 주어진다.

■ 포드

포드자동차는 하이브리드차의 생산량을 줄이는 대신 에탄올 등 대체에
너지 자동차 개발을 강화하기로 했다. 포드는 당초 2010년까지 휘발
유와 전기를 함께 쓰는 하이브리드차를 25만 대 생산하겠다고 발표했
으나 이 계획을 수정해 에탄올과 휘발유를 혼합한 에너지인 E85 등 대
체에너지로 움직이는 자동차를 개발하는 데 노력을 더 기울일 것이라
고 밝혔다.

■ 폴크스바겐

폴크스바겐은 자동차용 2세대 바이오연료인 친환경 에탄올 사업에 본
격적으로 뛰어들었다. 3년 내에 상용화를 목표로 연간 20만 t의 친환
경 에탄올을 생산할 수 있는 데모플랜트를 건설하겠다고 밝혔다. 폴
크스바겐 친환경 차세대 에너지 개발을 전담한 잉고 드레처 박사는
독일 볼프스부르그에 있는 공장에서 수년 이내 유럽에서는 에탄올 자
동차의 인프라가 구축되어 2세대 바이오연료의 상용화가 가능할 것이
라 밝혔다.

b. 국내사례

박성현 현대기아차 연구개발총괄본부 부사장은 경기도 화성 롤링힐스
에서 열린 '환경친화형 신 디젤 엔진기술 국제 심포지엄'에서 현대차가
오는 2010년 바이오에탄올 차량을 미국시장에 선보일 것이며, 이를
위해 미국 앨라배마 공장에 에탄올 차량 양산을 위한 라인을 증설할
계획이라고 밝혔다. 또한 미국의 초대형 자동차 기업들이 에탄올 차량
을 판매하는데, 우리나라도 관련 기술은 이미 모두 개발된 상태이고
엔진 등 내연기관의 모든 기술적 문제는 해결한 상태이며 현재 양산을
위한 모든 준비가 끝난 상태에 있다고 밝혔다. [19] 바이오에탄올 엔진

은 기아차 조지아공장에서 생산될 쏘렌토의 후속 차에 제일 먼저 장착될 예정이다.

③ 전망20)

아직까지 미국 전역에서도 E85를 사용할 수 있는 차량은 150만 대에 불과할 만큼 에탄올 자동차 시장은 초기시장에 머물러있다. E85를 보급가능한 곳도 미국 내 16만 5천 개 주유소 중 700개에 불과하다. 하지만 개발비용이 휘발유·전기 엔진에 비해 싸기에 비교적 빠르게 확산될 것으로 보인다. 또한 사탕수수로 생산하는 에탄올이 오히려 휘발유보다 비싸다는 지적도 있지만 생산자들은 유가가 배럴당 30달러 선이하로 내려가기 전까지는 에탄올이 경쟁력을 가진다고 판단한다. 또 기술자들이 사탕수수 증산과 비용절감을 위해 기술개발에 주력하기 때문에 경쟁력은 계속 높아질 것으로 보인다.

피라치카바 사탕수수 연구센터의 타데우 안드라데 소장은 "농약과 병충해, 가뭄에 강한 종자 개발을 진행하고 있다"며 "기술개발이 계속 이뤄지고 있기 때문에 에탄올 연료의 전망은 밝다"고 말했다. 또 미국이 현재 에탄올 1갤런(3.8ℓ)에 부과하는 세금 54센트를 없앤다면 에탄올 시장의 성장속도는 더욱 빨라질 것으로 브라질 정부와 기업은 예상한다. 뉴욕타임스는 브라질 정부가 기존의 570만 헥타르의 사탕수수 재배지를 2013년까지 870만 헥타르로 늘릴 것으로 계획했다고 전했다.

19) 〈서울경제〉 2008. 11. 4, 심희정 기자, "현대·기아차 바이오에탄올 車로 북미 공략".
20) 〈이데일리〉 2006. 4. 19, 이태호 기자, "'발 빠른' 도요타, 2008년 에탄올 자동차 출시"; 〈이데일리〉 2006. 5. 2, 이지혜 리포터, "브라질, 에탄올로 에너지 문제 걱정 없다".

(5) 클린디젤차

① 개요[21]

'클린디젤'의 명칭은 배기가스를 줄이고 연비를 향상한 디젤엔진인 점을 강조한 합성어이다. 화석연료의 고갈과 함께 지구 온난화라는 심각한 환경문제가 대두되던 1990년대 자동차 업계에서는 새로운 차량의 개발에 초점을 맞추게 되었다. 미국·일본업체의 경우 하이브리드차나 전기차와 같은 분야의 기술개발에 노력하였지만 유럽의 경우 디젤을 선택하였다. 기존의 인식은 디젤 차량이 환경오염에 큰 공헌을 한다는 것이 전부였지만, 기술개발을 통하여 환경오염의 주범인 질소산화물, 미세먼지 배출과 이산화탄소의 배출량을 현저히 낮춤으로써 현재 유럽시장 뿐만 아니라 미국 및 아시아지역까지 널리 상용화되어 있다. 국내의 경우도 클린디젤차를 친환경 자동차로 지정하는 등 앞으로의 전망이 기대된다.

② 사례

a. 닛산 자동차

닛산 자동차는 '포스트 신 장기규제(2009년 배출가스규제의 정식명칭)' 대응 클린디젤차 '엑스 트레일 20GT'를 2009년에 발매하였다. 당초 2010년에 발매할 예정이었지만, 이산화탄소 삭감 등 환경의식이 높아지는 가운데 2년 앞서 업계 최초의 상품화를 실현하였다. 홋카이도나 토호쿠 등 일상 주행거리가 긴 지역을 중점으로 월 1,000 대 판매를 목표로 하며 가격은 299만 엔 정도로 동급사양의 가솔린 차량보다 45만 엔 전후 비싸다.[22]

---

21) 〈매일경제〉 2009. 6. 22, 박인혜 기자, "하이브리드 못지않은 클린디젤 車로 승부".

b. 유럽 업체

유럽 업체들은 친환경 디젤기술개발에 주력하고 있다. 1997년 메르세데스와 보쉬가 함께 개발해 양산을 시작한 커먼레일 디젤엔진 차량이 대표적인 예이다. 저속에서도 전자제어를 통해 연료를 고압으로 분사해주는 커먼레일 시스템은 연비를 크게 높였다. 또 디젤차의 주요 오염물질인 질소 산화물(NOx)과 미세먼지의 배출을 줄여주는 후처리 장치도 다양하게 개발됐다. 메르세데스 벤츠는 최근 초저유황 디젤유를 연료로 쓰는 '블루텍 디젤 엔진'을 얹은 차를 내놓기도 했다. [23)]

친환경 디젤엔진은 앞으로 기술이 2배 이상 발전 할 것이라는 게 업계의 평가이다. 메르세데스-벤츠가 1997년 커먼레일 디젤차를 처음 양산한 수 디젤차는 유럽시장 전체 수요의 절반 정도를 점유하였다. 최근 디젤과 하이브리드 기술이 접목된 차량도 등장했다. [24)]

③ 전망

현재 전 세계적으로 이산화탄소 배출 및 화석연료 고갈에 대해서 그 심각성은 인식하고 개선을 위한 많은 노력을 하고 있다. 세계 각국의 자동차 회사들은 서로 신기술개발을 위해 투자 및 노력을 아끼지 않고 있으며 이러한 속에서 클린디젤차의 전망은 밝다. 엔진의 무게를 줄이면서 그 성능은 동일하거나 그 이상을 발휘 할 수 있도록 하면서 이산화탄소의 배출량이나 연비는 혁신적으로 개선되었다. 클린디젤차의 이산화탄소 배출량은 현재 하이브리드차보다 더 적으며 성능 또한 그 이상이다. 하지만 어디까지나 화석연료를 사용한다는 단점을 가지고

---

22) 정책포털 http://korea. kr Green 리포트.

23) 〈경향신문〉 김석 기자, "'미래엔진'은 친환경(上) : 세계 차 시장 지형이 바뀐다".

24) 〈쿠키뉴스〉 2008. 3. 30, 지호일 기자, "日 하이브리드 카, 美 바이오에너지 주력."

있지만 현재로서는 어떠한 방식보다도 널리 실용화 되어 있는 상황이다. 지속적인 연구와 개발을 통하여 또 다른 시작을 개척하기 전까지 클린디젤시장의 전망은 밝다.

2) 친환경 항공기

(1) 수소전지 항공기

① 개요

화학적으로 수소와 산소가 결합되어 물이 될 때 수소 동력이 발생하는데, 이 에너지를 연료전지에 이용한 수소연료전지를 사용하는 비행기는 친환경적 항공산업에 매우 중요한 기술이 될 것으로 보인다. 구체적으로 소형 비행기 및 근거리 수송 비행기에 대한 추진 시스템으로의 사용이 기대되며, 실제로 잠재력이 매우 크다. 특히 저녁시간이나 도심 근처나 거주지역의 비행장에서 이용되어 소음문제를 덜 수 있기 때문에 도시권에서 이착륙하는 지역 수송 비행기로서 전망이 밝다. 더불어 기후변화의 원인으로 지목되는 석유, 가스, 석탄 등을 대신하는 대체 에너지로서의 중요한 역할을 수행할 것으로 기대된다.

② 사례

a. 해외사례
■ 보잉의 수소전지 항공기

미국의 보잉(Boeing)은 2003년부터 비행기의 프로펠러를 구동시키는 동력원으로 수소전지를 이용하는 연구개발을 진행했으며(GTB2007 030911), 그 성과로 지난 2008년 4월 3일에 수소전지를 동력원으로 사용하는 비행기를 세계 최초로 하늘에 날렸다고 발표했다. 이것은 항공산업 역사상 최초로 보잉이 수소전지에 의해 동력이 공급되는 유인 항공기를 띄운 것으로, 보잉에게 좀더 친환경적인 미래를 약속하는 기술적 성공이었다. 시험 비행기는 2명을 태울 수 있는 프로펠러로 구동되는 백색의 소형 비행기로, 동력원으로 수소전지만을 사용하고 단지 조종사만이 탑승한 채 대략 1,000m 고도에서 약 20분 동안 시간당 100km의 속도로 보잉의 연구센터가 위치한 스페인 중부 도시 오카나 (Ocana) 상공에서 날았다. [25)]

■ 조지아 공과대학에서 수소연료전지 항공기 개발

애틀랜타에 위치한 조지아 공과대학의 연구진은 수소를 동력으로 하는 무인 항공기의 시험 비행을 성공리에 수행했다고 발표했다. 한편 이 항공기는 양성자 교환 맴브레인 연료 전지(*proton exchange membrane fuel cell*)를 내장하고 비행한 최대 항공기로, 이 항공기 날개의 길이는 22피트(ft)에 이르는 것으로 알려졌다. 압축 수소로 전지에 수소를 공급하는 이 연료 전지 시스템은 단지 500와트(W)의 전기를 발전할 뿐이라고 연구진은 말했다. 기존에 제작된 보다 작은 무인 항공기와는 대조적으로, 이 항공기는 착륙 기어가 없을 뿐만 아니라 손으로 이륙하는 시스템을 가지고 있는 것으로 알려졌다. 조지아 공과 대학에서 제작된 무인 항공기는 마치 완전한 항공기와 같이 작동되며, 이륙을 위해서 별도의 배터리나 추진체가 필요 없다. [26)]

b. 국내사례

■ 수소연료전지 무인항공기

1회의 충전으로 10시간 이상 비행가능한 수소연료전지에 의한 무인항공기가 한국에서 개발되었다. 배터리를 사용하는 미군의 무인정찰기의 비행시간은 40~60분이다. 연구팀은 "무인항공기에 사용된 수소연료전

---

25) KISTI, 2008. 4. 8, 〈글로벌동향브리핑(GTB)〉.

26) 〈Advanced Materials and Processes〉 2006년 11월호, p. 21.

〈그림 4-4〉 무인정찰기

출처:http://www.gocj.net; 충남대 벤처, 2009. 6. 3, "세계최초 자동비행 군 표적기 개발", 충남대제공.

지는 디지털 카메라나 로봇의 동력원으로서도 쓸 수 있다"고 기대한다.
이번에 공개된 연료전지무인항공기는 무게 2kg(연료전지 시스템 750g
포함), 크기는 세로 1.2m, 옆 0.7m이다. 이는 미군이 사용하는 무인
감시 정찰기와 거의 같은 크기다. 500g의 연료를 실으면 10시간 이상
의 비행도 가능하다. 27)

③ 전망
환경오염과 기후변화에 대한 관심과 이에 대한 비용이 상승하는 가운
데 좀더 친환경적이고, 안전하고, 에너지 효율적인 차량과 비행기에
대한 요구는 증가하고 있다. 일례로 제너럴 모터스, 닛산, BMW 등을
포함하여 여러 자동차 제조업체들은 수소가 동력원인 자동차를 개발하
고 있다. 또한, 항공기 분야에서도 수소전지(*hydrogen-cell battery*)를
이용하려는 연구 개발이 각국에서 활발하게 진행되고 있다.

---

27) 〈조선닷컴〉 2007. 10. 9, 이영완 기자.

(2) 전기 항공기

① 개요

전기에너지는 일단 싸게 이용할 수 있고 소음이 적다는 점에서 개발이 장려되고 있는 실정이다. 해외에서는 활발히 개발이 이루어지고 있으나 상대적으로 국내에선 아직 개발이 미흡하다.

② 사례

a. 영국 전기 항공기

2009년 3월 1일에, 전기 항공기 한 쌍이 뉴햄프턴 근처에서 동시에 비행을 했다. 이것은 115kg으로 소개된 영국에서 비행한 최초의 전기 비행기이다. 이 전기 비행기는 항공 승인 프로세스의 행정 부담 없이 개발 및 비행하기 위해 단일 좌석, 경량 항공기로 개발되었다. 이러한 동급의 비행기는 영국 경량 항공기에 혁신을 일으키기 위해 소개되었다. [28]

b. 중국 중국의 무인 항공기용 연료전지

호라이즌 퓨얼 셀 테크놀러지즈는 무인 항공기용 차세대 연료전지배터리 '에어로팩'(Aeropack)을 개발했다. 에어로팩은 소형 스텔시 무인항공시스템(UAS)의 비행시간을 무려 300%나 늘려줄 정도로 성능이 뛰어나다. 연료전지기술의 발전과 함께 UAS도 발전하고 있다. UAS는 전 세계 국방보안관련 기관의 핵심임무인 감시정찰업무를 더 오랫동안 더 효과적으로 할 수 있게 되었다. 6,500m 상공에서도 작동하는 이 배터리는 호라이즌의 연료전지기술과 리필할 수 있는 드라이 연료 카트리지를 통합했다. 에어로팩은 900Wh의 전기에너지를 저장할 수 있

---

28) KISTI, 2009. 6. 12, 〈글로벌동향브리핑(GTB)〉.

고, 무게는 2kg이다. 이것은 현재 나와있는 최신 리튬배터리보다 4배
나 오래간다. [29]

c. 케임브리지 대학의 전기항공기

케임브리지 대학교 공학부 폴 로버트슨(Paul Robertson) 박사는 초경량
비행기 제조기업인 플라이라이트 에어스포츠(Flylight Airsports) 사의
폴 듀허스트(Paul Dewhurst)와 함께 트윈 엔진 전기 추진력 시스템을
설계하였다. 플라이라이트에서 개발한 잠자리 삼륜차 유닛 기반
(*dragonfly trike unit*) 의 행글라이더(*flex-wing*)는 독일에서 개발된 전기
모터 시스템으로 동력을 사용한다. 이 전기 항공기는 한 번 충전으로
1,700피트 고도까지 달하며, 30분간 비행할 수 있다. [30]

③ 전망

전기연료를 쓰면 환경오염의 문제뿐 아니라 특히 소음공해 문제를 줄
일 수 있다는 장점이 있다. EU는 화석연료를 완전히 대체해서 환경오
염문제를 해결할 수 있고, 완전히 혹은 부분적으로만 전기를 가동하여
도 기존의 항공기보다 훨씬 친환경적인 서비스를 받을 수 있기 때문에
전기 항공기에 대한 관심이 전 세계적으로 모여들고 있다. 또한 운용
비용이 낮게 지출되는 것이나, 높은 신뢰도, 환경의 영향이 낮게 미친
다는 등의 장점은 레저 항공 산업에 있어서 매우 중요한 열쇠가 되는
부분이라 할 수 있다.

---

29) Horizon Fuel Cell Technologies Pte. Ltd. 51, *Science Park Road* 4(23),
    Singapore 117586: The Aries.
30) KISTI, 2009. 6. 12, 〈글로벌동향브리핑(GTB)〉.

(3) 태양열에너지 비행기

① 개요

태양열에너지 중에서도 솔라 임펄스가 가장 대표적인 동력 에너지원으로 인식된다. 솔라 임펄스는 태양열을 동력 에너지로 이용하는 친환경 운송수단 중 하나이다. 이 기술의 비결은 다음과 같다. 태양열을 에너지로 활용하기 위해 가장 많은 양의 태양열을 저장, 충전하기 위해 적도 주변에서 동쪽으로 비행한다. 이 항공기는 새벽이 오기 전, 태양이 떠 있을 때 배터리를 완전히 충전시킨 상태에서 이륙해야만 하며, 그렇지 않으면 비행기 추락의 위험이 있다. 그리고 처음 상승 시에는 기체의 태양전지가 전력을 저장한다. 저장된 전력으로 밤에 비행을 할 수 있게 하는 것이다. 이 항공기는 11,700m까지도 떠오를 수 있는데 밤이 되면 에너지를 절약하기 위해 3,000m까지 저비행으로 전력을 재충전할 준비를 한다. 태양에너지 항공기에 있어서 유연 날개가 비틀려지거나 부러지는 등의 변형으로 인해 전지가 손상되지 않도록 전지를 보호하는 문제가 매우 중요하다. 또 디자인 시에 낮은 수평꼬리날개로 난기류에서 비행기 동체에 전해지는 변형력을 줄이고 탄소섬유동체의 무게를 줄이도록 해야 한다. 이 비행기는 만약 해가 뜨기 전에 배터리가 고갈되면 글라이더처럼 착륙하게 된다.

〈표 4-1〉 솔라 임펄스 비행기 제원과 기능

무게	최대 2t
날개 길이	80m
최고 고도	1만 2,000m
평균 속도	시속 70km
엔진동력	최고 40KW
전지	리튬전지, 효율 200wh/kg
태양전지판	두께 130cm, 면적 250m^2, 효율 20%

출처: 이지훈, "녹색성장 해외사례 및 시사점", energy focus 2008 겨울호.

② 사례

a. 해외사례

승무원 1인이 탑승하고 태양에너지만을 이용하여 비행할 수 있는 항공기가 개발되고 있다. 솔라 임펄스(Solar-Impulse)라 불리는 이 항공기는 스위스가 주도하는 국제 팀이 참여하고 있다. 이 솔라 임펄스의 두드러진 특징은 태양전지판(*solar arrays*)로 덮여진 61m의 긴 날개에 있다. 첫 번째 솔라 임펄스 모델인 HB-SI-A 시제기가 거의 완성단계에 있고 올 중순 비행테스트가 예정되어 있다. 두 번째 모델인 HB-SI-B는 2011년에 비행이 예정되어 있다. HB는 스위스 등록 항공기의 국제 약어이고 SI는 'Solar Impulse'의 줄임말이고 A, B는 각각 모델버전을 뜻한다. 31)

이 최초의 태양열 비행기는 2009년 6월 26일 스위스에서 공개되었다. HB-SI-A인 이 프로토타입 형태의 항공기는 스위스 조종사인 메르트랑 피카르(Bertrand Piccard)와 안드레 보슈버그(Andre Borschberg)가 시행한 프로젝트인 솔라 임펄스를 통해 개발되었다. 2007년부터 개발이 시작된 HB-SIA 항공기는 Airbus 340을 닮은 61m 날개길이와 세로길이인 1,500kg 경량급 구조물로 이루어져 있다. Airbus 340과의 차이점은 항공기의 엔진을 가동시키기 위해 태양 광선을 전기로 전환하는 태양열 전지판이 날개에 덮여있다는 것이다. 32)

b. 국내사례

우리나라가 솔라 임펄스 프로젝트에 참여하는 것도 확정됐다. 경기도 시흥에 소재한 배터리 전문기업 코캄이 항공기의 핵심 부품인 고효율 배터리를 공급하는 것으로 구체적 방향이 잡혔다. 솔라 임펄스 프로젝

---

31) 위의 글, 2009. 6. 14.

32) 위의 글.

트 측은 미래형 초절전 초경량 항공기를 제작하기위해 필요한 선진의 다양한 기술을 확보하기 위해 2004년부터 전 세계의 지원 기업, 동업을 위한 연구소를 물색한 바 있다. 그 결과 배터리와 관련해서 코캄의 리튬 폴리머 전지가 가장 적합하다는 판단을 내렸으며 솔라 임펄스 프로젝트의 CEO를 맡고 있는 안드레 보시베르크는 2007년 방한, 코캄과 기본 설계에 대한 개념을 상의하고 공동 작업에 돌입했다. [33]

③ 전망

태양열 에너지 비행기는 날개 전면에 태양 전지판을 부착시켜서, 전기 에너지를 저장해서 리튬 배터리에 충전하고, 태양이 없는 밤 동안 배터리만으로 운항하는 것을 기본적 운행방식으로 하고 있다. 태양열에너지는 그야말로 자연의 에너지를 이용한 천연 에너지로 많은 주목을 받고 있지만 아직 풀어야할 문제들이 남아있다. 태양에만 의존하는 비행에서 가장 중요한 것은 에너지를 최대한 저장하기 위한 환경의 최적화다. 그런데 문제는 이 에너지가 날씨에 너무 많이 좌지우지 된다는 것이다. 또 속도, 현실성관련 문제를 들 수 있다. 태양열 에너지로 추진되는 비행기는 기껏 1~2명밖에는 탈 수 없고 자동차 속도(시속 70km)를 유지하는 정도다. 이 문제를 해결하기 위한 기술개발이 시급하다. 최대한 경량을 적게 만들어야한다는 점이 이러한 한계를 만들었고 더 활발한 연구 실험이 필요하다. 위와 같은 문제점만 해소될 수 있다면 태양열에너지 항공기 또한 대체에너지 운송수단으로 자리매김하게 될 것이다.

---

33) 〈파퓰러사이언스〉 2008. 9. 4, 14:7:41.

3) 기타 친환경 운송수단

(1) 수소엔진차

수소엔진차는 수소를 직접 내연기관에 분사해 폭발시키는 힘으로 달리는 차량이다. 기존 기관에 압축된 액화수소를 넣는 셈인데, 분해된 수소는 공해물질을 배출하지 않고 오직 깨끗한 물만이 남게 된다. 자동차 시장에서 수소엔진차는 큰 주목을 받지는 못하고 있다.

그 이유는 수소를 직접 연소하는 방식은 수소연료전지에 비해서 효율이 크게 떨어지는 데에 비해 이렇다 할 이점이 없기 때문이다. 더욱이 수소를 연료로 하면 그 부피가 팽창해서 현재의 엔진에서 사용하려

〈그림 4-5〉 액화수소 연소식 수소차 구조

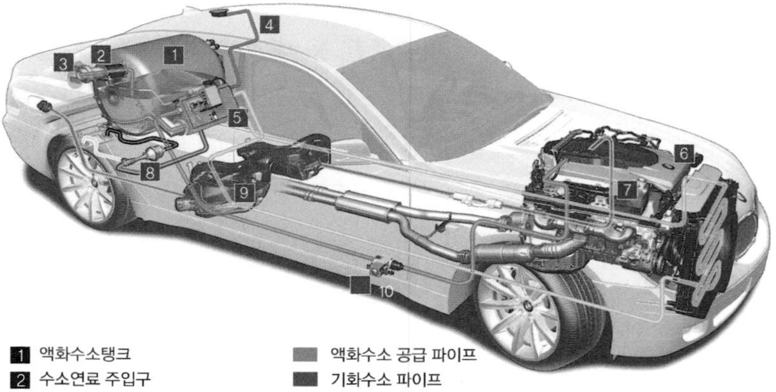

1 액화수소탱크	▆ 액화수소 공급 파이프	
2 수소연료 주입구	▆ 기화수소 파이프	
3 수소탱크 연결장치	▆ 안전용 수소 배출 파이프	
4 수소 안전 배출구	▆ 기화 제어장치용 배기구	
5 수소 열교환기 및 탱크 조절장치	☐ 기화 제어장치용 흡입구	
6 수소 및 휘발유 겸용 엔진	▨ 냉각 파이프	
7 연료 흡기장치	▨ 가솔린 공급 파이프	
8 기화 제어장치		
9 가솔린탱크		
10 수소 입력 조절 밸브		

출처: 〈동아일보〉 2008. 5. 16, 박근태 동아 사이언스 기자, "미래자동차 첨단 수소 직접 타보니 …".

326

면 효율성이 떨어진다. 압축된 수소 또한 생산과 관리가 어렵고 안전하지 않으므로 실용화하기 어렵다. 압축 기술의 가격 또한 아직 실용화 단계에 이를 정도가 아니다. 또한 수소의 포집 및 저장기술이 아직 실용화 단계에 달하지 못했고, 충전소 설립에 수십억 원이 필요하다. 이렇게 수소를 직접 연소하는 수소엔진차는 수소연료전지차보다도 현재 많은 난관에 당면해 있다. 그러나 BMW는 다른 자동차 메이커와는 다르게, 독자적으로 하이드로젠 7(Hydrogen 7)이라는 수소엔진차를 개발 중이다. 수소엔진차 부문에서는 독일의 BMW가 가장 기술이 앞선 것으로 평가되며, Mazda, 포드 등이 그 뒤를 따른다.

(2) 일렉트릭 하이브리드차

디트로이트 모터쇼에서 가장 눈에 띄는 차량은 다양한 형태의 전기차와 배터리와 내연기관 엔진을 결합한 일렉트릭 하이브리드차였다. 기존 하이브리드차가 가솔린이나 디젤엔진 등 내연기관 엔진을 주 동력원으로 사용하고, 배터리와 모터를 보조 동력원으로 사용하지만, 일렉트릭 하이브리드차는 먼저 배터리를 주 동력원으로 운행하다가 배터리가 일정량 이상 방전되면 에탄올로 내연기관을 가동해 발전기를 돌리거나 수소연료전지를 통해 바로바로 전기를 다시 충전한다.

에탄올 연료 내연기관을 보조동력원으로 사용하는 일렉트릭 하이브리드차는 가솔린이나 디젤 엔진과 배터리를 결합한 기존 하이브리드차에 비해 매연이 적어 친환경적이다. 또 연료전지를 보조 동력원으로 사용하는 일렉트릭 하이브리드차는 도시가스나 부탄가스, 에탄올 등에서 추출한 수소를 바로 연료전지에 사용할 수 있어 기존 수소연료전지차처럼 수소탱크를 싣고 다니는 것보다 안전성과 친환경성이라는 장점을 모두 가진다. 국내에서도 연료전지가 많이 개발되고 있고, 수소연료전지에 필요한 백금 촉매를 대신 할 새로운 촉매 개발이 진척되고 있어 빠른 시일 안에 저가형 연료전지 개발이 완료될 것으로 보인다. 앞으로 대용량 연료전지가 개발된다면 일렉트릭 하이브리드차의 발전 역시 기대될 것으로 보인다.

(3) 전기 이륜차: 전기 오토바이와 전기 스쿠터

세계 오토바이 시장을 선도해온 혼다가 전기 오토바이 개발에 본격 착수했다.

혼다의 첫 전기 오토바이는 각 나라의 기후와 도로여건 등에 맞춰 '새로운 개념에서의 접근'을 통해 친환경적인 재질과 인체공학적인 설계, 감성 디자인으로 콘셉트를 잡고 있다고 밝혔다. 혼다의 전기오토바이는 최고속도 193km/h로 완전히 새로운 개념의 구동시스템을 설계하고, 큰 출력에도 불구하고 가벼운 차체를 구현하는 데 초점을 맞춰 설계 작업을 진행하고 있다.

또한 최근 중국에서는 전기 스쿠터를 포함한 전기 이륜차가 200만 대 이상 누적 판매를 보이면서 급성장 하고 인도와 대만에도 전기 스쿠터 양산 공장이 만들어져 앞으로 본격적인 시장이 형성될 것으로 예상된다. 베트남과 말레이시아, 인도네시아(연 200만 대 시장)에서도 대량의 전기 스쿠터가 앞으로 필요한 상태여서 기존의 휘발유 스쿠터는 줄어들고 전기 스쿠터는 급성장할 전망이다. 전기 이륜차량과 관련된 기술은 아직까지 그 진행이 충분치 않아 앞으로도 개발할 기술이 산적해 있다. 예를 들어 모터의 내구성, 효율적 측면, 배터리 안전성, 주행거리등 많은 문제를 해결해야 한다는 점에서 시장은 형성중이지만 접목 기술에 있어서는 아직 시작 단계에 불과하다.

(4) 이중모드차량

도요타는 자회사인 히노 자동차와 공동으로 도로 및 철로 주행이 가능한 차량을 개발할 계획이라고 발표했다. 경상용차에서 25인승 버스까지 다양한 형태로 개발될 '이중모드' 차량(DMV)은 연료 소모량을 일반 경유차의 25% 수준으로 낮출 수 있다. 이 자동차는 철로용 4개의 쇠바퀴와 도로용 4개의 고무바퀴를 갖추고 있다.[34]

　　히노차 관계자는 "철도회사인 JR홋카이도가 개발한 시험 모델에 도요타와 히노의 기술력을 접목시키는 것이며, 승객감소로 더 이상 사용되지 않는 외곽지역 철로 등을 주로 달리게 될 것 같다"고 전했다.

2. 그린 IT(Green IT)

1) 개념 및 배경[35]

(1) 그린 IT의 개념

그린 IT라는 단어는 하나의 합성 용어로 환경을 의미하는 녹색(Green)과 정보기술(IT)의 합성어로 구성 되어 있으며, "IT 부문의 친환경 활동"과 "IT를 활용한 친환경 활동"을 포괄하는 용어로 인식·사용되고 있다.[36]

　　그린 IT의 시작은 산업부분에서 배출되는 CO_2의 양을 줄이자는 방

---

34) 〈한국경제〉 2008. 5. 29, "쓰레기에서 뽑은 에탄올 넣고: 철도에서도 달리는 자동차".

35) Green Computing, http://en.wikipedia.org

36) 〈한국정보사회진흥원〉 2008. 9. 3, 박상현 "저탄소 녹색성장을 위한 주요국 그린 IT 정책 추진 동행과 시사점".

<그림 4-6> 그린 IT의 정의

Green
CO₂ 배출감소

+

IT
IT산업 효율향상

안에 착안된 것이며, 특히 IT부분에서의 높은 전력사용을 줄여 CO_2 배출량을 많이 줄이고 훨씬 효율적으로 IT부분을 관리하는 방향으로 인식 하고 있다. [37]

    IT업계의 새로운 트렌드의 하나로 에너지 자원 고갈과 지구 온난화 등의 문제를 그린 IT를 통해 해결하자는 것이다. [38]

(2) 배경

유엔기후변화 협약의 자료에 따르면 20개국 중 우리나라 온실가스 배출은 11위, 1인당 배출량은 9위이다. 한국에서 그린 IT의 운동이 필요한 이유는 한국은 에너지 소비 대비 효율성이나 절감 면에서는 매우 낮은 평가를 보이고 있기 때문이다. [39]

    이전까지는 IT 제품 환경규제 및 전자폐기물을 환경문제를 다루어 왔으나, 최근에는 기후변화 문제가 더 심각한 문제로 떠오르면서 CO_2 배출과 연관된 그린 IT 관심이 고조되고 있다. 우리나라는 IT 제품에 대한 환경규제 대응과 폐전자제품 처리에 관한 정책은 마련되고 있다.

---

37) 〈IT뉴스〉 2008. 12. 18, 정병욱 기자, NHN, "그린 IT로 연간 4억 원 비용절감".
38) 〈머니투데이〉 2008. 06. 18, 성연광 기자, "高유가의 파고 '그린 IT'로 넘어 보자".
39) 〈디지털타임즈〉 2008. 9. 28, 김경진, "그린 IT에 대처하는 자세".

그러나 에너지 절감 및 CO_2 배출에 초점을 둔 그린 IT 전략 및 정책은 아직 미흡한 실정이다. 그린 IT는 기후변화 대책뿐만 아니라 고유가 시대에 발생하는 문제들을 해결해 나갈 수 있는 점에서 국가적인 차원에서의 정책 확립이 필요하다. [40]

2) 현황 및 정책

(1) 현황

전 세계적으로 전기전자제품 전체 전력 소비량 중 대기전력이 차지하는 비율은 2%로 추산되며 PC의 경우 사용전력과 대기전력이 비슷하며, 국가 전체적으로 국내 대기전력 소비는 연간 85만kw로 약 5천억원 규모로 추정된다.

정보화 수준 및 IT 산업 규모가 우리와 유사한 일본의 경우 IT 산업부문 CO_2 배출 양은 전 산업 배출량의 4%를 차지한다고 한다. 홈네트워크, 센서네트워크 등 24시간 가동되는 IT제품 증가로 대기전력이 증가하기 때문이다.

이 중에서도 데이터센터는 "전기 먹는 하마"로 불리며, 전력 소비량이 연간 20% 이상 증가하고 있는 추세(연평균 서버 13%, 데이터 저장 요구량 56% 증가)이다. 대규모 데이터센터 한 곳의 전력 소비량은 인구 3~4만 도시의 전력소비량과 비슷하다.

국제에너지기구(IEA)는 2020년 홈네트워크로 가정에서 소비되는 전력의 25%를 대기전력이 차지할 것으로 전망하고, 2010년까지 모든 전자제품의 대기전력을 1W 이하로 낮추는 "대기전력 1W" 운동을 추진 중이다. [41]

---

40) 〈한국정보사회진흥원〉 2008. 9. 3, 박상현 "저탄소 녹색성장을 위한 주요국 그린 IT 정책 추진 동행과 시사점".

(2) 정책

① 해외정책42)

a. EU
2009년 8월부터 EU지역 수출 제품에 대해 친환경 지침 준수(EuP) 를
증명하는 마크 부착을 의무화하였다. 또 유럽연합은 2020년까지 20%
감축계획을 발표했다. 43)

b. 일본
일본경제산업성 참사관은 2009년 일본 정부는 30억 엔을 투입, IT기
기 전력 절감 기술개발 프로젝트인 '그린 IT 프로젝트'를 시작했다며
2010년에는 좀더 예산을 증액해 투자를 지속적으로 진행할 계획이라
고 밝혔다. 일본이 IT기기의 전력 사용량을 줄일 수 있는 혁신적인 기
술 개발 프로젝트 '그린 IT 프로젝트'의 시동을 건 것이다. 44)

c. UAE
제로탄소, 제로낭비 라는 슬로건을 내걸고 있는 마스다르 플랜은 150
억 달러의 예산을 가지고 있다. 이에 관해 마스다르 시티는 대표적인
그린 IT 도시로 평가되고 있다. 현재의 도시는 820메가와트의 전력이
필요하다. 하지만 마스다르 시티는 기술 개발을 통해 220메가와트만
소비하는 도시로 탈바꿈하게 된다.

---

41) 〈아시아경제〉 2008. 7. 21, 이정일 기자, "유럽 그린 IT에 대한 기업 인식
   40% 부정적".
42) 〈아이뉴스24〉 2007. 10. 11, 김익현 기자, "2008년 그린 IT가 뜬다 … 세계 기
   술 트렌드 1위".
43) 〈아이티데일리〉 2009. 1. 18, 윤훈진 기자, "정부 그린 IT 계획 본격화로".
44) Etnews, 2008. 8. 28, 윤형준 기자, "일, 정부 그린 IT 프로젝트 시동".

② 국내정책

정부는 IT분야의 녹색성장 전략을 수립하였으며 다음과 같은 분야에서 5년 동안 총 5401억 원을 투자할 계획이다. [45]

<표 4-2> 녹색성장 전략

분야	내 용
IT의 녹색화	• IT의 고도화와 정보유통량의 급증으로 인해 발생하는 에너지 소비 문제를 해결하기 위해 IT분야의 에너지 고효율화를 추진하는 것
IT를 통한 녹색성장 기반구축	• 에너지 위기와 기후변화에 대한 대응 수단으로써 IT를 가정, 산업 등 사회 각 분야에서 활용해 에너지 저효율 구조를 고효율 구조로 전환하는 것을 말한다.
그린 IT 기반구축	• 전통산업 기업들이 밀집되어 있는 산업단지에 IT를 적용해 실시간으로 재고, 물류, 재해, 환경 등을 관리하는 에너지 저소비형 친환경 산업단지를 조성하는 그린 IT 기반을 구축할 계획이다.

3) 해외사례

(1) 일본[46]

일본은 '신IT개혁전략' 발표 이후 구체적인 실행계획을 "2007년 ICT 최우선 정책 과제"에 반영하고 5가지 기본 전략을 제시하였다.

- IT를 활용하여 환경 관련 정보를 수집, 정리, 축적, 제공
- IT를 활용하여 에너지 관리 개선, 물리적 유통/교통 흐름 효율화
- IT 장비의 에너지 사용 조절
- 산업폐기물 관리 문서 전자화 촉진

---

45) 〈디지털 데일리〉 2009. 1. 14, 배군득 기자, "IT의 녹색성자 '그린 IT' 5년간 5401억 원 투입".
46) 한국정보사회진흥원, 2008. 9. 3, 박상현, "저탄소 녹색성장을 위한 주요국 그린 IT 정책 추진 동향과 시사점".

· IT를 활용한 폐기물 이력관리 개선을 통하여 자원 재활용 촉진

한편 총무성은 정보통신심의회 산하에 ITU가 추진하는 "ICT 이용에 의한 기후변화대책" 관련 국제표준화 업무를 전담하는 기후변화대책실 무단 설치하였다. 더욱이 경제성장과 환경이 공존하는 유비쿼터스 네트워크 사회 실현을 목표로 그린 IT 기술 및 정책 개발에 착수, 이를 위한 기초연구로써 ICT를 통한 CO_2 절감 효과를 추산하고 있다. 이에 따라 CO_2 배출 등 환경정보 실시간 원격계측과 삼림 등 자연환경 감시 및 산불 예방을 위한 ICT 기반환경 모니터링 시스템 구축을 추진하였다.

(2) 영국[47]

영국은 2020년까지 현재의 양보다 26% 이상의 온실 가스를 감축하고 2050년까지 최소 60%를 감축하는 목표를 수립하였다. 또한 2001년에는 기후변화 부담금(*Climate Change Levy*) 제도를 도입, 감축목표를 달성한 기업에 기후변화 부담금의 80%를 면제하였다.

2006년에는 모든 중앙정부와 실무 부처를 포괄하는 '정부 부문의 지속가능한 운영' 목표를 수립하고 2007년 'Climate Change Bill'을 제정하여 부처 특성에 따른 감축 목표치를 할당하였다.

영국 정부의 각 부처는 지금 사용하고 있는 전기의 10%를 재생 가능 에너지로 사용하도록 계획했다. 2010년까지 최소 15%의 전기를 열병합 발전에너지로 사용하도록 했으며 2012년까지 중앙정부 사무실에서 탄소중립 달성을 위한 목표를 설정하였다. 또한 최고지속가능책임자(CSO, *ChiefSustainability Officer*) 직 신설로 강력한 리더십을 선보일 예정이다. 또한 지속가능한 운영(SOGE) 목표를 달성하기 위해 그

47) 한국정보사회진흥원, 2008. 9. 3, 박상현, "저탄소 녹색성장을 위한 주요국 그린 IT 정책 추진 동행과 시사점".

린 IT에 연계성을 부과하였다.

(3) 미국[48]

미국은 전력 발전소 새로운 건설이 제한돼 IT 장비의 전력 소비 증가에 대한 우려가 증대되고 있다. 이에 대해 에너지 스타(*Energy Star*) 프로그램이 에너지 문제를 인식한 미국의 에너지 효율 증대방안으로 떠오르고 있다.

인텔리그리드(IntelliGrid) 프로젝트는 보다 안정적이고 저렴하게 전력을 공급하기 위한 방안으로 2003년부터 시행해오고 있다. 인텔리그리드 프로젝트는 2003년 에너지부(DOE)의 지원 아래 전력연구원(EPRI)에 의해 시작되어 현재는 다수의 전력회사와 대학 및 연구기관이 참여하는 국제적 프로젝트로 확대되었다.

환경보호청은 2007년 8월 데이터 센터들의 에너지 효율성 개선 필요성을 강조하는 보고서를 의회에 제출하였는데, 환경보호청 보고서에 따르면 미국의 서버와 데이터 센터들은 2006년 614억kwh의 에너지를 소비한 것으로 조사되었다.

4) 국내사례

(1) 삼성전자

삼성전자는 폐휴대폰 회수를 위해 글로벌 폐휴대폰 회수시스템을 구축했다. 이와 관련해서 그린 파트너십을 체결한 전문 재활용업체와 친환경 재활용 처리에 나서고 있으며 지금은 약 30개국 이상에서 235개 회수지점을 설치, 운영하고 있다. 국내에서도 전국 대리점과 AS를 통해

---

48) 위의 글.

폐휴대폰을 수거하고 있다. [49]

또한 세탁기 전 모델은 물론 LCD TV 등의 1W 시대를 열었다. 또 북미지역에서 물류업체인 페덱스와 제휴해 토너와 카트리지를 회수하는 '스타' 프로그램을 운영하고 있다. [50] 핸드폰방면으로는 옥수수 전분을 재료로 하는 친환경 휴대폰(SCH-W510)과 환경호르몬을 유발하는 유해물질인 브로민계 난연제와 PVC를 사용하지 않은 휴대폰(SGH-F268)을 출시하였다.

이어 2007년 국내최초로 발광다이오드(LED) 광원을 채택한 모니터를 출시했다. LED는 친환경 광원으로 냉장고 지펠 사파이어에는 초절전 디지털인버터 기술과 초진공 단열재를 적용했다. 월간 소비전력량을 기존 모델보다 14% 낮은 27.4KW/h로 낮췄다. [51]

(2) 삼성전기

삼성전기는 2002년부터 제품에 납을 사용하지 않았고 RoHS라는 카드뮴와 같은 특정유해물질 사용제한 지침도에 대한 준수를 2005년부터 실행해 오고 있다. 그리고 매년 1회 이상 국내외 사업장의 유해물질 관리 시스템을 진단하고 위험성이 높은 원·부자재를 생산하는 협력업체에 정기진단을 실시하는 등 빈틈없는 유해물질 대응체계를 쌓았다. [52]

49) 〈파이낸셜뉴스〉 2008.11.20, 윤휘종 기자, "저탄소 녹색성장 준비하자".
50) 〈디지털타임즈〉 2008.4.2, 이도형 기자, "제품 청정화만이 살길 …'그린 전쟁' 시작됐다".
51) *Etnews*, 2008.8.28, 양종석 기자, "그린 오션 참가업체—삼성전자".
52) *Etnews*, 2008.10.21, 한세희 기자, "그린 오션 프로젝트—삼성전기".

(3) 삼성SDS

삼성SDS는 소프트웨어 연구소(수원)에서 탄소 발생량을 주기적으로 측정해 관리하는 탄소정보 관리를 한다. 그로 인해 약 660톤 탄소 발생을 줄이는 효과를 얻었다. 그리고 전 세계적으로 강화된 환경규제에 대응하는 환경안전시스템 사업, 건물의 효율적 에너지 사용을 위한 빌딩 에너지관리시스템 사업, 전력사용 및 탄소배출을 최소화하는 그린 데이터센터 등의 그린 IT 산업을 진행중이다.[53]

(4) LG전자

LG전자는 자원 낭비와 VOC(휘발성 유기화합물) 배출감소를 위해 올해 안에 출시되는 모든 제품의 케이스에 '그린 패키지'를 적용하였다. 그린 패키지는 겉면의 비닐 코팅을 하지 않아 재활용이 용이하며, 포장박스 크기를 줄여 불필요하게 낭비되는 자원도 절약한다. 여기에 콩기름 잉크와 재생용지로 제작한 '친환경 사용설명서'도 적용할 계획이다.[54]

또한 신제품 노트북 화면에 발광다이오드(LED) 소재를 적용했다. LED는 액정표시 장치(LCD) 소재를 적용했다. LED는 값이 비싸지만 낮은 전력으로 밝고 명한 화질 구현이 가능해 '꿈의 디스플레이'라고 한다.[55]

한편 LG전자는 2006년 드럼세탁기 '트롬' 전 모델이 국제 환경안전 인증기관으로부터 세계 최초 친환경 세탁기로 공인 받았다. 트롬이 EU의 공식 환경안전 인증기관인 독일 튀프 라일란트의 RoHS기준의 만족시킨 것이다.[56]

53) 〈서울경제〉 2008. 10. 29, 기자X, "삼성SDS '그린 IT'를 신성장동력으로".
54) 〈세계일보〉 2009. 2. 16, 류근원 기자, "햇빛으로 충전 에너지폰 연말 상용화".
55) 〈동아닷컴〉 2008. 7. 28, 임우선 기자, "IT가전업계 그린 마케팅 대전".

(5) KT

KT는 서울 목동에 인터넷데이터센터(IDC)를 개관하였다. 이는 그린 IT의 개념을 접목한 시설로 주목받고 있다. 이는 KT의 국내 최대 규모 IDC이며 이 건물은 전력소비를 13% 이상 줄이는 직류서버 시스템이 적용돼 에너지 효율을 높인 것이 특징이다. 57)

KT의 남수원 IDC는 직류서버 시스템을 도입해 전력변화를 3회에서 1회로 줄여 전력 소비를 약 20% 줄였다. 또 KT는 유틸리티컴퓨팅 서비스를 통해 새로운 사업을 창출할 수 있도록 소프트웨어 개발 툴 등을 제공하고 교육과 테스트 환경까지 제공하기로 했다. 대학, 연구소 대상 교육에 필요한 컴퓨팅 자원을 지원하고 역량과 기술을 향상시키며 산업화까지 가능하도록 다양한 산학 협력 모델을 만들고 있다. 58)

(6) 하나로 텔레콤

하나로텔레콤은 2007년 IDC 장비실에 에너지 절약시스템을 도입함으로써 연간 50억 원 비용절감 효과를 거두고 있다. 그리고 일 년 내내 가동해야 하는 항온항습기 본체개조로 전기요금을 기존보다 38% 절감하였다. 또한 친환경 다이나믹 무정전전원장치(UPS) 설치했으며 축전지가 없는 시스템을 채택해 전해액 같은 산업폐기물도 줄이는 데 성공했다. 59)

56) 〈디지털타임즈〉 2008. 5. 20, 심화영 기자, "중금속은 잡고 그린 IT가 경쟁력 전기는 덜 먹고".
57) 〈아시아 투데이〉 2008. 05. 20, 심화영 기자, "ITKorea 세계의 중심에 서라", 2008. 7. 16, 전종현 기자, "그린 IT를 주목해라".
58) *Etnews*, 2008. 08. 28, 정소영 기자, "그린 IT에 앞장서는 기업들".
59) *ETNNEWS*, 2008. 08. 28, 김원석 기자, "그린 오션 참가업체 하나로텔레콤".

(7) 삼보 컴퓨터

삼보컴퓨터는 저전력 고효율 PC생산의 일환으로 '저소음', '최신 냉각공법'을 적용한 냉각팬 등과 같은 전력소모를 줄이면서도 쾌적한 환경을 제공하는 웰빙PC 제작에 힘쓰고 있다. 대기전력 최소화도 삼보의 그린 IT 핵심이다. PC를 사용하지 않을 경우 전원 자동 차단장치가 장착된 소프트웨어가 절전모드로 진입, 불필요한 전원의 낭비를 막고 있다. 또 PC에서 문서 작업이나 인터넷 서핑 등 CPU에 부하가 적은 작업을 할 때는 CPU의 동작 속도를 자동으로 낮춰 저전력 상태가 유지되도록 한다.

(8) SKT

SK텔레콤은 기지국 주변에 나무를 설치하거나 기지국을 원통형으로 만들어 환기구처럼 구성하기도 하는 등 '친환경 기지국'을 구축했다. SK관계자는 "친환경 기지국 수는 아직 전체의 5%에도 미치지 못할 정도로 미미한 수준이지만 환경에 대한 중요성이 나날이 높아지면서 WCDMA 등 신규서비스를 중심으로 친환경 기지국 확대를 검토하고 있다"면서 "태양광발전, 풍력발전 등을 통한 기지국 운용도 실시하고 있다"고 설명했다. [60]

---

60) *Etnews*, 2008. 9. 17, 황지혜 기자, "그린 오션, 통신업계도 그린 IT".

3. 그린 소프트웨어(Green Software)

---

1) 그린 소프트웨어의 중요성

IT 업계의 중심 키워드는 '녹색'(그린) 이다. 61) 친환경적 효율성을 의미하는 '그린 IT'는 전력의 사용량과 IT 폐기물 처리, 그리고 각종 환경의 규제 등과 함께 주목을 받고 있다. 하지만 대부분의 기업들은 저탄소 그린성장을 실현하는 핵심장치가 소프트웨어(SW) 라는 사실을 아직 실감하지 못하고 있다. 현재 하드웨어 중심의 친환경 패러다임을 확장하여 새로운 경영 모델로 주목받고 있는 '그린 소프트웨어'(*Green Software*) 에 대해서 알아보고자 한다.

2) 그린 소프트웨어의 배경 · 현황 · 전망

(1) 배경 및 현황62)

전 세계의 소프트웨어 업체들이 빠르게 '초록색'을 키워드로 움직이고 있다. 환경문제에 대해 관심도가 높아지면서 기업들의 '그린 IT'로 불리는 일종의 에너지 효율제고 및 절약 움직임이 활발해지는 추세다. 현재 정부에서도 '저탄소 녹색성장'이라는 논제 아래에서 '에너지 효율 극대화'와 '신재생 에너지'라는 두 핵심 키워드를 중심으로 그린 IT를 실행하는 정책을 연달아 발표하고 있다.

이전의 그린 IT는 에너지 낭비를 줄이고 운영의 효율성을 높이는 데 집중되었다. 서버장비 소비전력을 줄이고 데이터센터의 냉난방 수요

---

61) 〈디지털 타임스〉 2008. 12. 31, 박상훈 기자, "가상화 서비스화로 산업 전반 '녹색 리모델링'".

62) 위의 글; portable application, http://en. wikipedia. org

340

를 감축하는 등의 전력문제들에 집중했던 것도 이러한 이유 때문이다. 하지만 최근에 그린 IT를 가능하게 하는 소프트웨어(SW: *software*), 즉, '그린 SW'의 중요성이 새롭게 주목받고 있다. 장비의 효율성을 제고하는 신 SW기술을 개발하거나 제조과정에서 발생하는 환경 유해물질에 관한 모니터링, 또 여러 물류 프로세스의 개발에 의한 에너지 절약 등 그린 SW는 활용가능성이 무궁무진하여 신흥시장이라고 불리는 '블루오션'으로서의 가능성이 높다는 평가를 받고 있다.

이와 같이 그린 SW의 중요성이 인정받았지만 국내의 SW산업은 낙관적 상황은 아니다. 가상화 솔루션은 MS, VM웨어, IBM 등 외국 기업들이 주도하고, 시뮬레이션, 정보분석 등의 SW분야에서는 현재 외국 업체와 기술차이가 크다. GPS, RFID, 센싱 등을 비롯한 에너지 모니터링 시스템 분야, 공간정보기술 등은 국내업체가 성과를 보이나 기업의 규모가 영세하고 시장의 전망이 불확실하여 지속적 연구개발 투자가 이루어지지 못한다. 전문가들은 그린 SW 분야에서 시장의 수요가 있지만 국내 SW 산업의 인식이 미미한 상황이 나타날 수 있다며 지금이라도 주요 그린 SW에 대한 기업육성 전략과 투자를 준비해야 한다고 지적한다.

(2) 전망

전동장치의 산업에 특화되었던 스마트 빌딩, 모터 분야에 적용했던 스마트 빌딩, 전력, 물류 등에 특화되었던 스마트 그리드, 스마트 로지스틱스 등을 그린 소프트웨어의 적용례로 들 수 있다.[63] 전문가들은 대략 2020년까지 그린 SW를 이용하여 탄소 배출량을 78억 t 정도로 절감할 수 있을 것이며, 그것을 경제적 가치로 환산하면 약 9,500억

---

63) 〈디지털 타임스〉 2008. 12. 31, 박상훈 기자, "가상화 서비스화로 산업 전반 '녹색 리모델링'".

달러에 이를 것으로 전망한다.

　전기전자제품 유해물질 사용제한(REACH), 폐기물처리(RoHS) 등
이 본격화되면 이제 기업들은 제품의 생산단계에서부터 환경의 유해물
질을 체계적으로 관리하게 될 것이다. 그러므로 유해물질을 탐지하고
모니터링하며 추적하는 기존의 IT시스템을 녹색경영체계에 맞도록 개
선하는 그린 SW에 대한 수요는 계속해서 커질 것으로 예상된다.

　시장조사업체 가트너(Gartner)는 IT산업이 배출하는 온실가스는 현
재 전 세계 배출량의 2%도 되지 않는다고 발표했다. 하지만 IT산업은
다른 산업에서 배출하는 98%의 온실가스를 감축하는 데는 가장 핵심
적 역할을 할 것으로 전망된다.

3) 그린 소프트웨어의 기술 및 종류

(1) 그린 소프트웨어의 기술

현재 그린 소프트웨어(SW)의 유형은 크게 에너지 효율화 솔루션, IT
자산 및 운영 효율화 솔루션, 환경유해물질관리 솔루션 등으로 나눌
수 있다. 스토리지와 서버 등 하드웨어의 활용을 높여서 추가 구입비
용을 절약하고 폐기물 양을 감축하는데도 결정적 역할을 한다. 특히
클라우드 컴퓨팅과 서비스로서 소프트웨어(SaaS) 등 온라인 인프라를
통해서 새로운 SW유통 모델의 에너지 소비를 약 40%, 물리적 공간
을 약 80%에 가깝게 줄일 수 있다는 부분에서 대표적 그린 SW 기술
로 꼽힌다.

　이 밖에 그린 SW는 여러 방면에서 활용되는데, 빌딩 내의 온도와
습도를 자동으로 컨트롤하면서 에너지의 효율을 높이는 운송망 관리나
지능형빌딩시스템(IBS), 재고 감소, 에코 드라이빙 등을 지원하게 되
는 운송 네트워크 시스템 등 적용시스템의 범위와 폭이 점점 더 넓어

지고 있다. 유해물질의 사용제한, 전기전자제품의 폐기물처리 등 국제 환경 규제에 대한 대응책으로 체계적 관리 소프트웨어는 가장 현실적인 그린 SW로 꼽힌다.

(2) 그린 소프트웨어의 역할

그린 SW는 크게 3가지 방면에서 역할을 한다. [64] 우선 SW가 효율적이게 되면 이를 운영한다. 이는 사용되는 하드웨어의 에너지 소비가 줄이게 되고, 이것은 다시 냉각비용, 전력소비, 폐제품 쓰레기가 감축되는 것을 의미한다.

두 번째로는 그린 SW는 IT 자산의 운용시 발생하는 환경유해물질 배출현황을 모니터링할 수 있는 핵심도구로 쓰인다. 노트북과 PC의 전력소비를 자동시스템으로 관리하거나 데이터센터에서 전력 모니터링을 하는 툴 등이 대표적이다.

마지막으로 산업현장에서의 프로세스를 혁신하는 핵심장치가 그린 SW이다. 예컨대, 시뮬레이션 SW는 에너지의 효율을 디자인하고 폐기물의 양을 줄이며 제조 프로세스를 높이는 데 효과적으로 이용된다.

4) 그린 소프트웨어의 사례

① 일본

선진국들은 지구온난화에 대비하는 기술을 계속해서 개발, 도입하고 있다. 일본의 경우 항공기에 위성위치확인시스템 (GPS) 을 개발해서 이산화탄소를 절약하는 장치를 가동하기 시작했다. 지금까지 일본의 160여 곳의 지상에 설치한 무선시설을 통해서 비행기들이 목적지까지 날아갔다. 그래서 비행기가 마치 직선으로 가는 것처럼 보이지만 실제

---

64) 〈디지털 타임스〉 박상훈 기자, 2008. 12. 4, "알아봅시다: 그린 소프트웨어".

비행기의 항로는 지그재그였다. 즉, 에너지 낭비가 많았던 것이다.

그러나 2008년 3월부터 비행기 컴퓨터에 탑재된 최첨단 GPS를 설치해서 목적지까지 최대한 직선에 가깝게 날아가는 기술을 도입했다. 우선 니가타, 나가사키, 다카마쓰, 하코다테, 후쿠오카, 오사카, 하네다 등 8개 공항을 모두 연결하는 노선이 시행됐다. 일본의 비행 항로 151개 가운데 약 절반인 73개의 항로에서 GPS를 탑재한 비행기의 운항이 가능하게 되었다. 65)

② 기업

시만텍사에서는 서버의 통합, 스트로지의 자원관리, 서버의 가상화, 데이터의 중복제거 등 기존 데이터센터의 환경을 최적화하는 방식의 친환경 데이터센터의 구축방법을 제시했다. 네트워크어플라이언스사와 시트릭스사는 전력소비의 감축을 실현하는 가상화 SW를 통해서 친환경을 지원하고 있다.

특히 EMC는 정보 인프라 차원에서의 스토리지 계층화와 최적화, 통합 등 효율적인 데이터관리를 통한 그린 IT에 대해 접근하는 것이 특징이다. EMC의 발표에 따르면 서버의 전기 사용량을 1W 정도 줄이면 전체의 냉방비용을 2W가량 절약할 수 있다고 한다. 66)

---

65) *JOINS* 2008. 3. 15, 이수기 기자, "Save Earth Save us: 이젠 '그린 소프트웨어 시대'".
66) 〈디지털 타임스〉 박상훈 기자, 2008. 12. 4, "알아봅시다: 그린 소프트웨어".

4. 그린 잡(Green Job)

1) 서론

그린 잡(Green Job), 즉 녹색 일자리 창출의 중심내용은 양질의 환경친화적 일자리를 만들어내는 것이다. [67] 국제노동기구와 국제환경연합에서는 '녹색 일자리'란 '경제활동으로 만들어진 환경·사회·경제적으로 지속가능한 일자리'라고 정의하였다. 즉, 이산화탄소 배출을 줄이고 생태계 보호와 폐수의 오염을 최소화하며 창출되는 일자리인 것이다.

직접적으로 도움이 되는 녹색 일자리는 교통 수송 부문에, 간접적으로 도움이 되는 녹색 일자리는 제조업과 물류 서비스업 부문이다. 녹색 일자리는 첨단의 연구개발 분야부터 관리직과 단순직에 이르기까지 다양하다. 또한 에너지 재생, 리사이클링, 건축, 농수산 및 산림업 등 다양한 산업부문을 포함한다.

2) 그린 잡 산업 현황

현재 그린 잡은 건물, 정보통신, 전력관리 시스템 대중교통, 화물 등 전체적인 분야에 걸친 녹색 인프라 투자가 필요하다. [68] 이와 같이 그린 잡에 관련한 투자를 실시한다면 건설노동자, 전기전문가, 트럭기사에서부터 화학자 등 연구개발 인력, 그리고 회계사나 변호사 등 전문인력에 이르기까지 다양한 일자리를 늘릴 수 있다. 현재 녹색산업 투자와 직접적으로 관련된 일자리는 총 93만 5,200개이다.

이는 그린 잡 산업이 정보통신이나 석유기반 산업 등과 같은 기존

---

67) 국정브리핑, 2008. 11. 18, "녹색일자리는 이렇게 만들어진다".
68) http://korea. kr 2008. 12. 23, "일자리 창출 녹색성장 투자가 대세: 녹색성장, 대한민국의 그린 오션 전략".

〈그림 4-7〉 그린 잡의 개념도

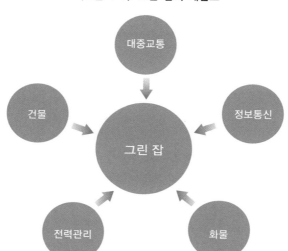

〈표 4-3〉 녹색투자와 일자리

6개 기술영역	일자리 창출
에너지 효율 높이는 건물 개장	전기기사, 에어컨 설치기사, 목수, 건설장비 운전기사, 지붕 기술자, 단열 설비기사, 산업트럭 운전기사, 건설 감리사, 건물 안전 관리관
대중교통수단 및 화물열차 확대	토목기사, 전기기사, 용접공 철도레일 설치기사, 버스 운전사, 기관사, 기차 차장, 배차원, 엔진 제작인력
스마트 그리드 시스템 구축	소프트웨어 개발자, 전기공학 엔지니어, 전자기기 조립인력 기술자, 기계숙련공, 건설노동자, 기기운영 기술자, 전선 설치 인력
풍력발전	환경엔지니어, 건설장비 운전기사, 산업트럭 운전기사, 기계숙련공, 생산관리자, 제강소 직공, 목수, 기기관리자, 전자기기 조립인력
태양광발전	전기 기술자, 전기기사, 산업기기 기술자, 용접공, 전기기기 조립인력 건설장비 운영인력, 노동자, 건설관리 인력
차세대 바이오 연료	화학엔지니어, 화학자, 화학기술자, 농부, 산업트럭 운전기사, 농산물 중개상, 농상물 관리 검사 인력

출처: http://korea.kr 2008. 12. 23 "일자리 창출 녹색성장 투자가 대세. 녹색성장, 대한민국의 그린오션 전략".

346

산업과 달리 고용유발 효과가 크기 때문이다. 덴마크의 경우 풍력발전
만으로 2만 8,000개의 일자리를 창출했다. 녹색투자와 관련된 일자리
를 알아보면 〈표 4-3〉과 같다.

3) 그린 컬러

정부가 경제위기 극복을 위한 일자리 창출 계획으로 '녹색 뉴딜정책'을
계획하면서 녹색 비즈니스를 이끄는 '그린 컬러'(Green Color)가 주목
받고 있다. 블루·화이트컬러와 함께 금융업을 중심으로 고부가가치
를 창출하는 '골드컬러'에 이어, 이제 그린 비즈니스 관련 전문 인력인
그린 컬러가 미래 산업 발전을 선도할 것이라는 전망이다.

〈그림 4-8〉 그린 컬러로의 발전

4) 그린 잡 사례

(1) 미국

미국 전국 시장협의회의 발표에 의하면 대체 에너지를 연구하거나 친
환경 에너지 관련 제품 등과 연관된 '그린 잡'은 현재 75만 개이며 이
수치는 전체 인력 시장의 0.5%에도 미치지 못한다고 한다. 하지만
2038년까지는 420만 개의 그린 잡이 새롭게 창출될 것이고, 전체 인력
시장의 10%를 차지할 것이라고 내다봤다. [69]

현 미국 대통령인 버락 오바마는 후보 시절 "10년간 미국이 그린 관
련 산업에 투자한다면 500만 개 이상의 고용창출이 가능할 것이다"라
고 주장해왔다. 또한 오바마 미국 대통령은 당선 후 '오바마-바이든
플랜'의 에너지 환경 관련 의제를 바탕으로 설계한 2015년까지 '녹색
일자리'를 창출할 계획을 발표했다. 70)

미국에서 녹색 정책으로 인해 창출된 일자리는 특히 저소득층에게
희망적인 기회이다. 미태양에너지협회에서는 에너지효율화 관련 산업
에서 생겨난 일자리는 2006년에만 800만 개이며, 풍력에너지 부문에
서는 약 40만 개의 일자리가 창출되었다. 71)

(2) 영국

파이낸셜타임스는 영국 산업부와 혁신과학기술대학부가 탄소절감 시대
를 이끌게 되면서 2018년까지 26만 개 일자리를 공급하는 것을 목표로
한 신 제조업 전략을 발표했다고 전했다. 72) 고든 브라운 영국총리는
'새로운 도전, 새로운 기회'란 이름이 붙은 이 전략을 시행하여 20년간
100만 개 이상의 '그린 잡'(Green Job)이 생겨날 것이라고 발표했다.

영국은 그린 잡을 창출하기 위해 원자력산업과 재생에너지 관련 산
업을 집중 육성키로 했다. 73) 200억 파운드(351달러) 규모의 원자력관
련 산업시장에 영국 기업이 중심적으로 참여가능하게 영국정부 내에

69) 〈네이버뉴스〉 2008. 10. 2, 정옥주 기자, "미(美) 30년 내 '그린 잡' 420만 개
    창출 가능".
70) 〈한겨레〉 2008. 12. 10, 류이근 기자, "미(美) '녹색일자리' 10년간 500만 개
    만든다".
71) 국정브리핑, 2008. 11. 18.
72) 〈한국경제〉 2008. 9. 9, 오광진·장창민 기자, "영(英) '20년간 친환경서 100
    만 개 일자리'".
73) 위의 글.

348

원자력 개발국을 신설하여 본격적으로 지원할 방침이다.

또한 영국 정부는 2020년까지 1,000억 파운드(1,758억 달러)를 재생에너지에 투자하는 전략 초안을 준비한 바 있다. 전기자동차와 이산화탄소저장(CCS)기술 연구에도 힘을 기울이기로 했다.

영국의 뉴왁과 셔유드(Newark & Sherwood)에서 실행중인 그린 에스테이트 첼린지정책(Green Estates Challenge)은 뉴왁과 셔유드 지역의 가정용 제품들의 열효율 향상을 목적으로 지방의회에 의해 만들어졌다.74) 이 프로그램은 1988년 의회가 전액 재정 지원하면서 시작되었고 1995년 재정삭감으로 정책이 중지될 때까지 지역 상송회의소의 비영리 훈련단체와 역수도배관업체 등의 협력으로 훈련과 고용에 노력하여, 수천 개의 그린 잡을 창출하였다.

(3) 기타 국가

중국은 신재생에너지 사업화에 적극적으로 나서며 대규모 녹색 일자리를 창출했다. 태양열 산업에서 60만 개, 바이오연료 산업에서 26만 6,000개, 태양광 산업에서 5만 5,000개 등의 일자리가 각각 생겼다.

브라질은 농산물을 이용하여 바이오산업에 적극 참여하고 있는데, 바이오연료 개발 사업에 부분에서 50만 개의 일자리를 만들었다. 독일도 풍력 분야에서 8만 2,000여 개의 녹색 일자리를 창출했다.

한국 광해관리공단은 20일 몽골의 광해관리 프로젝트를 공동 추진하는 한-몽골 업무협약(MOU)을 교환했다고 발표했다. 이번 MOU 교환 프로젝트에서 한국광해관리공단은 몽골 정부에 토양 복구, 산림 복원, 수질관리 등 광해관리 기술 등 광해관리 사업을 전개한다. 광해관리공단은 몽골 광해관리 시장의 10%가량을 차지하여 매년 100여개 이상의 그린 잡을 만들어낼 수 있을 것으로 내다봤다.

74) 국정브리핑, 위의 글.

5. 그린 시티(Green City)

1) 정의

그린 시티(*Green City*)란 국가 주도로 도시 전체의 주택, 교통망, 전력시설, 도로 등의 설계와 건설에 친환경 개념을 도입한 것이다. [75]

2) 해외사례

(1) 일본

화석연료를 사용하지 않는 친환경 주택인 '그린 홈'(*Green Home*) 개발 바람이 세계 각국에 불고 있다. 그린 홈 주택은 상용화 직전 단계로 현재는 일본과 영국이 가장 앞서 있다. 지난달 일본 홋카이도 도야코에서 열린 주요 8개국(G8) 정상회담에선 국제미디어센터(IMC) 바로 옆에 '그린 홈'을 일본 건설업체 세이스이하우스가 지어 각국 언론의 이목을 집중시켰다. 설치된 4인용 단층주택은 풍력발전기와 태양전지 판만으로 에너지 자급시스템을 만들었다. 일본의 대형 건설업체들인 파나홈 등은 태양전지와 연료전지를 전기와 온수를 공급하는 데 활용해 에너지절감 주택 보급에 착수했다. [76]

(2) 중국

중국 동부연안 충밍섬에서 계획중인 '동탄 프로젝트'에는 총 13억 달러가 투입돼 에너지 자급자족뿐 아니라 완벽한 물 처리 시스템을 갖출 예정이다. [77]

---

75) Green Cities, http://en.wikipedia.org

76) 〈한국경제〉 2008. 8. 17, 장규호 기자, "녹색정상시대: '그린 홈'".

350

(3) 미국

세계 최대 에너지 소비국이자 기후변화의 주범이라는 질책을 받는 미국이지만 살인적인 고유가 시대를 맞아 미국도 정부와 기업들이 에너지 낭비를 줄이려 힘쓰고 있다.

대체에너지 국책연구소인 아르곤을 비롯해, 에너지 관련 기업들이 집중된 시카고는 에너지 절약과 그린정책을 적극으로 펼치고 있어 미국 대체에너지 도시의 중심부로 떠올랐다. 녹색지붕(*Green Roof*)을 시공하는 건물에 정부 지원이 이루어지고, 이를 시공하는 전문업체도 성업중이다. 또 시카고는 하이브리드차를 적극 도입하고, 지붕에 풍력발전기를 설치해 '윈디 시티'라고도 불린다.

시카고가 대체에너지와 환경보호의 중심지로 부각되면서 '그린 메이커'의 재활용품, 에너지 절약용품 등 친환경 건축자재 및 실내용품 등만을 취급하는 업체들이나, 친환경·에너지절약 유통업체들이 모인 '그린 익스체인지'(*Green Exchange*) 등이 계속해서 등장하고 있다.[78]

(4) EU

2020년까지 '에너지 20% 절감'을 슬로건으로 내건 유럽은 최종 에너지 사용자가 에너지 사용을 효율화하는 데 들어가는 비용을 75%까지 부담하고 소형 열병합발전소를 1,000개가량 짓겠다는 계획이다. 공공기관은 에너지절약 등급을 받은 제품만 조달해 사용토록 한다.

---

77) 〈한국경제〉 2008. 8. 17, 장규호 기자, "각국정부 지원강화".
78) 〈머니투데이〉 2008. 6. 4, 김준형 특파원, "'그린 시티' 시카고, 대체에너지 허브 부상".

(5) 영국

영국 대형 주택건설업체인 바라트개발은 지난 5월 주택시장에 바로 공급이 가능한 '그린 홈' 양산 모델을 내놨다. 바라트는 영국 브리스톨에 그린 홈 200채를 2011년까지 지을 계획이다. 이 모델하우스는 완벽한 단열과 에너지 절감이 핵심 포인트로 단열효과가 큰 중량 콘크리트를 쓰기 때문에 실내의 온도를 계절과 상관없이 적절하게 유지할 수 있도록 한다. 또 지붕에 태양전지판과 태양열 온수기를 설치하고 공기속 열을 빼내 쓸 수 있는 열펌프를 설치했다. 화장실 물은 받아놓은 빗물을 사용한다. [79]

(6) 독일

독일인이 가장 살고 싶어 하는 도시 프라이부르크는 독일 남서부에 위치한 인구 20만의 도시로 바로 인근에 유럽 최대의 삼림, 흑림이 있는 좋은 자연환경을 지닌 곳이다. 뿐만 아니라 500년이 넘는 역사와 문화를 지닌 프라이부르크대학을 비롯한 중세대학과 뮌스터대성당이 있는 곳으로 학생들이 많은 교육도시이자 독일 사람들이 가장 선호하는 환경수도로 선정된 도시이다. 승용차 억제 정책과 대중교통, 도보, 자전거 우선의 교통정책, 흑림에서 흐르는 강물을 도심내부로 끌어들여 순환시키고, 바람의 길을 조성하여 도시 내 대기정화를 유도하는 정책을 시행한다. 환경친화적 도시계획, 재생가능에너지의 활용, 폐기물 배출의 감소와 재활용 증가를 위한 노력이 프라이부르크시의 핵심적 환경정책이자 도시정책이다. 최근에는 온실가스의 감축을 위해 탄소배출중립도시를 지향하여 1992년을 기준으로, 2010년까지 온실가스 25% 감

---

[79] 이광훈 서울시정개발연구원 도시기반연구본부 본부장, "녹색 교통혁명, 석유 없이 세상을 달린다".

〈그림 4-9〉 주거단지 에너지 필요량의 50%를 태양열로 공급하는
독일 뮌헨의 아커만보겐 주거단지

출처: 국정브리핑, 2008. 10. 11, 문태훈 중앙대 교수, "경제. 관경의 상생. 지속가능 도시를 만들다".

축, 2030년에는 40%를 감축한다는 계획이다. 80)

(7) 스웨덴

스웨덴의 스톡홀름시는 하수슬러지를 이용하여 비료를 만들어 농작물 생산에 활용하거나 지역난방과 대중교통연료로 바이오 가스를 추출하여 활용한다. 폐기물이 난방에너지로 주민에게 돌아가면서 비료의 형태로 땅을 이롭게 하는 순환적 물질대사의 도시이다.

(8) 덴마크

덴마크의 칼룬드보그에서는 지역난방을 발전소에서 생기는 열과 온수

---

80) 국정브리핑, 2008. 10. 11, 문태훈 중앙대 교수, "경제·관경의 상생, 지속가 능 도시를 만들다".

를 통해 공급하고, 폐기물로 발생되는 재는 건축내장재 공장에, 이산화황은 비료와 황산제조업자에게, 가스불은 다시 발전소에 공급하여 재활용하는 시스템을 이용한다.

또 다른 지역인 마스탈은 에너지자립형 도시의 가장 모범적 사례 중 하나로 지역 커뮤니티 규모에서 순전히 주민 자발적으로 운영된다. 대규모 태양열 집단공급 시스템을 통해 커뮤니티 규모로 열 공급을 하고 있는 도시는 덴마크를 포함해 스웨덴, 네덜란드, 독일 등 이미 50여개 지역 이상이다. 81)

(9) 오스트리아

오스트리아의 그라츠시에서는 'ECOPROFIT'이라는 프로그램을 펼치고 있다. 시·기업·대학 간의 협동프로그램으로 시작되어 지역의 산업인들에게 생산과정을 바꿔 폐기물발생을 줄이고 자원을 절약하여 궁극적으로 이윤율을 향상시키기 위한 교육을 목적으로 하는 프로그램이다. 여기에 참여하는 기업들은 폐기물과 오염물질 배출 감축성과가 있는 경우, 시에서 부여하는 'ECOPROFIT' 로고를 사용하게 하며 이것을 1년의 유효기간을 두어 지속적 환경성과가 있는 기업들에게만 계속 사용할 수 있도록 한다. 이 프로그램을 통해 기업은 비용절감을 하면서 로고의 사용으로 소비자의 신뢰를 향상시켜 매출액을 증가시켜 일석이조의 효과를 볼 수 있다. 82)

---

81) 국정브리핑, 2008. 11. 25, 윤정호 한밭대 교수, "에너지 자립도시를 꿈꾸며".
82) 국정브리핑, 2008. 10. 15, 문태훈 중앙대 교수, "경제·환경의 상생, 지속가능 도시를 만들다".

(10) 캐나다[83]

캐나다 브리티시 콜롬비아 주에 위치한 밴쿠버는 밀도 높은 공동체, 걷기 좋은 거리, 친환경 건물에 집중적으로 투자함으로써 북아메리카 지역의 지속가능한 친환경도시 계획의 상징이 되었다. 밴쿠버는 지난 20년 동안 인구가 절반 이상 늘었다. 그러나 밴쿠버 시민들은 성장방향을 내부로 돌려서 도시의 확장을 거의 막았다. 밴쿠버는 시내를 재개발했고, 1990년대 중반부터 아파트를 비롯한 공동주택을 수만 채 지었다.

두뇌집단인 사이트라인의 자료에 따르면, 현재 밴쿠버 시민의 62% 이상이 빽빽한 주거 지구에 살고, 11%는 고층 건물로 이루어진 밀도 높은 지역에 산다. 만약에 밴쿠버가 이웃에 위치한 미국 도시 시애틀처럼 성장했다면, 지난 20년 동안 650km^{2}의 땅을 더 흡수했을 것이라고 역시 사이트라인은 추정한다. 그 대신, 밴쿠버는 도시면적의 외연적 확장을 막았고, 대기의 질을 개선하고, 역동적 동네를 만들고, 북아메리카 서부 해안 지역에서 가장 걷기 좋은 도시 환경을 구축함으로써 삶의 질도 크게 높였다. 밴쿠버 시당국은 보행자를 염두에 두고 도시를 설계한다. 그러다 보니 지난 20년간 수만 명이 도심으로 이사했지만, 도로의 자동차 수는 오히려 줄어들었다. 밴쿠버 시민들이 자가용은 거의 포기한 것이다.

밴쿠버 시내에는 고가 위를 달리는 스카이 트레인 혹은 대중교통 전용지구 등 여러 가지 대중교통 수단들이 갖춰져 있다. 또 시내 전체를 포괄하도록 둥글게 공원이 조성되어 있고, 보행자나 자전거도 자신만의 고속도로가 있다. 가장 밀도가 높은 동네인 웨스트엔드거리를 걸어보면, 거리가 짧은 구획들로 이루어져 있고, 사이사이에는 나무와 풀

83) *World Changing*, 알렉스 스테픈 엮음, 김명남·김병순·김승진·나현영·이한중 번역, 바다출판사, 2006, pp. 296~298.

밭이 많이 있다. 큼지막하게 한 덩어리로 된 구획이 없으며, 호화로운 건물들 사이로 주택단지가 끼어 있는데, 모두 주변과 잘 어울린다. 또 밴쿠버 컨벤션 센터 확장 조감도를 보면 캐나다에서 가장 넓은 옥상정원의 모습이 한눈에 들어온다.

밴쿠버 시의회는 앞으로 자동차 의존도를 더욱 낮출 방안을 강구하고 있다. 한 예로 시의회는, 브리티시 콜롬비아 주 내의 모든 자동차의 면허발급·등록, 보험을 관리하는 브리티시 콜롬비아 보험회사가 '주행 거리별 보험료' 체계를 도입하는 것을 지지하고 있다. 이 체계는 주행한 킬로미터(km)에 비례하는 가산금을 매달 부과하되, 혼잡 시간대의 운행에는 더 높은 보험료율을 적용하는 방안이다. 이렇게 되면 운전자는 운전한 만큼 돈을 내야 하기 때문에, 시의회는 자동차 사용이 약 30%정도 감소할 것으로 예상한다. 그렇게 되면 교통 혼잡과 대기오염도 상당히 줄어들 것이다.

밴쿠버는 아름다운 거리 몇 군데와 친환경 건물 몇 채를 짓는데 만족하지 않고 아예 한 구역 전체를 지속가능한 친환경구역으로 만들려고 시도한다. 그 한 예가 도심근처의 오래된 산업지구인 '사우스 이스트 폴스 크리크' 지역인데, 여기에는 제 1단계로 2010년 동계 올림픽 선수촌을 짓는다. 경기가 끝나면 제 2단계가 가동된다. 즉, 그 일대는 아파트, 상점, 사무실이 뒤섞여 있는 공간으로 바뀔 것이고, 공원, 공동정원, 옥상 정원 등과 같은 녹지도 풍부하게 확보된다.

자동차 없는 도시를 만들기 위해, 도시 설계자들은 도로를 설계할 때 가장 먼저 보행자를, 둘째로 자전거를, 셋째로 대중교통을, 마지막으로 자동차를 배려할 것이다. 주차공간에도 제약을 둘 예정이기 때문에, 주민들의 자가용 소유는 더욱 불편해질 것이다. 나아가서 모든 건물은 미국 녹색건축협의회의 에너지 환경설계 리더십(LEED) 인증제도에서 실버 등급 이상을 받아야 한다. 이러한 계획이 실제로 이루어진다면, 사우스 이스트 폴스 크리크는 세계에서 가장 친환경적 도시에서도 가장 친환경적 동네가 될 것이다.

(11) UAE

아랍에미리트의 수도 아부다비에서 추진하는 마스다르시티는 기후변
화에 대응하는 탄소배출제로도시로 실험적 성격을 지닌 도시이다.

  시민들의 에너지사용량을 유비쿼터스 센서로 지속적으로 모니터링
해서 에너지 절약을 유도하는 등 첨단기술을 바탕으로 미래 에너지기
술의 메카로서 입지를 다지고 있다. 여의도 면적보다 조금 작은 토지
위에 5만 가구, 6만 통근자, 1,600여 개의 업체가 입주 가능한 규모로
계획되는 이 신도시는 220억 달러를 투입하여 2016년에 완공예정이다.

〈그림 4-10〉 세계 각국에 건설중인 그린 시티

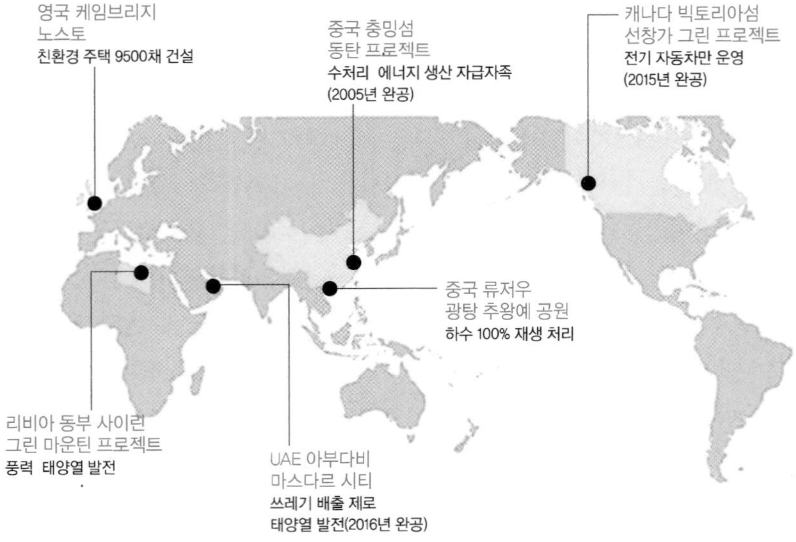

영국 케임브리지
노스토
친환경 주택 9500채 건설

중국 충밍섬
동탄 프로젝트
수처리 에너지 생산 자급자족
(2005년 완공)

캐나다 빅토리아섬
선창가 그린 프로젝트
전기 자동차만 운영
(2015년 완공)

중국 류저우
광탕 추왕예 공원
하수 100% 재생 처리

리비아 동부 사이런
그린 마운틴 프로젝트
풍력 태양열 발전

UAE 아부다비
마스다르 시티
쓰레기 배출 제로
태양열 발전(2016년 완공)

출처: http://www.hankyung.com; 2008. 8. 7, 장규호 기자, "녹색성장시대 … '그린 홈' 각국 정부 지
    원 강화 … 日, 태양광 주택에 보조금 · 稅 혜택".

　전통적 아랍양식을 채용한 도시계획을 통하여 자연통풍을 최대한 이용하여 건물의 온도를 낮출 수 있도록 도시를 설계하였으며 건물을 좁은 골목 주변으로 밀집시켜 에너지 효율화를 꾀했다. 또 물과 식수를 최소로 이용하게 하고 재활용 가능하도록 하며 탄소발생을 최대한 억제하기 위해 도심으로의 자동차 진입을 자제하고 무인 자동운전시스템, 1인승 이동수단인 세그웨이를 이용한다는 계획이다. 이러한 종합적 계획에 바탕을 둔 마스다르는 석탄연료고갈 이후 미래 에너지 도시의 리더로의 도약을 꿈꾸고 있다. [84]

3) 국내사례

(1) 과천시

고유가와 지구온난화로 인한 기후변화 문제가 날로 심각해지면서 환경친화적 신에너지 시설 확충에 힘을 쏟는 기후변화대응 시범도시 과천시가 주목받고 있다. 과천시는 2009년 2월 태양열 급탕시설을 시청사 정문 경비실 지붕에 설치했고 최근 청사내의 예절관인 과천예원에 1KW급 가정용 연료전지 1식을 설치해 본격 가동에 들어갔다고 밝혔다. 이번에 연료전지 시스템 설치로 인해 여기서 발생된 신재생에너지를 전력으로 활용하겠다는 방안이다. 이로써 이산화탄소를 연간 836kg 정도 줄이고 온수비도 30~45%까지 절약할 수 있을 것으로 기대된다.

　또 과천시는 에너지 지킴이를 이용해 청사 내 에너지를 관리하도록 하고 실외온도에 따른 냉방가동시스템과 무선절전시스템, 자동전멸장치 등을 설치해 에너지 절약을 생활 속에서 실천하려 노력한다. [85]

---

84) 국정브리핑, 2008. 10. 15, 문태훈 중앙대 교수, "경제·환경의 상생, 지속가능 도시를 만들다".

(2) 인천 송도

인천 송도에 미국 제너럴일렉트릭(GE)이 대규모 친환경도시(*Green City*)를 만든다. GE는 재생에너지와 물 보안 등 생활산업 전반에서 에너지가 적게 드는 효율적이고 친환경적인 제품과 솔루션을 공급한다. GE코리아는 송도국제업무단지의 친환경 주거와 상업용 빌딩 건설 계획을 위해 송도국제도시개발유한회사와 상호협력하기로 하는 양해 각서(MOU)를 교환했다. 또 송도국제업무단지의 이미지를 쌓거나 마케팅 전략 개발에도 GE의 친환경 경영전략인 '에코매지네이션'을 이용해 상호협력하기로 했다.

　GE코리아의 황수 사장은 "송도에 GE의 환경친화적 제품을 다양하게 공급해 아시아 최초의 친환경 도시로 개발하면 한국 비즈니스의 국가 경쟁력에 도움이 될 것이다"라고 말했다. 또한 게일 인터내셔널의 스탠 게일 회장은 "송도에 최고 수준의 다국적기업을 유치하려면 양질

〈그림 4-11〉 인천 송도 그린 시티 조감도

출처: Joins, 2008. 5. 28, "아시아 첫 '그린 시티' 인천 송도에 들어선다".

---

85) 〈데일리안〉 2008. 8. 14, "경기 과천시, 청정에너지 도시로 탈바꿈 중".

의 삶을 제공해야 한다. 최고 도시들이 모두 다국적기업을 유치하려고
맞붙는 오늘날 친환경 도시야말로 가장 큰 강점이 된다"고 말했다. [86]

(3) 경기도

경기도는 178만 5,000m² 규모의 호수공원을 경기도 광교신도시 안에
조성한다고 발표했다. 이는 미국의 센트럴파크를 능가하는 규모이다.
이 공원은 광교 안 저수지를 이용해 예술과 생태, 물을 주제로 하는
호수공원이다. 공원 안에는 잔디공원, 숲속 예술관, 예술작품이 어우
러진 산책로가 마련되며, 수상스키와 뱃놀이가 가능한 호수도 조성될
예정이다. [87]

(4) 대전

대전시의 신재생에너지 보급이 본격화된다. 대전시는 원촌동 하수처
리장에 있는 태양광 발전설비를 본격 가동할 방침이라고 밝혔다. 이것
은 작년 월드컵경기장 태양열 급탕설비에 이어 '그린 시티' 구상을 본
격화하는 두 번째 사업이다. 대전시는 환경오염과 연료비 절감을 꾀할
생각으로 각종 편의시설 등에도 태양광 발전설비를 이용할 계획이
다. [88]

---

86) *JOINS*, 2008. 5. 28, "아시아 첫 '그린 시티' 인천 송도에 들어선다".
87) 〈아시아경제〉 2008. 6. 23, 김정수 기자, "건설사, 그린 시티 개발 박차 '자연
    만끽해요'".
88) 〈헤럴드 경제〉 2008. 12. 24, 이권형 기자, "대전시 '하수처리장에도 그린 시
    티'".

360

(5) 광양시

산업시설인 여수산업단지·광양국가산단 등이 밀집돼 늘 환경오염 문제를 안고 있는 광양시는 '시민과 함께하는 환경개선사업'을 통해 친환경 도시의 기반을 만드는 데 성공했다. 광양시는 기업, 시민과 함께 지역 주변에 대한 환경개선 및 녹색사업을 이끌었다. '꽃과 숲의 도시'를 목표로 삼고 녹화사업과 나무기증운동을 벌였으며, 민간 주도의 기업공원과 쌈지공원 등을 조성해 계획적인 환경개선을 꾀했다. 현재 시는 환경개선사업을 국가뿐 아니라 지자체간 협력도 추진한다. 89)

(6) 춘천시

'쓰레기 20% 줄이기'운동을 통해 시민과의 커뮤니케이션을 마련한 춘천시는 이를 통해 민·관 권력(*governance*)을 확립하는 데 성공했다. 춘천시는 이밖에도 쓰레기 매립지에서 발생하는 메탄가스를 자동차 연료로 자원화하거나 소양호 바닥의 찬물을 도심 냉방에 활용하는 신재생에너지 사업에도 앞장서 청정도시를 꿈꾸고 있다. 90)

(7) 송산

국토해양부는 시화호 남측 간석지에 친환경 복합도시를 짓는다는 내용의 '송산 그린 시티 개발계획'을 승인할 것이라고 밝혔다. 송산 그린 시티는 자동차테마파크, 골프장, 철새 서식지, 운하 등의 관광레저도시로 건설될 예정이며 사업시행은 시화지역 개발사업자인 한국수자원 공사가 맡을 예정이다. 91)

---

89) 〈서울신문〉 2008. 11. 26, 남기창 기자, "그린 시티 6곳 선정".
90) 위의 글.

(8) 대구

대구시가 '그린 시티' 만들기에 본격적으로 뛰어들었다. 커다란 국제행사를 앞두고 세계적 저탄소의 녹색도시로 변모하려는 것이다. 대구시는 태양광·태양열·지열 등 신재생에너지 이용률을 높이면서 관련 산업을 육성할 계획이다. 대구스타디움 바로 앞 경기장 도로에 태양광발전시설이 설치되고 북구 서변동 신천하수처리장 옆 강변축구장에도 태양광발전시설이 설치된다. 소수력발전과 지열냉난방시설도 곧 볼 수 있을 것이라 한다.

그린 시티로 가는 종합계획도 세운다. 신재생에너지 시설을 보급하고 관련 사업을 육성하려는 의도에서 다음 달 5억 원의 예산을 들여 '저탄소 솔라시티' 용역을 발주하기로 했다. 석유 등 기존 연료의 효율성을 극대화하는 방안도 포함되어 있어 그린 시티의 청사진을 제시하는 작업이라 할 수 있다. 92)

(9) 창원시

창원에 차량을 이용하는 것보다 걷는 것이 더 편한 마을이 세워진다. '창원 에코타운'이 바로 그것이다. 에코타운의 특징은 보행자 중심의 교통체계로 모든 횡단보도는 차도 바닥보다 높여 인도와 높이를 맞추도록 했다는 것이다. 그래서 사람은 편리하게 지나지만 차량은 지나는 데 심한 불편을 느끼게 된다. 또 도심 가운데를 흐르는 3km 정도의 하천 둔치에는 보행자 전용도로를 만들 계획이다. 보행로를 따라 주변 하천과 저습지는 생태천으로 가꾼다. 또 곳곳에 생태웅덩이를 만들고 수생식물도 기를 계획이다. 93)

91) 〈연합뉴스〉 2008. 3. 13, "송산그린 시티, 광광레저도시로 건설".
92) *JOINS* 2009. 2. 11, 홍권삼 기자, "지하차도, 축구장 지붕에 태양전지판".

362

(10) 경남 진주

진주시는 '명품 남강 가꾸기' 프로젝트를 시행하여 그린 시티 제도가
생긴 2004년부터 그린 시티에 연속 3회나 선정되는 영예를 안았다. 특
히 획기적 사업으로 평가받는 2,000억 원이 넘는 예산을 투입한 시가
지 녹지조성과 생태계 복원공간 조성사업도 그린 시티 수상에 큰 공로
를 했다. 이밖에도 대기오염 수치 개선과 자전거도로 건설, 천연가스
버스교체 및 충전소 설치 등을 통해 쾌적한 환경도시로 발전하기 위해
많은 심혈을 기울였다. 94)

(11) 서울95)

① 서초구
서울 서초구는 강남의 허파라 불리는 우면산이 개발되어 훼손될 것으
로 보이자 이를 보호하기 위해 2003년 우면산 내셔널트러스트를 시의
주도 아래 설립했다. 이들의 우면산 보호의 첫 결실은 2006년 3월에는
서초 IC 인근의 땅 3,231m²를 45억 원에 매입해 우면산을 보호한 것이
다. 앞으로도 우면산 일대의 토지를 지속적으로 매입해 생태공원으로
가꾸고 보호한다는 계획이다.

② 송파구
송파구는 '자연의 도시 송파 만들기' 프로젝트를 통해 대규모 개발 사업
으로 녹지공간이 줄어드는 지역여건을 하나씩 바꿔간다. 송파구는 목
표를 '자연도시 송파' 잡고 장기계획을 세우고, 그 첫 단계로 '물의 도시'

93) *JOINS* 2008. 8. 16, 김상진 기자, "걷기는 편하고 차는 불편한 도시".
94) 〈서울신문〉 2008. 11. 26, 강원식 기자, "그린 시티 6곳 선정".
95) 위의 글.

로의 종합개발 계획을 추진했다. 걷고 싶은 거리로 위례성길을 조성하고, 성내천을 생태복원 및 친수문화공간으로 변화시켰다. 그 결과 송파구는 하천과 공원·가로수가 청량산에서 한강까지 이어지는 생태축을 만들었으며 기후변화 대응을 선도하는 도시라는 이미지도 높였다.

(12) 충남 금산[96]

충남 금산군은 군 전체를 '인삼과 약초의 고장'을 주제로 하나의 자연학습장 개념으로 건설한 사업인 '에코뮤지엄'이 군의 지속가능한 발전에 기여하였다. 생태학습관, 생태연못, 산책로 등 여러 생태관광시설들을 만들어 인삼을 사러 온 관광객들이 자연을 향유하고 돌아갈 수 있도록 했다. 또 자연환경을 완벽에 가깝게 지키고 동시에 이를 생동감 있는 생태교육 체험장으로도 활용해 경제적 부가가치를 창출하고 있다. 에코뮤지엄 사업은 금산군의 대표적 축제인 인삼축제와 맞물리면서 커다란 시너지 효과를 내고 있다. 2008년 방문객만도 100만 명을 넘어, 연간 1천억 원이 넘는 부가가치 창출을 이뤄내 지역 주민들의 소득 향상에도 기여했다.

(13) 광주 남구[97]

광주광역시 남구의 '푸른길 공원 조성사업'은 철도 폐선부지에 숲을 조성한 것으로 도심 내 시민친화적 녹화공간을 확보하는 데 큰 일조를 하였다. 광주시 남구는 일제 강점기 건설된 경전선 철도가 도심 외곽으로 이전하면서 생긴 폐선부지중 일부를 보행자 전용 선형공원을 만들었다. 소나무 등 수목 1만 8,000그루를 심고 자전거도로와 보행자도

96) 〈서울신문〉 2008. 11. 26, 이천열 기자, "그린 시티 6곳 선정".
97) 위의 글.

364

로, 벤치 등을 갖추어 자연스러운 시민공간으로 활용할 수 있게 했다. 이 공원은 현재 하루 평균 3,000여 명의 시민들의 참여와 호응아래 활발히 운영된다. 또 광주시의 새로운 명소로 자리매김하여 푸른길 음악회 등 각종 문화행사도 성황리에 치러지는 등 제 역할을 다 하고 있다.

(14) 경남 남해[98]

남해군 물건리 마을은 국가가 지정한 '살기 좋은 지역 만들기' 시범마을이지만 인구감소와 지역 경제력 쇠퇴 등으로 그동안 어려움을 겪었다. 하지만 행정기관과 지역 주민이 합심하여 '살기 좋은 물건 만들기' 운동을 추진하면서 큰 효과를 보았다. 마을 내 천연기념물인 방조어부림의 특성을 반영해서 마을 브랜드와 캐릭터인 '수피아'를 만들었다. '참 좋은(Charm-Zone) 물건 만들기'사업 등의 단위사업도 활발히 추진하며 마을 안길과 진입로의 숲 돌담길 복원이 논의되고 있다. 또 마을 홈페이지를 꾸미고 물건 중학교에 인조잔디를 설치하는 사업도 진행되면서 새로운 지역 문화를 선도하고 있다.

(15) 전남 장성[99]

'21세기 장성 아카데미'로 교양 강좌의 대명사가 된 전남 장성군은 기후 변화에 적극적으로 대응하기 위해 지속가능한 웰빙숲 조성 사업을 펼치고 있다. 장성군은 인공조림지인 주변 산촌마을을 연계해 웰빙숲 휴양벨트를 만들었다. 담장 허물기 사업, 산소축제 등 장성군만의 독특한 아이디어로 지역 주민들의 참여를 유도했다. 덕분에 장성군은 숲 조성을 통해 지역사회 개발을 촉진하고 새로운 소득원을 창출하는 데

98) 위의 글.
99) 위의 글.

성공했다. 또 산촌·산림 관광객이 증가해 지역경제도 활성화되는 성과를 거두었다.

6. 그린 교통(Green Traffic)

1) 배경

고유가와 기후변화로 대표되는 최근의 세계 상황은 교통 분야에서도 많은 변화를 가져왔다. 현재 널리 이용되는 교통수단은 석유를 사용하고, 온실가스를 배출해 많은 문제가 되어 이를 개혁해야 한다는 목소리가 높아지고 있다. 이미 유럽에서는 탈자동차, 탈석유(*oil-free*) 운동이 일반화되었고, 자동차 천국인 미국에서도 자전거에 관심을 갖기 시작했다. 그린 교통(*Green Traffic*)은 이제 선택이 아닌, 기본 교통수단으로서 새로운 전환이 모색된다. [100]

2) 사례

(1) 프랑스 파리의 벨리브[101]

프랑스 파리의 '벨리브'〔Velib, 자전거(*velo*)와 자유(*liberte*)의 합성어〕는 24시간 셀프 서비스로 운영되는 자전거대여 서비스이다. 벨리브 시스템 도입 초기 한 달간 이용자가 150만 명에 달했고 이후로도 꾸준히 증가해서 하루 평균 18만 명의 파리시민들이 벨리브를 사용한다.

---

100) 국정브리핑, 2008. 10. 22, 이광훈 서울시정개발연구원 도시기반연구본부장, "석유 없이 세상을 달린다: 녹색교통혁명 프랑스·오스트리아·일본의 '탈석유' 실험".

101) velib, http://en.wikipedia.org; 〈그린 리포트〉; 위의 글.

〈그림 4-12〉 파리의 무인자전거 대여 서비스 '벨리브'

출처: 국정브리핑, 2008. 10. 22, 이광훈 서울시정개발연구원 도시기반연구본부장, "그린 리포트, 석유 없이 세상을 달린다: 녹색교통혁명 프랑스·오스트리아·일본의 '탈석유' 실험".

〈그림 4-13〉 프랑스 벨리브
무인대여 시스템

출처: http://www.goodnews.or.kr; 2009. 3. 25, 홍천기, "프랑스: 벨리브 파리지앵의 새로운 발".

 파리의 또 다른 그린 교통혁명 내용은 주요 간선도로에 노면전차 (tram)를 설치하는 것이다. 노면전차가 지나는 궤도 이외에는 잔디를 심어 쾌적성을 더하고 있다. 이외에도 도심지의 도로를 대상으로 도로 공간의 반을 버스, 자전거, 택시 등 그린 교통에 할애하는 획기적 설계를 통해 시민들의 이용을 적극 장려하고 있다.

(2) 오스트리아의 그라츠102)

 오스트리아 그라츠시에는 모두 152대의 버스가 운행되는데, 모든 버스는 100% 폐식용유로 만든 바이오디젤을 연료로 사용한다. 이 폐식용유는 일반 시민들이 수집에 도움을 주었다. 택시와 화물차에도 바이오디젤 사용을 확대하고 있다.

(3) 일본의 토야마103)

 일본의 토야마시는 인구밀도가 낮고 시가지가 넓게 퍼져있는 형태이기 때문에 자동차 교통에 대한 의존도가 높고, 대중교통은 쇠퇴했다. 자동차에 대한 의존도 증가로 인해 CO_2 배출량이나 에너지양이 증대하는 문제가 발생하는 것은 당연한 일이다. 이에 토야마시는 2004년부터 '대중교통을 축으로 한 도시계획'이라는 기본방침을 내세우고 새로운 토야마형 '콤팩트한 도시계획'을 진행하고 있다. 이 프로젝트는 CO_2나 에너지 소비가 적은 지속가능한 도시를 목표로 한다.

---

102) 이광훈, 위의 글.
103) 위의 글.

368

(4) 캐나다 몬트리올과 토론토[104]

캐나다의 몬트리올시에는 공용자전거 시스템(*Public Bike System*)이 있다. 시민들은 전철역이나 버스 정류장 등의 대중교통시설의 가까운 자전거역에서 자유롭게 자전거를 빌려 원하는 곳으로 이동 후 반납한다. 시민들에게 자전거를 이용하게 함으로써 에너지를 절약할 수 있고, 자동차를 이용할 때 발생하는 대기오염 물질을 줄일 수 있다. 게다가 이 제도는 운영도 친환경적으로 하고 있다. 요금정산기는 태양에너지로 작동되고, 자전거와 거치대에는 RFID(*Radio-Frequency Identification*, 전파를 이용해 먼 거리에서 정보를 인식하는 기술)가 설치되어 있어 무선통신이 가능하여 기초공사와 케이블링이 필요 없다. 또한 자전거도 일반적 도구로는 부품이 해체 될 수 없도록 설계해서 도난 걱정 없이 자유롭게 빌려 탈 수 있다. 토론토(Toronto) 시에도 이와 비슷한 공용자

〈그림 4-14〉 캐나다 몬트리올 시의 공용자전거 시스템

* 자료: Stationnement de Montréal.
출처: 그린 리포트, 〈저탄소 녹색성장 각국 정책 사례집〉 2008. 11. 3.

---

104) 〈그린 리포트〉;《저탄소 녹색성장 각국 정책 사례집》 2008. 11. 3.

전거 시스템을 갖추고 있다. 105)

7. 그린 홈(Green Home)

---

1) 개념

그린 홈(*Green Home*)은 태양광·지열·풍력·수소·연료전지 등 신 재생 에너지를 이용해 집안에서 가족들이 생활하는 데 필요한 에너지 를 자급하고 탄소배출량 '제로'를 목표로 하는 친환경 주택을 뜻한다. 현재 일반적인 주택은 실내 냉난방 등을 위해 석유나 천연가스 등 탄 소에너지를 이용하고, 단열도 잘 되지 않아 많은 화석연료가 소비되며 대량의 이산화탄소를 배출한다. 이런 단점들을 개선한 것이 바로 그린 홈이다. 106)

〈그림 4-15〉에서 볼 수 있듯이 그린 홈은 태양, 지열 등 신재생 에너지를 최대로 활용하고, 단열을 중요시하는 등의 에너지 효율을 극 대화하기 위한 노력이 깃든 결정체라고 할 수 있다. 지붕 위에는 고효 율 태양광 패널을 설치해 생활하는 데 필요한 전력을 생산하고, 태양 열 온수기로 물을 데운다. 태양광 이외에도 주택의 마당 한 편에는 소 형 풍력발전기를 세우거나 지하에는 지열을 활용한 발전 시설을 설치 할 수 있어 기후와 환경 조건에 따라 다양한 신재생 에너지를 공급원 으로 선택해 이용할 수 있다.

단열 효과를 극대화하기 위해서 주택을 지을 때 바닥에는 단열 효과 가 큰 중량 콘크리트를 사용하고, 벽에는 두께 18cm의 초고성능 단열

---

105) Cycling in Toronto, http://en.wikipedia.org
106) *World Changing*, 알렉스 스테픈 엮음, 김명남·김병순·김승진·나현명· 이한중 번역, 바다출판사, 2006, pp. 217~219; 〈한국경제〉 2008. 8. 17, "태 양전자판, 풍력발전기, 오존이용세탁".

재를 넣으며, 창문은 삼중유리로 만든다. 107) 이 외의 최첨단 장치들
도 그린 홈의 필수품이다. 중앙컴퓨터시스템이 각 방의 온도를 모니터
링하며 사람이 있는 곳을 감지해 적재적소에 냉난방을 한다. 실내온도
가 오르면 자동셔터가 창문을 여는 장치도 있다. 108)

〈그림 4-15〉 그린 홈 개념도

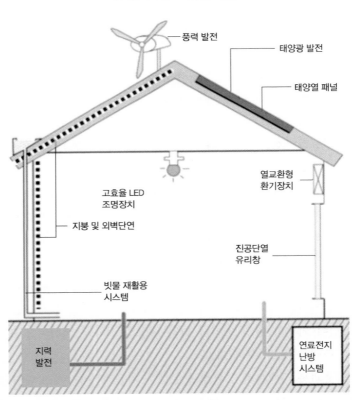

출처: 〈한국경제〉 2008. 8. 17, 차병석 특파원, "세계는 '탄소제로 그린 홈'에 올인 … 녹색성장 시대가
　　시작 되었다".

---

107) 〈한국경제〉 2008. 8. 23, 서기현 기자, "세계는 지금 '탄소제로 그린 홈에 올
　　인'".
108) 〈한국경제〉 2008. 8. 17, "태양전자판, 풍력발전기, 오존이용세탁".

2) 기술

(1) 스마트 홈 기술[109]

스마트 홈(*Smart Home*) 기술은, 마치 집에 두뇌가 있듯이, 환경에 미치는 영향을 줄이면서, 집의 효율성, 안전성, 개인적 독립성을 증가시킨 것이다.

디지털 프로그램 시스템을 통해 집은 자기 스스로 관리하고, 주거 환경을 더 쉽게 감시하고 돌볼 수 있다. 예를 들면, 원격 조정으로 창문을 여닫아 높은 곳까지 환기시킬 수 있고, 전자 제품은 사용하지 않을 때 저절로 꺼지며, 세탁기는 사용자가 원하는 대로 설정될 수 있고, 그 밖에도 각종의 기술혁신을 통해 집에서 사용하는 에너지뿐만 아니라 집을 안전하고 쾌적하게 유지하기 위해 들이는 노력을 감소시킬 수 있다.

이와 같은 각종 자동화 시스템을 통해, 문을 잠근 채로 단추 하나만 누르면 보안 조명을 켜고, 잔디에 물을 줄 수 있고, 화재와 누수 경보를 받을 수 있다. 또한 스마트홈 기술은 노인이나 지체 장애인들의 자립도를 획기적으로 향상시켜 줌으로써, 이들이 최소한의 수고로 자기 집의 시스템들을 통제할 수 있게 한다. 이러한 귀중한 자립심은 간호사나 간병인 등 다른 사람의 도움에 의존해야만 하는 이들의 삶의 질과 행복 지수를 크게 높여 줄 수 있을 것이다.

---

109) *World Changing*, 알렉스 스테픈 엮음, 김명남 · 김병순 · 김승진 · 나현영 · 이한중 번역, 바다 출판사, 2006, pp. 198~199

372

(2) 조립식 주택 기술[110]

과거에는 상자 모양으로 지은 좁은 조립식 주택들은 저급한 건축양식으로 여겨져 왔다. 그러나 오늘날의 조립식 주택은 지속가능한 재료, 생태를 고려하는 친환경적 설계, 현대적이고 세련된 모습을 취하며, 건축시장을 휩쓸고 있다.

현재 조립식 주택회사들의 대부분은 태양전지 지붕, 물탱크가 필요 없는 온수기, 대나무 마루, 에너지 효율이 높은 가전제품 등과 같은 친환경적 요소들을 선택사항으로 제공한다.

또 이들 주택회사들은 구조물을 조립하는 방식이 시공기간 동안 발생하는 쓰레기와 에너지 소비를 줄이며, 소비자들은 마지막 세세한 부분들까지 맞춤으로 설계된 자신이 원하는 집을 전통적 시공방식보다 싸고 빠르게 지을 수 있다는 것을 강조한다. 과거의 지나치게 크고 에너지 집약적인 집보다 낭비 없고 효율적인 집이 물질적인 안락함의 새로운 상징으로 각광받고 있다. 이러한 조립식 주택은 고급주택 시장에서 뿐만 아니라, 대량주문이 가능하고 이동성이 있으며, 다양한 건축자재를 사용할 수 있다는 점에서 저소득층 사회에도 널리 지어질 것으로 예상된다.

(3) 친시간(親時間) 주택 기술[111]

지금까지 대부분의 건축가들은 자신들이 짓는 건물의 수명을 고려하지 않았다. 물론 자신들이 짓는 건물이 오래가기를 바라겠지만, 건물은 일단 짓고 나면, 갓 지어진 그때만 최상의 상태에 있으며, 곧 쇠락하기 마련이다.

---

110) 위의 글, pp. 199~200.
111) 위의 글, pp. 200~201.

주택 거주자들이 나이를 먹고 자녀들이 자라 집을 떠나가는 등 구성원들의 숫자가 변하고 삶의 형태가 변하는 동안에도 집은 그저 낡아가며, 리모델링을 해도 근본적 변화는 어렵고 약간만 개선될 뿐이다. 집이 더 이상 안락하고 적합하지 않다고 느껴질 때, 거주자는 집의 일부를 부수거나, 개축하거나, 또는 아예 헌집 전부를 헐어버리고 새집을 지으려고 한다. 이것은 당연히 비용이 많이 소요되고, 매우 불편하며, 엄청난 양의 폐기물을 발생시킨다.

호주의 건축가 앤드류 메이너드는 이런 문제점을 인식하고, 주거의 새로운 차원, 곧 '시간'을 덧붙인 주택을 설계했다. 아이들이 갖고 노는 경첩으로 연결된 장난감 블록처럼 건축된 홀 하우스(Holl House)는 쌓아 올리고 펼칠 수 있으며, 소비자의 변화 욕구에 따라 모양을 쉽게

〈그림 4-16〉 앤드류 메이너스의 Holl House

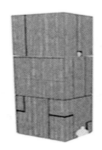

출처: http://www.metaefficient.com, Unfolding Prefab: Holl House by Andrew Maynard, 2006. 1. 4, Justin.

바꿀 수 있다.

이 같은 집은 부엌, 찬장, 거실의 역할을 한꺼번에 수행하는 구성단
위들로 이루어져 있어서, 낭비 없고 효율적인 생활을 가능하게 한다.
이러한 친시간 주택은 단순히 거주지에 그치지 않고, 세월을 따라 거
주자들의 안락하고 편리한 공간에 대한 요구에 부응하는 서비스 시스
템으로서의 역할을 수행하면서, 거주자들이 생활공간에서 새로운 자
유를 누릴 수 있게 해준다.

3) 해외 정책 및 사례

세계 각국에서도 온실가스를 감축하는 노력의 일환으로 '탄소제로도시'
(Zero-Carbon City), '탄소중립도시'(Carbon-Neutral City), '탄소제로주
택'(그린 홈) 등의 프로젝트를 적극 추진중이다. [112] 신재생 에너지를
사용함으로써 온실가스를 감축하는 것이 우선되는 목표이다. 이에 각
국의 정부들은 보조금을 지급하는 등의 정책으로 그린 홈의 건설을 적
극 지원하고 있다.

(1) 일본

① 정책
일본은 일반 가정집에서 배출되는 이산화탄소의 양이 갈수록 늘어가는
것에 대한 대책으로 2009년부터 아파트, 일반주택 같은 가정집도 에
너지 절약을 위한 건축 시공을 의무화한다. 그리고 기업을 대상으로
2013년부터 유럽식 이산화탄소 배출권 거래 제도를 도입하는 방안을
검토하고 있다. 또한 면적이 $2,000m^2$ 이상인 공동주택·오피스 빌

---

112) 〈한국경제〉 2008. 9. 11, 김동민 기자, "그린 오션으로 가자(5) : 앞당겨지는
그린 홈 시대 에너지 자립형 'Sun City'".

딩·개별 주택 등을 신축이나 증·개축 시, 이중 새시, 유리와 단열재 사용을 의무화할 예정이다. 113)

② 사례

홋카이도 도야코에서 개최된 주요 8개국(G8) 정상회담에서 일본 건설 업체 세키스이하우스가 '탄소제로주택', 이른바 '그린 홈'을 지어 각국 언론의 관심을 모았다. 시범 설치된 4인용 단층 주택의 전력은 지붕의 태양 전지판과 건물 옆 소형 풍력발전기가 생산한다. 이것이 생산하는 전력은 일본 주택 평균 사용 전력의 5배인 15KW로, 에너지 공급에 대한 우려는 없다. 또한 주택 안에는 물을 쓰지 않는 세탁기와 전력 소모량이 일반 에어컨의 절반인 지능센서 에어컨 같은 가전제품을 갖췄다. 114)

(2) 아랍에미리트115)

① 정책

아랍에미리트(UAE)는 본격적인 탄소제로도시 건설에 나섰다. 지난 5월 아부다비 인근에 '마스다르(Masdar) 시티'라는 세계 최대 규모의 탄소제로 도시 건설에 들어갔다. 면적은 여의도($8.35km^2$)보다 약간 작은 약 $7km^2$, 투자비는 220억 달러(약 22조 원)다.

---

113) *JOINS* 2008. 2. 21, 차병석 특파원, "Save Earth Save Us: 일본 집 에너지 절약 시공 의무화".

114) wow-TV NEWS, 안태훈, "그린 홈 200만 가구 건설 '총력'".

115) 〈한국경제〉 2008. 9. 11, "그린 오션으로 가자(5): 영국 2016년 '탄소제로 주택' 의무화".

② 사례

마스다르 시티의 주택들은 박막 태양전지를 지붕과 벽의 소재로 사용, 건물 자체를 태양광 발전소로 활용한다. 필요한 에너지의 82%를 태양광 발전으로 공급받고 나머지는 재생에너지와 풍력발전으로 충당한다. 이르면 2012년 완공될 것이다. 도시설계에 참여한 찰스 쿠니 미국 MIT 교수는 "온실가스 배출량을 줄이기 위한 각종 신기술이 선보이는 실험무대가 될 것"으로 기대했다.

(3) 독일

① 정책

독일은 일찍부터 환경의식이 발달한 국가로 옛 서독지역의 노후주택 38만 가구의 주택 에너지 효율화를 위해 4조 원을 융자했고, 동독지역의 건물 근대화 기금으로 39조 원을 조성해 투입하였다. 또 프랑크푸르트 인근 도시인 만하임에서 1930년대에 지어진 2층 주택 24가구를 리모델링, m²당 1시간 소요전력을 185KW에서 57KW로 69.2%나 절감했다. 리모델링 내용은 태양열 설비와 2중창, 열교환형 환기장치를 설치하고 단열을 보강하는 등이다. 116)

② 사례

EU에서는 '액션 플랜 2020'이라 하여 유럽 전역에 에너지 고효율 주택을 전파하는 정책을 펼치고 있다. 대표적 건물 형태는 '패시브 하우스'(Passive House)로 두꺼운 단열재와 다중창의 사용으로 화석에너지의 사용 없이도 태양에너지만으로도 난방이 가능하도록 지은 주택이다. 패시브 하우스의 연간 소비되는 난방 에너지량은 단위면적당 15Wh/m² 이하에 그치는 등 높은 에너지 효율을 보여준다. 독일의 경

---

116) 김동민 기자, 위의 글.

〈그림 4-17〉 패시브 하우스 조감도

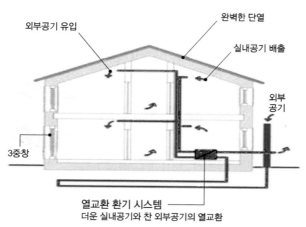

출처: http://www. news. chosun. com, 2008. 12. 38, 김민국 기자, "체온·가전제품 열기로 난방하는 집".

우, 1980년대부터 샤프륄 주거단지, 아라메 주택단지, 킬 하세 등에 이러한 형태의 친환경 주택단지들을 건설하기 시작했으며 유럽 전역에 에너지 고효율 주택을 보급하는 데 선도적 역할을 하고 있다. 117)

(4) 홍콩

홍콩 전체 전력사용의 상당부분을 차지하는 에어컨 가동을 줄이기 위해 홍콩 정부는 에어컨 사용을 줄이면서 온도를 낮출 수 있는 건물 건축에 많은 관심을 가지고 있다. 녹색지붕이 실내온도를 최대 6도까지 내려준다는 홍콩대학의 연구결과에 따라, 정부건물 40개, 신설 공공주택 단지, 쇼핑몰 2곳을 대상으로 녹색지붕 설치를 진행중이다. 녹색지붕은 전문 기술을 통해 건물 지붕에 풀이나 나무 등의 초목지대를

117) 국정브리핑, 2008. 11. 10, 이승복 연세대 교수, "선진국의 '탄소제로' 주택 만들기".

조성하는 것으로, 건물 내부의 온도를 낮추고 녹지가 부족한 도시의 대기환경 개선에도 일조하는 효과가 있다. 2008년 4월 HSBC는 홍콩 대학 지질학과와 협력하여 5백만 홍콩달러를 투입하여 10개 학교에 녹색지붕을 설치하는 프로젝트를 시작하였다. 118)

(5) 영국

국가마다 탄소제로도시를 추구한다. 2002년 영국 런던 외각 서튼지구에 건설된 '베드제드'(BedZED)가 탄소제로도시의 시발점이다. 베드제드는 배딩턴 제로에너지 개발(Beddington Zero Energy Development)에서 머리글자를 따온 것으로 석탄, 석유 같은 화석연료를 사용하지 않는 대신 태양, 바람, 목재 찌꺼기 등을 에너지원으로 사용하고 에너지 효율성을 극대화해 탄소배출량 제로를 지향하는 친환경 마을이다. 에너지 효율은 극대화하고 탄소배출은 최소화하기 위한 노력으로 우선 배드제드의 환풍기를 들 수 있다. 배드제드의 환풍기는 전기가 아닌 바람에 따라 회전하면서 외부의 신선한 공기를 실내로 공급하는 것은 물론 실내온도 조절 기능도 수행하는 등 에너지 사용 없이도 난방효과를 낼 수 있다. 또 남향의 집은 남쪽 벽면이 모두 삼중 유리창으로 되어 있어 온실처럼 태양열을 공급하고, 공기가 새어나가지 않게 해 에너지의 낭비를 최소화했다. 지붕은 일반적인 집들과 달리 태양열 집열판과 잔디로 이루어져 있다. 지붕 위 잔디는 비가 올 때 빗물을 흡수해 저장하고, 이 빗물은 파이프를 통해 지하 물탱크로 보내진다. 물탱크의 빗물은 정화과정을 거쳐 화장실과 정원의 물로 재활용 된다. 이런 식으로 주민들은 보통 주택에 사는 사람보다 물 사용량을 3분의 1 정도로 줄일 수 있게 되어 마을의 모든 부분이 에너지를 최소화하는 친환경적 구조이다. 119)

118) http://korea.kr/Green리포트, "녹색지붕이 있어 시원해요: 홍콩".

이렇게 요즘 문제로 대두되는 에너지 소비와, 기후변화에 따라 많은 주택업체들도 '탄소제로주택'에 관심을 갖고 속속 선보이고 있다. 영국의 주택건설업체인 바라트는 지난 5월 3층짜리 탄소제로주택을 내놓았다. 지붕에 태양 전지판을 설치해 전기를 생산하고 녹지를 조성해 단열 효과를 높였다. 외장재로는 두께 18cm인 고성능 단열물질을 사용하고 바닥도 두껍게 만들어 열 낭비를 최소화했다. 영국 정부는 오는 2016년부터 새로 짓는 모든 주택에 탄소제로를 의무화하는 등의 많은 노력을 기울이고 있다. [120]

(6) 덴마크

덴마크는 2007년 세계 최초의 수소 도시인 'H2PIA'('수소'의 H_2와 '이상향'의 utopia를 합성한 단어)의 건설을 시작했다. 건물 유지에 필요한 에너지는 물론 자동차 연료도 수소로 공급받는다. 'H2PIA' 중심부에는 태양에너지와 풍력을 이용해 수소를 생산하는 연료전지 센터가 있고, 이 센터에서 자동차의 수소연료전지를 충전할 수 있다. [121]

(7) 미국

미국 전체 에너지 소비량의 50% 정도가 건물에서 소비되며, 건물은 자동차보다 더 많은 온실가스를 뿜어낸다.

건축가 조카 졸라가 시카고의 애덤스 스트리트에 건축한 제로에너지하우스(ZEH: *Zero Energy House*)는 에너지 균형을 맞춘 첨단 주거 시설이다. 이 건물은 완전한 자급자족이 가능하며, 태양 에너지와 풍력 에너지를 통해 현장에서 전력을 100% 생산하며, 실내의 쾌적함을 유지하는 자연스러운 방식들을 중시한다.

기존의 '설비형' 태양에너지는 태양전지판과 태양전지 지붕으로 모은 열과 전력을 순환시키는 데 모터가 필요하다. 이와 대조적으로 '자연형' 태양 에너지는 건물을 덥히는 데 현재의 조건과 전도와 복사와 같은 자연적 방법들을 사용한다. ZEH의 건물 구조는 '자연형' 태양에너지를 염두에 두고 설계되었다. 집의 방향, 돌출된 처마, 그늘을 만들기 위해 계획적으로 심은 나무, 주의 깊게 설비된 단열재들이 태양빛과 열을 보존한다.

또 다른 자연형 태양에너지의 방식으로는 축열벽을 설치하여, 낮에는 드러난 표면으로 열을 흡수하고, 밤이나 기온이 낮을 때는 방출하게 하는 방법이 있다.

겨울에 ZEH의 남향 창문은 집으로 충분한 햇빛을 들여와 내부의 콘크리트 벽을 데운다. 여름에는 그늘을 드리우는 나무들이 자연형 냉방장치로서 기능하며, 뜨거운 태양광선이 집으로 들어오는 것을 막는다.

자연 통풍장치는 열린 창문들과 채광창들 사이로 공기가 순환되도록 하여 온도를 안정적으로 유지시킨다. 옥상의 정원은 빗물을 흡수하고, 다양한 자생 식물과 식용식물은 심을 수 있는 여분의 공간을 제공한다. 옥상 정원은 휴식공간으로 사용할 수도 있고, 기온변화와 직사광선 때문에 생기는 손상으로부터 건물을 보호해준다.

냉방을 훨씬 더 효율적으로 하기 위해서 식물들이 건물을 둘러싸 열을 보존하고, 그늘을 드리우며, 자외선을 차단한다. 나아가서 담장이덩굴로 건물의 외관을 덮을 수도 있고, 다른 군엽 식물들로 지붕을 덮을 수도 있다.

4) 국내 정책 및 사례

(1) 정책

이명박 대통령은 2008년 8·15 경축사를 통해 "집집마다 신재생에너지를 쓸 수 있도록 '그린 홈 100만 호 프로젝트'를 전개하겠다"고 밝혔다. 이 프로젝트는 기존의 태양광 보급 사업을 확대·개편하는 것으로 주택과 지역의 특성에 따라 태양광뿐 아니라 태양열과 지열, 연료전지 등 4개 분야로 확대 추진된다.[122] 이 프로젝트를 위해 정부는 등급기준, 인증기준, 친환경자재 사용, 입찰 인센티브 부여 등 그린 홈 촉진을 위한 제도를 도입해 시행하는 등의 친환경 주택에 대해 인센티브를 강화한다. "일정한 등급 이상으로 그린 홈을 건설하거나 개·보수할 경우에는 재정으로 보조하거나, 국민주택기금 등을 활용해 장기 저리로 융자하는 방안을 강구중이며, 취·등록세와 재산세 등 세제감면 방안도 관계부처와 협의할 계획이다"라고 밝혔다.[123] 또 정부는 에너지 효율이 높은 공동주택(100가구 이상)에 높이와 용적률 규제를 완화할 방침이다. 500가구 이상 공동주택에만 적용하는 '에너지성능등급 표시의무제'를 모든 공동주택으로 확대하는 방안도 추진한다.[124] 정부의 이러한 정책에 힘입어 이엠코리아, 삼성물산, 대림산업 등의 국내 기업들도 그린 홈 개발에 앞장서고 있다.

---

122) 〈아시아 투데이〉 2008. 8. 15, 고수정 기자, "신재생 에너지 쓰는 그린 홈 100만 호 보급하겠다".
123) 〈문화일보〉 2008. 12. 19, 방승배 기자, "탄소제로 '그린 홈'에 다양한 인센티브 추진".
124) 〈한국경제〉 2008. 8. 17, 이건호 기자, "녹색성장시대 '그린 홈': 국내에선 에너지 절약 '친환경' 수준".

382

(2) 사례

① 이엠코리아[125]

정부는 이엠코리아에 31억 규모의 태양광을 이용한 그린 홈 시스템 사업을 생산할 것을 주문했다. 지식경제부는 이엠코리아를 "그린 에너지를 이용한 가정용 수소하이브리드 시스템"의 국책과제업체로 선정하였다. 이엠코리아는 총 사업비 31억 원 중 21억 원의 개발지원금을 3년간 무상으로 지원받아 재료연구소(KIMS)와 창원대학교와 공동으로 개발한다고 밝혔다. 이엠코리아가 개발하는 이번 시스템은 태양광에너지를 수소에너지로 전환하여 다시 전기에너지로 활용하는 방식이다. 이엠코리아 측은 이런 그린 에너지 순환 사이클이 가정용 하이브리드 시스템으로는 국내 최초로 구현되는 것이라 설명했다.

② 삼성물산

삼성물산은 모든 공동주택과 건축물에 친환경건축물 인증을 취득하는 것을 원칙으로 삼는다. 또한 자체 기술연구소와 국내외 전문 연구소간 협력 체제를 구축하고, 다양한 친환경에너지 관련 기술을 개발하고 현장에 적용한다.[126] 삼성물산이 제시한 친환경 주거공간으로는 2008년 9월에 나온 'E-큐브'를 들 수 있다. 'E-큐브'는 단열효과가 일반유리보다 6배나 큰 특수단열유리, 열의 교류로 실내의 일정한 온도를 유지시켜주는 이중 외피 시스템, 공간별 에너지 사용량을 수시로 체크하는 에너지 관리 시스템 등으로 에너지 효율을 높인 집이다. 또한 태양빛을 이용해 전기를 생산하는 유리창, 배기구의 풍력을 이용해 전기를 생산하는 '소형 배기풍력 발전시스템' 등까지 활용하며 에너지를 생산할 수 있는 집이다. 삼성물산은 이런 'E-큐브'에 대해 친환경 에너지

125) 한경 TV, 2009. 1. 12. "이엠코리아, 그린 홈 시스템 31억 규모 수주".
126) 〈아시아경제〉 2009. 1. 14, 소민호 기자, "건설사, 그린 홈 개발 열기 후끈".

절감 기술을 유기적으로 결합하고 최적화한 초저에너지 공간이라고 자부심을 갖고 설명한다. 이 밖에도 자연 재활용 시스템을 도입하여 갖추었다. 그 예로 일반 가정에서 버려진 물은 온실에서 수생식물과 미생물로 처리하여 양변기나 수경재배를 위한 용수공급시설에 쓰이고, 여기서 열을 회수하는 에너지 손실을 최소화한다. 127)

③ 대림산업128)

대림산업은 친환경, 저에너지 기술개발을 위한 구상도를 확정하고, 오는 2012년 이후에는 '3리터 하우스'를 실현하기로 했다. '3리터 하우스'란 주택 1m²에 연간 3ℓ의 연료만 소모하는 친환경 구조의 주택이

〈그림 4-18〉 대림산업이 분양 아파트에 적용하는
냉난방 30% 절감형 아파트 개념도

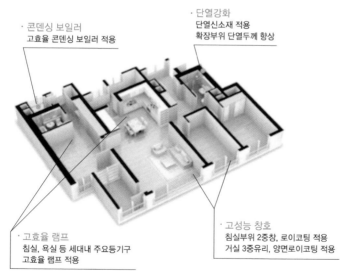

· 콘덴싱 보일러
고효율 콘덴싱 보일러 적용

· 단열강화
단열신소재 적용
확장부위 단열두께 향상

· 고효율 램프
침실, 욕실 등 세대내 주요등기구
고효율 램프 적용

· 고성능 창호
침실부위 2중창, 로이코팅 적용
거실 3중유리, 양면로이코팅 적용

출처: 〈아시아 경제〉 2009. 1. 14, 소민호 기자, "건설사, 그린 홈 개발 열기 후끈".

---

127) http://korea. kr, 2008. 12. 23, "녹색성장, 대학민국의 그린 오션 전략".
128) 〈아시아경제〉 2009. 1. 14, 소민호 기자, "건설사, 그린 홈 개발 열기 후끈".

다. 대림산업은 이미 지난 2005년 3리터 하우스 연구동을 건립하는 등의 노력을 보였다. 2008년에는 분양 아파트에 30% 냉난방 에너지 절감형 설계기술을 적용하는 등 그린 홈의 선두주자로 나섰다.

④ 현대건설129)
현대건설은 자사 아파트 브랜드인 힐스테이트의 에너지 소요량을 최소화, 2012년까지 50%의 에너지 절감을 달성하겠다는 계획과 함께 친환경과 저에너지를 결합한 카본프리(Carbon-Free) 디자인 아파트를 개발하기로 했다.

⑤ GS건설130)
GS건설은 앞으로 분양하는 주택에 대해 에너지등급을 최소한 1개 등급 상향조정하는 방안을 검토중이다. 4개의 등급으로 분류되어 적용되는 에너지등급 가운데 2~3등급의 인증을 받아 에너지절약 아파트 브랜드로 자리매김할 수 있도록 노력한다는 뜻이다.

8. 그린 빌딩(Green Building)

1) 서론

최근 유럽에서 주목받는 신규 주택들은 벽 두께가 30cm를 넘는다. 유리창은 3중 유리를 사용하고, 창틀과 문틈은 공기 샐 틈 없이 메워진다.131) 주택의 지붕이나 고층 빌딩 벽면에는 종종 태양광 전지가 설치

---

129) 위의 글.
130) 위의 글.
131) 〈LG Business Insight〉 2009. 1. 14, 홍일선 연구원, "그린 빌딩 시장에서 찾

되어 있다. 이들의 가장 큰 매력은 냉난방 요금이 반 이상 줄었다는
점이다. 완벽한 단열로 냉난방 기기 사용이 대폭 줄었기 때문이다. 태
양광 전지가 설치된 집은 필요한 전기를 직접 생산하기 때문에 전기요
금도 절감할 수 있다. 또한 사용량보다 더 많은 전기를 생산한 집은
유효 전기를 전력 회사에 판매하기도 한다. 이런 에너지 절약형 건축
물을 통틀어 그린 빌딩(*Green Building*)이라고 한다. [132)

2) 그린 빌딩의 주요 시스템

그린 빌딩 사업은 아래와 같은 3개의 주요 건축기술로 진행된다.

(1) BIM[133)

BIM(*Building Information Modeling*)을 활용하면 건물이 들어설 지역의
일조량을 분석해 최적의 조명과 난방 시스템을 적용하는 것은 물론 에
너지 효율을 극대화할 수 있는 자재 선택까지 가능하다. [134) 이 3D 설
계 기술은 미국 뉴욕 세계무역센터(WTC)에서 짓는 '프리덤 타워'의
설계공정에 활용된 바 있다.

① 오토데스크의 BIM기술 활용[135)
오토캐드 소프트웨어로 잘 알려진 오토데스크는 빌딩정보모델링(BIM)
기술을 활용해 에너지 소모와 탄소배출량을 줄이는 친환경 빌딩을 짓
고 있다. 2차원 정보를 3차원으로 전환해 건물이 지어질 지역 일조량

는 새로운 기회".
132) Green Building, http://en.wikipedia.org
133) Building Information Modeling, http://en.wikipedia.org
134) 동아.com, 2008.7.8, 임우선 기자, "미래형 건축모델 '그린 빌딩' 뜬다".
135) 〈매일경제〉 이승훈 기자, "그린 IT가 뜬다, 친환경 빌딩기술 각광".

을 미리 분석하고 조명과 난방 시스템을 최적으로 설계한다. 또 에너지 효율을 극대화할 수 있는 자재선택도 가능하다. 오토데스크가 보유한 BIM 기술은 뉴욕 세계무역센터 자리에 세워지는 프리덤타워와 대구 주상복합아파트인 두산 위브 더제니스 등에 적용됐다.

(2) BIPV

BIPV시스템(*Building Integrated Photovoltaic*)은 태양광 모듈로 만든 전지판을 건물 외장재로 사용해 태양전지를 설치할 땅을 따로 마련하지도 않고도 효과적으로 전력을 생산할 수 있는 기술이다. [136] BIPV시스템은 온실가스 배출을 줄이면서도 건설비용과 건물 운영비를 크게 줄일 수 있다.

① 롯데의 BIPV 활용 사례[137]
롯데는 건물 옥상에는 흔히 볼 수 있는 모듈형 태양전지를 설치할 방침이다. 이에 더해 태양광선이 내리쬐는 창문과 벽면을 중심으로 건물 일체형 태양전지(BIPV)를 설치하기로 했다. 유리 안쪽에 태양전지판을 접합시켜 창호, 벽면 등 건축 외장재로 쓰면서 전기를 생산할 수 있도록 만들었다.

(3) BEMS

그린 빌딩에서는 IT 시스템이 공조, 조명, 시설관리 등을 넘어 에너지 소비를 최적화하는 데까지 적용될 전망이다. [138] 빌딩에너지관리시스

---

136) Building-Integrated photovoltaics, http://en.wikipedia.org; 임우선 기자, 위의 글.
137) 〈매일경제〉2008. 9. 22, 홍장원 기자, "제 2롯데월드는 신재생에너지 집합소".

템(BEMS: *Building Energy Management System*)은 실시간 사용량 관리, 과거 사용패턴 분석 등을 통해 불필요한 에너지 사용처를 찾아서 낭비를 최소화하는 것을 목표로 한다.

① IBM의 BEMS 활용사례139)

IBM은 BEMS를 통해 불필요한 보일러 사용을 찾아 작동을 중단한 것만으로 1,250MWh, 12만 5,000달러를 절약했다고 밝혔다. 뿐만 아니라 IBM은 자체적으로 실시한 에너지관리 프로젝트에서 BEMS를 통해 연간 16,500MWh를 절감할 수 있었다.

3) 그린 빌딩의 현황 및 전망

(1) 그린 빌딩의 현황

전 세계적으로 그린 빌딩에 대한 관심이 증가하였다. 선진국에서는 다양한 그린 빌딩이 등장하고 있다.140) 3리터 하우스(3리터 주택), 패시브 하우스, 탄소배출제로빌딩(*Zero Carbon Emission Building*) 등이 대표적 사례이다. 3리터 하우스란 연간 에너지 소비가 제곱미터(m²)당 등유 기준 3*l*에 불과하기 때문에 붙여진 이름이다. 고효율 단열, 3중 유리, 열 회수장치 등을 통해 에너지 소비를 기존의 30% 수준까지 줄인 것이다. 패시브 하우스 역시 남향창, 지열펌프 등 자연 에너지를 활용하여 화석 연료 사용을 최소화한 주택을 뜻한다. 더 나아가 지붕이나 벽면에 태양광 패널을 붙이거나, 자체적으로 마련한 소형 풍력발전기,

---

138) Energy Management System, http://en.wikipedia.org; Building Management System, http://en.wikipedia.org; 〈LG Business Insight〉 2009. 1. 14, 홍일선 연구원, "그린 빌딩시장에서 찾는 새로운 기회".

139) 홍일선 연구원, 위의 글.

140) 위의 글.

388

폐기물 처리시설 등을 통해 필요한 전기를 조달하는 빌딩이나 주택도 늘고 있다.

(2) 그린 빌딩의 전망 및 정책

현재 그린 빌딩 시장은 각국의 정부 주도하에 형성되고 있다.[141] 그린 빌딩은 에너지 수요 절감 및 온실가스 감축에 있어서 비용효율적 대안 중 하나이기 때문이다. 전 세계 에너지소비량 중 상업용·주거용이 차지하는 비중은 약 40%에 달하며, 대부분은 주택, 사무실, 학교, 병원 등에서 냉난방, 온수, 조명, 전자기기 등으로 소모된다. 이 중 상당 부분은 고효율 제품을 통해 절감할 수 있을 전망이다. 맥킨지 (Mckinsey Global institute)에 따르면 2020년까지 달성할 수 있는 에너지 절감량 135QBTU(*Quadrillion* BTU) 중 상업용·주거용 부문이 차지하는 비중은 35%에 이른다. 또한 온실가스 감축방안 중에서도 단열재, 고효율 조명, 삼중유리를 사용하는 그린 빌딩은 신재생 에너지 개발, 탄소 포집·저장 설비에 비해 비용효율적이다.

이 때문에 각국 정부는 그린 빌딩 시장을 육성하기 위해 다양한 제도적 노력을 기울이고 있다. 가장 널리 사용되는 방법은 에너지효율 기준을 강화하는 것이다. 이미 유럽, 일본, 미국 등 선진국뿐만 아니라 중국과 인도 등 신흥국에서도 그린 빌딩과 관련된 법안이 속속 등장하였다.

영국은 2016년 이후 탄소배출제로빌딩 외에는 건축허가를 내지 않겠다고 발표하였다. 2009년 일본 경제산업성에서는 'Cool Earth 에너지혁신기술 계획'을 통해 2050년까지 중점 육성할 온실가스 감축기술 21가지를 선정했다. 여기에는 고효율 조명, 열펌프, 에너지관리시스템 등 그린 빌딩의 근간이 될 수 있는 기술들이 포함되어 있다. 그래

---

141) 위의 글.

서 장기적으로 그린 빌딩이 필요한 전기를 자체 생산하는 과정에서 다양한 시장 기회들이 나타날 것이다. 일례로 태양광·풍력발전의 경우 날씨에 따른 변동을 줄이기 위해 전기를 저장할 수 있는 2차전지 등 에너지 저장원에 대한 수요가 증가할 것이다.

4) 그린 빌딩의 해외사례

(1) 주요국가 정책

① 영국[142)

영국은 신재생 에너지를 통해 전력을 생산하고 있다. 영국 맨체스터의 CIS 빌딩은 건물 벽면의 타일을 태양광 전지로 대체하여 필요한 전기를 조달하고, 사용하고 남은 전기는 전력회사에 되팔고 있다. 빌딩에서 자체적으로 필요한 에너지를 생산할 수 있는 마이크로 열병합 발전기의 사용도 늘고 있다. 현재 마이크로 발전기는 도시가스를 사용해서 가정과 빌딩에서 90%에 가까운 높은 에너지 효율로 전기와 열을 동시에 생산하고 있다.

② 미국[143)

미국 정부는 국내 에너지사용의 최대 분야인 건축물의 에너지소비 및 CO_2 배출 감소를 목표로 다년도 계획(*Multi-year Plan*)을 수립하여 추진중이다. 이 계획에서 미국 정부는 건축물 관련 태양열, 지열, 연료전지 등 신재생 에너지의 활용과 건물코드화 등을 추진했다.

---

142) 위의 글.
143) 〈Building Technology Program Multi-Year Plan〉, "건축물 에너지 효율 제고 다년도 계획".

a. 정책 내용

- 2010년까지 산업계와 협력, 고효율 건축기술 패키지 개발·보급을 통해 주거용 건물의 70%, 상업용 건물의 30% 에너지 절감을 추진
- 2010년까지 건물의 코드화, 주거·상업기기의 표준화 및 기준지침의 제정을 통한 최저효율 향상
- 최신 에너지 효율 및 신재생 에너지 기술의 응용과 기존 에너지 스타(Energy Star) 인증을 획득한 가전기기 등을 건축물에 적극 도입
- 다년도 계획(*Multi-year Plan*) 수립 및 연차별 목표(*Target*) 설정을 통해 프로그램의 효율화 도모.

b. 적용사례

- BOA[144]：뱅크 오브 아메리카(BOA: Bank of America) 타워는 에너지 절약 기술의 집약체이다. 자동 조명 센서와 LED 전등은 기본이고 옥상에 떨어진 빗물은 건물 중간 4개 층에 설치된 중계소로 흘러가 정화된 뒤 지하 27m에 묻혀있는 물탱크에 집결된다. 지하에서 차가워진 물은 건물 바닥과 천장에 묻힌 파이프를 통해 흘러 건물 전체의 온도를 조절하는 역할을 한다. 53층에는 거대한 공기필터가 자리 잡고 있다. 외부공기는 이 필터를 통해 불순물이 걸러진 뒤 건물 내부를 순환한다. 정화된 공기의 절반은 이 건물에서 사용되고 나머지는 외부로 유출된다.
- 제이콥스[145]：제이콥스(Jacobs Place)는 뉴욕의 대표적인 그린 임대주택 중 하나다. 옥상에는 가구수와 같은 63개의 태양전지

---

144) Bank of America Tower, http://en.wikipedia.org

145) 〈쿠키뉴스〉 2008. 8. 24, 임한 환경전문기자, "기후변화 조용한 재앙: 뉴욕 건물은 지금 '탄소 다이어트'에 한창".

판이 설치되어 있다. 나머지 공간은 녹색지붕이다. 옥상을 정원처럼 꾸민 녹색지붕은 바로 아래층의 열효율을 20%가량 높여준다. 건물 전체적으로는 10~20%의 효과가 있는 것으로 알려졌다. 절전형 최신 엘리베이터가 설치돼 있고 지하에는 1만 갤런 크기의 빗물 저장 탱크 4개가 나란히 연결되어 있다. 이 물은 화장실과 목욕탕, 정원 등에 이용된다.

• 솔레어 146) : 미국 뉴욕 맨해튼에 자리한 고급아파트 솔레어의 건물 벽에는 태양열을 활용하기 위한 집열판이 붙어 있고 옥상에는 빗물을 화장실·화단 등에 재활용하기 위한 빗물 처리시설이 있다. 태양광을 가급적 집안 깊숙한 곳까지 오랫동안 들어오도록 하기 위해 창문도 일반 아파트에 비해 1m 정도 높게 했다. 이런 시설을 바탕으로 솔레어 아파트는 일반 아파트에 비해 전기 소비는 35%, 수돗물 소비는 50% 가까이 절감하고 있을 뿐 아니라 주민에게 쾌적한 환경을 제공한다.

• 맨유 파이낸셜 라이프 빌딩 147) : 보스턴 시내 한복판에 자리한 맨유 파이낸셜 라이프 빌딩은 두꺼운 유리를 이중으로 대서 건물 외벽을 구성하는 '이중 커튼월'이라는 벽 구조를 갖는다. 두꺼운 유리를 이중으로 대서 건물 외벽을 구성하되 유리 사이에 20cm 공간을 두고 공기를 흐르게 하는 것이다. 한마디로 공기층으로 단열 효과를 내는 것이다. 또 유리에 고성능 코팅을 해서 여름에는 열흡수를 줄이고 겨울에는 열보존율을 높이는 효과도 냈다. 이를 통해 에너지 소비를 연간 6% 정도 절감하였다.

• MIT-스타타 센터 148) : 보스턴 명문대학 MIT 캠퍼스에 있는 스타타 센터는 LEED149) 인증을 받은 그린 빌딩이다. 이 건물은 빗

---

146) 〈매일경제〉 2008 12.1, 김규식 기자, "녹색성장시대 친환경 건축 뜬다".
147) 위의 글.
148) 위의 글.

물을 모아 화장실 물 등으로 활용하는 시스템을 갖추었다. 그리고 에너지 효율을 극대화하기 위해 냉난방한 공기를 천장에서 내려 보내지 않고 바닥에서 흘려보낸다.

- 하버드대 고서보관소: 보스턴 시내에 위치한 하버드대 고서보관소도 일반 건물 에 비해 에너지 소비를 30% 정도 줄인 선도적 친환경 건물이다. 이 건물은 지하수를 끌어 올려 냉난방에 활용하고 있다. 지하수는 계절에 관계없이 거의 온도가 비슷하기 때문에 여름에는 외부 기온보다 낮고, 겨울에는 더 따뜻한데, 이 성질을 냉난방에 이용해 에너지 소비를 줄였다.

(2) 기타국가 정책 및 사례

① 말레이시아
한국쓰리콤은 2008년, 최근 세계적 수준의 환경친화적 건물인 말레이시아 지타워(GTower)에 에너지 효율이 높은 네트워킹 솔루션을 공급, '그린 빌딩'을 완성했다고 발표했다.[150] 말레이시아의 지타워는 말레이시아 최초의 탄소포지티브(*Carbon Positive*, 이산화탄소 발생을 줄여 지속가능한 개발을 준비하는 노력) 건물로, 설계단계부터 전력소모를 줄여 대기중 이산화탄소 배출을 줄이도록 만들어진 그린 빌딩이다.

② 대만
대만 내 400개 상당의 점포수를 보유하는 미용·건강 용품 유통업체 왓슨스(Watsons)의 경우 기존의 출입구 전면 개방형태에서 최근 유리

---

149) LEED(*Leadership in Energy and Environmental Design*) : 미국 그린 빌딩 위원회(USGBC)가 만든 자연친화적 빌딩·건축물에 부여하는 친환경 인증제도. 한국에는 국토해양부와 환경부가 주관하는 친환경 건물 인증제가 있다.
150) 〈디지털 데일리〉 2008. 10. 21, 김재철 기자, "쓰리콤 인텔리전트 빌딩 솔루션으로 '그린 빌딩' 완성".

소재의 외벽과 자동문을 설치했다. 대만 전역에 200여 개의 지점이 분포되어 있는 또 다른 미용·건강 용품 유통업체에서도 에어커튼을 설치하였으며 자동문 설치를 고려중이라고 한다. 유명 의류유통업체 지오다노의 경우 유리 외벽 설치로 출입구를 축소하고 출입구에는 에어커튼을 설치하였다(여름철에 에어커튼이나 자동문만 정상 사용하더라도 냉방에너지 유실량을 무려 80% 이상 방지할 수 있는 것으로 분석되었다).

③ 싱가포르[151]

싱가포르의 'National Library'는 세계 생태건축학도들의 '교과서'로 통하는 곳이다. 우선 건물 내부는 마치 가운데가 빈 원통처럼 지상에서부터 옥상까지 수직으로 뚫려있다. 인위적 난방을 최소화하기 위해 자연풍이 건물 내부에 드나들 수 있도록 한 일종의 '바람길'이다. 또한 건물 안에 9개나 되는 실내정원에서 자연스레 건물이 배출하는 이산화탄소들을 정화시킨다. 그리고 건물 외부에는 빛은 통과시키되 열은 차

〈그림 4-19〉 싱가포르 National Library

출처: http://www.wacom.com/casestudy

---

151) National Library, Singapore, http://en.wikipedia.org; 〈서울신문〉 2008.
8. 18, 이재연 기자, "건물과 숲의 공존 '싱가포르 국립도서관'".

단하는 특수 유리가 설치돼 건물이 지나치게 뜨거워지는 것을 막는다. 또 층마다 작은 차양을 설치해 직사광선이 들어오는 것을 막아준다. 건물 지하에는 빗물저장시스템을 갖춰 식물을 기르는 용수로 사용하며, 냉방용수로는 중수(中水, 재활용수)를 사용한다.

5) 국내사례

(1) 송도국제업무단지

에너지 절약을 위해 송도국제업무단지 대부분 건물에는 수랭식 냉방시스템이 활용될 계획이다. 이 방법은 차가운 물이 흐르는 관을 설치해 냉기를 얻는 방식으로 대형 건물은 공기순환 방식보다 에너지 효율이 훨씬 높다. 이 밖에 수돗물 사용량을 줄이기 위해 중수활용 시설이 도입되고 중앙공원에는 빗물을 저장했다가 조경·청소용수로 활용하는 '레인스테이션'시스템도 갖춰질 예정이다. [152]

(2) 매뉴라이프 건물

유리 외벽 건물로 유명한 매뉴라이프 건물은 보스턴에서 간단한 장비만 도입해 자리 잡은 친환경 건물이다. 매뉴라이프는 커튼월이라는 2중창을 도입해 여름엔 온실효과를 차단하고, 겨울엔 단열효과를 높인다. 유리건물이지만 오히려 에너지 소비를 6% 이상 줄인다. [153]

(3) 제2롯데월드

112층 규모로 건축이 허용된 제2롯데월드는 신재생에너지의 향연장이

---

152) 〈매일경제〉 2008. 12. 1, 김규식 기자, "녹색성장시대 친환경 건축 뜬다".
153) *JOINS* 2008. 12. 2, 안혜리 기자, "환경 위하는 게 돈버는 길".

될 전망이다. 전국경제인연합회와 업계에 따르면 제 2롯데월드에는 태양광 풍력발전 지열냉난방 등 신재생에너지 시스템이 대거 들어선다.

제 2롯데월드에는 지열냉난방 시스템도 도입된다. 지열냉난방이란 여름에는 지표에 비해 온도가 낮고 겨울에는 반대로 온도가 높은 지하수의 열을 건물 안으로 끌어들여 냉난방에 활용하는 것을 말한다.

그리고 옥상에는 풍력발전기가 설치될 예정이다. 또한 폐열을 이용한 난방장치도 도입될 예정이다. 제 1롯데월드와 제 2롯데월드에서 나오는 쓰레기를 모아 소각하는 과정에서 나오는 열을 수집해 난방에 활용한다는 방침이다. [154)

9. 그린 오피스(Green Office)

1) 정의

그린 오피스(*Green Office*) 란 정부기관 혹은 회사의 건물들을 그린 빌딩과 같은 친환경적 건물로 짓는 것이다.

2) 사례

(1) 해외사례

① 스위스 "미네르기"

미네르기란 에너지 절약 기준이 적용되어 건설된 건축물에 부여되는 인증브랜드이며, 또한 이러한 기준을 결정하는 기관이다. 미네르기는 1998년 스위스 건축협회 (SIA) 를 중심으로 세워졌으며 연방정부와 주

---

154) 〈매일경제〉 2008. 9. 22, 홍장원 기자, "제 2롯데월드는 신재생에너지 집합소".

정부도 참여하고 있다.

미네르기 인증은 건축물의 하루 에너지 사용량을 '제곱미터(m^2) 당 킬로와트시(KWh)'단위로 측정한 후 부여한다. 인증을 부여받을 수 있 는 기준은 'm^2당 38KWh'다. 에너지 절약 기술이 사용되지 않는 건축 물은 보통 에너지 사용량이 m^2당 100KWh인 것을 생각해보면 에너지 효율을 2배나 높인 것이다.

미네르기는 에너지 절약 건축기술을 사용해 건물을 짓는다. 프랑스 에서는 건축기술 라이선스를 '수출'했고 일본의 건설회사와는 기술 제 공과 관련한 계약을 했다.

미네르기는 무조건 에너지를 절약하기 보다는 에너지 효율을 극대 화하는 기술을 개발하는 데에 초점을 맞추었다. 특히 15cm정도 두께 의 단열재를 30cm로 증가시키고 지열펌프와 폐열, 태양열 등을 이용 한 난방시스템을 추천한다.

스위스 정부는 이러한 건축물을 더 많이 유인하기 위해 건물 주인에 게 제곱미터(m^2) 당 10~40스위스프랑의 보상을 준다. [155]

② 싱가포르 에디트 타워[156]
싱가포르의 에디트 타워$(EDITT\ Tower)$는 1998년 '열대지역을 위한 생태적 설계$(EDITT: Ecological\ Design\ In\ The\ Tropic)$상'을 받은 켄 양 박사의 지휘로 설계되었다.

이 건물은 사람의 체험을 가장 우선적으로 두었다. 26층으로 된 에 디트 타워는 차갑고, 단절되고, 공허한 느낌을 주는 다른 고층 건물과 달리, 사람과 식물과 상거래가 어우러지며 살아 숨쉬는 공간으로 이루

---

155) 〈동아일보〉 2009. 1. 31, 차지완 기자, "'그린 이코노미' 현장을 가다(9) : 스 위스 '미네르기'".

156) *World Changing*, 알렉스 스테픈 엮음, 김명남·김병순·김승진·나현영· 이한중 번역, 바다출판사, 2006, p. 305.

어졌다. 즉, 이 건물은 건물 안팎, 위아래 전체에 녹지를 끌어 들임으
로써 건물 내부와 외부를 융합하며, 또 고층과 저층을 통합함으로써
산만하게 분산되기 쉬운 대형 건물의 에너지를 온전한 한 덩어리로 융
합하였다.

예를 들면, 위층 사무실과 저층 보행자 공간 사이에 단절이 심하지
않도록 설계되었고, 경사로를 따라 6층까지 걸을 수 있는데, 경사로는
녹색길로 조경을 하고, 옆으로는 줄줄이 상점들이 늘어서 있다. 산책
로에 심은 토착 식물에게 줄 물은 빗물을 모으고 하수를 재활용해 충
당한다. 26층 사무실에서 누군가 변기 물을 내리면, 하수는 정화 시스
템을 거친 뒤에 물을 주는 관개시스템으로 흘러간다. 건물의 수자원
(水資源)이 '닫힌 고리'를 형성하는 셈이다.

그 밖에도 태양열 설비와 자연환기 시스템등과 같은 친환경 설비를
갖추어 공간을 쾌적하게 하고 비용을 절감한다. 에디트 타워는 나중에
부품을 교체하거나 장기적으로 폐기할 것까지 염두에 두고 설계되었기
때문에, 건물 생명주기 전반에 걸쳐 친환경적 요소를 결합시켰다.

이러한 에디트 타워 같은 친환경 고층 건물은 싱가포르 자체의 명소
가 될 뿐만 아니라 고층 건물에서 조경을 살릴 수 있다는 것을 보여
줌으로써, 생태학적으로도 미래의 건축학에 시사하는 바가 클 것이다.

③ 런던의 스위스 재보험 회사 본부[157]
런던에 소재한 스위스 재보험회사 본부는 포스터앤 파트너사의 켄 셔
틀위스가 생태학적 요소를 중시하여 설계한 건물이다. 설계자는 자연
형태와 인간의 작업환경사이의 관계를 논한 버크민스터 풀러의 이론에
서 영감을 얻어 건물구조를 고안했으며, 독특한 모양 때문에 '오이 건
물'이라는 애칭으로도 불린다.

---

157) 위의 글, pp. 307~308.

이 건물을 둘러싼 외벽은 알루미늄, 강철, 유리로 만들어졌고, 지
붕과 벽의 경계를 불분명하게 만들어 낭비하는 공간이 없기 때문에 에
너지 효율이 매우 높다. 독특한 대각선 뼈대를 하고 있으며, 내부 공
간은 몇 개의 지지 기둥들 외에는 아무것도 없이 탁 트여 있다. 사무
실 사이에는 벽이 없는 공용 공간이 배치되어 있는데, 이 공간은 층마
다 다른 위치에 있어서 건물 전체로 보면 나선형으로 휘감아 올라가는
모습을 하고 있다. 또 이러한 공용공간들을 이어주는 환기 통로는 건
물 전면으로 뚫려있다. 막힘없이 수직으로 난 구멍을 통해 빛과 공기
가 건물 구조 전체를 뚫고 지나간다. 이러한 설계 덕분에 공기 청정기
와 냉방의 사용을 줄이고, 에너지를 절약하며, 거주자들의 삶의 질을
높여준다.

④ 에너지·환경 설계 리더십 (LEED)[158]
과거에는 어떤 건물이 '친환경적이다'라는 것은 건물 설계자 혹은 건물
소유자의 일방적 선언에 불과했다. 그러한 선언을 믿느냐 마느냐는 오
로지 신뢰의 문제였다. 객관적이고 믿을 수 있고 모두가 동의할 수 있
는 기준이 마련되지 않았기 때문에, 누구라도 자기 건물이 생태적으로
건강하고 친환경적이라고 주장하면 그만이었다.

그러나 얼마 전 미국의 친환경 건물 단체들이 주도하여 물, 에너지
자원을 절약하는 건물에 점수를 매기는 체계를 만들기 시작했다. 이
제도는 점차 정교하게 발전되었으며, 마침내 미국녹색건축협의회가
에너지·환경 설계 리더십(LEED)이라는 표준을 설정했다. LEED는
친환경 건물들이 자발적으로 준수하는 기준으로서, 상업용 건물이 어
떤 효율적 속성들을 지녔는지 점검하여, 각각에 대해 점수를 매기고
이를 종합하여 단순 인증, 실버, 골드, 플래티넘의 네 등급으로 나누

---

158) 위의 글, p.308; Leadership in Energy and Environmental Design, http:
//en. wikipedia. org

〈그림 4-20〉 LEED 획득을 위해 갖춰야 할 요소

Sustainable
Sites

Awareness &
Education

Innovation
in Design

Materials &
Resources

Regional
Priority

Indoor
Environmental
Quality

Locations&
Linkages

Energy &
Atmosphere

Water
Efficiency

출처: http://www.usgbc.org/what leed measures

는, 건물의 지속가능성을 평가하는 등급체계이다.

미국녹색건축협의회는 공개적 동의과정을 거쳐 기준을 더욱 세밀하게 다듬고 발전시키고 있다. 현재는 실내장식, 건물보수(補修), 주택신축 등과 같은 분야도 포괄하게 되었고, 앞으로는 주거지 개발과 주택개조 등에 대해서도 심사할 예정이다. 이와 같은 미국의 LEED를 모범삼아 세계 각국은 고품질의 친환경 건축을 장려한다. 예컨대 캐나다는 독자적인 LEED 기준을 사용하며, 대만에서 호주에 이르기까지 세계 각지에는 친환경 건축 협의회들이 설립되고 있다.

(2) 국내사례

① 청와대

2009년 준공식을 성공적으로 마친 청와대의 새로운 면회소 '연풍문'은 총면적 859m²의 지하 1층, 지상 2층 규모로 보통 건물에 비해 에너지를 20% 정도 절약할 수 있다. 연풍문의 발전 체계가 하루에 생산할 수 있는 전력량은 형광등 200개를 10시간 동안 지속시킬 수 있을 만큼의 양이다.

청와대는 모든 건물 안의 조명을 에너지 효율이 높은 발광다이오드 (LED) 제품으로 바꾸고 모든 사무실의 유리창문과 창호도 단열효과가 높은 제품으로 바꿀 예정이다. 이번에 연풍문에 설치한 것과 같이 태양, 지열 시스템과 연료전지를 각 건물의 특성에 맞춰 설치할 것이다. 159)

10. 그린 스토어(Green Store)

1) 정의

그린 스토어 (*Green Store*) 는 상품구입에서부터 최종소비에 이르기까지 전 과정에 녹색화 물결을 일으키는 것이다. 정부정책에 일환으로 온실가스 배출량이 높은 점포는 정부가 직접 감축 목표량을 정해주고 이를 달성할 수 있도록 정부차원에서 지원을 해준다. 160)

2) 사례

(1) 해외사례

① 영국

영국의 테스코는 2020년까지 각 점포와 물류센터에서 배출되는 CO_2 배출량을 50% 줄이기로 하였다. 또한 상품에 탄소라벨 부착하는 사업도 추진한다. 161)

---

159) *JOINS*, 2009. 02. 16, "청와대 '그린 오피스'로 바꾼다".
160) 〈한국일보〉2009. 1. 28, 강지원 기자, "유통 공급사슬 녹색화".
161) 위의 글.

② 태국

살라야에 대형 할인마트 테스코는 태국의 대표적 그린 스토어이다. 이 건물주변에는 잔디와 벤치, 연못으로 둘러싸여 있어 공원을 연상시키며 건물 입구에 있는 3개의 풍력 터빈은 1만KW 에너지를 생산한다. 이렇게 생산된 에너지는 주차장 조명과, 타이어 공기 주입, 휴대폰 충전에 쓰인다.

점포 조명에 사용되는 T5 형광등은 기존 조명보다 에너지를 40% 적게 사용한다. 또한 투명하게 만들어진 지붕은 자연광을 최대한 이용하며 LED 전구도 에너지 사용을 80%나 줄였다. 162)

(2) 국내사례

① 홈플러스

경기도 부천시에 홈플러스가 그린 스토어라는 이름으로 개장하였다. 이곳은 주차장이 신선한 공기와 햇빛이 가득한 녹색공간으로 탈바꿈하였다. 전력소모가 적은 고효율 조명과 반사각을 이용해 조도를 편안한 밝기로 맞추었고, 일반 냉동식품 진열대 모두 투명 문으로 되어 있다. 진열대 위와 아래만 형광등을 설치하였고, 7층 옥탑주차장에 3대의 태양광발전기와 6대의 풍력발전기를 설치하였다. 163)

② 신세계 이마트

이마트는 "에코 이마트"라는 명칭하에 이산화탄소 배출량을 최대 20% 절감할 수 있는 정책을 선보이고 이를 2012년까지 모든 점포로 확대해 나간다는 방침을 세웠다. 164)

---

162) *JOINS* 2008. 4. 22, 김진희 기자, "대형마트에 녹색바람 분다".
163) 〈한국일보〉 2009. 1. 28, 강지원 기자, "유통 공급사슬 녹색화".
164) *ETNNEWS* 2008. 9. 17, 김동석 기자, "대형 할인점에도 그린 바람".

11. 기타 그린 비즈니스 사례

1) 그린 웨딩(Green Wedding)

'그린 웨딩'(*Green Wedding*)은 결혼식 때 발생하는 CO_2를 줄이자는 새로운 결혼문화이다. 부부의 첫 시작인 결혼식부터 지구 온난화를 방지하기 위한 노력을 실천하는 젊은이들이 늘고 있는 것이다. 그린 웨딩이 활성화된 미국, 영국에서는 결혼의 전 과정을 친환경적으로 하고 있다.

영국의 '그린 웨딩 포럼'에는 등록회원수가 9,114명에 이르러 친환경 결혼 즉 그린 웨딩에 대한 관심이 높아지는 것을 보여준다. 미국의 결혼정보 사이트인 'Brids.com'은 예비 신랑, 신부의 33%가 친환경 결혼식을 원한다고 발표했다. 이들은 하객이 자전거를 타고 오도록 유도하거나 직접 키운 작물을 요리해 파티 음식으로 내놓고 사치스러운 웨딩드레스 대신 재활용 드레스를 입으며 뜰에서 키운 꽃으로 부케를

〈그림 4-21〉 그린 웨딩(Green Wedding)

출처: http://www.begreenminded.com

만드는 등의 친환경 결혼식을 할 것이라고 한다. 165)

2) 그린 주식(Green Stock)166)

미국 재테크 전문지인 스마트 머니가 제시하는 2008년 투자제안은 "그
린으로 가라"이다. 지구 온난화가 전 세계적으로 문제가 됨에 따라 환
경기술(GT: *Green Technology*)이 황금시장으로 뜨면서 환경친화적 그
린 주식(*Green Stock*)도 '황금알을 낳는 거위'로 부상하고 있다. 그린
주가 유망한 이유는 세계적으로 환경관련 시장이 1990년 3,000억 달
러에서 2005년 6,940억 달러로 급성장하였기 때문이다.

3) 그린 카드(Green Card)167)

2007년 GE는 '그린 카드'(*Green Card*) 즉 지구 온난화를 위해 매년 '지
구의 날'에 적립한 포인트로 온실가스 배출권을 매입할 수 있도록 만
든 카드를 발행했다. 뉴욕 타임즈에 따르면 GE는 'GE머니 어스 리워
스 플래티늄 마스터카드'를 발행해 카드 소지자에게 구매액의 1%를
보상금의 형식으로 주기로 했다. 카드 소지자는 지구 온난화 방지를
위한 GE의 노력에 동참하는 뜻으로 적립된 포인트의 절반을 기부하
고, 나머지 절반을 현금 결제에 사용할 수 있다. GE는 온난화를 방지
하기위해 카드대금 청구, 카드 광고를 온라인을 통해 함으로써 종이
사용을 최소화한다고 강조했다.

---

165) *JOINS*, 2008.7.4, 이정봉 기자, "옥수수 드레스, 화분부케: '그린 웨딩' 어
때요".
166) 〈한국경제〉 2008.3.17, 유병연 기자, "태양광, 물 등 환경산업 '쑥쑥': '그
린 주(株)' 찜해 놓을까".
167) 〈연합뉴스〉 2007.7.26, "GE, 온실가스 배출권 매입용 '그린 카드' 발행".

4) 그린플루언서(Greenfluencer)[168]

환경문제에 대한 관심이 커지면서 녹색, 환경을 의미하는 그린(*Green*)과 영향력을 가진 사람인 인플루언서(*Influencer*)를 합친 신조어인 '그린플루언서'(*Greenfluencer*)의 중요도가 높아졌다. 그린플루언서의 영향력은 롯데 백화점의 '올가' 등 친환경식품 매출이 3년간 30%이상씩 늘었다는 점과, 신세계 이마트의 친환경식품 코너인 '친환경 자연주의'의 2008년 10월 매출이 이전해 보다 23.5% 증가하는 등에서 간접적으로 확인할 수 있다.

5) 그린 금융(Green Financing)[169]

최근 국내외에서 '그린 금융'(*Green Financing*)의 흐름이 조금씩 윤곽을 보이고 있다. 전문 연구기관들은 녹색금융을 '다양한 금융수단을 통해 환경을 보호하고자 하는 친환경 금융'이라고 정의한다. 또 자금력을 동원해 산업계에 직·간접적으로 큰 영향력을 발휘하여 녹색산업이 발전할 수 있도록 유도하는 돈의 힘이라고도 할 수 있다. 녹색금융은 청정에너지 설비투자와 같은 친환경 사업 등에 우대금리를 제공하는 등의 금리혜택을 주는 것이기도 하지만, 환경위해요소가 많은 기업들에게는 대출을 중단하는 등 자금의 흐름을 적극적으로 통제하는 수단이 될 수 있다.

---

168) *JOINS* 2008. 11. 14, 강찬수 기자, "시장 새 강자 '친환경상품 전도사'".

169) 〈머니투데이〉 2008. 10. 8, 황국상 기자, "돈의 힘으로 친환경 기업 가꾸는 녹색금융".

12. 도시광산업(Urban Mining)

1) 도시광산업의 정의[170]

사실 근대화(近代化)가 되기 이전에는 쓰레기란 단어나 개념조차 없었다. 허나, 근대에 들어와 서양 문물이 급속도로 유입되면서 화학제품이 일상화되었고 그에 따라 나일론, 플라스틱, 비닐, 콘크리트, 같은 것이 쌓여 슬러그(Slag, 찌꺼기)가 되었는데 그 슬러그가 쓰레기란 말로 변화하였고, 급속한 근대화로 인하여 썩지 않는 쓰레기들이 넘쳐나기 시작했다. 그런데 이런 쓰레기가 현대에는 유망한 자원으로 급부상하여 매력적인 돈벌이 산업이 되고 있다. 이른바 '도시광산업'(都市鑛山業, Urban Mining)이다.

다시 말해 도시광산업은 핸드폰이나 컴퓨터와 같은 전자제품 중 폐기되는 제품에서 금속자원을 회수, 재활용하는 신종산업으로 1980년대 일본에서 최초로 사용한 단어이다. 자원고갈 시대를 맞아 녹색성장 산업의 하나로 새롭게 부각되고 있다.[171]

휴대폰 · 노트북 같은 수많은 IT 제품의 모바일 과정이 급속도로 진행되면서 덩달아 생산량이 늘고 있는 것이 2차전지(Secondary Cell)이다. 한 번 사용하고 폐기처분하는 일반 건전지와는 다르게 2차전지는 일정 시간을 충전하기만 하면 계속적 사용이 가능하다. 이런 2차전지를 만들기 위해서는 리튬이라는 물질이 반드시 필요하다. 우리들이 들고 다니는 휴대폰 속에는 리튬(Li: Lithium) 외에도 수많은 양의 금속이 내장되어 있다. 그것의 대표적 예는 금(金)이 있다. 다 쓴 폐휴대

---

170) 〈전자신문〉 2009. 3. 26, 안석현 기자, "나눔의 IT문화 이제는 학교다(138) : 도시광산업"(http://blog.daum.net/printview/html?articlePrint_11631338).

171) 〈아이티 뉴스〉 2009. 3. 26, 송영록 기자, "폐전자제품서 귀금속 · 희귀금속 뽑는다, 서울시, '도시광산화 프로젝트' 추진".

폰 1t을 수거하면 약 150g의 금을 모을 수 있다. 1t의 금광석(金鑛石)에서 약 5g의 금이 나오는 것과 비교하면 엄청난 수준이다. 이 밖에 3kg의 은(銀), 100kg의 구리(銅)도 추출할 수 있다.

도시광산업은 이처럼 폐가전제품에서 가격이 비싼 금속을 재가공해 판매하는 것을 의미한다. 광산에서 직접 금속을 캐는 것이 아니라 도시인이 사용하는 각종 IT기기에서 금속을 채취한다고 해서 도시광산업이라는 말이 탄생하였다.

2) 도시광산업의 발생 배경[172]

2008년 초 일본 물질과학연구소(NIMS)가 자국의 도시광산 규모를 추정하여 발표한 이후, 전 세계적으로 도시광산업(Urban Mining)에 대한 관심이 증폭되었다. 사실 '도시광산업'이라는 용어가 나타난 것은 1980년대로, 일본 토호쿠대학 선광제련연구소의 난죠 미치오 교수가 최초로 이 용어를 사용하면서부터다.

일찍이 1980년대에 생겨난 이 개념이 20년이 훨씬 지난 지금에 와서 새삼스럽게 관심을 불러일으키고 있는 이유는 무엇일까? 그것은 바로 자원고갈이라는 인류가 직면한 사실이 더는 피할 수 없는 현실로 다가오고 있다는 점에서 찾을 수 있다. 〈표 4-4〉는 주요 천연자원의 채굴 가능 연수이다.

19세기에 들어서 본격적으로 산업화가 진행된 이후로 과잉생산, 대량소비, 대량폐기로 이어진 무한경쟁시대가 200여 년 동안이나 계속되는 동안에 수백만 년에 걸쳐 생성된 천연자원의 전량(全量)이 소진될 위기를 맞았다. 우리 일상생활을 지탱하고 있는 석유는 머지않아 바닥을 드러낼 상황이고, 산업의 핵심적 원료인 광물자원 역시 같은 상황

172) 에코시안 자원경제연구소 조병희 연구위원, 2008. 12. 24, "도시광산업의 활성화를 위한 선결과제".

〈표 4-4〉 주요 천연자원의 채굴 가능 연수

석유	천연가스	석탄	철	구리	알루미늄	아연	납
40	60	130	85	30	140	20	20

출처: WRI, USGS, 에코시안 자원경제연구소, 2008. 12. 24, 조병희 연구위원, "도시 광산업의 활성화
를 위한 선결과제".

이다. 길어봤자 140년이다. 140년이라고 하면 길어 보이지만 2대(代)
만 지나면 모든 자원이 떨어짐을 의미한다. 더욱이, 석유 같은 주요
천연자원들의 채굴 가능 연수는 상대적으로 짧기에 이에 따른 여파가
클 것으로 본다. 그렇기 때문에 도시광산업이라는 개념이 대두하게 된
것이다.

3) 도시광산업의 현황[173]

광물 자원을 얻기 위해선 먼저 쓰레기, 즉 폐제품을 사용해야 한다.
원료인 전자제품 쓰레기를 구하기 쉽다는 점이 도시광산업의 전망을
밝게 해주고 있다. 또한 일반 광석에 비하여 금속의 함유율도 높아서
경제적이다. 1t의 금광석에선 약 5g 정도만 금을 추출할 수 있는데 비
하여, 같은 양의 버려진 휴대폰에서는 150g의 금과 3kg의 은, 100kg,
의 구리를 얻을 수 있다. 또한 최근 금속 회수 기술이 과거의 구식 '광
석 용융로' 방식에서 염소로 금속을 녹여내는 '습식 회수기술'과 미생
물을 이용한 금속 녹여내기 방식으로 진화하면서 추출의 비용효율성이
높아지고, 안전하게 회수할 수 있게 되었다. 금, 은이나 백금 가격이
급등하면서 도시광산업은 더욱 각광을 받게 되었다.
　또한 금, 은 등 고부가 가치 원자재를 포함한 전자제품 및 자동차의

---

173) 〈조선일보〉 2008. 6. 19, 정철환 기자, "쓰레기의 인생역전"(환경부 녹생성장
　　홍보 웹사이트, http://blog.daum.net/greeng/59).

폐기량은 계속적으로 증가할 것으로 보인다. 폐전자제품은 2005년도
에 680만 대에서 10년 후에는 945만 대로 증가할 것이고, 폐자동차는
2004년 58만 대에서 10년 후에는 74만 대로 증가할 것으로 예상되어
도시광산업의 필요성이 더욱 증가할 것이다.

〈그림 4-22〉 폐자동차 발생량 추이

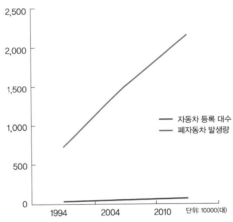

출처: 환경부 녹색성장 홍보 웹사이트, http://blog.daum.net/greeng/59

〈그림 4-23〉 폐전자제품 발생량 추이

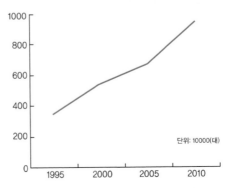

출처: 환경부 녹색성장 홍보 웹사이트, http://blog.daum.net/greeng/59

〈그림 4-22〉에서 자동차 등록대수 대비 폐자동차 발생량이 미비한 것처럼 보이지만 자동차의 등록대수가 740만, 1,500만, 2,150만 대로 상대적으로 커 보이는 것뿐이지 폐자동차 발생량의 증가가 미비하단 것은 아니다. 폐자동차의 발생량은 38만 대, 58만 대, 74만 대의 증가 추세를 보인다. 그러나, 이렇게 증가되는 폐제품들을 100% 모두 사용할 수 없는 실정이다. 도서지역 같이 수거에 어려운 지역에서 발생하는 폐기물은 재활용을 하지 못하고 그대로 방치되거나 매립되어서 단순히 쓸모없는 쓰레기가 되어 자원낭비를 초래한다.

그렇기 때문에 폐전기전자제품 및 자동차 등 고부가가치 제품들에 대한 재활용 산업의 육성 및 활성화가 필요하다. 세계적으로는 벌써 국가 간의 경쟁을 일어나고 있는데, 일본은 이르면 2010년부터 휴대폰 대리점이 의무적으로 폐휴대폰을 회수하게 하는 등 재활용 정책을 한층 강화할 예정이다. 유럽지역에서는 EU가 나서서 폐전자제품의 자원 회수를 강제하는 제도를 각 회원국에게 강요하고 있으며 유미코어 같은 세계적인 자원 재활용 업체를 육성하고 있다.

4) 해외사례

(1) 미국174)

미국 환경청은 휴대폰 업체 4개사와 합작으로 폐 휴대폰 수거와 재활용을 위한 구체적 목표와 행동계획을 내놓았다. 소비자에게 폐휴대폰 1대당 최대 50달러를 보상하는 '바이백 프로그램'을 추진하는 것이다.

---

174) 〈전자신문〉 2009. 4. 15, 최정훈 국제부 차장, "데스크라인: 도시광산".

(2) EU[175)]

EU(유럽연합)에서는 소비자와 휴대폰 업체가 자발적으로 폐전자제품
을 수거·회수하도록 추진하고 있다.

(3) 일본[176)]

일본의 아키타에서는 한국에서 시행하는 도시광산 프로젝트와 마찬가
지로 폐전자제품 수거함을 설치하여 사용하지 않는 핸드폰을 수거해
가는 정책을 시행하며, 핸드폰 외에도 MP3나 캠코더 등 소형가전제
품도 수거하고 있다.
　　일본은 자원부족국가임에도 불구하고 일본 정부의 도시광산업의 적

〈그림 4-24〉 일본 아키타 폐전자제품 수거함

출처: http://greenstep.textcube.com/74

---

175) 정철환 기자, 위의 글.
176) 텍스트큐브 닷컴, 2008.8.24, "회귀광물 재활용, 혹은 도시광업의 현장".

극적 노력 덕분에 2009년에는 '신자원 부국'이라는 호평을 받았다. 일본은 도시광산업으로 금의 축적량이 약 6,800 t 으로, 세계 금매장량의 16%에 이르는 규모이다. 177)

일본 정부는 첫째로 소형가전제품에 비해 방대한 양의 금속 자원이 들어있는 대형가전제품(TV, 에어컨, 냉장고, 세탁기)은 무조건 재활용해야 하고, 자동차에 대해서도 법을 적용하여 재활용을 실행하고 있다.

둘째, 2009년부터 소형가전제품 수거의 의무화를 실행하였다. 만약 회수활동이 활발히 이루어지지 않는 기업이나 판매점 등에게는 최대 벌금 50만 엔을 부과하는 제도를 시행하고 있다.

셋째, 폐전자제품에 들어있는 희소금속자원이 낮은 가격으로 국외에 수출하는 것을 방지하기 위해 폐기물 수출관리를 적극적으로 담당하고 있다. 178)

5) 국내사례

(1) 경기도

경기도 31개 시·군·읍·면·동에서 서울시와 충청도 등과 더불어 사용하지 않는 휴대폰이나 PC등 소형 가전제품 속에 들어있는 금은, 구리 등의 환금성 금속을 추출하여 고가 희귀금속은 다시 원자재로 재사용하고 있다. 이를 통해 폐가전제품을 소각하여 버리는 것이 아니라 재활용을 통해 쓸모 있는 금속자원을 확보하고, 매립·소각에서 발생하는 유해가스 등의 대기오염 물질을 줄이는 녹색성장사업을 지향한다.

서울시는 '도시광산화 프로젝트'(Urban Mining Project)의 계획으로

177) LG경제연구원 유호현 책임연구원, 2009. 4. 29, "일본 사례를 통해 본 도시광산의 미래".
178) LG경제연구원 유호현 책임연구원, "폐기물에서 발견하는 성장의 기회".

412

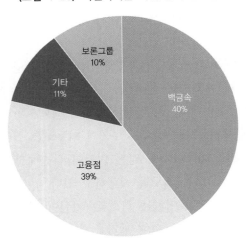

〈그림 4-25〉 자원화되는 희귀 금속 출원동향

- 보론그룹 10%
- 기타 11%
- 백금속 40%
- 고융점 39%

현재 5%를 유지하고 있는 폐전자제품 재활용 수준을 100%까지 높이겠다는 목표로 'Zero Waste 도시 서울'을 추진한다. [179)]

　경기도는 이러한 서울시의 프로젝트를 벤치마킹해 소형가전제품을 버릴 때 들어가는 수수료를 면제해주는 정책을 시행하고 있다. 다만 지정한 소형가전제품 32종에만 해당하며, 대형가전제품(냉장고, 세탁기 등)은 수수료 면제대상에서 제외된다. 대형가전제품의 경우 인터넷이나 전화예약을 하면 신속하게 폐가전제품을 수거해 준다. 소형가전제품 재활용품은 버리는 장소와 시간에 비닐이나 마대 등에 담아서 배출하거나, 우체국과 주민센터에 설치된 '그린 박스'(Green Box) 수거함을 통해 배출할 수 있다. [180)] 또한 집안에 방치된 핸드폰을 어려운 이웃에게 기부하는 '폰 기부(Phone Give) 캠페인'을 진행하여 시민들의 참여를 유도하며, 지방자치단체나 시민단체 등에서 홍보를 적극적으로 펼쳐 시민들의 관심을 유발하고 있다. 그리고 자원순환센터를 설치

179) http://www. olabasic. co. kr/12, 2009. 4. 28, "서울시 도시광산화 프로젝트".
180) 〈전자신문〉 2009. 6. 11, 류경동 기자, "서울 폐가전 무료 수거".

하여 폐전자제품을 수집·운반·처리하며, 어려운 이웃이나 저소득층에게 센터운영을 맡겨 일자리를 창출에도 돕는다. 181)

6) 해외 기업 사례

(1) 파나소닉182)

일본의 전기산업 주식회사인 파나소닉은 2008년 2월, 폐가전제품 중 재생이 불가능했던 혼합물로부터 금속만 회수하는 신기술을 개발했다. 이 기술이 개발되기 전까지 가전제품 폐기물 중 20%는 플라스틱 및 금속 혼합물이라는 이유로 소각되거나 매립처리 됐다. 그러나 이 기술을 적용함으로써 가전제품 100% 재생이 가능해졌으며, 동시에 도시 광산업이라는 신업종을 창출해냈다. 연간 약 70만 대의 가전제품 폐기물을 처리하는 파나소닉의 성공사례는 다른 기업들이 새로운 금속추출 기술을 개발하고, 적극적으로 도시광산업에 진출하는 계기를 마련했다. 파나소닉은 그동안 소비자가 부담하던 폐가전제품 회수비용을 대폭 인하하여 폐가전제품 재활용률을 끌어올리고 있다.

(2) PETEC183)

파나소닉의 리사이클 공장인 PETEC는 2000년 4월에 설립되어 2008년까지 522만 대의 폐가전제품을 재활용했으며, 폐가전 중량의 약 80%를 재생시켰다. 폐가전제품에서 보물을 찾는다는 것을 모토로 질 높은 재활용 원료를 만들며, 2008년 2월 폐가전제품 중 재활용이 불가

181) 위키백과, "서울 도시광산화 프로젝트".
182) 〈전자신문〉 2009. 4. 15, 최정훈 국제부 차장, "데스크라인: 도시광산".
183) 동아닷컴, 2009. 1. 13, 박형준 기자, "'그린 이코노미' 현장을 가다(6): 일(日) 파나소닉 리사이클 공장".

능했던 혼합물로부터 금속만 추출하는 기술을 개발해 발표하였다. 또한 희귀금속 추출을 염두에 두고 기술개발을 하고 있다.

(3) 도와 에코리사이클링[184]

도와 에코리사이클링은 120년 이상 비철금속 제련을 주력으로 한 도와 홀딩스의 리사이클링 그룹이다. 10여 년 전부터는 폐기된 IT 기기를 회수하여 금, 은과 같은 귀금속과 희귀금속을 추출하는 사업을 전개하였다. 도와는 광석에 원료를 100% 투입 할 수 있게 만든 전용 제련설비와, 복합광물처리 등의 기술적 진보를 통해 도시광산업에서 차별화된 경쟁력을 가졌다. 최근 전 세계적 경기 침체로 인해 비철금속 분야가 어려움을 겪는 실정임에도 불구하고, 도시광산업 재활용 분야는 꾸준히 안정적 수익을 만들어 내고 있다. 도와는 기존 광산지역에서 사업을 함으로써 주민들의 거부감을 줄여나갔다. 과거 광산업이 활발했던 폐광지역을 중심으로 도시광산업을 진행함으로써 사업에 대한 이해도와 공감대를 높이고 주민들의 자발적 참여를 이끌어내어 1년에 4,000개가 넘는 회수 실적을 올렸다.

(4) 요코하마 금속[185]

요코하마 금속은 폐기물 전문기업으로 1958년부터 폐기물처리 사업을 영위해왔다. 1990년대 중반에는 일본 최초로 휴대폰 안의 금을 추출하는 사업을 본격적으로 실행하였다. 또한 일반적 기술로는 파쇄, 소각을 통해 폐기물에서 금속을 채취할 수 있는 비율이 4%에 불과한데,

---

184) 〈LG Business Insight 1038〉, 2009. 4. 26, 유호현 책임연구원, "일본사례를 통해 본 도시광산의 미래".

185) http://www.olabasic.co.kr/32, 2009. 4. 30, "일본 도시광산 기업".

요코하마는 자본투자 없이 수작업과 습식제련방식을 통해 효율을
98% 이상으로 끌어올렸다. 수작업은 단일 소재에 대해 파쇄 없이 최
대한의 1차 추출물을 걸러낼 수 있는 장점이 있다. 습식제련은 각각의
금속별로 용매를 달리하여 추출하는 방식으로 시간과 노력이 더 많이
투입되지만, 회수율을 월등히 높일 수 있는 장점이 있다. 폐기물처리
의 집적화를 통해서 처리과정에서도 이윤을 극대화하고, 폐기물을 위
탁한 고객으로부터 신뢰를 얻어냈다. 재활용품의 품질을 공인받기 위
해 런던금속거래소(LME)의 인증을 받아 일본 최초로 재활용 금과 은
의 공인 브랜드로 인증을 받았으며, 더 나아가 국제 표준화 기구의
ISO9001인증을 취득하고, 환경 표준인 ISO14001인증을 받아내는 등
브랜드화 전략을 펼쳐 제품의 신뢰를 높였다.

(5) 리템[186)

도쿄에 있는 리템은 1909년 비철금속 쓰레기를 처리하는 업체로 시작
했지만 17년 전 폐기물 재활용 전문업체로 변신해 대성공을 거두었다.
리템의 공장 앞마당에는 도쿄일대에서 모여든 중고 TV, 냉장고, 에어
컨 등의 각종 폐가전들이 산처럼 쌓여있다. 이 회사는 첫째, "분해하
면 자원이다", 둘째, "버릴 것이 없다", 셋째, "주변의 모든 것이 도시
광산이다"라는 사훈을 가지고 있다.

(6) 베올리아[187)

폐기물처리 분야의 대표기업인 프랑스의 베올리아는 1953년 생활폐기

---

186) 조선닷컴, 2009. 1. 15, 이인열 기자, "휴대폰에서 '금쪽' 캡니다".
187) 〈사이언스 타임스〉 2009. 4. 3, 이강봉 편집위원, "쓰레기에서 금 노다지를 캔다".

물 취합서비스를 시작으로 1967년 소각로 사업에 진출하고 1975년 독성 폐기물처리 사업으로 영역을 확장했다. 이후 대체에너지 생산, 비료화 사업, 리사이클링 사업으로 확장하면서 폐기물 관련 전 분야에 걸쳐 사업을 영위하는 전문기업으로 성장했다. 21세기 들어 폐기물 사업 환경이 고수익 대기업형으로 변화함에 따라 베올리아 매출은 2003년 59억 유로에서 2007년 92억 유로로 연평균 12% 성장했으며, 영업이익률도 6.5%에서 8.7%로 향상됐다. 베올리아와 같은 글로벌 폐기물 전문기업들의 성장은 폐기물처리 사업이 더 이상 고물상 영세사업이 아닌 대기업형 수익사업임을 말해준다.

(7) 유미코어[188]

벨기에의 유미코어는 세계적 규모의 자원재활용 업체이다. 한국에도 진출하여 한국 유미코어로 활동하며, 18가지 종류의 금속을 동시에 처리 할 수 있는 복합광물 처리기술을 보유했는데 이는 전 세계에서 유미코어와 일본의 도와, 캐나다의 에크스트라타 등 3개 기업만이 가진 기술이다.

(8) 일렉트로닉 리커버리 스페셜리스트[189]

미국의 일렉트로닉 리커버리 스페셜리스트는 폐컴퓨터의 기판 내부에 함유되어 있는 금과 팔라듐을 포함한 특수금속을 추출하는 회사이다. 일주일에 10 t가량의 폐컴퓨터를 처리하며, 한 해 동안 올린 순수익이

---

188) 조선닷컴, 2008. 06. 19, 정철환 기자, "쓰레기의 인생역전 버린 휴대폰이 '21세기 노다지'로".

189) 〈월간조선〉 2000. 9. , 김미영 기자, "최첨단 고물더미에서 황금을 건져내는 벤처 제조업 컴퓨터리사이클링".

700만 달러에 달하는 이 회사는 갈수록 증가되는 폐컴퓨터의 양에 비례하여 성장을 가속화시켜 나갈 전망이다.

7) 국내 기업 사례

(1) 애강리메텍[190]

도시광산업 국내시장점유율 1위인 애강리메텍은, 2008년 금속 재생업체인 리메텍을 합병하였다. 최근 서울시의 도시광산업 추진으로 인해 수혜주로 부각되며, 2009년 도시광산업을 통한 800억 원 이상의 매출을 목표로 하였다. 애강리메택은 주로 삼성전자, LG전자의 불량품을 회수해 금광석을 추출하나, 사업다각화의 일환으로 현재 은(Silver) 정련사업을 추진중이다.

(2) 리컴[191]

한국에서 유일한 전문 컴퓨터 재처리업체인 한국컴퓨터리사이클링 주식회사(리컴)의 김희준 사장은 고물업자로 시작하여 1997년에 본격적으로 재활용업계에 뛰어들었다. 리컴은 미국처럼 거대한 용광로나 드넓은 부지가 없어도 대량의 유가금속을 추출할 수 있는 세계최초의 기술로 특허를 냈다. 이 기술이 시행된다면 앞으로 막대한 양의 폐컴퓨터 등의 전자기기를 한국적 방식으로 재활용할 수 있는 길이 열리게 될 것이다. 자본금 7억 5,000만 원에 이르는 리컴의 매출은 도시광산

190) 〈이데일리〉 2009. 3. 27, 김춘동 기자, "애강리메텍, 도시광산업 수혜 '상한가'"; 〈연합뉴스〉 2009. 4. 28, 이준서 기자, "금(金) 매장량, 남아공보다 일본이 많다?".
191) 조선닷컴, 2008. 6. 19, 정철환 기자, "쓰레기의 인생역전 버린 휴대폰이 '21세기 노다지'로".

업이 주목을 받으며 2005년 57억 원에서 2007년 100억 원으로 2년 만에 2배로 뛰었다.

(3) LS 니꼬동제련[192]

1999년 LG금속(주)과, 한국과 일본의 합작회사인 JKJS에 의해 설립된 LS니꼬동제련은 버려진 휴대폰, PC, LCD TV에서 금, 은, 백금, 팔라듐, 알루미늄을 추출하는 재활용전문업체인 휘닉스M&M을 계열사로 편입하였다. 최근에는 전기전자 부품 수거·재활용 전문업체인 리사이텍 코리아를 인수하며 도시광산업에 적극적으로 뛰어들었다. LS니꼬동제련은 단양에 짓고 있는 산업폐기물 재활용 공장과 연결하여 자원재활용사업을 펼칠 예정이며, 그동안 쌓아온 가공기술을 도입해 도심광물자원사업에 적극 이용하겠다는 방침이다.

(4) 나인디지트[193]

나인디지트는 폐휴대폰이나 폐가전제품 등에 소량 포함돼 있는 희귀금속을 자원화하는 기업이다. 희귀금속은 드물게 존재하거나 분리·회수가 어렵고 특정한 나라에 자원이 집중돼 있어 안정적 수급에 위험성이 있는 원소로 알칼리 금속, 희토류 원소, 고융점 금속, 백금족 원소 등을 말한다.

192) 두산백과사전; 〈쿠키뉴스〉 2008. 12. 16, 김찬희 기자, "기업들, 도시광산업·재활용 사업 진출: 쓰레기더미서 노다지 캔다".
193) 〈디지털 타임스〉 2009. 6. 18, 이준기 기자, "희유금속 활용 자원화 기술 '주목'".

(5) 대우건설194)

대우건설은 2008년 11월 국내 최초로 통합형 바이오가스 발전소를 세웠는데 음식물폐수, 하수 오니(슬러지) 등의 유기성 폐기물에서 바이오가스를 뽑아내 전력과 냉난방용수를 생산한다. 폐기물을 활용하여 생산하는 하루 평균 전력은 2,867KW로 318가구가 쓸 수 있다.

(6) 금호석유화학195)

금호석유화학은 2010년 3월을 목표로 여수산업단지에 폐타이어를 연료로 쓰는 열병합발전소를 짓고 있다. 이 발전소에서는 유연탄 사용량의 10%를 유연탄보다 열량이 높은 폐타이어 추출연료로 대체할 계획이다.

(7) 포스코196)

포스코는 2008년 5월 포항시와 양해각서를 체결하고 생활폐기물연료화 사업에 뛰어들었으며, 2011년까지 포항시에 시간당 1만 KW 전력을 생산하는 발전소를 짓고 하루 평균 300 t의 가연성 생활폐기물로 만든 발전소용 고형연료(RDF)를 에너지원으로 쓸 방침이다. 포스코 관계자는 "쓰레기를 이용한 에너지를 생산해 발전은 물론 연간 5만 t의 탄소배출권을 국제시장에 팔아 부수입을 챙길 수 있다"며 "기술 발전으로 폐기물 회수사업이 새로운 성장산업으로 부상하고 있다"고 말했다.

---

194) 〈쿠키뉴스〉 2008. 12. 16, 김찬희 기자, "기업들, 도시광산업 · 재활용 사업 진출: 쓰레기더미서 노다지 캔다".
195) 위의 글.
196) 위의 글.

8) 전망

고철상에서나 좋은 취급을 받던 가전제품에서부터 폐자재에 이르기까지 새로운 가치를 부여받고 있다. 세계는 지속가능한 경영을 위하여 녹색환경을 지향하는 노력을 끊임없이 요구하며 재활용 방법 중 하나인 도시광산업을 주목하게 만들었다.

재화나 서비스를 생산 소비하는 일방적 구조가 아닌 재활용을 통한 순환형 사회로 변화시키고자 하는 게 목적인 도시광산업은 일본이 대표적 선두주자이지만 한국도 이 시장으로의 첫걸음을 떼고자 하고 있다. 골칫거리였던 쓰레기가 한 줄기의 빛을 발하게 된 것은 일회용으로 소모되는 화석연료와는 달리, 우리생활에 밀접해 있는 각종 전자제품에서 금이나 은 같은 광물들을 다시 뽑아서 쓰는 또 다른 고부가가치 기술이기에 장밋빛 기술로 각광받을 것이다. [197]

또한 각종 폐자재를 매립하거나 소각하는 과정에서 부산물로 발생되는 CO_2발생량도 줄일 수 있다. 서울시청개발연구원의 김운수 연구원은 "서울에서만 2010년 이후가 되면 한 해 67만 t 이상의 탄소발생을 감소시킬 수 있을 것"이라고 전망했다. [198]

도시광산업을 통해서 나날이 가치가 올라가는 리튬이나 인듐과 같은 희유금속을 채취하기가 수월해질 것이기 때문에 잠재력이 무궁무진하다는 점도 눈여겨볼 만하다. 희유금속은 땅속에 존재하는 양이 적으며 지리적으로 분포하는 상태가 불균형적이기 때문에 뽑아내기가 제한적인 금속자원을 총칭하는 것이다. 기술적으로도 추출하기가 쉽지 않지만 첨단전자산업의 결정체에 널리 사용되며 현재의 상황은 이들 제

---

197) LG경제연구원 유호현 책임연구원, 2009. 4. 28, "일본 사례를 통해 본 도시광산의 미래".
198) 〈CNB저널〉 2009. 4. 13, 박성훈 기자, "못 쓰는 가전제품 모으면 도시도 금광(金鑛)".

품이 성장세에 있기 때문에 도시광산의 역할은 커질 것이다. 따라서, 광범위하게 자원을 소비하면서 IT제품에서 강점을 보이는 우리나라의 경우 앞으로 도시광산업에 좀더 적극적으로 나설 필요가 있다.

우리나라는 다른 선진국과 달리 폐기제품의 발생에서부터 처리에 이르는 전 과정의 데이터베이스와 연결망이 체계적이지 않기 때문에, 도시광산업을 통해 우리가 재활용할 수 있는 자원과 이를 통해 이익을 얼마나 볼 수 있을지 파악하기가 어렵다. 또한 도시광산업이 단순한 처리작업이 아닌 무에서 유를 창조하는 고난도의 기술집약적 사업인데, 이제 막 사업에 뛰어든 지자체와 기업들의 기술수준이 낮은 것도 해결해야 할 과제이다. 혁신적 기술개발과 지속적 연구개발을 통한 기술 축적을 바탕으로 사업시스템의 효율화 달성과 앞서 말한 양질의 데이터베이스의 구축을 이루어야 우리나라도 도시광산업을 통한 자원부국에 한 걸음 다가설 수 있을 것으로 보인다. 199)

또한 제품으로부터의 자원 회수를 원활하게 하기 위한 기반을 마련하기 위해 제품이 포함하는 희유금속의 함량과 종류를 조사하는 작업을 통해 정보를 구축하는 것도 이루어야 할 과제이다. 그리고 사업이 활발하게 이루어지기 위한 시장 활성화를 위해 제도적 기반과 전담부서의 운영도 중요한 요인이다. 200)

정부와 기업의 노력뿐만 아니라 분위기와 여건을 조성하기 위한 일반인들의 의식 변화도 이루어져야 할 것이다. 나 자신부터가 환경을 위한다는 마음가짐으로 일상생활에서 폐기물의 재활용에 대해서 앞장설 수 있어야 한다. 그리고 이를 장려하기 위해 정부나 기업에서는 유인을 제공하여 민·관·기업이 동반자적 관계를 유지해야 할 것이다. 201)

---

199) 〈아이티 뉴스〉 2009. 3. 27, 송영록 기자, "폐전자제품서 귀금속·희귀금속 뽑는다: 서울시, '도시광산화 프로젝트' 추진".
200) 〈환경일보〉 2009. 3. 22, 조은아 기자, "도시광산, 무한 가능성을 엿보다".

13. CDM

1) CDM 사업

청정개발체제(CDM: *Clean Development Mechanism*, 이하 CDM으로 통일)는 교토 의정서 조항에 의해서 의무적으로 감축량이 정해진 선진국이 배출량에 대한 감축비용과 감축의무가 상대적으로 낮은 개발도상국에게 자본과 기술을 투자하여 온실가스를 감축하기 위한 사업을 시행하는 것을 말하는 것으로, 감축된 온실가스 배출량에 한하여 투자국의 배출권을 인정하는 경제체제이다. [202]

    CDM 사업은 부속서 Ⅰ국가(Annex Ⅰ)들에게 유연성(*flexibility*)을 부여해주는 시장구조(Kyoto *mechanism*) 중 하나이다. 투자국(선진국)에게는 비용적 측면에서 효과적으로 감축의무를 달성할 수 있도록 도와준다. 그리고 기술적 분야뿐만 아니라 경제적 분야에서 상대적으로 약자 입장인 투자유치국(*host country*)에게는 최적 적용가능 기술(BAT: *Best Available Technology*)을 도입하여 최선의 환경개선을 실현할 수 있는 기회를 제공한다. [203]

(1) CDM 사업 추진국가와 CDM 사업 유치국가[204]

CDM 사업 추진국가, 즉 CDM 배출권 구매국가들은 영국, 네덜란

---

201) LG경제연구원 유호현 책임연구원, 2009. 4. 28, "일본 사례를 통해 본 도시 광산의 미래".

202) Clean Development Mechanism, http://en.wikipedia.org; 〈CDM 시장의 미래와 기업참여 전략〉, 대한상공회의소.

203) 〈2007년 CDM 방법론 맵 작성〉(CDM Methodology Map), 에너지관리공단.

204) 《그린 머니》 2008, 조현재, 매일경제신문사, p. 119; 《기후변화의 경제학》 2007, 문하영, 매일경제신문사, pp. 175~176.

드, 스웨덴, 스페인, 이탈리아, 스위스, 일본 등이고, 주요 CDM 사업 추진기업은 유럽기업과 일본기업이 주류를 이룬다. 가장 적극적으로 CDM 사업을 벌이고 있는 국가는 19개 사업을 진행하는 일본이다. 반면에, CDM 사업의 주요 유치국가는 중국, 인도, 브라질 등이다.

중국은 정부 및 지방자치단체의 적극적인 노력 및 풍부한 CDM 사업 경험으로 탄소절감형 투자환경이 좋은 것으로 평가받아, 가장 매력적인 CDM 사업 유치국가로 주목받는다. 중국 정부는 비공식적으로 1CER의 가격을 최소 10달러 선으로 고정해 놓았다.

2009년 현재 CDM 사업은 전 세계적으로 126개의 사업이 진행되고 있다. 이들 CDM 사업을 통해 2012년까지 감축할 것으로 예상되는 온실가스 배출량은 총 1억 5천만 t 에 달한다. 이를 현재의 시세로 평가하면, 약 33억 유로(한화 약 6조 원)의 시장이 창출되는 것이다. 따라서 선진국들 간에 CDM 사업을 선점하려는 경쟁도 치열하다.

CDM 사업에서는 CER, tCER, 1CER과 같은 크레딧이 발생할 수 있다. 조림 및 재조림 CDM 사업을 통해서는 tCER, 또는 1CER이 발생하며 그 외 나머지 사업에서는 CER이 발생된다. [205]

(2) CDM 사업에서 발생되는 크레딧 (tCER, ICER)

tCER(일시적 크레딧)은 발행한 크레딧을 일정기간 동안만 인정하고 기간이 만료되면 크레딧을 다시 갱신하거나 또는 발행한 tCER 양만큼 일반 크레딧으로 채워넣어야 한다.

1CER(장기적 크레딧)은 tCER과 비교하였을 때 CER 발생기간 (*crediting period*)의 종료와 함께 무효화되어 발생한 1CER 양만큼 영구적 일반 크레딧으로 대체하여야 한다. tCER과 1CER을 비교하면 〈표 4-5〉와 같다. [206]

---

205) 〈기업을 위한 CDM 사업 지침서〉.

〈표 4-5〉 tCER과 ICER의 비교

	일시적 CER (Temporary CER, tCER)	장기적 CER (Long-term CER, ICER)
공약달성에 사용가능한 시기	• tCER/ICER를 발행한 공약기간 중 공약달성에 사용 가능 • 차기 공양기간으로 이월은 불가능	
CERs의 유효기간	• tCER을 발행한 공약기간의 다음 공약 기간말까지	• 사업 ICER발행기간(crediting period) 말까지
CERs의 재발행	• 사업개시 시점부터의 탄소축적 변화량에 따라 tCER전량을 재발행 • 탄소축적이 증가한 경우 tCER의 양은 최초발행량보다 증가, 탄소축적이 감소한 경우 tCER양은 최초발행량보다 감소	• 첫회 크레딧 인증시 발행한 ICER 양은 그 후에도 같은 양 유지 • 두 번째 이후 ICER 인증시에는 탄소축적이 이전보다 증가한 경우 전회 인증분에 대한 증가분에 대해서만 두 번째 인증분의 ICER을 발행 • 두 번째 이후 ICER 인증시에는 탄소축적이 전회 인증시보다 감소한 경우 다른 ICER로 감소분을 보유
CERs의 보충	• 효력을 상실한 tCER은 타 크레딧을 이용해 보충	• 효력을 상실한 ICER 및 탄소축적 감소분은 타 크레딧을 이용해 보충

출처: 2007 기업을 위한 CDM 사업지침서.

(3) CDM 사업의 등장배경

기후변화협약을 거쳐, 2005년 2월 16일 '교토 의정서'가 공식적으로 발효됨에 따라 부속서 I 국가들은 1차 의무감축기간 동안 1990년에 비해 평균 5.2%의 온실가스를 감축해야 한다는 의무를 갖게 되었다. 이에 따라 선진국들은 초과하는 탄소배출량을 줄이는 것이 최대의 과제로 떠올랐는데, 할당받은 온실가스 감축 목표량을 자국 내 노력만으로 달성하기에는 막대한 비용이 소요될 것으로 예상되므로 좀더 비용효과적으로 배출목표를 달성하기 위한 방법이 요구되었다.

이에 부합하는 하나의 방법론으로서 등장하게 된 것이 바로 CDM 사업이다. 부속서 1국가의 참여 없이 진행된 2005년 2월 CDM 집행

206) 위의 글.

위원회 18차 회의에서 CDM 사업이 허용되었는데, 개발도상국에 속하면서도 상당한 자본력과 기술력을 확보하는 우리나라는 투자유치국으로서의 역할뿐만 아니라 사업투자국으로서의 기회까지 가지기 때문에 국내에서 CDM 사업에 대한 관심은 고조되며, 사업 활성화가 이루어지고 있다.[207]

CDM 사업에 의한 CERs 거래 규모는 2005년 교토 의정서가 발효된 이후 396백만 t(1,985백만 유로)이었지만, 2006년에는 사업추진 규모가 빠르게 성장하면서 그 규모가 523백만 t(3,349백만 유로)로 성장하였고, 2007년 CERs 규모는 456백만 t을 넘어섰다.

지역적 측면에서는 대부분의 사업이 중국, 인도를 중심으로 하는 아시아와 남아메리카에 집중되어 있다. 2006년 이전에는 남아메리카에 집중된 사업추진 경향에서 2006년부터는 아시아 시장으로 CDM 사업이 집중되는 경향을 보이며, 이러한 지역적 편중성은 최근 국제사회에서도 이슈가 되었다. 또한 아프리카 국가들은 자국의 CDM 역량강화를 위한 국제사회의 지원을 강력히 요청하는 실정이다.[208]

(4) CDM 사업의 종류

CDM 사업은 규모에 따라 소규모와 일반 CDM 사업으로 나누어지며, 사업내용에 따라 흡수원 CDM 사업과 비흡수원 CDM 사업으로 나누어진다. 그러나 원자력시설로부터 얻어지는 이산화탄소 저감분에 관해서는 교토 의정서의 저감의무 달성에 사용하는 것을 삼간다(*refrain*)고 되어있다. 제 1차 의무 이행기간 중, 흡수원(*sink*)에 관한 CDM 사업은 신규조림(造林) 및 재조림(再造林)으로 한정되며, 산림경영에 의한 온실가스 감축은 CDM 사업으로 인정되지 않는다.[209]

207) 〈2007년 CDM 방법론 맵 작성〉(CDM Methodology Map), 에너지관리공단.
208) 〈CDM시장의 미래와 기업 참여 전략〉, 대한상공회의소.

① 사업규모에 따른 CDM 사업 분류: 소규모 CDM 사업[210]

〈표 4-6〉 소규모 CDM 사업 형태 및 최대허용용량

형태 (Type)	감축활동 내용	용량
Type Ⅰ	재생에너지 사업 (Renewable Energy Project Activity)	15MW 이하
Type Ⅱ	에너지 효율 향상 사업 (EEI: Energy Efficiency Improvement Project Activity)	60GWh/year 이하
Type Ⅲ	기타 온실가스 배출감축 사업 (Other Emission Reduction Project)	60kt CO_2 eq./year 이하

출처: 〈2007년 CDM 방법론 맵 작성〉(CDM Methodolog Map) decision 1/CMP. 2. p8. para28

CDM 사업을 크기별로 구분하면, 소규모 CDM 사업과 일반 CDM 사업으로 나눌 수 있다. 소규모 CDM 사업은 제7차 당사국 총회에서 진정한 사업으로 아래와 같이 세 가지 종류로 나누어진다.

- 최대발전용량이 15MW (또는 상당분) 까지의 신재생에너지 사업
- 에너지 공급/수요 측면에서 에너지 소비량을 최대 연간 60GWh (또는 상당분) 저감하는 에너지절약 사업
- 인위적 배출감축사업으로서 직접배출량이 연간 6만 CO_2 t 미만의 사업

a. 재생에너지 사업 (Type Ⅰ)
재생에너지 사업은 태양열, 태양광, 풍력, 지열과 같은 신재생에너지원을 사용하여 최종수요자 (end-user) 에게 전기, 열, 동력을 제공하는

___
209) 〈2007 기업을 위한 CDM 사업지침서〉.
210) 〈2007년 CDM 방법론 맵 작성〉(CDM Methodology Map), 에너지관리공단.

활동에 의하여 최대 15MW의 에너지를 생산하는 사업을 의미한다. 규정된 용량(15MW)은 장비·설비의 제조자가 명시한 설비용량 혹은 계수적 용량(*installed/rated capacity*)을 의미하는 것으로, 실제 부하량(*actual load*)이나 평균 부하량(*average load*)을 의미하는 것은 아니다. MW는 전력(*electrical*)을 기준으로 하는 것으로, MW(*thermal*)이나 MW(*peak*)는 MW(*e*)로 환산하여야 한다.

재생에너지를 이용하여 화석연료를 대체함으로써 화석연료 연소에서 발생되는 이산화탄소 배출량을 감축하고자 하는 소규모 사업이 이에 해당된다.

재생에너지를 통해 생산하는 최종에너지에 따라 전기·동력·열에너지로 분류하며 〈그림 4-26〉과 같이 정리할 수 있다.

b. 에너지효율향상 사업(TYPE II)

소규모 에너지효율향상(EEI: *Energy Efficient Improvement*) 사업은 에너지 수요자와 공급자의 에너지 소비 감소활동에 의해 60GWh/year 이하에 해당되는 에너지 소비를 감소하는 사업을 의미한다.

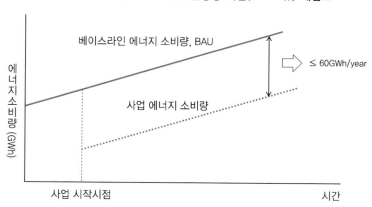

〈그림 4-26〉 적격한 에너지효율향상 사업(TYPE II) 개념도

출처: 2007년 CDM 방법론 맵 작성(CDM Methodology Map), 에너지관리공단.

에너지효율은 단위 힘(*power*)당 제공되는 서비스의 증가로 정의되므로 투입된 에너지(MW)당 생산되는 전력, 빛, 열, 동력, 수송력 등이 증가된다면 에너지효율이 향상된 것이라 볼 수 있다. 생산량 감소로 인하여 에너지 소비가 감소한 경우에는 에너지효율향상 활동을 인정하지 않는다.

c. 기타 온실가스 배출감축 사업(TYPE Ⅲ)

TYPE Ⅲ에 속하기 위해서는 다음 2가지 조건을 만족시켜야 한다.

- 사업활동으로 발생되는 GHG 배출량은 베이스라인 배출량보다 낮아야 한다.
- 연간 배출 감축량이 60kt CO_2 eq. /year 이하여야 한다. [211]

농업관련사업, 연료전환, 사업공정 및 폐기물 처리, CO_2 재활용, 탄소 전극봉, HFCs, PFCs, SF6 사용, 질산 생산등과 관계된 사업은 TYPE 3에 해당된다.

② 배출 감축 및 흡수원에 따른 분류: 신규조림 및 재조림 CDM[212]
교토 의정서는 신규조림, 재조림, 산림전용(3-3조) 및 산림경영(3-4조)으로 발생한 온실가스 흡수량 또는 배출량을 탄소배출권으로 인정하였다.

제7차 당사국 총회에서 채택된 마라케쉬 합의문에서 제1차 공약기간 동안에는 신규조림, 재조림 CDM 사업은 기준연도 총배출량의 1%를 상한으로 정하고, 산림경영 CDM 사업은 인정하지 않기로 하였다. 산림경영은 제1차 공약기간에는 국내 산림경영 및 JI사업으로

---

211) 위의 글.
212) 〈2007 기업을 위한 CDM 사업지침서〉.

발행한 총 CO_2흡수량에 대해 기준연도 총 배출량의 3% 이내로 인정하기로 결정하였다.

신규조림 CDM 사업은 이전 50년간 산림이 아니던 토지를 산림으로 전환하는 사업을 말하며, 재조림 CDM 사업은 1990년 이전에 산림이 아닌 토지를 산림으로 전환하는 사업을 말한다(우리나라 산림 1ha당 연간 이산화탄소 순흡수량은 대략 $7CO_2$ t).

a. 소규모 신규조림 및 재조림 CDM 사업이란? [213]

소규모 신규조림 및 재조림 CDM 사업은 CDM 사업 유치국(개발도상국)이 정의한 저소득 지역사회나 개인이 개발하는 연간 $8,000 CO_2$ t 이하를 순흡수하는 신규조림 및 재조림 사업을 말한다. 사업의 규모는 조림 나무의 종류에 따라 차이를 보이나, 통상 300~1,000 ha 정도이다(2005 국립산림과학원).

일반 CDM 조림 사업은 흡수량을 측정할 때, 실제 측정을 요구한다. 하지만 소규모 CDM 조림 사업은 미리 정해진 수치를 이용하여 일반 CDM 조림 사업에 소요되는 비용보다 낮다.

소규모 신규조림 및 재조림 CDM 사업은 ODA 자금이 사용되지 않았으며 비상업적 조림임을 증명함으로써 사업의 추가성을 증명할 수 있으며, 발생된 CER의 유효기간은 다음 중 하나를 선택할 수 있다.

- 2번의 사업기간 갱신이 가능, 1회당 최대 20년(최대 60년 가능).
- 사업기간 갱신 없이 최대 30년.

---

213) 위의 글.

③ 투자자 형태에 따른 분류214)

a. 양국간 청정개발체제(bilateral CDM)
교토메커니즘의 기본 구상안으로써, CDM 사업은 선진국에서 사업을 개발하고 이를 후진국에서 유치하는 형태를 말한다.

b. 다국간 청정개발체제(multilateral CDM)
양국간 청정개발체제의 사업개발에서 위험을 분담하는 의미로 다수의 선진국들이 공동으로 사업을 개발하여 후진국에서 이를 유치하는 형태를 말한다.

c. 단독 CDM 사업(unilateral CDM) 215)
개발도상국가나 후진국이 스스로 CDM 사업을 진행한 후, 구체적 성과를 만들어 선진국에 판매하는 방식도 가능한데, 이를테면 개발도상국가들이 배출권을 직접 시장에 매각하기 위해서 단독으로 CDM 사업을 시행하는 것이다. 이를 단독 CDM이라고 부르며, 온두라스가 UNFCCC에서 이 방식을 승인받은 후, 개발도상국과 후진국들이 적극적으로 이 사업을 진행하고 있다. UNEP에 따르면, 자국 스스로 CDM 사업을 진행해 탄소배출권을 인정받을 수 있는 단독 CDM 사업이 현재 55건에 이른다. 216)

우리나라는 교토 의정서에서 개발도상국 입장이므로, 후진국에서 직접 CDM 사업을 시행하기가 쉽지 않다. 그러나 우리나라가 개발도상국 입장이라고 해서 아무런 조치를 않다가는 선진국들이 핵심적 투자 대상국을 거의 점령해 버릴 수 있다는 점을 우려해야 한다. 217)

214) 에너지관리공단, 위의 글.
215) UNEP, *CDM Informarion and Guidebook* 2004; 《그린 머니》 2008, 조현재, 매일경제신문사, pp. 121~122.
216) 위의 글; 위의 글, p. 124

(5) CDM 사업의 활용분야

① UNFCCC에 의한 CDM 사업 분류

〈표 4-7〉 CDM 사업 활용방안 및 탄소시장

	분야	사업 예시
1	에너지산업	재생에너지발전(태양광·풍력), 열병합, 폐열회수발전
2	에너지 공급	송배전, 지역난방배관 효율향상
3	에너지 수요	증기시스템 효율개선, 양수펌프 효율개선
4	제조업	연료전환, 폐열회수
5	화학산업	아디핀산 생산시설 N_2O 감축
6	수송	온실가스 저배출 자동차 이용
7	광업/광물	탄광 또는 석탄층에서의 메탄 포집
8	금속공업	알루미늄 고장에서 PFC 감축사업
9	연료로부터 탈루성 배출	석유시추정 가스 포집, 가스배관 누출 방지
10	할로겐화탄소, 6불화황 생산·소비	HFC23 소각
11	폐기물 취급 및 처리	매립지, 축분 메탄 포집
12	조림 및 재조림	황무지 재조림
13	농업	축분, 축산폐수 메탄 포집

출처: "기후변화대응 가이드라인", 에너지관리공단(2006) 발표자료.

② CDM 가능사업 예시 목록[218]

유엔환경계획(UNEP) 안내서에 예시된 CDM 가능사업은 〈표 4-8〉과 같다.

---

217) 위의 글; 위의 글, p. 125.

218) UNEP, *CDM Informarion and Guidebook* 2004;《기후변화의 경제학》2007, 문하영, 매일경제신문사, p. 195.

<표 4-8> CDM 가능사업

사업유형	상세분류	사례
재생 에너지	A. 사용자에 의한 전력생산	독립형 태양광발전
		태양광 양수펌프
		소수력발전
		소규모 풍력발전
		식물기름 이용 발전
	B. 사용자를 위한 일에너지 생산	물방앗간
		풍력이용 양수펌프
	C. 사용자를 위한 열에너지 생산	태양열 온수기
		태양열 건조기
		바이오가스 이용
		바이오매스 이용 열병합 발전
	D. 재생에너지를 이용한 계통연계발전	수력발전
		파력발전
		조력발전
		대규모 태양광발전
		해상, 육상 풍력발전
		대규모 바이오가스 이용발전
		매립지가스 이용발전
		지열발전
에너지 효율향상	A. 공급부문에너지 효율향상 송전 및 배전	전기송전 및 배전 효율향상
		열전송 및 분배 효율향상
	B. 공급부문 에너지 효율향상 발전	발전소 효율향상
		지역난방 효율향상
	C. 수요부문 에너지 효율프로그램 특정기술 적용, 다수 지역	고효율 조명
		고효율 냉장고, 냉동시설
		고효율 팬, 에어컨
		고효율 전기모터
	D. 산업시설 에너지 효율 및 연료전환사업(단일 현장)	에너지 효율장치(모터, 펌프, 냉각기)
		연료전환(1차목적: 에너지 효율향상)
		산업공정 효율 향상(철강, 제지 등)
	E. 건물 에너지 효율 및 연료전환사업	에너지 효율장치(가전제품, 단열강화)
		연료전환(1차목적: 에너지효율향상)

출처: 기후 195, UNEP, CDM Information and Guidebook 2004.

2) CDM 사업 참여요건[219]

CDM 사업에 참여할 의사가 있는 부속서 I국가(선진국)와 비부속서 I 국가(개발도상국)는 먼저 아래 3가지 기본요건들을 만족시켜야 한다.

- 교토 의정서 비준
- CDM 사업에 자발적 참여
- 국가 CDM 승인기구(Designated National Authority) 설립

부속서 I국가(투자국)의 경우 위의 세 가지 요건 이외에 〈표 4-9〉의 요건들도 충족시켜야만 CDM 사업에 참여할 수 있다.

CDM 사업의 활성화를 위하여 2000년 1월 1일 이후부터 착수된 CDM 사업의 경우, 2005년 12월 31일 이전에 CDM 집행위원회에 CDM 사업등록요청을 한 경우, CDM 사업으로서 등록이 가능하다.

〈표 4-9〉 부속서 I 국가의 CDM 사업 참여요건

• 초기감축목표가 확실하게 정해져 있을 것
• 국가 배출량, 흡수량 산정시스템을 보유하고 있을 것
• 국가 온실가스 등기부(Registry)를 보유하고 있을 것
• 연간 온실가스 인벤토리 제출할 것

출처: 〈2007 CDM 사업을 위한 기업 지침서〉.

---

219) 〈2007 기업을 위한 CDM지침서〉.

3) CDM 사업 절차 및 각 단계별 고려 사항220)

CDM 사업의 절차는 〈그림 4-27〉처럼 도식화할 수 있다.

〈그림 4-27〉 CDM 사업의 절차

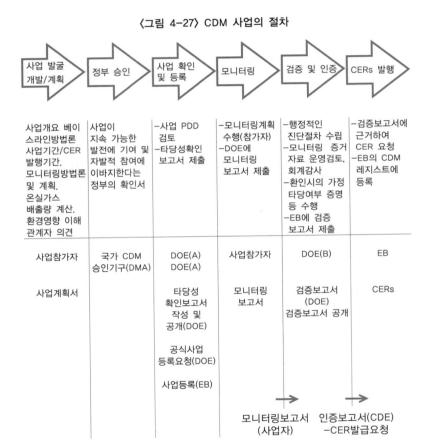

사업 발굴 개발/계획	정부 승인	사업 확인 및 등록	모니터링	검증 및 인증	CERs 발행
사업개요 베이스라인방법론 사업기간/CER 발행기간. 모니터링방법론 및 계획. 온실가스 배출량 계산. 환경영향 이해 관계자 의견	사업이 지속 가능한 발전에 기여 및 자발적 참여에 이바지한다는 정부의 확인서	−사업 PDD 검토 −타당성확인 보고서 제출	−모니터링계획 수행(참가자) −DOE에 모니터링 보고서 제출	−행정적인 진단절차 수립 −모니터링 증거 자료 운영검토, 회계감사 −환인시의 가정 타당여부 증명 등 수행 −EB에 검증 보고서 제출	−검증보고서에 근거하여 CER 요청 −EB의 CDM 레지스트에 등록
사업참가자 사업계획서	국가 CDM 승인기구(DMA)	DOE(A) DOE(A) 타당성 확인보고서 작성 및 공개(DOE) 공식사업 등록요청(DOE) 사업등록(EB)	사업참가자 모니터링 보고서	DOE(B) 검증보고서 (DOE) 검증보고서 공개	EB CERs
			모니터링보고서 (사업자)	인증보고서(CDE) −CER발급요청	

출처: 〈2007 기업을 위한 CDM 지침서〉.

---

220) 위의 글.

(1) 1단계: CDM 사업 발굴과 계획단계

1단계는 CDM 사업을 추진하고자 하는 부속서 I 국가의 사업자가 비부속서 I 국가의 재정적 문제나 기타 이유로 인하여 추진이 힘들다고 판단되는 온실가스 감축사업을 발굴하면서부터 시작된다. 그러나 제18차 CDM 집행위원회 회의에서 부속서 I 국가의 사업자 참여 없이 비부속서 I 국가 사업자가 CDM 사업을 발굴하여 등록할 수 있다고 결정함으로써 결과적으로 자본력과 기술력을 가진 비부속서 I 국가 내 사업자들은 CDM 사업에 참여하여 뚜렷한 양상을 나타내고 있다.

CDM 사업수행자가 CDM 사업을 발굴하게 되면 먼저 CDM 사업계획서(CDM-PDD: CDM *Project Design Document*)를 작성한다. CDM 사업계획서는 〈표 4-10〉과 같이 크게 6개의 부분으로 구성된다.[221]

CDM 사업계획서 중에서 베이스라인 및 모니터링 방법론은 CDM 집행위원회의 승인을 얻은 방법론을 이용하여야 하며 2007년 12월 현재 총 48개의 방법론이 있다.

CDM 사업자가 새로운 베이스라인 또는 모니터링 방법론을 적용하는 사업을 추진하려고 할 때에는, CDM 사업운영기구(DOE)를 통해 CDM 집행위원회에 방법론을 제출하고 승인받아야 한다. CDM 집행위원회는 정해진 절차에 따라 제안된 방법론을 4개월 이내에 검토하여 승인 여부를 결정하는데, 일단 CDM 집행위원회가 방법론을 승인하게 되면, 새로운 방법론은 관련 지침서류들과 함께 공개된다. 만일 CDM 집행위원회 또는 COP/MOP가 승인된 방법론에 대해서 수정을 요구하게 되면, 어떠한 CDM 사업도 이 방법론을 사용하는 것은 불가능하다.

---

221) 위의 글.

436

<표 4-10> CDM 사업계획서의 구성

A. 사업 개요 (General description of project activity)
B. 베이스라인 및 모니터링 방법론 적용 (Application of a baseline and monitoring methodology)
C. 사업 기간 / CER 발급 기간 (Duration of the project activity / Crediting period)
D. 환경 영향 (Environmental Impacts)
E. CDM 사업으로부터 영향을 받을 수 있는 지역, 단체 또는 개인의 의견 (Stakeholder's comments)
F. 기타 (Annexes)

출처: 〈2007 기업을 위한 CDM지침서〉.

(2) 2단계: CDM 사업 타당성 확인 및 정부승인

CDM 사업수행자는 작성된 CDM 사업계획서를 COP/MOP가 지정한 CDM 운영기구(DOE)들 중 하나의 운영기구에서 사업계획서의 타당성을 확인(validation) 받아야 한다. CDM 사업수행자에 의해 선택된 CDM 운영기구에서는 CDM 사업자가 제출한 CDM 사업관련 서류들이 CDM 사업에 관한 각각의 요건을 만족하는지 먼저 검토되고, 이를 바탕으로 제안된 사업에 대한 타당성 검토보고서(validation report)를 작성해야 한다. 2007년 12월을 기준으로 CDM 집행위원회에서 지정한 CDM 사업운영기구의 총 개수는 18개이다.

CDM 사업수행자는 CDM 사업이 추진될 유치국(비부속서 I 국가)과 투자국(부속서 I 국가)의 CDM 사업승인기구에 CDM 사업국가승인서를 요청한다. 그러나 위에서 언급한 것처럼 제18차 CDM 집행위원회 회의(2005. 2)에서 CDM 사업등록단계에서는 비부속서 I 국가의 CDM 사업국가승인서만 제출하여도 등록이 가능한 것으로 결정되었으며, 이 경우에는 CER의 계좌이체를 요구하는 단계에서 부속서 I 국가의 승인서를 포함해야 한다.

CDM 사업유치국의 CDM 사업국가승인기구(DNA)는 자국내 CDM

사업수행이 자국의 지속가능한 개발에 도움이 되는지를 평가하고, DNA가 제안된 사업이 환경에 미치는 영향력이 있다고 판단하는 경우에 사업수행자는 유치국이 요구한 절차에 따라서 환경영향평가를 실시한다. 유치국의 CDM 사업국가승인기구가 제안된 CDM 사업이 지속가능한 개발에 도움이 된다고 결정하면, CDM 사업허가 서류를 사업수행자에게 발급한다.

사업자가 CDM 사업계획서 등을 포함한 CDM 사업신청서를 국무조정실과 산업심의관실에 제출하면, 산업심의관실은 관련부처의 의견을 수렴하여 제안된 CDM 사업을 검토할 부처를 선정한다. 그리고 선정된 부처는 제안된 CDM 사업에 대한 검토의견을 작성하며, 산업심의관실은 이를 바탕으로 CDM 사업승인서의 발급여부를 결정한다. 선정된 부처는 CDM 사업승인을 위한 검토를 실시할 때 아래의 기준에 근거하여 검토한다.

- 교토 의정서, 마라케시 합의문 및 CDM 집행위원회 결정사항을 준수할 것.
- 관련 국가의 법규를 준수할 것.
- 관련 국가정책에 배치되지 아니할 것.
- 국가의 지속가능한 발전에 기여할 것.
  (환경적 영향, 사회적 영향, 기술이전 효과 및 경제적 영향 등)

(3) 3단계: CDM 사업 등록(Registration)

CDM 사업운영기구(DOE)는 제안된 CDM 사업계획서(CDMM-PDD), 작성한 CDM 사업타당성보고서(*Validation Report*)와 관련 국가의 사업승인서, 사업자간 지정동의서(*Modality of Communication*) 등의 자료를 첨부해 CDM 집행위원회에 CDM 사업 등록을 요청한다.

CDM 사업운영기구에 등록요청을 의뢰한 CDM 사업과 관련 당사국, 혹은 CDM 집행위원회 위원 중에서 최소한 3명이 제안된 CDM 사업의 검토(review)를 청하지 않게 되면, CDM 집행위원회는 CDM 사업 등록요청 접수일 이후 8주 안에(소규모 사업일 경우는 4주) CDM 사업 등록을 종료한다.

CDM 사업을 CDM 집행위원회에 등록시 소요되는 비용은 연간 평균 예상감축량을 기준으로 첫 15,000 t에는 1CER당 USD 0.1의 행정비용이 적용되고, 15,000 t 이후에는 1CER당 USD 0.2의 행정비용이 적용된다. 앞의 행정비용규정을 적용하여, 연간 315,440 t이 감축되는 시화조력사업의 등록비용을 계산하면 61,588달러로 계산된다. 이러한 방법으로 최대로 지불할 수 있는 금액은 USD 350,000이다. 단 인증기간(crediting period) 동안 연간 평균예상 감축량이 15,000 t 미만의 사업에 대해서는 등록비용(registration)이 면제된다.

2007년 12월 말 기준으로 우리나라 신생에너지 사업 등 16건의 사업을 포함하여 875건의 CDM 사업이 CDM 집행위원회에 등록되어 있다.

(4) 4단계: CDM 사업 모니터링

CDM 사업에 대한 모니터링(monitoring)은 사업자가 CDM 사업 계획서(CDM-PDD)에 제시한 모니터링계획에 따라 CDM 사업자 또는 제3의 기관이 실시한다. CDM 사업자는 CDM 운영기관(DOE)에 제출한 사업계획서에 포함된 계획에 따라 CDM 사업 전 기간 동안 모니터링을 실시한다.

CDM 사업자는 CDM 사업의 검증(verification) 및 인증(certification)을 위하여 CDM 사업계획서의 모니터링 계획에 따라 모니터링 보고서를 작성하여 지정된 CDM 운영기구(DOE)에 제출한다. 소규모 CDM 사업의 경우에는 타당성 확인(validation)과 검증 및 인증을 동일한 CDM 사업운영기구에서 실시할 수 있지만 일반 CDM 사업의 타당성 확인과 검증 및 인증을 담당하는 CDM 사업운영기구는 다르다.

(5) 5단계: CDM 사업검증 및 인증(Verification & Certification)

CDM 사업검증은 검증기간 동안 해당 프로젝트의 진행상황을 일정기간을 두고 정기적으로 검토함으로써 실질적인 온실가스 배출감축 실적을 결정하는 것을 목적한다. CDM 사업자가 선택한 CDM 사업운영기구는 CDM 사업 모니터링 보고서의 검토 및 조사 등을 통하여 CDM 사업자가 사업 초기단계에 제출한 사업계획서 및 모니터링 계획서와의 일치 여부, 모니터링 방법 평가와 결과 검토 및 온실가스 감축량 결정방법에 대한 평가 등을 실시하게 된다.

　CDM 사업운영기구(DOE)는 CDM 사업자, 투자국 및 유치국과 CDM 집행위원회에 서면으로 보고한 뒤, 내용 공표를 통하여 검증된 양에 상당하는 CER의 발행을 요청한다. CDM 사업운영기구는 검증보고서를 근거로 일정기간 내에 CDM 사업이 달성한 추가적인 배출저감량에 대한 인증보고서를 작성한다.

(6) 6단계: CERs 발급

CDM 집행위원회는 CDM 사업운영기구가 제출한 인증보고서를 접수하고 15일 이내에 관련 당사국(CDM 투자국 및 유치국) 또는 CDM 집행위원회 위원 중 적어도 3명 이상이 CERs 발행의 재검토를 요청하지 않으면 CERs를 발급하게 된다. CDM 집행위원회로부터 CERs 발급을 요청받은 CDM 레지스트리 관리자는 발급요청된 CERs를 CDM 집행위원회 미결계좌(pending account)로 발행하게 되는데 CDM 레지스트리 관리자는 미결계좌의 CERs로부터 행정비용과 개발도상국을 지원하기 위한 기금(CERs의 2%)을 공제한 나머지 CERs를 CDM 사업수행자 및 유치국의 요청에 따라 각각의 계좌로 이전시킨다.

이렇게 발급된 CERs는 CDM 집행위원회로부터 고유번호를 부여받게 된다. 고유번호는 CDM 사업이 실시된 의무감축시기, 지역, 크레딧의 형태 등의 의미를 포함하고 있다.

CDM 사업은 복잡한 절차를 걸쳐 진행되기 때문에, CDM 사업을 진행하는 데에 상당히 많은 비용이 소요될 것이다. UNFCCC는 소규모 CDM 사업을 원활하게 추진하고 소요비용을 낮추기 위해서 CDM 집행위원회가 소규모 CDM 사업의 간소화된 형식 및 절차를 개발하도록 하고 있다.

4) CDM 시장의 구분[222]

CDM 시장은 1차 시장과 2차 시장으로 구분된다. 1차 시장(*Primary CDM market*)은 개발도상국과 선진국 기업, 탄소펀드들 간에 CER을 거래한다. 2차 시장(*Secondary CDM market*)은 금융기관, 대형 에너지 기업, 탄소펀드들이 인도(*delivery*)가 보증된 CER을 사들인 후에 이를 다시 선진국 기업이나 정부에게 되파는 시장이다.

2008년의 경우 1차 CDM 시장의 거래규모가 48억 달러인 데 비해 2차 시장은 4억 4,000만 달러를 기록했다. 2차 CDM 시장은 영국 런던을 중심으로 그 규모가 급속히 커지고 있다. 이러한 2차 CDM 시장은 CDM 시장의 유동성 증대와 안정에 기여하는 것으로 평가된다.

---

222) UNEP, *CDM Informarion and Guidebook* 2004;《기후변화의 경제학》2007, 문하영, 매일경제신문사, p. 176.

5) CDM 사업의 현황 및 전망

(1) 현황

① 해외

2006년 세계 각국은 1,300건 이상의 CDM 사업을 진행했으며, 그 당시 UFCCC 사무국에 427건의 CDM 사업이 등록되어 있었다. [223]

이처럼 CDM 사업은 전 세계적으로 꾸준히 증가하고 있는데, 2008년 8월 11일 당시 기준으로 1136개 CDM 사업이 UN에 등록되었으

〈그림 4-28〉 국가별 발생예상 CERs

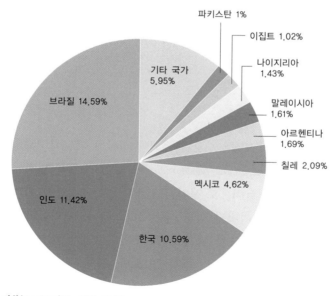

출처: 연합뉴스보도자료, 2006. 12. 22.

---

223) 〈연합뉴스〉 보도자료, 2006. 12. 22, "우리나라 온실가스 배출권 확보 세계 4위".

442

〈표 4-11〉 CDM 사업 UN 등록 현황

구분	2007.12.31	2008.8.11	전년 대비 증감률(%)
총 CDM 등록 (건수)	885	1,136	28.4
인도	300	356	18.7
브라질	113	143	26.5
중국	143	250	74.8
멕시코	100	105	5.0
기타 국가	213	263	23.5
한국	16	19	18.8
한국 점유율 (%)	1.81	1.67	-7.6

* 자료: UNFCCC.
출처: e-today, 2008. 8. 11, 안경주 기자, "기업들 탄소 배출권 사업 잰걸음".

며, 이는 885개였던 2007년 말에 비해 28.4% 증가한 것이다. 그러나
국내 CDM 사업은 1.67%의 점유율만을 보였다. [224]

② 국내

a. 개관

현재 우리나라는 개발도상국으로 분류되어 있었기 때문에 청정개발체
제(CDM: *Clean Development Mechanism*)에 있어 소극적 입장이었다.
그러나 몇 년 사이 적극적으로 사업이 전개되면서 지금은 오히려 해외
사업인증도 국내에서 이뤄질 만큼 발전했다. 에너지관리공단 기후대
책실에 의하면 2007년 11월 당시 UN기후변화협약기구(UNFCCC)에
총 844건의 CDM 사업이 공식 등록되었으며, 우리나라는 총 16건으
로 1.90%를 점유하였다.

국내에서는 울산화학 HFC 열분해 사업이 처음으로 승인을 받았고,
이어 로디아 에너지 코리아가 N_2O 배출감축 사업을 승인받았다. 2007

---

224) *e-today* 2008. 8. 11, 안경주 기자, "기업들 탄소 배출권 사업 잰걸음".

년에는 무려 5건의 사업 등록이 마무리됐으며, 일부는 이미 상업운전에 들어갔다. 먼저 에코아이가 개발하고, 유니슨과 일본 마루베니사가 주관한 강원풍력발전과 영덕풍력발전이 UNFCCC 등록을 마쳤다.

현재 우리나라에 에너지관리공단 CDM 인증원이 생겼기 때문에 국내의 각 사업에 대한 신뢰성을 검증할 수 있는 역량을 확보하게 됐다는 점도 주목할 만한 사항이다. 인증원은 2007년 UN등록 신청 6건과 현장평가, 인정서교부 등 사업인증과 관련된 업무를 무난히 해내고 있다는 평가이다.

CDM 관련 전문가들은 "정부기관이나 대기업들이 CDM 사업의 필요성과 이점을 충분히 이해하며 이에 대한 대책을 마련하는 등의 계획을 세우고 있다"고 설명하면서 "하지만 정작 CDM 사업을 효율성 있게 활용할 수 있는 중소기업들은 이른바 '정보의 부재'로 인해 세계적 흐름에 따라가지 못하고 있다"고 밝혔다.

또한 "제도의 발전만큼 시장이 따라가지 못하는 것이 가장 큰 문제"라고 지적하면서 "우리 기업들 역시 CDM에 대한 높은 이해가 필요한 한편 더욱 큰 시장으로 시선을 돌려 수익을 확보할 수 있는 국제적 감각을 길러야 할 때"라고 강조했다. [225)

그러나 국내의 CDM 사업의 성과는 타 국가들과 비교했을 때 아직도 미비하다는 것이 지배적 관점이다. 2007년 기준으로 봤을 때 국내 기업들의 CDM 사업 건수가 인도의 20분의 1, 중국의 7분의 1 수준인 것으로 나타났다.

2007년 8월 6일 UN기후변화협약(UNFCCC)은 UN에 등록된 한국의 CDM 사업이 14건이라고 밝혔다. 이는 인도(267건), 중국(104건), 브라질(104건), 멕시코(90건), 말레이시아(16건) 등 다른 개도국들보다 적은 수치다(〈표 4-13〉 참고).

---

225) *e-today* 2007. 11. 13, 편영운 기자, "CDM 사업 국제 감각 길러 기후변화 대비해야".

〈표 4-12〉 국내 주요 CDM 사업 현황

순위	사업명	감축량 (1,000 CO_2 t/년)
1	온산 로디아 아산화질소(N_2O) 감축	9,151
2	울산화학 수소불화탄소(HFC) 열분해	1,400
3	휴켐스 질산공장 아산화질소(N_2O) 제거 사업	1,268
4	수도권매립가스 자원화	1,210
5	대구 방천리 매립가스 자원화	405
6	사회조력발전	315
7	울산 한화 질산공장 아산화질소(N_2O) 제거 사업	285
8	동부한농화학 아산화질소(N_2O)저감	254
9	강원풍력발전	149
10	영덕풍력발전	60

* 자료: 환경관리공단, 2008년 6월 2일 기준.
출처: 환경비지니스(www.kbizweek.com), 2008. 7. 16, 장승규 기자.

〈표 4-13〉 UN에 등록된 CDM 사업 프로젝트 수 (2007.8.6) [226]

국가명	프로젝트 수
인도	267
중국	104
브라질	104
멕시코	90
말레이시아	16
한국	14
필리핀	10
남아공	10

* 자료: UNFCCC.
출처: 〈머니투데이〉 2007. 8. 7, 황국상 기자, "한국 CDM 사업, 인도의 5% 수준".

---

226) 위의 글.

국내기업들이 판매할 수 있는 탄소배출량도 1400만 t으로 중국 (7,000만 t), 인도(2,400만 t)보다 크게 낮으며, 브라질(1,700만 t)만큼 도 안 되는 것으로 조사됐다.

이와 같은 수치에 대하여 에너지관리공단 CDM 인증원의 한 관계 자는 "중국과 인도는 경제 규모도 크며 우리나라와 비교했을 때 워낙 많은 온실가스를 배출하기 때문에 절감할 수 있는 폭이 크지만 우리나 라의 경우 선진개도국이기 때문에 감소할 수 있는 양이 많지 않다"라 고 설명했다. 또한 우리나라는 개발도상국으로 분류되었기 때문에 2012년까지 다른 국가에 투자할 수 없는 입장이라는 것이다. [227]

b. 국내 CDM 사업 분야의 장애요인

국내 기업들이 새로운 방식의 CDM에 뛰어들지 못하는 이유는 인력, 기술, 전략 등 전반적 부분에서 준비가 부족하기 때문이다. 선진국 기 업의 경우 교토 의정서가 발표되기 전 1990년대 초부터 환경 경영을 준비해왔다. 반면 한국 기업의 경우 이러한 성공사례가 없으며 처음부 터 해외 개도국과 협력관계를 맺고 CDM을 개척하기란 결코 쉽지 않 다는 것이다.

이에 덧붙여 국내 기업들의 새로운 CDM 사업 개척을 어렵게 만드 는 요인 중 하나는 UN의 검증이 더욱 엄격해진다는 것이다. 특히 글 로벌 기업들의 CDM 사업이 BRICs(브라질, 러시아, 인도, 중국) 국가 들에 집중되면서 UN의 심사가 강화되고 있는 실정이다. UN의 최종 검증에 통과하지 못했을 경우 온실가스 배출권의 거래가 불가능하다. 또한 온실가스 감축 성과가 미약해 배출권 가격이 현저히 떨어지거나, 검증에서 탈락하게 되면 거래 자체가 무효화되는 등 불리한 조건이 붙 게 된다.

---

227) 〈머니투데이〉 2007. 8. 7, 황국상 기자, "한국 CDM 사업, 인도의 5% 수준".

　그리고 각국 정부의 CDM에 대한 세제가 다르다는 점도 유의해야할 점이다. 중국은 온실가스 중 HFC(수소화불화탄소) 배출권에 65%, 아산화질소 배출권에 30%의 판매수익에 대한 세금을 부과한다. 반면 신재생에너지 개발, 에너지효율 향상 등으로부터 얻어지는 수익에 관해서는 세율을 2%정도만 부과한다. 우리나라는 거의 세금을 매기지 않는 실정이다. [228]

　또한 사업성이 좋은 CDM 사업은 이미 외국계 자본에 의해 선점되었다는 지적도 있다. 국내 CDM 사업 중 최대 규모인 온산 아산화질소 감축 사업은 프랑스 자본인 로디아에너지가 100% 주도하는 실정이며, 연간 대신 배출권(CER) 판매이익이 915만 CO_2 t 으로 국내 전체 실적의 절반을 훨씬 넘기는 규모이다. 다른 대형 프로젝트들도 마찬가지이다. 선진국 업체들이 선점해 CER 판매수익의 상당부분을 취하는 것이다. [229]

(2) 전망

① 해외

앞서 설명했듯이 CDM 사업은 전 세계적으로 꾸준히 증가하고 있다. 이와 더불어 세계은행은 지난 2007년, 전 세계 탄소배출권 시장 규모가 640억 달러로 전해의 313억 원에 비해 1년 만에 100% 이상 성장했다고 밝혔다. 향후 2012년에는 2,000억 달러까지 성장하여 머지않은 미래에 국제 원유시장 규모를 뛰어넘을 것으로 예측된다. [230]

---

228) 조선닷컴, 2009. 1. 17, 백승재 기자, "위클리비즈: UN, 탄소배출권 심사 강화, CDM 노하우 축적해야".

229) 〈환경비즈니스〉 2008. 7. 16, 장승규 기자, "새로운 환경어장, 해외 CDM 사업 '유망'".

230) 〈한국경제〉 2008. 10. 19, 이정호 기자, "Clean=Money 탄소배출권 사업 확산".

② 국내

국내 기업에서 CDM 사업은 이른바 '황금알을 낳는 거위'로 각광받으며 본격적으로 사업 진출이 이뤄지고 있다. 업계 전문가들은 국제 탄소배출권 시장이 매년 50% 이상씩 성장하는 '블루오션 시장'이 될 것이라고 전망한다.

이처럼 CDM 사업이 주목받기 시작하면서 국내 기업의 참여도 급격히 늘어났다. 이에 대해 에너지관리공단 CDM 인증원 관계자는 기업들이 수익뿐만 아니라 '친환경 클린기업 이미지'까지 얻을 수 있기 때문에 높은 인기를 끌고 있다고 본다.

실제로 국내 대기업도 CDM 사업에 뛰어들고 있는데 최근 CDM 사업에 등록한 포스코뿐만 아니라 LG화학, LS-Nikko 등이 그 대표적인 예이다. CDM 인증원 관계자는 또한 "우리나라 산업구조의 경우 화석에너지 의존도가 높아 이산화탄소 배출이 많기 때문에 향후 CDM 사업의 중요성이 더욱 증가 될 것으로 전망된다"라고 말했다.[231]

이러한 상황에서 환경오염을 줄이면서 동시에 배출권 거래를 통한 수익창출이 기대되는 CDM 사업에 국내 기업들의 관심이 증폭되었다. 우리나라의 정황상 2012년까지 개도국의 지위로 배출감축 의무국은 아니지만 장기적 관점에서 온실가스 감축 확산 추세에 대비할 필요가 있는 것이다. 또한 CDM 사업은 배출권을 획득할 수 있어 에너지 수익 사업으로도 그 활용 폭이 넓다고 볼 수 있다. 우리나라 정부는 CDM 사업의 국내 확산을 위해 재경·산자·환경부 등 관계부처의 협의를 통해 온실가스 감축 사업에 대한 확대 지원방안을 마련하고 있다.[232]

이러한 정부지원의 대표적 사례로는 영흥화력의 해양소수력 CDM 사업을 꼽을 수 있다. 산업자원부는 한국남동발전(주) 삼천포화력 및

231) *e-today* 2008. 8. 11, 안경주 기자, "기업들 탄소배출권 사업 잰걸음".
232) *ETNNEWS* 2006. 3. 17, 김승규 기자, "IT 키워드: CDM 사업".

영흥화력의 해수방류수(냉각수)를 이용한 세계 최초의 해양소수력발전 (*Bundling*으로 추진) 사업에 대하여 CDM 사업을 2006년 11월 30일 승인하였다. 이 CDM 사업을 통해 우리나라는 연간 23.929탄소톤 (tCO_2, 온실가스를 탄소량으로 환산한 단위) 정도(2004년, 우리나라 온실가스 총 배출량 590.6백만 탄소톤의 0.0041%에 해당)의 온실가스 저감과 더불어 연간 SO_X(44.3 t), NO_X(33.5 t), 미세먼지(2.3 t)의 저감 등 부수적인 환경오염 감소 효과도 기대된다. 또한 국내의 유사한 화력발전소인 영흥, 태안, 당진 화력발전소 등도 해양 소수력발전 부문에서 CDM 사업이 활발히 이루어질 것으로 예상된다.[233]

전문가들은 전 세계적으로 온실가스 규제가 강화되는 추세에서 CDM 사업 역시 확장될 것으로 전망한다. 〈표 4-11〉에서 보면, 2007년 UN에 등록된 건수가 885건이며 이와 같은 CDM 사업을 통해 매년 1억 6,815만 탄소톤을 감소시킬 수 있을 것으로 기대한다.[234]

그러나 국내에서는 전망이 밝은 CDM 사업 대상의 60~70%가 이미 외국자본에 의해 소진됐다는 분석도 있다. 이에 따라 국내의 저탄소형 설계 노하우와 관련기술을 이용하여 BRICs 국가 등 개도국에 진출해 프로젝트형 CDM 사업을 진행해야 한다는 의견이 나오고 있다. 교토의정서 초기에는 온실가스 감축 의무가 있는 부속서 I 국가와 의무가 없는 비부속서 I 국가의 합작 사업만을 CDM 사업으로 인정했다. 그러나 2006년부터 규정이 완화되어 비부속서 I 국가가 독자적으로 추진하는 사업도 CDM 사업으로 등록할 수 있게 되어있는 상태이다.[235]

---

233) 〈연합뉴스〉 보도자료, 2006.12.1 "산업자원부: 해양 소수력, 세계 최초 CDM 사업으로 추진".

234) 〈머니투데이〉 2007.10.10, 황국상 기자, "교토 의정서, 10년 천하 그칠까?".

235) 〈환경비즈니스〉 2008.7.16, 장승규 기자, "새로운 환경어장: 해외 CDM 사업 '유망'".

그린 에너지
세계 주요 기업 사례

1. 지멘스(Simens)

1) 기업소개

(1) 경영철학[1]

기후는 변화하고, 에너지관련 비용은 상승하고 있으며, 천연자원은 한정되어 있다. 이런 것들은 현재 인류에 닥친 과제들이다. 21세기 중반 우리 지구는 90억 인구가 될 것이고, 대부분이 대도시에서 살 것이다.

이런 발전은 지멘스가 해결해야 할 질문을 던진다. 어떻게 전 세계의 에너지 수요량을 충족시킬 것인가? 어떻게 환경에 미치는 영향은 최소화하고, 고객에게 에너지 공급의 신뢰성을 최대화할 것인가?

이런 과제들은 시대가 변화하면서 달라졌지만, 우리 영감의 소재는 항상 같다. 즉, 눈에 띄는 혁신을 창출하기 위해 헌신한다.

오늘날, 지멘스의 환경포트폴리오는 세계시장의 선수로서 어떻게 행동해야 하는지 그 예를 제시한다. 지멘스는 지속가능한 발전에 헌신하는 것을 자랑스럽게 생각한다. 재생가능 에너지 기술, 에너지효율 제품, 솔루션, 환경적 기술은 첫째, 우리 고객, 둘째, 우리가 속한 사회, 셋째, 우리 자회사 이렇게 3가지 측면에서 이익을 창출한다.

---

1) Annual Report 2008, http://w1. siemens. com

(2) 꿈, 비전, 사명

① 꿈[2]

지멘스는 경영철학에 드러나 있듯이 기후의 변화, 에너지 관련 비용의 증가, 천연자원의 고갈로 인해 표출된 현시대의 가장 곤란한 과제들을 파악하고 그것에 대해 인류에게 답을 제공하는 것을 꿈(dream)으로 설정하고 있다.

② 비전[3]

'크게 발전된 혁신을 생성하고 고객에게 그것을 전달함으로써 사회가 직면한 중대한 도전과제를 해결하는 것을 가능케 하고, 지속적 가치를 생성한다'는 것이 지멘스의 비전(vision)이다.

(3) CEO와 창업자 정신[4]

올해로 창립 159년을 맞는 독일 지멘스의 창업주 베르너 폰 지멘스는 궁핍한 소작농의 아들로 태어났다. 어려운 집안 형편 때문에 공부를 제대로 하지 못했고 동생들을 챙기기 위해 군대에서 청춘의 귀한 시간들을 보냈다. 하지만 그가 30세의 나이에 창업한 지멘스는 유럽 최고의 전자회사로 군림하고 있다. "어떤 일이 있어도 기업은 성장해야 한다"는 창업자의 신념이 지켜진 결과다.

　오랜 역사를 지닌 기업들이 많은 독일에서도 지멘스 가(家)는 특출

---

2) Annual Report 2008, http://w1. siemens. com
3) 위의 글
4) 〈한국경제〉 2006. 10. 17, "세계 초일류 기업의 '오너십' 리포트: 名家기업엔 창업자의 DNA가 흐른다"; 2006. 10. 23, "세계 초일류 기업의 '오너십 리포트' 지멘스: 순간의 이익위해 미래를 팔지 않겠다".

한 경영자를 많이 배출한 것으로 유명하다. 창업자 베르너 폰 지멘스 (Ernst Werner von Siemens)부터가 그렇다. 그는 세계 전기산업의 기틀을 마련한 과학자이자 발명가였다. 동시에 베르너는 "순간의 이익을 위해 미래를 팔지 않겠다"는 경영철학을 통해 기업가로서도 큰 업적을 남겼다. 단기적인 기업의 이익보다는 기술개발에 주력하고, 사회에 공헌하는 기업이 오래도록 살아남는다는 것이 그의 철학이었다. 오늘날 많은 기업들이 장기적인 기업발전의 선행과제로 꼽는 연구개발(R&D) 투자와 기업의 사회적 책임을 이미 100여 년 전에 실천한 것이다.

〈그림 5-1〉 지멘스 풍력

출처: http://www.powergeneration.siemens.com

〈그림 5-2〉 지멘스의 비전

출처: Main Homepage, http://w1.siemens.com/answers/kr/ko/

2) 사업 내용

지멘스는 인구 1천만 이상의 거대도시가 증가하고 있는 대도시화와 고령화 사회로 인한 인구변화, 이산화탄소의 배출로 인한 기후변화 등의 패러다임에 맞춰 핵심 비즈니스를 에너지와 산업자동화, 건강관리 (*healthcare*) 중심으로 개편하였다.

(1) 풍력5)

지멘스는 1997년, 풍력발전 분야에서 마의 벽으로 불렸던 풍력터빈 1기가당 1MW의 벽을 처음으로 깨뜨린 기업이며, 현재 대량생산되는 풍력터빈 중 최고용량·최대크기인 3.6MW 풍력터빈도 생산하고 있다. 이 풍력터빈은 날개의 지름이 보잉 747 여객기 날개 너비의 두 배가 넘을 정도로 매우 커다란 크기를 자랑하며 많은 전력을 내고 있다.

또한 최대 육상풍력단지인 텍사스 호스할로 단지를 조성하고, 최초 해상 풍력단지인 덴마크 빈데비 단지와 최대 해상풍력단지인 로드산트를 조성하였다. 현재에는 발트 해 인근에 로드산트 2를 건설 중이며,

〈그림 5-3〉 호스할로 풍력단지　　　　**〈그림 5-4〉 로드산트 풍력단지**

출처: http://blog.naver.com/sooji2?Redirect=Log&logNo=140049771458
　　　http://stock.mt.co.kr/view/mtview.php?no=2008090814515866926&type=1

---

5) 〈조선일보〉 2009. 2. 4, 이태훈 기자, "풍력발전의 미래, 바다를 선점하다: '풍력발전 기록 제조기' 지멘스 윈드 파워".

노르웨이의 에너지 그룹인 하이드로(Hydro)사와 함께 수심이 깊은 바다 속에 발전기를 설치할 때 생기는 운송상·기술상의 어려움을 해결할 수 있는 해상부유 풍력기술을 추진하고 있다. 이렇듯 지멘스는 해상풍력을 최초로 시작하면서 해상풍력시장을 선점하며 리더의 자리를 굳건히 지키고 있다. 6)

(2) 건강관리7)

건강관리 분야에서는 세계 유일의 통합진단(*integrated diagnostics*) 솔루션인 다이어그노스틱스(*diagnostics*)와, 건강관리 작업 흐름을 원활하게 하는 IT솔루션을 제공한다.

3) 시장환경분석

(1) SWOT 분석

■ 내부 환경
많은 인력, 막대한 자본, 다양한 사업구조, 부품자체공급, 에너지섹터 중 재생에너지의 낮은 재무성과, 풍력시장에서의 낮은 점유율.

■ 외부 환경
신 재생에너지에 대한 관심 증가, 각 나라 정부의 투자 프로젝트, 육상풍력에서 해상풍력으로의 이동, 원자재 가격폭등, 신흥시장 으로의 경쟁 과열, 풍력산업 시장의 포화상태로 인한 과잉공급, 전세계적 경기침체.

---

6) http://blog.naver.com/ljt0407?Redirect=Log&logNo=90021657178
7) https://www.siemens.co.kr

<표 5-1> 지멘스의 SWOT 분석

	O	T
S	• 많은 인력 • 막대한 자본 • 부품 자체 공급 • 다양한 사업구조 • 신재생에너지에 대한 관심 증가 • 정부의 투자 프로젝트 실행 • 각광받는 해상풍력	• 원자재 가격폭등 • 신흥시장으로의 경쟁 과열 • 각광받는 해상풍력
W	• 에너지섹터 중 재생에너지부분의 낮은 재무성과 • 낮은 점유율 • 후발 주자	• 부실경영 • 과잉공급(포화상태) • 전 세계적 경기침체 • 인력관리의 어려움(보완문제) • 다양한 사업구조

① SO(강점과 기회)

기업 내부의 강점과 외부의 기회로 작용하는 것은 약 43만 명의 많은
인력과 막대한 자본보유, 다양한 사업구조로 인한 기술제휴, 자금조
달, 핵심부품 자체공급으로 인한 원가절감, 신재생에너지에 대한 사
회적 관심 증가와 각 나라 정부의 적극적인 투자 프로젝트 실행, 육상
풍력에서 지멘스가 선점하고 있는 해상풍력으로의 이동추세이다.

② ST(강점과 위협)

원자재 가격의 폭등, 신흥시장으로의 경쟁과열, 각광받는 해상풍력
등이 있다.

　원자재 가격의 폭등은 모든 풍력발전 기업들에 위협이 되지만, 막대
한 자본을 보유하고 있는 지멘스로서는 원자재가격의 폭등이 상대적인
강점이 될 수도 있다. 각광받는 해상풍력발전은 바다를 선점하고 있는
지멘스에게 강점이 될 수도 있지만, 많은 기업들이 새로 진입하게 되
면서 지멘스가 선구자로서 닦아 놓은 자리나 기술들을 후발주자에게
빼앗길 수 있는 위협이 되기도 한다.

③ WO(약점과 기회)

에너지섹터 중 재생에너지부분의 낮은 재무성과, 풍력산업에서의 낮은 점유율, 후발주자라는 점이 있다. 이는 기업내부의 약점이긴 하지만, 반대로 시장에서의 성장가능성이 높고 잠재력이 충분한 것이라고 볼 수도 있다.

④ WT(약점과 위협)

중국에서 사업권을 따내기 위해 중국정부에게 14억 달러의 뇌물을 제공하여 그 대가로 지하철역의 신호 설비 프로젝트와 고압 전기 수송 라인, 의료설비를 따내는 등의 비윤리적인 사례는 지멘스에게 커다란 약점이 될 것이며, 많은 인력으로 인한 관리의 어려움과 보안상의 문제, 어느 한 분야에 집중하지 못하고 다 같이 약해질 수 있는 다양한 사업구조, 풍력시장의 포화상태로 인한 과잉공급, 2008년부터 찾아 든 전 세계적 경기침체가 기업 내부의 약점과 위협으로 작용하고 있다.

(2) 경쟁구도 분석[8]

지멘스의 경쟁업체로는 베스타스〔Vestas(덴마크)〕, GE 윈드〔GE wind (미국)〕, 수즈론〔Suzlon(인도)〕, 에너콘〔Enercon(독일)〕 등이 있다.
　베스타스는 세계 풍력산업시장에서 1위를 고수하고 있는 강력한 경쟁자이며, GE 윈드는 지멘스와 같은 복합기업으로 종합 전기·전자 회사인 제너럴일렉트릭의 에너지그룹이다. 수즈론은 아시아 풍력시장을 선점하며 아시아에서 1위의 자리를 차지하고 있다. 에너콘은 발전기 기술 분야에서 강점을 나타내고 있다.
　아래는 세계풍력 시장의 2007년도와 2008년도의 점유율을 비교한 그래프이다. 2007년에는 베스타스가 27.9%로 1위, GE 윈드가 17.7%

---

8) 산은경제연구소, 2008.2.11, 이민식, "세계 풍력발전산업의 동향 및 전망".

〈그림 5-5〉 기업별 세계풍력시장 점유율

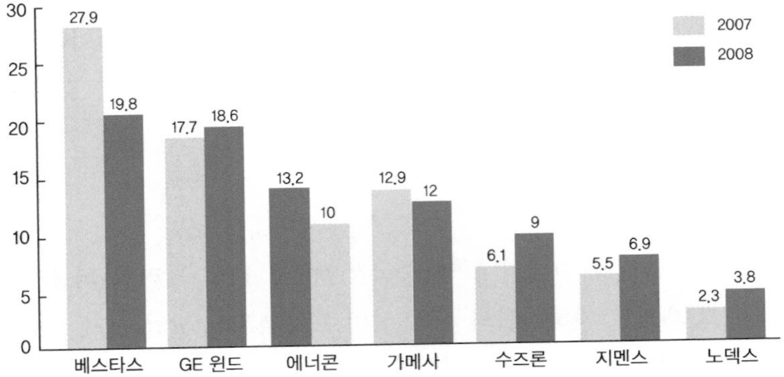

출처: 독일연방풍력발전협회(BWE), 2007, http://www.enercon.de/en/_home.htm(2008).

로 2위, 그 뒤를 에너콘과 가메사가 뒤따르고 있다. 지멘스는 풍력산업
에 진출한 지 얼마 되지 않아서 아직 7위 정도에 머무르고 있는데,
2008년의 시장점유율을 보면 소폭이긴 하지만, 베스타스와 에너콘, 가
메사의 점유율이 줄어든 것을 알 수 있다. 반면에 지멘스나 GE 윈드
같은 거대한 복합기업의 점유율은 소폭 성장하였다.

이는 풍력시장에 뒤늦게 뛰어들어 아직은 낮은 점유율을 가지고 있
지만, 복합기업의 막대한 자본력과 기술력으로 점차 성장하면서 시장
을 선도하게 될 것을 암시해주는 것이기도 한다.

(3) 업종 전반적인 분석

풍력발전은 지난 10년간 고성장세를 기록하면서 재생가능 에너지 산
업 중 가장 빠르게 성장하고 있다.

풍력발전에는 육상풍력발전(*wind farm*)과 풍력발전기를 바다에 설
치하여 바닷바람으로 전기를 얻는 해상풍력발전(*off shore*)이 있다.

해상풍력은 육상풍력보다 설치비용이 약 40% 더 들지만, 육지에

〈그림 5-6〉 풍력의 성장성

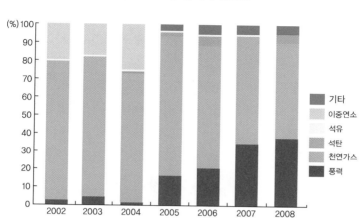

출처: AWEA Annual Wind Industry Report 2008 p. 6.

비해 바람의 속도가 일정하고 우수해서 전력생산량이 훨씬 많고 투자
비용의 회수기간이 짧다. 또 많은 전력을 낼 수 있는 대형 풍력터빈을
설치하기에 최적의 환경이기 때문에 바다로의 진출은 거스를 수 없는
대세다. 9)

① 풍력발전의 장점10)

▪ 무공해, 무한정의 바람을 이용하므로 환경오염의 문제가 없으며 고
갈될 염려가 없다.

▪ 대규모 발전단지의 경우에는 발전단가도 기존의 화석연료를 이용한
발전방식과 경쟁가능한 수준이다 (태양전지 발전비용의 20%에 불과).

▪ 신재생에너지원 중 km당 설치비용이 가장 낮으며 설치기간이 짧다.

▪ 터빈이 한번 설치되고 나면 필요한 연료는 오직 바람뿐이기 때문에

9) http://www. economist. com/science/
10) ICN, 2007. 10. 2, 오승모 기자, "산업통신망의 새로운 시장으로 부각되는 신
재생에너지원 풍력발전", http://icnweb. co. kr/

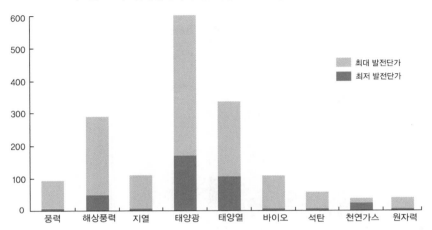

〈그림 5-7〉 신재생에너지 중 가장 뛰어난 풍력발전의 경제성

출처: 〈이투뉴스〉 2009. 1. 15, 이상복 기자, "RPS 도입으로 풍력산업 최대 수혜 볼 것".

연료비가 거의 없고 무인・원격운전되므로 유지비도 적게 든다.

• 풍력발전단지의 면적 중에서 실제로 이용되는 면적은 전체 면적의 1%에 불과하며 나머지 99%의 면적은 목축, 농업 등의 다른 용도로 이용할 수 있기 때문에 국토의 효율적 측면에서도 경쟁력을 확보하고 있다.

• 발전 방식에 따른 소요면적 또한 석탄 $3,642m^2/GWh$, 태양열 $3,561m^2/GWh$, 태양광 발전 $3,623m^2/GWh$, 풍력 $1.335m^2/GWh$로 가장 작은 면적을 필요로 한다.

② 풍력발전의 단점

• 바람이 어느 곳에서나 항상 일정하게 부는 것이 아니고, 평균 초속 4m 이상의 바람이 필요하기 때문에 입지가 제한적이다.

• 빠른 속도로 돌아가는 터빈 날개에 새들이 희생되기도 한다.

• 소음이나 먼지, 그림자, 저주파 등 풍력발전소 주변 주민의 불편에 의한 항의가 따를 수 있다.

③ 세계 풍력산업시장 상황[11]

발전기시장은 풍력발전산업이 활발한 덴마크, 독일, 미국 등이 주를 이루고 있으며, 베스타스〔Vestas(덴마크)〕, GE 윈드〔GE Wind(미국)〕, 에너콘〔Enercon(독일)〕, 가메사〔Gamaesa(스페인)〕, 지멘스〔Siemens(독일)〕 등의 기업이 시장의 86%를 점유하고 있다.

풍력발전기산업을 이끌고 있는 업체는 경쟁력을 높이기 위한 M&A를 통하여 글로벌기업으로 도약하고 있다. 1996년 이후에는 M&A가 적극적으로 실행되어 15개 업체가 8개 업체로 통합되었다.

④ 시장분석

세계풍력산업의 총 발전용량 74.2GW 중 유럽이 48.5GW로 65.4%를 차지하여 전체 시장을 주도하고 있으며, 북미와 아시아의 풍력발전 용량은 총 발전용량 중 17.6%와 14.4%를 차지하는 등 급격한 성장세를 보이고 있다.

⑤ 시장 전망

풍력발전산업에서 리더의 자리를 굳건히 하고 있는 유럽의 성장은 계속될 것이나 비중은 점점 줄어들 전망이다. 북미지역은 발전용량이 약 2.4배의 고성장을 보일 것이며, 아시아지역은 연평균 28.3%의 고성장을 할 전망이다. 입지조건이 좋은 중국, 인도는 인센티브 제도를 통해 풍력발전산업을 육성하고 있으며, 기술축적을 위해 외국의 풍력생산설비 유치를 지원하고 있다.

---

11) 산은경제연구소, 2008.2.11, 이민식, "세계 풍력발전산업의 동향 및 전망".

462

<그림 5-8> 지역별 발전용량

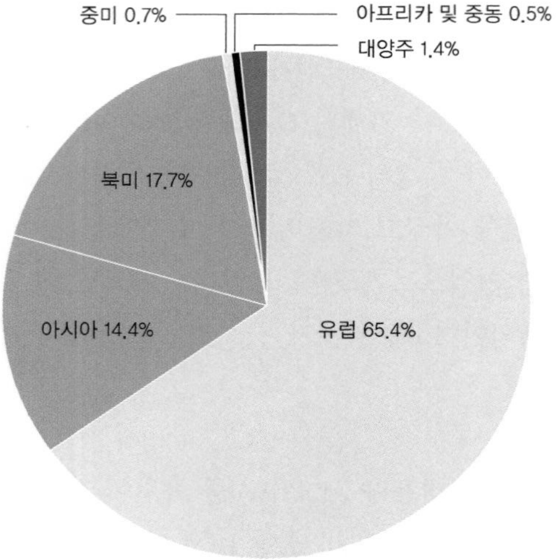

중미 0.7% ┌── 아프리카 및 중동 0.5%
└── 대양주 1.4%

북미 17.7%

아시아 14.4%

유럽 65.4%

출처: 〈세계 풍력발전산업의 동향 및 전망〉 2008. 2. 11, 이민식(산은경제연구소).

(4) 지멘스의 핵심적 성공전략12)

기업이 오래 살아남기 위해서는 시대의 흐름을 읽어야 한다. 메가트렌드(mega trend)가 무엇인지에 대한 고민이 필요하다는 것이다. 1957년 미국 포춘지가 선정한 '세계 500대 기업' 중 지금까지 생존해 있는 기업은 3분의 1에 불과하다. 당시 최고 주가를 올리던 기업이 50년 만에 쓸쓸히 무대 뒤로 퇴장한 것이다. 그 살아남은 기업 중에 지멘스가 포함되어 있다.

그렇다면 지멘스의 핵심적 성공전략은 무엇이었을까?

먼저, 지멘스는 다른 일반 풍력발전 기업과는 다르게 대규모 복합기업의 특징을 가지고 있다는 점을 주지(周知)해야 할 필요가 있을 것이

---

12) 〈매일경제〉 2009. 5. 5, 홍장원 기자, "162년 된 독일 지멘스 생존법 … 메가트렌드에 올라타라".

다. 그런 시각에 맞추어서 전체 지멘스의 시대의 변화 추이에 따른 핵심 성공 전략을 분석해 보자.

① 과거

지멘스가 탄생했을 당시에는 통신기 사업이 시대의 주류였다. 이 흐름에 편승한 지멘스는 성공하였고, 시간이 흐름에 따라 전신에 사용되던 통신기 사업에서 첨단 전기·전자 분야로 추세가 옮겨감으로써 지멘스는 전기·전자 분야에까지 다각화를 이뤄내어 성공하였다. 이런 것들은 모두 지멘스의 뛰어난 기술력의 축적으로 이루어진 것이라고 볼 수 있다.

② 현재

현 시대의 메가트렌드는 '도시화(*urbanization*), 인구 구성 변화(*demographic change*), 기후변화(*climate change*)'이다. 지멘스의 사업 포트폴리오는 메가트렌드에 집중돼 있다. 지멘스가 최근 몇 년 동안 집중 육성하고 있는 사업이었던 물산업, 의료기기사업, 친환경 발전시스템(풍력발전) 전략의 성공은 전부 메가트렌드를 바탕으로 선정된 것이다.

③ 미래

현재 지멘스는 해양풍력발전 시장에서 최대, 최초의 기록을 세워나가면서 사업을 성공적으로 진행시키고 있다. 당분간은 도시화(*urbanization*), 인구 구성 변화(*demographic change*), 기후변화(*climate change*)라는 메가트렌드가 변하지 않으리라 보고, 이에 따라 현재 육성하고 있는 물산업, 의료기기사업, 친환경 발전시스템(풍력발전)의 발전이 미래에도 계속 이어지리라 본다. 이 말은 이 분야에서의 경쟁이 더욱 가열화될 것이라는 의미이기도 하다. 그렇기에 지멘스는 경쟁자들 사이에서 우위를 점하기 위해 공급업체와의 관계 개선, 자체 부

품 공급을 통한 원가절감, 지속적 혁신 리더십(*innovation leadership*)을
추구할 것이다.

2. 수즈론(Suzlon)

1) 기업소개

(1) 경영철학13)

- 풍력 터빈의 효율성과 신뢰도의 계속적인 증진에 힘쓰며 상업적 용
  도로써 환경파괴 없이 이용할 수 있는 풍력을 사회에 제공하는 회사
  가 된다.
- 전체 고객 만족과 고객과 직무의 오랜 관계를 위해 언제나 애쓴다.
- 더 나은 질, 안전, 환경 표준의 중요성을 항상 인지한다.
- 모든 이해관계자들과의 파트너십을 쌓는다(직원, 고객, 행상, 서비스
  제공자, 지역자치단체, 정부 등).
- 가장 큰 윤리 표준에 따르는 사업을 건설한다.
- 회사의 모든 운영에서 탄소 배출량을 줄임으로써 화석 연료 사용을
  감소에 기여한다.

---

13) http://www.suzlon.com/about_suzlon/

(2) 꿈, 비전, 사명14)

① 꿈: 바람의 나라

수즈론의 꿈은 바람의 나라를 만드는 것이다. 한 지역에서 풍력 에너지만으로도 모든 것이 움직일 수 있는 곳이 바로 바람의 나라이다. 바람의 나라를 만들기 위해 풍력 에너지의 빠른 보급 및 풍력 터빈 개발에 힘을 기울이고 있다.

② 비전: 풍력과 자연의 공생

위의 그림은 흑인 여자아이와 백인 남자아이가 함께 바람을 맞으면 환경 속에 있는 그림으로, 인류화합과 자유를 상징하는데, 이처럼 풍력 발전으로 인해 환경과 어울리며 차별 없이 모두에게 에너지가 돌아갈 수 있도록 하는 것이 수즈론의 비전이다. 자연으로부터 바람을 얻고 환경을 훼손시키지 않음으로써 그린(green) 환경을 조성하는 것이다. 이 비전을 성취하기 위하여 수즈론은 끊임없는 기술적 진보를 수행하고 효율적인 제조 기반을 만들고 있다.

〈그림 5-9〉 풍력과 자연의 공생

출처: http://w10.naukri.com

---

14) 위의 글.

③ 사명
- 풍력 에너지 발전 비용 감소.
- 더 나은 질, 안전, 환경을 위한 계속적인 연구.
- 세계 각국의 발전 사이트 감소.
- CO_2 발생량 줄이기.
- 세계적 에너지 수요를 충족시키기 위한 풍력 에너지의 활발한 공급.

(3) CEO와 창업자 정신[15)]

① CEO 소개

툴시 탄티(Tulsi Tanti)는 1995년 사업을 시작한 수즈론(Suzlon Energy Limited)의 설립자이다. 기계 공학자로서 회사의 전략적 운영을 위한 책임감을 가지고 세계적 풍력터빈 공정수준을 높이기 위해 수즈론을 이끌어 왔다.

최근 탄티 씨는 타임지에서 "환경 영웅"이란 제목으로 그가 이뤄낸 업적에 대해 간디(Gandhi)로 표현됐으며 글로벌 기후 변화 이후 그가 취한 행동으로 인해 그의 성취를 인정받았다.

게다가 탄티 씨는 SESI(Solar Energy Society of India)로부터 인도에서 재생 에너지를 장려하기 위한 그의 노력에 대해 'Pioneer Award'를 수여받음으로써 인정받았고, 2006년도에는 인도 산업과 경제학 단체로부터 '그해의 최고 재생 에너지 맨'이라는 호칭으로 Lifetime Achievement 상도 받았다. [16)]

---

15) 위의 글.
16) 위의 글.

② 창업자 정신

과거 업적에 대해 많은 상을 받은 탄티 씨는 2009년 들어 '2009년 지구환경대상'을 받음으로써 그의 환경에 대한 관심을 다시 한 번 확인할 수 있는 기회가 되었다. '지구환경대상'(The Champions of the Earth Awards)은 UNEP이 수여하는 가장 권위 있는 상으로, 환경보호에 크게 기여한 개인이나 단체를 수상자로 선정해 매해 시상한다. 17)

또한 그는 한 연설에서 "우리에게 모든 것을 준 자연, 이젠 자연에게 돌려줄 때이다"라고 말했는데 '재생 에너지 맨'이라는 호칭을 들을 정도로 자연을 생각한다는 것이 이 말에서 드러나며 또한 이는 풍력 에너지와 자연이 어울리는 공생의 길을 걷고자 하는 회사의 비전과도 일맥상통한다.

2) 사업내용

수즈론은 지난 1995년 출범했다. 그러나 수즈론은 10여 년이란 짧은 기간 내에 인도는 물론 세계 대체 에너지를 선도하는 유력 기업으로 떠올랐다. 2007년 연간 매출 34억 달러로 전년도에 비해 71%나 성장했으며 최근 몇 년간 70% 이상의 성장률로 초고속 성장중이다. 2008년 3월 말 수주액만도 60억 달러에 달했다. 앞으로도 고속 성장을 이어갈 것이란 전망이다. 18)

---

17) http://www. unep. org/Documents. Multilingual/
18) http://blog. naver. com/hwaseokoh?Redirect=Log&logNo=60065540523

(1) 주요 제품 소개[19]

① S82 - 1.5 MW

〈그림 5-10〉 S82 - 1.5 MW

출처: http://www.suzlon.com

〈표 5-2〉 S82 - 1.5 MW의 간략한 소개

정격 출력	1500kW
최대 출력 풍속	14 m/s
허브 높이	78.5 m
윈드 클래스	III a
지름	82 m

---

19) http://www.suzlon.com/

② S88 - 2.1 MW

〈그림 5-11〉 S88 - 2.1 MW

출처: http://www. suzlon. com

〈표 5-3〉 S88 - 2.1 MW의 간략한 소개

정격 출력	2.1 MW
최대 출력 풍속	14 m/s
허브 높이	79 m
윈드 클래스	IECIIA
지름	88 m

(2) 거대 풍력 단지 조성[20]

수즈론은 풍력기지를 발전시키기 위해 투자가들의 재정적인 지원과 결부시켜 대지, 노동력, 전력, 바람터빈, 운송체계, 접근로 등을 포함하는 필요한 모든 기반시설에 대한 종합적인 대책을 마련했다. 수즈론 풍력기지는 아시아, 북미 그리고 유럽에 위치하여 최고 기술 수준의 시설로 국제적인 기준을 만들어가고 있다.

현재 인도 Maharashtra지역의 Dhule에 있는 세계에서 가장 거대한 풍력기지를 발전시키고 있다. 현재 설치된 Dhule의 수용력은 650MW인데 이후에 추가로 450MW가 더 수용될 것이다. 그렇게 되면 누적 용량이 1,000MW에 이르게 되어 세계에서 가장 큰 풍력기지가 될 것이다.

게다가 인도 Tamil Nadu주의 Sanganeri에 위치한 수즈론의 풍력기지는 500MW 이상의 수용력을 계획하여 만들어졌고 본사에 위치한 250개의 바람터빈은 머지않아 350MW를 수용할 수 있게 될 것이다.

또한 95MW급을 위해 AGL(Australian Gas Light Company) 회사와 계약을 추진하고 있고 오스트레일리아 남부 농촌 지역에 풍력기지를 건설중이다. 그 기지는 오스트레일리아 남부도시 Adelaide의 북쪽 220km 떨어진 Hallett에 자리 잡고 있다.

수즈론은 Penamacor프로젝트에 의해 만들어진 기계적 터빈과 임무들을 완수함으로써 풍력시장에서 가장 크고 경쟁력 있는 기업으로 유럽에 거대한 한 획을 그었다. 그 프로젝트는 TECNEIRA와 함께 39.9MW의 풍력터빈 용량을 수용할 수 있다.

수즈론은 건조한 사막, 습한 해안, 빙점 등 다양한 기후에서의 적용, 배치를 위해 여러 종류의 제품을 개발하였다. 또한 주거지역이나 공장지대 등 여러 지역에 배치하기 위해 350KW에서 21.1MW까지 다양한 제품을 개발했다.

---

20) 위의 글.

(3) 풍력 발전 시스템 구성21)

· 금속 원통형 타워에 수평축 프로펠러, 3개 블레이드와 증속장치에
  의한 유도발전 방식.

〈그림 5-12〉 풍력 발전 시스템 구성

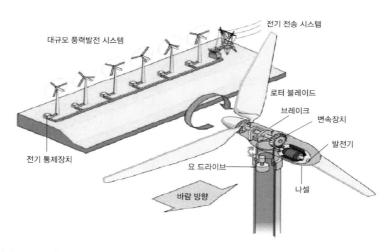

출처: NREL 인용.

---

3) 시장환경 분석

(1) SWOT분석

〈표 5-4〉 수즈론 SWOT 분석

S	W

• 12개국 이상의 다양한 국적의 직원.
• 인도 시장 점유율 70%로 인도 대체
  에너지 시장 장악.
• 전 세계에 분포한 연구개발 단지 및
  공장 리파워(Repower)사 인수.
• 유가 급등에 대한 리스크가 없음.
• 세계적 풍력 터빈 기술.
	• 풍력 산업의 특징 상 설치비, 개발비 등
	  많은 투자비용.
	• 풍력 터빈의 큰 소음, 그로 인한 거주
	  지역주민의 불만.
	• 전체 풍력 산업에서 경쟁사가 차지하는
	  비중이 커 점유율 차지의 어려움.

O	T

• 대체에너지개발 회사에 세금 혜택.
• 교토 의정서 및 ROHS 협약.
• 지구 온난화 및 오존 농도의 증가 등의
  세계 기후 변화로 인한 환경 관심 증가.
• 전기 사용없이 살아가는 16억 명의 인구
	• 석탄 소비량이 줄고 있는 추세지만 아직
	  까지 석탄, 석유 에너지 소비가 가장 큼.
	• 세계적인 경제 성장 침체 위기 →
	  에너지의 수요 감소.

(2) 경쟁구도 분석

① 풍력 에너지 산업에서의 시장 점유율

풍력 에너지 산업에서 베스타스가 22.8%로 가장 높은 비율을 차지하고 있고 GE 윈드가 16.6%로 두 번째, 수즈론은 10.5%로 5위를 차지하고 있는데, 수즈론이 인수한[22] 리파워가 3.3%로 수즈론과 리파워의 점유율은 13.8%로 그 점유율이 더욱 높아졌다.

---

22) http://www.renewableenergyworld.com/

〈그림 5-13〉 시장점유율(2007.12.31)

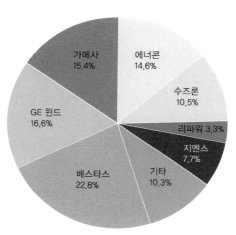

출처: BTM Consult Aps, March 2008.

② 경쟁사 분석

a. 에너콘(Enercon)[23]

에너콘은 세계에서 가장 우수한 발전기 기술을 가지고 있는 회사로 동급에서 에너콘 풍력발전 출력계수를 따라 갈 제작사가 없다. 최근 새로운 블레이드(blade, 풍력날개)를 개발하였는데, 새 블레이드는 끝 부분이 꺾인 형상을 하고 있어 효율을 최적화하고 소음을 줄여 블레이드가 받는 풍하중을 감소시켰다.

b. 베스타스(Vestas)[24]

베스타스는 덴마크 풍력발전회사로 세계 1위의 생산량을 차지하고 있고 최근 해안 풍력발전(offshore) 방식을 주 방식으로 사용하고 있다. 베스타스의 에너지 수출량은 지속적으로 늘고 있다.

---

23) www. enercon. com
24) www. vestas. com

③ 업종 전반적 분석

a. 풍력 발전 현황

▪ 2006년 세계풍력산업의 총 발전용량은 74.2GW로 1995년 4.8GW 대
비 약 15배 이상 증가.

▪ 연간 신규 설치용량도 1995년 1.3GW에서 2006년 15.2GW로 연평
균 27.2% 증가.

▪ 특히, 2005년 이후 신규 발전용량 증가율은 연평균 36%로 1995~
2004년 증가율 24%에 비해 약 1.5배 증가.

▪ 2006년 전체 발전용량 74.2GW의 36%가 2005~2006년 기간 중 설
치됨.

〈그림 5-14〉 세계의 총 발전 용량

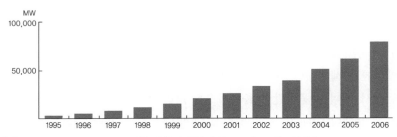

출처: Global Wind 2006 Report, GWEC(Global Wind Energy Council), 2007. 2.

〈그림 5-15〉 세계의 연도별 신규 발전용량

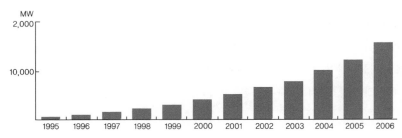

출처: Global Wind 2006 Report, GWEC(Global Wind Energy Council), 2007. 2.

풍력 발전이 매년 성장률 20%대의 고성장 산업 분야인 만큼 지속적 수요 증가로 인한 윈드 터빈(Wind Turbine)의 시장성은 밝다고 보여 진다.

b. 가장 빠른 성장을 보이는 풍력 에너지[25]

1990년도 풍력 에너지의 이용률이 4에서 2005년 말 111로 늘어났다. 태양광은 1에서 3, 지열은 36에서 52, 바이오매스/폐기물은 125에서 231로 다른 대체 에너지 산업에서 보여주는 성장률에 비해 그 성장의 폭이 가장 크고 빠르다는 것을 확인할 수 있다.

〈그림 5-16〉 빠른 성장을 하고 있는 대체 에너지 자원

(단위: TWh)

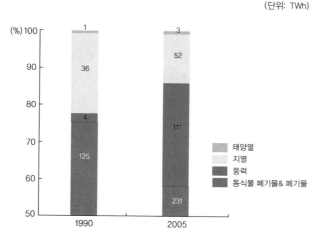

출처: IEA WEO 2007.

---

25) http://www. suzlon. com

4) 핵심적 성공전략

(1) 과거: 풍력산업의 흐름을 읽은 발 빠른 전략

1995년 출범한 수즈론은 2005년, 10년이라는 짧은 시간 안에 인도는 물론 세계 대체 에너지를 선도하는 유력 기업으로 떠올랐다. 이 때 핵심 전략은 대체에너지 산업의 필요성을 인식과 그에 맞는 발 빠른 대처였다.

세계적으로 대체 에너지 산업이 각광받고 중요성이 대두되고 있는 요즘, 중요성을 미리 인식하고 풍력산업 시장의 가능성을 파악한 것은 수즈론이 단기간에 선두 기업의 위치에 오르기에 충분한 이점으로 작용했다. 인도 정부는 에너지 산업 진흥을 위해 대체에너지 장비에 대한 80%의 감가상각, 풍력 터빈 회사들에 대한 10년 세금 감면, 수입 허가 등의 혜택을 제공했고, 수즈론은 이러한 국가적 유인책을 바탕으로 사업의 발 빠른 확장을 감행할 수 있었다.

2007년 연간 매출은 34억 달러로 전년도에 비해 71%나 성장했으며, 최근 몇 년간 70% 이상의 초고속 성장세를 이어오고 있다. 2008년 3월의 수주액만도 60억 달러에 달한다.

(2) 현재

① M&A

수즈론은 2006년과 2007년 두 번에 걸쳐 한센 트랜스미션(Hansen Transmission)과 리파워(Repower)를 인수합병 하였는데, 초기 높은 설비 투자비와 중공업 수준의 인프라가 필요한 풍력산업의 특성상 경쟁력 있는 기업들을 인수합병 함으로써 빠른 속도의 기술 추격이 가능하게 되었다. 또한 풍력산업을 미래 성장 동력으로 그 잠재력을 인정

〈표 5-5〉 최근 주요 풍력기업 M&A 현황

인수업체	피인수업체	M&A시점	인수금액
GE Wind	Enron	2002. 5	$325 million
Vestas	NEG Micon	2004. 2	주식교환합병
Siemens	Flender Holdings GmbH	2005. 3	$1.5 billion
Suzlon	Hansen Transmission	2006. 3	$460 million
	Repower	2007. 6	$1.35 billion
Alstom	Ecotecnia	2007. 6	$350 million
Areva	Multibrid	2007. 9	$150 million(51%)

출처: Renewable Energy World, Jonathan Johns 2007 자료 재인용.

하여 M&A를 통한 기업성장 및 수직계열화의 주요 도구로 활용했다.
이에 따른 결과, 수즈론은 기어박스업체인 한센 트랜스미션을 인수
함으로써 전체 기어박스 시장의 70%를 점유하게 되었고, 독일 리파
워를 인수해 자사의 규모를 키우고 유럽시장으로의 진출을 확대할 수
있었다.

② 자체 부품 개발

수즈론은 주요부품을 자체적으로 개발하는 시스템을 갖추고 있다. 시
장에서 주도권을 장악하기 위해서는 자체역량을 총 동원해야 한다는
판단하에, 주요부품의 일괄생산으로 완제품 생산에 차질을 없애고 기
업의 경쟁력을 높이고 있다. 인프라가 적게 깔린 풍력산업시장에서 주
요 시장을 선점하는 것은 가장 큰 전략중의 하나이며 수즈론은 이러한
개발 방식을 바탕으로 시너지 효과를 내는 데 주력하고 있다.

〈표 5-6〉 풍력발전 주요 공급자들의 주요 부품별 개발 전략

	Vestas	GE Wind	Gamesa	Enercon	Mitsubishi	Suzlon
로터/블레이드	✔	✔	✔	✔	✔	✔
변속장치	–	✔	✔	–	✔	✔
제어장치	✔	✔	✔	–	✔	✔
발전기	✔	✔	✔	✔	✔	✔
타워	✔	–	✔	✔	✔	✔

출처: 산업자원부 신·재생에너지 R&D 전략 2030, BTM Consult 자료 재구성.

(3) 미래(전망)

2010년 풍력산업은 발전설비 29GW, 시장규모 596억 달러에 달할 정
도로 미래 신성장동력으로 유망하며 고용효과도 높은 산업이다.

① 최대 규모 풍력 산업 단지 조성
수즈론은 인도 마하라스트 지역에 거대 풍력기지를 건설중이며 2010
년 완공될 경우 세계 최대 규모인 1000MW 생산을 기대할 수 있다.

② 풍력 발전의 가격 경쟁력 제고
풍력발전의 가격경쟁력 제고는 풍력발전시장 확대를 통한 기술혁신에
서 출발한다. 26) 시장으로부터 유도된 기술혁신과 판매량의 증가는 풍
력발전단가를 저감시킬 수 있고 또 이로 인해 경쟁력을 가질 수 있다.
이에 따라 수즈론은 풍력 발전기 기술혁신을 통해 풍력발전설비를 대
형화하여 가격 경쟁력을 확보하고 가변속 운전기술을 적용해 효율 및
내구성 향상을 도모할 것이다.

---

26) German Wind Energy Association, BWE, 2008, "Costs/Tariffs".

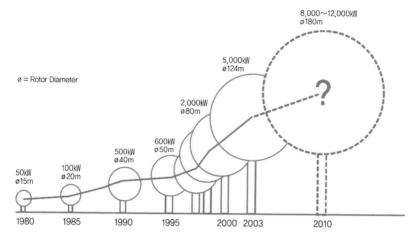

〈그림 5-17〉 풍력발전설비 대형화 추이

출처: EC 2007 자료 재인용.

3. 리사이클링 뱅크(Recycling Bank)

1) 기업소개

(1) 연혁과 경영철학[27]

- 2003년 9월, 처음으로 사업계획이 완성되었다.
- 2004년 5월, 컬럼비아 대학(Columbia University)에서 리사이클링 뱅크 창업 자금으로 100,000달러를 지원받았다.
- 2004년 12월, 필라델피아에서 성공적으로 자신들의 프로그램을 수행했다.
- 2007년 10월, 뉴잉글랜드로 사업을 확장했다.

---

27) http://corporate.recyclebank.com

480

- 2009년 현재, 각 가정에 재활용에 대한 동기부여를 하는 보상 프로그램으로 명성을 얻고 있다.

리사이클링 뱅크는 사람들을 재활용하게끔 유발하는 보상 프로그램이다. 리사이클링 뱅크는 각 가정의 재활용 물질의 양을 측정한 후, 그 활동을 수백만의 지역 그리고 각국의 보상 파트너에게서 사용할 수 있는 리사이클링 뱅크 포인트로 전환함으로써 재활용함과 동시에 지역사회의 경제를 발전시키는 데도 이바지 하고 있다. Kleiner, Perkins, Caulfield and Byers, RRE Ventures, The Westly Group 그리고 Sigma 파트너들은 사회 사업적인 주주들이다. 그리고 창설자이자 CEO인 Ron Gonen는 가장 큰 개인주주이다. 현재 리사이클링 뱅크는 뉴욕에 본사를 두고 있으며 필라델피아에서 사무실을 운영한다.

(2) 꿈[28]

쓰레기 매립장으로 갈 쓰레기의 양의 인상적인 감소를 통하여 쓰레기양 '0'의 사회를 만들어 내는 것이다. 분명 우리 회사는 수년간 이런 목표에서 떨어져 있었지만 우리의 프로그램을 발전시켜나감으로써 꾸준히 목표 사회에 다다르고 있다.

(3) 비전[29]

장기적으로, 리사이클링 뱅크의 비전은 사람들과 기업들의 소비 관점에 혁신을 가져오는 것이다. 오늘날 사람들이 물건을 구매하러 갔을

---

28) http://corporate. recyclebank. com
29) http://www. forbes. com/2008. 12. 23 Lillian Zhao, "Rewarded For Recycling"; http://corporate. recyclebank. com

때, 그들은 1차원적인 관점에서 과정들을 바라본다. 즉, '내가 그것을 사고, 그것을 사용하고, 휴지통에 버린다'는 것이다. 그러나 리사이클링 뱅크는 사람들의 소비에 대한 관점이 순환적이길 원하고 있다. 즉, '내가 무언가를 사고, 그것을 사용하고, 그것을 재활용하고 그에 대한 가치를 보상받음으로써 재활용을 해야 한다는 것을 확실히 인식한 후 다시 무언가를 구입하는 것'이다.

즉 기업의 비전은 매립지로 나오는 원료를 보존하고 기업들 또한 재활용이 되는 상품들을 제조할 수 있도록 가능한 많은 가정에 이 서비스를 실시하는 것이다. 그리고 가장 중요한 것은 소비자들이 1차원적 관점이 아니라, 순환적 관점을 갖도록 가르치는 것이다.

(4) 목표30)

리사이클링 뱅크는 2004년 설립된 이후 환경문제 해결에 대한 믿음과 경제상의 기회를 가져다주었다. 오늘날 리사이클링 뱅크는 집에서의 재활용을 통한 재정적 보상 프로그램을 통하여 더 나은 그리고 영리한 시민이 되도록 분발시키고 있다. 이러한 노력은 다음과 같은 구체적인 3가지 목표를 달성하는데 초점을 맞추고 있다.

- 재활용 비율의 인상적인 증가.
- 사회적으로 책임 있는 사업의 추진.
- 매립쓰레기 처분비용을 없앰으로써 지방자치 단체의 절약을 야기함.

(5) CEO와 창업자 정신

설립자이며 CEO인 론 고넨(Ron Gonen)의 메시지는31) 다음과 같다.

---

30) www.recyclebank.com

우리와 함께 합시다. 우리는 재활용을 이해할 만하고 간편하며, 보람 있게 함으로써 여러분을 도울 수 있다고 믿습니다. 우리는 재활용을 누구나 자율적으로 참여할 수 있는 놀이의 수준으로 만든 것이 자랑스럽고, 여러분들과 함께 좀더 지속적인 삶을 살 수 있는 기회가 있다는 것에 대해 감사하고 있습니다. 또한 우리는 이 분야에서 끝없는 기술개발을 위해 노력할 것입니다.

2) 사업내용

(1) 리사이클링 뱅크의 사회 역할[32]

오늘날, 리사이클링 뱅크는 수천만의 가정과 지역사회에 리사이클링 뱅크 보상 포인트를 제공함으로써 사람들이 재활용에 익숙해지도록 유도하고 있다.

(2) 리사이클링 뱅크가 운영되는 방식[33]

리사이클링 뱅크는 보상프로그램을 통하여 각 가정에 재활용에 대한 동기부여를 제공한다. 모든 가정은 'RFID' 태그가 부착된 컨테이너를 제공 받는다. 이 'RFID' 태그는 컨테이너와 주소지에 각기 고유한 번호로 연관되어 있다. 각 가정의 쓰레기들은 (분류가 필요 없는) 수거 트럭에서 'RFID' 태그가 읽히고, 전송된다. 쓰레기의 무게에 관한 정보는 각 개인의 Recycle Bank. com, Account 계정에 기록되고, 포인트를 지급받게 된다. 이러한 포인트들은 400개가 넘는 국가들과 코카콜라, 아이키아, 크래프트, 에비안, CVS/pharmacy 및 Bed Bath

---

31) 위의 글.
32) 위의 글.
33) 위의 글.

and Beyond와 같은 지역 리사이클링 뱅크 보상 파트너들 사이에서 사용될 수 있다.

① 재활용(Recycle)

리사이클링 뱅크는 각 가정에 35, 64, 96 갤런의 바코드가 부착된 컨테이너를 지급한다. 사용자는 종이, 플라스틱, 유리, 알루미늄, 주석 등을 이 컨테이너에 버림으로써 재활용할 수 있다.

② 기록(Record)

매주 수거되는 동안, 컨테이너의 무게는 바코드에 읽히고 그 양이 기록된다. 그리고 이 데이터는 사용자 개인의 계좌에 반영된다.

③ 보상(Reward)

컨테이너 안의 쓰레기들은 리사이클 뱅크 달러(Recycle Bank *dollar*)로

〈그림 5-18〉 리사이클링 뱅크 운영상의 개념도

1. 재활용(RECYCLE)

재활용은행 수거함에는
각각 고유의 RFID 인식표가 부착됩니다.

2. 기 록(RECORD)

트럭에는 각 가정에서 배출된 재활용품의
양을 측정하고 기록할 수 있는 기계가 장착됩니다.

3. 보 상(REWARD)

수거된 재활용품의 양은
재활용은행의 예치금으로 환산됩니다.

4. 상품으로 바꾸기(REDEEM)

RecycleBank.com의 개인계좌에 접속한 후
자신의 재활용은행 예치금을 사용하여 쇼핑을 합니다.

출처: http://www.recyclebank.com/how-it-works

전환된다. 그리고 사용자들은 매달 35달러까지 리사이클 뱅크 달러를
획득할 수 있다.

④ 상품으로 바꾸기(Redeem)
'Recycle Bank. com'의 개인 계좌에 로그인 한 후 개인의 리사이클 뱅
크 달러 협약을 맺은 파트너들의 상점에서 포인트를 사용할 수 있다.

3) 수익 창출 방식[34]

리사이클링 뱅크는 세 가지의 수익 흐름을 가지고 있다. 첫째, 지방
자치단체 혹은 운송회사와 일을 할 때는 가정마다 균일요금을 부과하
거나 매립지 유용에 의해 생성된 저축액을 분배한다. 둘째, 극적으로
증가하는 가정 재활용 비율로 인해 강한 마케팅 수단이 된다. 마지막
으로, 광고와 후원비를 통해 수익을 창출한다.

(1) 구체적인 예시

수익회사로서 리사이클링 뱅크는 지방자치단체가 매립지에서 폐기물
을 전환함으로써 생산되는 이익의 일정 부분을 지불받음으로써 돈을
번다. 현재 지방자치단체들은 1t당 70달러에 매년 10만의 쓰레기를
매립지로 보낸다. 그리고 리사이클링 뱅크는 사람들로 하여금 재활용
하게 하고 이 쓰레기 흐름의 반을 재활용 상품으로 전환하고 있다. 이
결과 저축액이 연간 350만 달러 쌓이며 리사이클링 뱅크의 보수는 이
런 저축액에서 나온다. 또한 웹사이트를 방문하여 포인트를 상환하려
는 사람들의 광고를 통해 수익이 창출된다. 이는 수많은 광고와 후원
의 기회를 제공하고 있다.

---

34) 위의 글.

〈그림 5-19〉 수익창출의 개념도

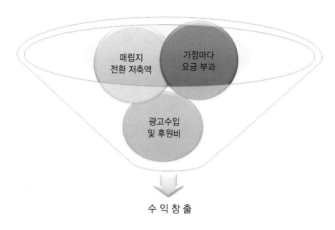

(2) 시장 환경 분석

① SWOT 분석[35]

〈표 5-7〉 리사이클링 뱅크의 SWOT 분석

	O	T
S	• 다양한 인종의 구성원 • 지자체와 회사 파트너십 증진 • 파트너들과의 제휴 용이	• 환경문제 훈련과 관심 • 세계경제위기로 인한 산업 침체
W	• 파트너십을 통한 발전 잠재성 • 조직의 크기로 인한 드림실현 한계	• 완벽하지 못한 조직문화 • 경쟁업체와 세계경제위기 극복능력 부족 (물적, 인적자원 부족)

출처: http://corporate.recyclebank.com; www.recyclebank.com; www.nytimes.com

---

35) 위의 글.

486

② 경쟁구도 분석36)

현재 미국 내에서 이루어지고 있는 전반적인 재활용 산업은 정부의 주도 아래 지방자치 단체에서 자체적으로 행하고 있다. 1991년 10월 16일에 시작한 Phoenix Recycling으로 정부의 강제적인 재활용 산업에 대한 비판이 나오게 되자, 대다수의 지방자치 단체들도 서서히 민간기업 주도의 재활용 산업으로의 변화를 꾀하고 있다.

1996년 〈뉴욕 타임스〉에서 존 티니(John Tieney)는 정부의 강제적인 재활용 정책은 절약하는 것보다 더 많은 낭비를 가져올 것이라고 주장하며 정부의 규제를 비난했다. 그는 '1t에 28달러가 쓰레기 매립 비용으로 사용된 데 비해 정부의 의무화 프로그램을 채택하고 나서는 1t에 1,800달러의 재활용 비용이 소요'되었다는 2003년의 Santa Clartia(캘리포니아 주 내의 도시)의 사례를 빌려 정부의 의무적 재활용 정책은 쓰레기를 매립하는 비용보다 더 많은 비용이 든다고 주장했다. 또한 2002년의 WNYC 리포트는 40%의 쓰레기만이 뉴욕에서 재활용을 위해 분리되고 있다고 보고했으며 이후에는 재활용이 실제로 중단되었다고 보고했다.

③ 업종 전반의 분석37)

재활용 산업의 성장과 발전은 대기가스 배출 감소에도 공헌하고 있으며, 탄광과 연료의 필요를 줄이고, 새 자원과 에너지의 사용을 줄여나가고 있다.

하지만 갑작스런 세계적 경제위기의 도래로 재활용 산업은 다른 산

36) http://en.wikipedia.org/wiki/recycling-'Criticism'; www.cbc.ca/ 2008. 11. 19 cbcnews

37) "Resource recycling industry output could reach NTD 40 billion in 2007", 2007. 11. 27, http://investintaiwan.net.gov.tw.; thetyee.ca/blogs/the hook/environment/; the hook; www.nytimes.com

업 못지않은 타격을 받았다. 그 효과는 세계에서 가장 큰 쓰레기 수입
국인 중국에서 가장 크게 나타났다. 예를 들어, 미국은 2000년에 210
만t을 수출한 이래 1,160만t의 종이와 카트보드지를 중국에 수출했다.

미국은 220억 달러 상당의 재활용 자원을 2007년에 152개국에 수출
했다. 그러나 현재 미국 협회에서 추정하는 재활용 산업의 가치는 5
0~70%까지 감소했다. 문제를 더 심각하게 만드는 것은 중국의 수입
업자들은 가격을 하락시켜서 다시 계약하기를 원하고 있다는 사실이
다. 이미 일부 회사에 대해서는 중국 수입업자들이 이미 계약한 선적
을 거절하고 있다.

협회에 따르면 구리나 동의 가격은 2007년의 t당 8천 달러에서 3천
달러로 감소하였고, 종이도 파운드당 3백 달러에서 5달러로 80%나
감소했다. 이 산업에 종사하는 사람들은 이제 거대한 이익의 시대는
끝났다고 이야기 하고 있다.

"사람들은 그들의 쓰레기들을 우리에게 팔려고 하지 않는다. 왜냐하
면 그들이 생각하기에 그 가격은 너무도 터무니없는 것이기 때문이다
많은 제조업자들은 수입된 재활용 자원의 처리가 어렵기에 사업을 유
지하는 데 어려움을 느끼게 되었다"(MR. Wang: China national
Resources Recycling Association).

(3) 리사이클링 뱅크의 핵심적 성공전략

① 과거[38]

과거에는 쓰레기의 소각과 자동차 배기가스로 인해 발생하는 각종 대
기 오염물질과 많은 자원의 낭비로 재활용의 중요성이 부각되었다. 그
로 인해 사람들의 재활용에 관한 인식이 바뀌고 각 가정에서는 스스로

---

38) http://en.wikipedia.org/wiki/recycling-'Recycling'의 정의; http://en.wiki
pedia.org/wiki/recycling- 'History'.

재활용을 하게 되었다. 이러한 인식의 변화는 재활용 산업에 거대한 투자를 일으켰으며 재활용 산업의 발전을 도모하였다. 과거 재활용 산업 시장은 1차적 공급자인 분리수거자들에게 원자재를 구입하여 이를 분리하고 가공하는 방식을 사용하였다. 따라서 기존의 방식은 글로벌 경제위기를 맞이한 현 시장 상황에서 원자재 가격의 급격한 하락에 따라 원자재 수급이 큰 영향을 받을 수밖에 없다. 따라서 이를 극복하기 위한 방안으로 새로운 기술의 도입과 여러 이해관계자들 간의 파트너십이 제시 되었다.

② 현재

오늘날은 불안정한 원자재의 수급 문제를 타개하기 위한 방책으로 리사이클링 뱅크는 혁신적인 RFID 기술을 통하여 사업을 효율적으로 운영·관리함과 동시에 지방 자치단체와 지역 주민 그리고 여러 보상 파트너들 등과의 협력적인 파트너십을 통하여 물적 자원 및 인적 자원의 부족 문제를 해결하고 안정적인 수입을 거두고 있다. [39]

a. 기술적 측면의 성공전략

■ RFID (Radio Frequency Identification)[40]
전파를 이용해 먼 거리에서 정보를 인식하는 기술이다.

■ RFID의 작동원리[41]
RFID 시스템에는 태그(*tag*)와 판독기(*reader*)가 필요하다. 태그는 안테나와 집적회로로 이루어지는데, 집적회로 안에 정보를 기록하고,

---

39) Dave Brooks, 2008. 10. 29, http://www. nashuatelegraph. com
40) http://ko. wikipedia. org; http://www. recyclebank. com; http://intersoft
-us. com
41) http://www. recyclebank. com; http://intersoft-us. com/intrfid.

〈그림 5-20〉 RFID 개념도

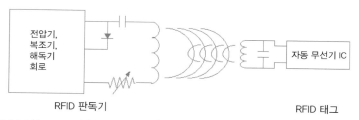

출처: http://www.recyclebank.com; http://intersoft-us.com/

안테나를 통해 판독기에게 정보를 송신한다. 이 정보는 태그가 부착된 대상을 식별하는 데 이용된다. 태그는 판독기에 의해 발생하는 RF 필드에서 동력을 공급 받는다.

판독기에는 전압을 가하는 것(*energizing*), '무선' 변조파를 복조하는 것(*demodulating*), 해독하는 것(*decoding*)의 세 가지 주요 기능이 있다. 판독기는 조정된 안테나를 이용해 낮은 주파수의 정보를 송신한다. 이 정보는 태그에 의해서 반드시 복조(검파)되어야 한다. 암호화된 정보는 판독기의 미세 제어장치에 의해 해독화된다. 이후 이 정보는 컴퓨터 통제에 의해 사용된다.

■ 기존 바코드 시스템과의 차이점[42]

RFID가 기존의 바코드 시스템과 다른 점은 빛을 이용해 판독하는 대신 전파를 이용한다는 것이다. 따라서 바코드 판독기처럼 짧은 거리에서만 작동하는 게 아니라 먼 거리에서도 태그를 읽을 수 있으며, 심지어 사이에 있는 물체를 통과해서 정보를 수신하는 것도 가능하다.

---

42) http://ko.wikipedia.org/wiki/RFID; http://recyclingtech.org, RFID Recycling Articles

〈표 5-8〉 RFID 기술과 바코드의 비교

구 분	RFID	바코드
환경 위험에 대한 민감도	+ 먼지에 대한 저항 + 기계적 영향에 견디다	− 먼지에 대한 저항 − 찢어질 수 있다
읽혀지는 거리	+ 4m UHF 기술 + 가는 절연체를 통과해서 도 읽혀질 수 있다	− 1m보다 적다
정보 수용량	+ 킬로바이츠	− 정보 콘텐츠가 커질수록 바코드도 커진다
비용	− 최소한 0.1유로/태그	+ 매우 싸다

출처: http://recyclingtech. org, RFID Recycling Articles

■ RFID 기술의 전망과 이점[43]

태그는 거의 모든 사물에 부착될 수 있고, 배터리가 필요 없으며, 더럽거나 물속에 잠긴 상태에서도 읽힐 수 있다. 또한 거의 파괴가 안되며, 변경 불가능한 영구적인 고유번호가 주어진다.

　육상 선수들의 기록, 재고조사, 비밀유지가 필요한 장소의 출입통제, 야생동물 보호나 가출관리, 교통 이용 등 원래는 제품 추적을 위해 개발된 RFID가 이제는 그린 IT(Green IT)의 한 축을 담당하게 되었다. RFID는 효율성을 높이고 제어 품질을 향상시켜 보안을 강화함으로써 비즈니스 운영에 기여하는 동시에 쓰레기를 줄이고 연료 사용을 낮추며 재활용성을 높임으로써 환경을 보호할 수 있다는 것이 입증되기 시작했다.

■ 여러 이해관계자들과의 파트너십 관계[44]

리사이클링 뱅크의 성공은 사회 공동체 이해관계자들과의 의존적인 관계에 달려있다. 우리의 이해관계자들에는 사회 공동체 그룹과 직원,

43) http://ko. wikipedia. org/wiki/RFID; http://recyclingtech. org, RFID Recycling Articles; http://www. rfidjournal. com

44) www. recyclebank. com

각 가정, 지역자치단체, 보상 파트너들, 전략적 파트너들, 그리고 운반업체들이 있다. 그리고 현재 리사이클링 뱅크는 이런 파트너들과의 제휴를 통해 서로 윈윈(win-win)하는 전략을 통하여 물적, 인적 자원의 부족 문제를 극복하고 있다.

■ 지방자치단체

리사이클링 뱅크와 파트너인 지방자치단체(municipalities)는 현존하는 재활용 프로그램을 보충하거나 새로운 프로그램을 개발하는 데 힘을 기울이고 있다. 리사이클링 뱅크와의 협력으로 지방자치단체도 많은 이익을 누리고 있다.

- 재활용 비율의 증가에 따른 쓰레기 매립비용의 감소: 지방자치단체는 1t에 40~90달러의 쓰레기 처분비용을 지불해야 하지만 리사이클링 뱅크와의 협력으로 쓰레기 처분비용의 감소 혜택을 누리고 있다.
- 재활용 상품의 판매에 따른 수입의 증가.
- 지역 경제의 발전: 리사이클링 뱅크는 각 가정의 '리사이클링 뱅크 달러'로 인한 엄청난 경제적 발전의 기회를 지방자치단체에 제공하고 있다.

■ 각 가정(Households)

리사이클링 뱅크의 사용자들과 고객들은 우리의 발전된 보상프로그램으로 이득을 보고 있다. 그들은 매달 벌어들이는 리사이클링 뱅크 달러로 수입을 보충하고 있다.

■ 보상 프로그램의 파트너(Reward partners)

리사이클링 뱅크와의 파트너들은 그들의 마케팅 목적의 일환으로 보상 프로그램을 고안하고 있다. 그들은 새로운 고객의 관심을 끌거나 판매량의 증가를 원하고, 리사이클링 뱅크는 그들의 마케팅 프로그램을 편하고 쉽게 도와주고 있다.

- 쿠폰에 의한 보상이 이루어졌을 때 상품 구매의 증가.
- 리사이클링 뱅크에 가입한 각 가정의 추가적인 방문.
- 새로운 고객의 확보.

■ 전략적 파트너(Strategic partners)

컬럼비아 대학은 리사이클링 뱅크가 운영을 시작하면서부터 원했던 기초적인 재정문제의 보조 업무를 제공했다. 전략적으로, 리사이클링 뱅크는 Cascade Engineering이 제공하는 RFID기술을 제공받았다. RFID 기술을 통하여 스캔 작업으로 각 가정의 카트의 무게를 기록하고 개인적으로 기록할 수 있게 되었다.

리사이클링 뱅크의 'Casella waste system'과 'Blue Mountain Recycling'과의 협력은 우리의 꾸준한 전략적 성장과 전문적 운영에 필수적이었다.

■ 쓰레기 운반업체(Waste Haulers)

리사이클링 뱅크와 운반업체들과의 협력은 그들의 사업을 촉진시키고, 더 나은 환경을 만들어 냈다.

- 고객 충성도의 보장.
- 시장 점유율의 확보.
- 쓰레기 처분 비용의 회피.
- 재활용품 판매에 따른 수입의 발생.

③ 미래

회사는 현재 운영하고 있는 기술상의 단점을 보완하고, 제도상의 협력 관계를 확장시켜 나가는 더 효율적인 방식으로 더 큰 효과를 누리기

위한 노력을 보이고 있다. [45]

  현재 1개에 14유로센트(한화 약 165원)씩 하는 RFID 태그의 가격을 5유로센트(한화 약 95원)까지 낮추는 방안으로 추후 미국 전 지역에 보급될 컨테이너에 대한 비용문제를 완화시킬 것이다. 또한 지금은 뉴욕, 네브래스카, 그리고 펜실베이니아를 비롯한 13개 주 백만 가구에서만 이루어지고 있는 사업을 2011년 후반까지 300만 가구 이상, 그리고 향후 5년 안에 천만 가구에 보급하는 것을 목표로 삼고 있다. 또한 Fortune 선정 500대 기업들과의 리사이클링 뱅크 보상 프로그램을 지속적으로 확대해 나갈 방안이다.

4. 큐셀(Q - Cell)

1) 기업 소개

(1) 경영 철학[46]

큐셀의 경영 철학은 품질 중심의 경영이다. 특히 큐셀에서 Q의 의미는 'Quality'의 Q를 나타내는 것일 정도로 품질을 중요시한다. 큐셀은 고객을 개인이나 기업에 국한하지 않고 국가를 비롯한 전 세계를 대상으로 하여, 온 인류가 적은 비용으로 최상의 품질의 태양에너지를 사용하기를 원하고 있으며, 이러한 에너지가 환경 문제 중 심각하게 대두되는 온실 효과의 개선에 도움이 되기를 바라고 있다.

---

45) "Legh Shaffer", 2008. 10. 15, http://edenprairie. minnesota. com; "Copy right 2008 Houston Chronicle", 2008. 10. 24, http://www. chron. com; "Reporter", Wendy Gordon, 2008. 10. 27, http://www. nationalgeographic. co. kr.

46) http://www. q-cells. com

494

(2) 비전⁴⁷⁾

〈그림 5-21〉 큐셀에서 일하고 있는 연구원

출처: www.qcells.com

① 비전 1

전 세계에서 환경을 위협하지 않는 태양광에너지를 사용할 수 있는 환경을 만들자.

　세계의 발전에 따라 미래의 주요 에너지 자원으로 광전지를 설립할 계획이다. 이는 곧 환경 친화적인 태양광 에너지의 발전, 합리적인 규제 완화, 경쟁 시장에서의 확실한 우위 차지를 위해서 환경을 파괴시키지 않는 에너지기술을 신속하게 개발하겠다는 것이다.

　큐셀 측에서는 석탄·석유에너지의 고갈에 대처하고 이러한 에너지들의 사용에 의한 환경 파괴로 일어나는 자연재해에 대비하기 위하여 지속 가능한 에너지인 태양광에너지를 대안으로 삼고 개발에 주력하고 있다.

---

47) 위의 글.

② 비전 2

- 태양열 에너지 산업에서 최고의 기술, 제품 및 솔루션을 제공하는 선도 기업으로서 온 인류에게 태양에너지를 공급하는 것.
- 자사의 에너지를 사용하는 인류가 현재 최대 위기인 온실효과의 악영향인 자연재해에서 벗어나는 것.
- 큐셀의 태양전지를 각 가정 모두가 구비하여 생활하는 데 필요한 전기를 자체 생산, 활용하여 삶의 질을 높이는 것.

이러한 비전의 개념에 맞추어 큐셀의 비전을 요약하여 보면 "모든 사람이 생활하는 데 필요한 에너지를 모두 태양열 에너지에서 얻는 모습"일 것이다. 구체적으로는 모두의 집에 태양전지 판이 설치되어 있으며 이것으로 에너지를 자체 생산한 후 저장하고 이러한 에너지를 사용하여 따뜻한 물을 사용하고 집안의 자체 온도 시스템을 조절할 수 있는 모습을 떠올릴 수 있다.

그럼 이러한 비전을 그린(Green) 경영의 이념에 초점을 두고 생각해 보자. 우리는 지구 온난화로 인해 전 세계적 가뭄과 홍수 피해 및 수십억의 자연 재해가 발생할 수 있음을 명확히 인식할 수 있다. 동시에 석유, 가스 및 석탄 자원 종말의 예측, 환경 친화적이고 효율적인 에너지의 공급이 향후의 주요 과제 중 하나이다. 태양광 발전은 가장 유망한 신재생 에너지 자원 중 하나이며, 태양광 발전은 50년, 100년이 지나도 기술적으로 영구적이다. 따라서 이러한 상황을 토대로 큐셀은 태양 에너지를 활용하여 자연을 더 맑고 깨끗하게 함과 동시에 사람의 삶을 윤택하게 만드는 비전을 도출한 것이다.

③ 비전 3

태양광을 신속하고 저렴하게 개발하고 앞으로 인류의 주요 에너지 자원의 하나로 만들 수 있도록 개선하고 응용프로그램을 개발

　신대체에너지는 태양열에너지뿐 아니라 수소에너지, 풍력에너지, 원자력에너지 등 여러 에너지가 존재한다. 현재 태양열에너지는 이러한 에너지들 사이에서 모든 면에서 우위를 갖지는 못한다. 예를 들어 풍력발전에 비하여 더 많은 비용이 든다는 점을 본다면 왜 이러한 비전을 갖게 되었는지 알 수 있다. 이에 근거하여 큐셀은 환경과 사람의 삶의 질을 개선하는 데 커다란 공헌을 하는 것이 목표이다.

　따라서 큐셀은 태양열에너지의 비용을 계속적으로 줄이기 위한 두 가지 전략을 세우고 있는데, 그것은 비용의 최소화와 규모의 증가이다.

a. 비용의 최소화

소재 사용의 감소는 태양열 판의 두께를 줄임으로써 값 비싼 소재인 폴리 실리콘의 사용량을 줄여 비용의 최소화를 도모할 수 있으며, 높은 태양 방사선을 이용한 새로운 기술의 발전이 가능하다.

b. 규모의 증가

스페인이나 미국 등에서 새로운 시장을 개발함으로써 생산량의 증가를 통하여 원가 절감과 기술개발을 더욱 가능하게 하여 최고의 경쟁력을 갖추는 것이다.

(3) 창업자 정신

큐셀의 최고 경영자(CEO)인 '안톤 밀너'는 "고품질의 태양전지를 대량으로 공급할 수 있는 능력이 자신의 회사의 차별화된 경쟁력"이라고 말했다. 이는 큐셀의 제조과정에서 250명이나 되는 과학자와 엔지니

어가 갖가지 원료를 활용하여 태양전지를 개발하고 있는 데서도 나타난다. 이것이 차별화된 것이라고 여기는 것은 바로 두 가지를 강조하였기 때문인데 하나는 전지의 두께를 줄이는 것이다. "왜 전지의 두께를 줄이는 것이 강점이 될 것인가?"라는 의문이 들 것이다. 이는 바로 두께를 줄이면 태양전지 개발 과정에서 가장 값이 비싼 원료인 폴리실리콘의 양이 줄어들기 때문에 비용적 측면에서 많은 이득을 볼 수 있기 때문이다. 48)

다음은 "우리의 에너지는 끝이 없으며, 큐셀은 세계에서 가장 커다란 태양에너지 제조사다"라는 정신이다. 지표면에 도달하는 태양에너지는 125조 KW인데, 이는 연간 전 세계 에너지 소비량이 100억 KW임을 감안할 때 약 1만 배의 에너지가 지구 표면에 떠돌아다닌다는 것을 의미한다. 게다가 태양은 앞으로도 영구적으로 존재할 것이기 때문에 이러한 목표와 이념으로 큐셀을 창업하였다고 볼 수 있다.

(4) 수상경력

큐셀은 다양한 상을 수상하고 인증을 받았는데 그 중 핵심적인 것을 몇 가지를 예로 들어 보자. 2005년에 유럽의 500대 기업 중에서 9위에 랭크된 것과, 2006년에 유럽에서 가장 빠른 성장을 한 기업으로 평가된 것, 그 밖에 혁신적 카테고리에서 특별상을 수상한 것 등이 있다. 경영 철학을 인증해주는 것으로는 2005년 사회복지와 환경에 우수한 기업에 주는 상인 '사업윤리상'(Ethics in Business Award)을 수상하였다. 그리고 '품질보증상'(Seal of Quality)을 수상하였다.

---

48) 위의 글.

2) 사업 내용

(1) 사업 분야

① 태양전지(Solar Cell)[49]

큐셀의 고객은 정밀하고 특화된 제품과 양질의 태양 에너지를 기대하고 있다. 이에 따라 기술적이고 시각적으로 큐셀은 빛을 이용하여 높은 효율의 에너지를 개발하기 위해 노력하고 있으며, 40가지가 넘는 태양전지를 제품에 따라 세분화함으로써 품질을 강화하고 있다.

〈표 5-9〉 큐셀 사에서 판매하는 태양전지

	Q6LM Monocrystalline cells
	Q6LTT Multicrystalline cells 혁신적인 "acid-textured" 셀 기술임.
	Q6LTT3 Multicrystalline cells 최근 개발 제품.

출처: www. qcells. com/en/products_services/

---

49) 위의 글.

② 박막 태양광 모듈(Thin - Film Modules)50)

고객들은 큐셀이 박막 태양광 모듈을 성공적으로 제조하기를 기대하고
있으며, 이에 따라 큐셀은 다양한 제품을 만들어 내고 있다.

〈표 5-10〉 큐셀에서 판매하고 있는 태양광 모듈 제품

	Calyxo CX 35-65 큐셀에서 가장 잘 개발되었다고 내세우는 제품으로써 0.72 평방 미터: 1200mm X 600mm.
	Solibro SL1 미래에 얻을 수 있는 에너지로, 즉 현재 큐셀에서 개발중인 제 품이다. 이는 1190mm X 630mm.의 사이즈이다.
	Sontor SN2 큐셀의 피와 땀으로 이루어진 결과물로써 현재 있는 것 중 가장 커다란 모듈이다. 1056mm X 1684mm

출처: www. qcells. com/en/products_services/

③ 서비스와 컨설팅51)

큐셀과 그의 파트너들은 공동으로 높은 기술을 사용한 상품을 만들고
있으며, 또 지속적으로 제품의 수행능력을 개선시킨다. 이러한 제휴
는 쉽게 단절되지 않으며, 수준 높은 기술적 지원을 하기 위해 항상
협조할 준비를 하고 있다. 또한 이들은 함께 일하면서 최적의 디자인
과 문제해결 능력을 발견하고자 노력하는데, 이것은 모두의 이익을 위
한 것이다.

---

50) 위의 글.
51) 위의 글.

큐셀은 각각의 서비스와 컨설팅을 고객에게 제공할 때 그 고객이 회사와 쉽게 접촉할 수 있는 제도를 사용하고 있기 때문에 서비스를 받는 고객이 자신의 편의에 맞게 도움을 받을 수 있다. 이때 중요시 되는 것은 서비스 접점에 있는 직원들의 교육인데, 인간을 위한 경영을 중요시하는 큐셀에서는 당연한 것이다.

(2) 사업 제휴 및 협력[52]

큐셀은 파트너들과의 전략적 제휴를 통하여 태양광 발전과 미래연료를 개발하는 것을 목표로 한다. 이는 파트너들과 공동의 이익을 얻기 위한 것이다. 이러한 전략적 협약을 하는 이유는 품질을 높이기 위해서이다. 이를 통하여 큐셀은 고객들에게 신뢰와 믿음을 줄 수 있다.

큐셀과 전략적 파트너를 맺은 회사들은 Aterea, Day 4 Energy Inc. 등 스페인, 독일, 스웨덴을 비롯하여 그리스, 체코에 이르기까지 전 세계에 44개사 이상이 분포되어 있다. 한국의 경동 솔라 주식회사와도 제휴를 맺고 있다.

그 중 Sovello사는 기존의 실리콘 기술에 대하여 낮은 비용의 우위를 차지할 수 있는 기술을 보유하고 있다. 이 회사는 180MWP의 생산 능력을 갖추고 있다. 그리고 다음은 Solaria사인데 이 회사는 태양전지 기술에 핵심 역량을 둔 회사로서 현재 25MWP로 모듈 제조비용에 대해 커다란 잠재력을 갖고 있다.

큐셀은 그밖에도 18개 태양광 업체, 7개의 연구소, 4개의 대학으로 이루어진 독일 최대의 태양광 클러스터인 솔라 밸리와 전략적 제휴를 맺고 있어서, 이들과 함께 정부의 지원을 받으며 공동 연구·개발을 하며 기술력을 높이고 있다. 또 큐셀은 폴리 실리콘 생산 2위 기업인 REC의 지분 확보를 통해 일찌감치 원재료 조달 문제를 해결했다. 또

---

52) 위의 글.

한 REC의 형제 회사 격인 Elekem과도 저가의 신기술로 생산되는 폴리실리콘에 대해 공급 계약을 체결한 상태이다.

---

3) 시장 환경 분석

(1) SWOT 분석[53]

〈표 5-11〉 큐셀의 SWOT 분석

S	W
250명의 연구원들이 집중적으로 셀 개발 독일 최대의 솔라 밸리 형성	박막기술에 대한 지식 부족
O	**T**
저가의 신기술로 생산되는 폴리실리콘 공급 계약 체결	세계 각국에서 태양전지를 개발하는 경쟁 업체들의 등장과 성장 다양한 신재생에너지 분야의 성장

출처: www. seoul. co. kr/news/

① SO 분석

250명의 연구원들이 셀 개발 하나에만 집중적으로 매달리고 있어 셀에 관한 기술력은 세계최고이다. 전술한 바와 같이 큐셀은 독일 최대의 솔라 밸리와 전략적 제휴를 맺고 있다는 것도 큰 장점이고 기회이다.

② ST 분석

박막기술의 개발로 태양전지 생산 재료가 변화되고 있는 추세이다. 이로 인해 폴리실리콘 장기계약이 문제가 되고 있으며 갑작스런 세계 경제위기로 판매실적 또한 저조한 상황이다. 2009년에는 경제 위기의

---

53) 〈서울신문〉 2009. 2. 2, 이도운 기자, "2009 녹색성장 비전: 고효율·고품질로 말한다 … 1등 태양전지의 자신감", 자료출처: 과학기술진흥기구; LG경제연구소 한화ESH정보센터, 2007. 7. 16, http://www. ecohanwha. co. kr

공포로 인해 신재생 에너지에 대한 수요가 하향세를 보이고 있다.

③ WO 분석

보잉 계열의 스펙트로랩(Spectrorap) 사는 적층형 화합물 반도체 태양 전지에 집광장치를 이용하여 40.7%의 효율을 달성했다. 또한 일본 샤프 사는 박막계에 집중 투자함으로써 박막기술을 선도하기 위한 준비를 하고 있다. 박막기술은 제1세대 태양전지 기술인 결정질 폴리 실리콘 방식에서보다도 폴리 실리콘 사용량이 기존의 100분의 1밖에 되지 않으며 생산공정이 짧고 대량생산이 가능하여 비용을 낮출 수 있는 제2세대 태양전지 기술이다. 앞으로도 이러한 제2세대, 제3세대 태양전지 기술은 더욱 발전할 것으로 예상되기 때문에, 큐셀이 현재 체결해 놓은 폴리 실리콘의 장기구매계약은 자칫하면 독이 되어 재고 문제를 야기할 수 있다.

또 갑작스런 세계 경제위기로 신재생에너지의 수요가 줄어들어 판매실적이 저조하게 되었다. 이로 인해 큐셀은 자금 운용의 위기를 맞게 되었다.

④ WT 분석

한국, 대만, 일본, 중국 등 각계 여러 나라에서 신재생에너지의 개발에 관심이 쏠려 태양전지분야에서도 여러 쟁쟁한 경쟁기업들이 나타나고 있다. 이로 인하여 불꽃 튀는 경쟁심화가 예기된다. 태양전지 분야의 신기술 등의 등장으로 기존의 실리콘 셀 중심으로 생산하던 큐셀은 신기술을 개발할 것인가? 아니면 실리콘 셀 분야를 계속 유지할 것인가?에 대한 고민에 빠져있다. 다양한 신재생에너지 분야(조력, 풍력, 지력 등)의 여러 가지 다양한 발전 산업들이 계속해서 개발되고 있어 태양 전지산업의 시장을 다른 전지 발전 산업에 빼앗길 수도 있다. 이는 태양광 에너지가 다른 신재생 에너지에 비하여 많은 약점이 분명

존재하고 있기 때문이다.

(2) 경쟁구도 분석54)

2006년도까지만 해도 일본의 샤프(Sharp)가 태양전지 분야에서는 독보적 1위였다. 하지만 2007년도부터는 독일의 큐셀에 1위 자리를 내주게 되었다. 2001년도에 창업한 큐셀이 짧은 시간에 세계 시장을 장악한 비결은 무엇일까. 그것은 바로 폴리실리콘 확보 때문이었다. 당시 시장에서는 태양전지를 만드는 원료인 폴리실리콘이 절대 부족했으나 큐셀은 노르웨이의 REC 등과의 끈끈한 유대를 발판으로 안정적으로 원료를 공급받았다.

그 뒤로도 계속해서 1위를 놓치지 않는 것은 제품 품질에 대한 시장의 평가가 좋은 데다, 생산설비 확장을 통해 들어오는 주문을 모두 소

〈표 5-12〉 큐셀 및 경쟁업체의 생산규모 및 최대 생산량 비교

국 가	기업명	생산규모(MW)	최대가능생산량(MW)	순위
독 일	Q-cell	389	516	1
일 본	Sharp	363	710	2
	Kyocera	207	240	4
	Sanyo	165	265	7
	Mitsubishi	127	150	12
중 국	Suntech	327	540	3
	Baoding Yinghi	143	200	9
	JA Solar	113	175	13
대 만	Motech	196	240	6
미 국	First Solar	207	308	4
	Sun Power	150	214	8
한 국	경동 PV 에너지	19	30	–

출처: http://korea.kr/ 전자통신동향분석 제 23권 제 6호 2008년 12월

54) 〈전자통신동향분석〉 23(6), 2008. 12, http://korea.kr.

화할 수 있었기 때문이었다. 각국의 태양전지 모듈(태양전지를 연결한 패널) 제작 업체나 태양광 발전소 건설 업체 등에 "큐셀은 약속한 날짜에 요구하는 품질의 태양전지를 어김없이 납품할 능력을 갖췄다"는 믿음을 심어줬다는 것이다.

표를 보면 알 수 있듯이 태양전지산업 세계 10위 안에 있는 기업들은 대부분 독일, 일본, 중국, 대만, 미국의 5개 나라에 있다. 즉, 독일의 큐셀은 이 네 나라 기업들과 경쟁을 하고 있다고 봐도 과언이 아니다.

또한 이 표에서 주목할 점은 중국 업체가 이 업계에서 약진하고 있다는 것과 12개의 기업 중 유일하게 박막형 태양전지를 생산하는 기업인 미국의 퍼스트 솔라(First Solar)가 엄청난 성장으로 4위에 올랐다는 것이다. 그 때문인지 큐셀 또한 박막형 태양전지를 생산하는 것에 관심이 보이고 있다.

(3) 업종 전반적인 분석[55]

① 태양 전지의 이해

태양광 발전은 천연 자원 중 하나인 태양광을 직접 전기 에너지로 바꾸는 기술로서 햇빛을 받아 광전효과[일반적으로 물질이 빛을 흡수하여 자유로이 움직일 수 있는 전자, 즉 광전자(光電子)를 방출하는 현상]에 의하여 전기를 발생하는 태양 전지를 활용한 발전 방식이다.

② 태양전지 발전 방법[56]

태양전지는 셀(cell)을 조립하여 모듈(module)을 만들고, 만들어진 모듈을 또 다시 조립하여 어레이(array)를 만듦으로써 발전하는 것을 말한다. 여러 태양전지를 직·병렬로 연결함으로써 전력을 꺼내는 것이

---

55) http://100.naver.com
56) http://www.kdsolar.com

다. 여기서 셀은 전기를 일으키는 최소한의 단위를 말하는 것이며, 모듈은 일으켜진 전기를 뽑아내는 최소한의 단위이다. 또한 어레이는 패널들이 직·병렬로 끼어진 상태를 말한다.

이러한 태양 전지의 기본 발전 과정을 살펴보면 '광흡수' 단계를 통하여 반사율을 최소화하여 최대한 많은 외부의 빛을 내부로 흡수하여 전기를 생성하는 준비를 한다. 다음은 '전하(電荷) 생성' 단계로 흡수된 빛을 이용하여 실리콘 내부 전화를 생성하여 한 쌍의 전자와 정공을 만들고 '전하 분리' 단계에서 실리콘의 한 P-N접합에서 만들어진

〈그림 5-22〉 태양광 전지의 구조

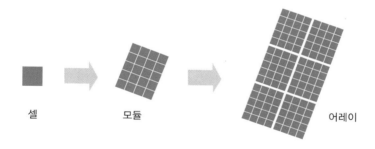

셀   모듈   어레이

〈그림 5-23〉 태양전지의 발전 과정

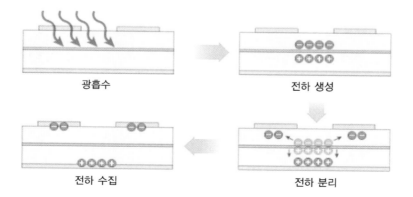

광흡수   전하 생성

전하 수집   전하 분리

〈그림 5-24〉 태양전지 시장의 성장구도

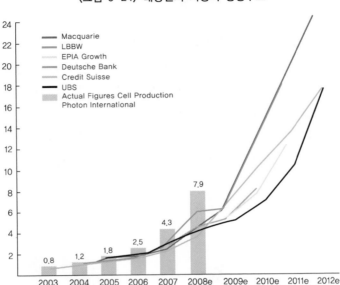

전위차에 의하여 분리한다. 이러한 전하를 하부전극과 상부전극을 통하여 양극과 음극으로 전기를 분리하는 '전하수집' 단계에서 전기가 생성되어 공급되게 된다.

③ 태양전지의 종류

태양전지는 크게 두 가지로 나눌 수 있는데 하나는 실리콘 반도체를 재료로 사용하는 것이고 또 하나는 화합물 반도체를 재료로 사용하는 것이다. 실리콘 반도체를 재료로 사용하는 것은 또 다시 결정계와 비결정계로 분류된다. 요즘은 효율성이 매우 좋고 가격적인 측면에서도 매우 절약할 수 있는 박막 태양전지도 개발되고 있는 추세이다.

하지만 현재까지는 실리콘 반도체를 재료로 사용하는 태양광 발전 시스템이 대부분이다. 특히 변환 효율성과 신뢰성이 좋은 결정계 실리콘 반도체의 단결정 및 다결정 태양전지는 아주 널리 사용되고 있다.

〈그림 5-25〉 태양전지 생산 개념도

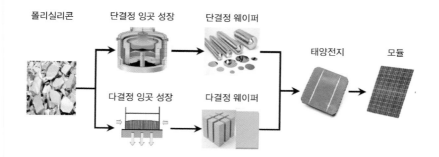

출처: ww. e2news. com/news/

유럽 신재생 에너지 협회를 비롯한 많은 에너지 협회들이 그린에너지 중 성장속도가 가장 빠를 것으로 예상한 것이 바로 태양광 에너지이다. 전 세계적으로 태양광 발전 규모는 눈부시게 커져서 1999년 202MW 규모에서 연평균 40% 이상씩 성장하여 2010년에는 2,400MW 이상의 규모가 될 것으로 예상한다.[57]

하지만 태양광 발전은 높은 발전원가 때문에 성장의 걸림돌이 되는데 이는 정부와 지방자치단체들의 지원정책 등으로 해결할 수 있다.

그런데 이러한 문제점에도 불구하고 왜 태양광 발전을 하는 것일까?

우선, 아무리 많은 양을 사용해도 없어지지 않는 무한정의 에너지이기 때문이다. 또한 환경오염을 유발하지 않는 무공해 에너지이며 태양은 거의 세계 도처에서 볼 수 있기 때문에 지역에 관계없이 설치할 수 있으며 가격이 거의 들지 않는다는 장점이 있기 때문에, 발전원가의 걸림돌이 있지만 계속해서 성장하고 있다.

---

57) http://blog. naver. com/jaymko?Redirect=Log&logNo=10017432593.

4) 핵심 성공 전략

(1) 과거58)

① 정부의 지원

a. 저가의 토지 각종 인허가의 단순화
큐셀이 입지를 선정할 당시, 구동독지역의 작센안할트 주의 비터펠트
볼펜시에서는 동독과 통일 이후 지역경제 활성화 차원에서 공장의 유
치를 위해 각종 인허가 등이 간소화 시켜 주었고, 토지 또한 저가로
매매 되어 큐셀은 보다 저렴하고 손쉽게 공장의 부지를 얻을 수 있었
고 회사를 세우는 데 어려움이 없었다.

b. 정부가 조성해 준 독일최대의 클러스터 솔라 밸리
비터펠트볼펜시는 독일통일 전 동독의 최대 화학산업단지로 태양광 산
업과 무관하지 않은 많은 화학분야의 고급 인력들이 분포해 있었다.
이들이 정부의 정책과 뜻이 맞아서 비터펠트볼펜시에 18개의 태양광
업체, 7개의 연구소, 4개의 대학이 모여 독일 최대의 클러스터인 솔라
밸리가 형성되었고 태양광분야 산·학·연 공동 연구개발관계를 이루
어 큐셀의 기술력을 더욱더 향상시켰다.

c. 정부의 전폭적인 지원금
독일 최우수 클러스터로 선정되어 있는 솔라 밸리에 독일정부는 4천만
유로에 달하는 연구개발비를 지원하고 있고, 큐셀 또한 2005년부터
정부에서 연구개발지원금을 받고 있다.

---

58) 〈서울신문〉 2009. 2. 2, 이도운 기자, "2009 녹색성장 비전: 고효율·고품질로
말한다…1등 태양전지의 자신감"; 이수영 함부르크 무역관, 2008. 9. 27, "현장
인터뷰: 세계 최대 태양광전지 제조사 큐셀 방문르포", www. globalwindow.org

(2) 현재[59]

① 경영 전략

a. 선택과 집중전략

큐셀은 '선택과 집중'의 전략을 타 회사들이 웨이퍼나 모듈 셀에 분산
투자하는 경향과 반대로 큐셀은 오로지 셀의 개발에만 착수하였다. 셀
의 효율을 높여서 생산 원가를 낮추어 이익을 극대화시키겠다는 전략
이다. 셀의 효율이 1% 상승하면 생산원가는 7%가 떨어진다. 그러므
로 이에 따라 이윤도 그만큼 올라가게 되고 생산단가를 낮추어 다른
에너지 산업과의 경쟁에서도 우위를 점할 수 있다.

b. 파트너십을 통한 원활한 공급망 형성

태양전지를 만드는 주원료가 바로 폴리실리콘이다. 이 폴리실리콘은
현재 수요가 공급보다 많기 때문에 가격이 비싸고 또한 공급이 원활하
지 않았기 때문에 많은 태양전지 회사들이 폴리실리콘 공급이 안 되어
주문받았던 거래를 완수하지 못하는 사태가 발생하였다 하지만 큐셀은
폴리실리콘 생산업계 2위 기업인 REC의 지분을 매수하고, 이로 인한
파트너십을 통하여 안정적인 폴리실리콘 공급망을 형성하였다. 또한
REC의 형제 회사 격인 엘렉켐(Elekem)의 신기술로 저가로 생산되는
폴리실리콘에 대해서도 5~10년간 장기계약을 체결함으로써 폴리실리
콘의 안정적인 공급망을 확보하였다.

---

59) 이수영 함부르크 무역관, 2008. 9. 27, "현장 인터뷰: 세계 최대 태양광전지 제
조사 큐셀 사 방문르포", www. globalwindow. org; 〈서울신문〉 2009. 2. 2, 이
도운 기자, "2009 녹색성장 비전: 고효율·고품질로 말한다 … 1등 태양전지
의 자신감"; 〈매일경제〉 2008. 1. 10, 김병호 기자, "독일 대통령궁도 중앙역
도 태양광발전".

〈그림 5-26〉 REC사의 주요 산업(폴리실리콘, 웨이퍼, 솔라)

② 인적자원

a. 전 직원의 13%나 되는 연구원

큐셀이 셀의 개발에 집중할 수 있는 전략 중 하나는 전 직원 수 대비 13%나 되는 연구 인력이다. 큐셀은 약 2천여 명의 회사직원 중에 연구·개발에 투입된 인원이 250명이나 된다. 또한 연구·개발(R&D)

〈그림 5-27〉 큐셀 생산라인에서 일하는 직원

출처: www.recgroup.com

분야에 연구인원을 더욱더 투입할 예정이다. 이러한 탄탄한 기반으로 인하여 큐셀은 셀 제조업 분야에서 기술력에서 당당하게 우위를 점할 수 있었다.

b. 자회사를 통한 위험분산

태양전지는 현재 1세대(결정질 폴리실리콘), 2세대(박막기술), 3세대 (화학물반도체)로 나누어진다. 현재는 제 1세대 결정질 폴리실리콘 기법이 주요 공정방법이고 큐셀 또한 이 방식을 따라 결정질 폴리실리콘을 이용한 셀의 효율 개발에 전력투구를 하고 있다. 그러나 미래에 제 2세대나 3세대로 넘어갈지도 모르는 상황에서 큐셀은 4개의 자회사를 통해서 제 2세대인 박막기술에 대하여 대비하고 있다.

③ 비용절감을 위한 노력

a. 비용절감을 위한 연구개발

큐셀은 태양전지의 생산원가를 줄이기 위해서 태양전지를 얇게 만드는 작업을 하였다. 태양전지가 얇아질수록 태양전지의 주재료인 폴리실리콘이 적게 들어가 그만큼의 이윤이 남기 때문이다. 2003년에 $330\mu m$였던 태양전지의 두께를, 2008년에는 무려 $150\mu m$ 줄인 $180\mu m$로 만들었다. 이로 인해 폴리실리콘이 더 적게 들어가면서 엄청난 비용 절감 효과를 가져왔다. 하지만 큐셀은 이에 만족하지 않고 앞으로 $120\mu m$를 목표로 태양전지의 두께를 줄이기 위한 연구를 계속하고 있다.

b. 생산규모 확장을 통한 규모의 경제

큐셀은 현재 독일에 거대한 규모의 공장을 4개 가지고 있는데 이 공장의 생산라인을 더 늘리고 새로 신규공장을 지어서 대규모 자동화 생산체제를 이룩하였다. 이로 인하여 태양전지를 만드는 데 단가가 낮아져

512

서 태양전지의 판매이윤을 더 남길 수 있게 되었다.

④ 글로벌 확장 전략

큐셀은 점점 커지는 세계시장과 늘어나는 수출비중으로 인해 해외공장 설립을 생각하게 되었다. 공장의 생산규모를 늘리면 원가절감이 가능하고 공장이 해외에 있으면 수출하는 데도 훨씬 편리하기 때문이다. 또한 이러한 세계화전략의 일환으로 오바마 정부의 강력한 지원정책으로 기하급수적으로 커지는 미국시장을 노려 멕시코의 바하 칼리포니아 주의 메시칼리에 장기적으로 35억 달러를 투자하여 박막태양전지 생산을 위한 복합단지를 건설한다는 계획을 가지고 있다.

(3) 미래

현재 큐셀의 목표는 조금 더 저렴한 가격으로 양질의 제품을 원하는 만큼 만드는 것이다. 이 목표를 위해 큐셀은 수많은 연구·개발을 통하여 셀의 효율을 높이고, 태양전지의 두께를 줄이고, 공장을 증설, 수많은 생산라인을 가동해 자동화된 대량생산 체제를 구축했다. 또한 해외에도 공장을 증설하여 늘어나는 수출비중에 대비하여 막대한 양의 태양전지를 제조할 수 있도록 했다. 앞으로도 큐셀은 고객들에게 언제 주문하든 원하는 품질의, 원하는 양을, 원하는 기간 안에 제조하여 제공할 수 있는 그러한 회사의 이미지를 확실히 다져 나갈 것이다.

5. 베터 플레이스(Better Place)

1) 기업소개

(1) 경영철학[60]

베터 플레이스의 경영철학은 로고를 통해 전달된다. 베터 플레이스의 로고는 지구의 하늘의 푸른색뿐만 아니라 지구의 미래를 낙관적으로 보는 이 회사의 정신이 담겨있다. 베터 플레이스는 지구의 환경을 치유할 수 있는 방법을 생각하며 세상을 보다 살기 좋은 곳으로 만들기를 원한다.

(2) 비전

① 비전 1[61]
베터 플레이스의 최고경영자인 샤이 아가시(Shai Agassi)는 인터뷰 중 이 회사의 최종 목적에 대해 다음과 같이 언급하였다.

　　석유 독재로부터 벗어나기 위해서

그는 전 세계 12개국만이 석유를 소유하고 있다는 데 주목하고, 따라서 석유에 의존하지 않고 경제적으로 기술적으로 석유독재에서 벗어날 수 있는 방법을 찾기 위해 전기 자동차 산업에 뛰어들었다고 밝혔다.
　베터 플레이스의 비전은 전 세계 모든 국가, 사람들이 공평하게 에너지를 향유할 수 있는 세상을 만드는 것이다.

---

60) http://www. betterplace. com
61) 최준석 조선일보 국제전문기자, 2008. 10. 14, http://blog. chosun. com

베터 플레이스의 또 다른 비전은 경제성장과 환경의 번영이다. [62] 국가로서, 우리는 석유를 필요로 하지 않는 경제적인 교통수단을 재정의할 수 있다. 그리고 우리는 환경이 우리의 경제 성장과 번창 때문에 번영하는 것을 볼 수 있다. 즉, 충전 플러그를 사용하는 우리의 전기 자동차와 그 차를 운전하는 누군가, 우리가 살고 있는 지구, 그리고 우리의 공동 번영은 모두 연결되어 있다.

종합하자면 베터 플레이스의 첫 번째 비전은 "모두가 사용할 수 있으며 환경에 유익한 에너지 세상"을 만드는 것이다.

② 비전 2
베터 플레이스의 두 번째 비전은 4가지 P로 압축될 수 있다. [63]

a. 플러그(PLUG)
우리가 전기자동차를 충전할 때 우리는 스마트 모바일 교통서비스로 플러그를 이용해 충전할 수 있고, 석유를 주입하던 습관에서 벗어날 수 있다.

b. 사람(PEOPLE)
우리는 자동화 운전자들에게 더 낮은 비용으로 더 많은 이익을 주며, 더 기분 좋은 느낌을 주고자 한다.

c. 지구보호(PLANET)
우리는 함께 세계적인 석유 독립을 성취하고, 온실 가스 감축 및 신재생 에너지에 대한 새로운 시장을 만듦으로써 지구를 보호한다.

---

62) http://www.betterplace.com
63) 위의 글.

d. 번영(PROSPERITY)

자동차는 석유와 가스로 영원히 달릴 수 없으며 자원은 고갈될 것이
다. 또한 불안정한 유가는 사람들에게 불편을 주고 이것들의 지속적인
사용은 지구에게 해를 입힌다.

　해결방법은 내연기관을 대체하는 것이다. 그래서 배터리 동력의 전
기 자동차는 탄소 무배출 교통 서비스, 지속가능한 청정 서비스를 위
한 핵심이 될 것이다. 이를 통해 베터 플레이스는 언제 어디서든 쉽고
편하게 전기에너지를 이용할 수 있는 인프라를 구축할 것이며, 이것은
궁극적으로 지구와 인류의 번영에 이바지하는 초석이 되리라 본다.

〈그림 5-28〉 충전하는 전기 자동차

출처: 〈서울신문〉 2009. 2. 2, 이도운 기자, "2009 녹색성장 비전: '고효율·고품질로 말한다'…1등 태
　양전지의 자신감".

516

③ 비전 364)

a. 에너지와 힘의 밀도

배터리의 가격을 낮춰야한다. 배터리의 가격은 전기차가 경제적으로
실용적인 수준이 되면 단위당 에너지의 무게와 부피에 따라 떨어질 것
이다. 또한 배터리의 효율을 높이기 위해 배출 비율을 높여야한다. 나
노 인산 음극(nano-phosphate cathodes)과 같은 새로운 배터리 화학은
높은 배출 비율로 인정받고 있다. 이 배터리 화학이 본격적으로 개발
되면 최고의 전기차가 가능하게 될 것이다.

b. 배터리 충전

전기차의 미래를 위해서는 배터리 충전 속도의 개선과 충전소의 공급
이 필수이다.

베터 플레이스의 일부 충전소는 무선으로 충전이 가능하도록 디자
인되었다. 이런 계획은 또한 배터리를 재충전하는 대신에 배터리팩을
교환하는 방식으로 발전될 것이다. 배터리 교환 시스템의 도전은 자동
차 배터리팩의 치수와 제거장치의 규격화에 달려있다.

c. 배터리 수명

배터리 충전기술은 배터리의 수명을 결정하는 열쇠이다. 배터리 관리
시스템은 충전과 배출비율을 통제할 수 있어서 수명을 연장하는 데 도
움이 된다.

d. 비용

높은 배터리 비용과 전통적인 내연기관 자동차보다 상대적으로 짧은 수
명은 전기차의 치명적인 약점이다. 전기차를 소유하고 있는 운전자에

---

64) http://web. mit. edu; http://www. connectusfund. org

게 높은 배터리 가격과 짧은 수명은 큰 부담으로 작용하기 때문이다. 이 문제를 해결하기 위해서는 전기차에 드는 기본비용을 낮춰야 한다.

또한 인프라 구축을 위해 재정의 확장과 증가, 전기차를 사는 소비자들과 생산하는 자동차 회사에 또 다른 인센티브가 있어야 한다.

2) 창업자 정신

베터 플레이스는 이스라엘 출신의 미국 시민권자인 샤이 아가시에 의해 2007년 창립되었다. 이 회사는 이스라엘정부의 지원과 미국의 펀드로 세워졌다. 그는 베터 플레이스의 창립자 겸 CEO이다.

그는 2005년 세계경제 포럼에서 "어떻게 하면 2020년까지 이 세계를 더 나은 곳으로 만들 수 있는가?"란 질문에서 영감을 얻었다고 한다. 그의 몽상적이며 실용적인 대답은 석유로부터 자유로운 자동차와 대체 가능한 교통수단을 개발하면 된다는 것이었다.[65] 그는 2009년 4월 10일 TED에서 석유연료에서 전기차로의 전이가 이뤄질 것임을 강연했다. "2백 년 전 영국에서는 25% 에너지가 노예로부터 만들어졌는데, 이 노예제도를 폐지할 것인가에 대해 많은 논란이 있었다. 하지만 노예제도를 폐지하고 1년도 되지 않아서 새로운 에너지원을 발견하고 산업혁명이 발생하였다. 앞으로 수년 안에 석유에 대한 의존도를 획기적으로 감소시켜야 한다. 지금 당장은 다소 불편하겠지만 전 세계가 전기자동차의 도입을 서두를 경우 향후 전 세계는 새로운 경제 발전을 누릴 것이다."[66]

65) http://www.betterplace.com
66) http://www.ted.com

3) 사업내용

(1) 베터 플레이스의 사업 분야

① 전기차(Electric Car)[67]

베터 플레이스가 직접 전기차를 만들지는 않으나, 이 회사는 소비자들의 다양한 욕구에 부응하기 위하여 많은 파트너십을 가지고 있다. 제로 탄소 배출에 대해 긍정적 전망을 가진 르노, 닛산과 최초의 연합이 있었는데, 베터 플레이스는 이들과 연계하여 네트워크 조직을 연결하는 기초를 구축하였다.

〈그림 5-29〉 전기차 모습

출처: www. betterplace. com

② 배터리 기술(Battery Technology)[68]

베터 플레이스는 전기 재충전 망을 구축하고 있다. 배터리가 전기차에 많이 필요할수록 가격은 저렴해지고 기술적으로 계속 발전할 것이다. 이는 전기자동차가 휘발유자동차보다 훨씬 더 효과적이며 지속 가능한 서비스가 될 것임을 보여 준다. 이미 성공적인 리튬 전지 회사들이 필

---

67) http://www. betterplace. com
68) 위의 글.

〈그림 5-30〉 전기차의 배터리

출처: www. betterplace. com

요에 의해 지속적으로 성장하고 있다. 베터 플레이스는 그들의 첫 번째 전지 공급업체인 일본의 닛산과 NEC가 공동 출자한 Automotive Energy Supply Corp.(AESC), 그리고 A123과 파트너십을 체결했다.

③ 배터리 교환소(Battery Exchange Stations)[69]

베터 플레이스는 전자동으로 전지를 교환할 수 있는 장소를 추가적으로 확대하여 100마일 이상 주행하는 사용자를 위하여 완충된 전지를 교환할 수 있도록 하고 있다. 요즈음 대부분의 사람들은 40마일 안팎으로 일상생활을 하기 때문에 전지 교환소에 가는 횟수가 지금에 비해 적어질 것이다. 이러한 베터 플레이스 배터리 교환소는 현재의 주유소보다 훨씬 더 편리하고 안락할 것이며 각 전기충전소는 평균적인 규모의 거실 정도 크기가 될 것이다. 운전자는 차를 몰고 적당한 자리에 세워둔 상태에서 편안하게 앉아있으면 자동적으로 교환 된다. 소진된 배터리가 제거되고 완충된 전지가 설치되는 것이다. 5분 이내로 자동차는 도로주행이 가능하도록 준비 된다.

---

69) 위의 글.

〈그림 5-31〉 배터리 교환소

출처: www.betterplace.com

④ 전기충전소(Charge Spots)[70]

전기충전소는 베터 플레이스 자동차영업망(Better place mobile operator network)에 널리 산재되어 있다. 베터 플레이스의 각각의 전기충전소는 주택의 주차장, 상가 주차장, 도로변 주차장과 같이 일상생활에서 마주할 수 있는 다양한 장소에서 항상 완벽한 전지의 충전을 가능하게 한다. 각 전기충전소는 주차 요금기기의 그것과 흡사하게 생겼으며, 전기차가 주차하는 동안 자동으로 재충전 과정이 실행된다. 이러한 과정이 진행되는 동안 운전자는 이를 위해 따로 움직일 필요가

〈그림 5-32〉 전기차 충전소

출처: www.betterplace.com

70) 위의 글.

없다. 모든 베터 플레이스의 자동차 모델은 상표나 모델에 상관없이 똑같은 플러그인 시스템을 가지고 있다.

(2) 사업 제휴 및 협력

① 베터 플레이스 이스라엘[71]

이스라엘은 2020년까지 석유로부터 독립을 위한 계획을 발표하였고, 2020년까지 50만 개 전기충전소와 100개의 배터리 교환소시설을 확보한다는 목표와 그에 걸맞은 전기자동차(EV) 보급 목표를 제시하였다. 2008년 1월 30일, 시몬 페레스 이스라엘 대통령과 닛산의 카를로스 곤 사장, 베터 플레이스의 샤이 아가시 대표가 자리를 함께 하고 이스

〈그림 5-33〉 이스라엘 전 총리인 에후드 올메르트와 샤이 아가시 대표

출처: www.betterplace.com

71) 권기남, 2009. 1. 30, "Better place Denmark A/S 관계자 인터뷰", www. globalwindow.org

라엘에서 본격적인 전기차 사용에 대해 합의하였다. 이는 세계 최초로
정부 주도 하에 기존 화석연료 자동차에서 무공해 전기차로 바뀌는 혁
신적인 조치로서, 닛산은 르노 메간(Megane)을 베이스로 한 전기차 2
만여 대를 2009년 안에 배치한다는 계획이다. 이스라엘 정부는 2019
년까지 전기차와 관련해 세제상에 혜택을 주기로 하였다.

② 베터 플레이스 호주[72]

베터 플레이스는 호주회사인 AGL Energy와 파트너십을 체결하였다.
맥쿼리 캐피털 그룹은 신재생에너지에 의해 구동되는 전기자동차 네트
워크를 배치하는데 도움이 되도록 6억 7천만 달러를 지원하기로 하였
다. 샤이 아가시 대표는 2012년에 시스템을 배치할 것으로 기대하고
있으며 이 프로젝트는 호주정부의 5억 달러를 그린 차(Green Car) 혁
신기금으로 활용할 수 있다.

③ 베터 플레이스 미국[73]

캘리포니아와 샌프란시스코, 오클랜드 도시를 포괄하는 10억 달러 프
로젝트 추진하기로 하였다. 휴대전화와 같은 임대비용 지불 방식의 전
기 배터리 충전소와 배터리 교환소 건설이 목표이다.

---

72) Andrew Posner, 2008. 10. 24, Providence, Rhode Island, www.
treehugger. com; www. triplepundit. com
73) Karin Kloosterman, 2008. 11. 25, www. israel21c. org; 〈머니투데이〉 2008.
11. 24, 김경원 기자, http://stock. mt. co. kr

〈그림 5-34〉 배터리 교환모습

출처: www. betterplace. com

④ 베터 플레이스 덴마크74)

덴마크는 인프라 구축과 풍력 에너지의 잉여 에너지를 효율적으로 사용하기 위한 구체적인 계획을 제시하였다. DONG Energy사는 베터 플레이스와 협력하여 1억 3,500만 달러를 인프라 구축에 투자하기로

〈그림 5-35〉 배터리 교환시뮬레이션

출처: www. betterplace. com

---

74) 권기남, 2009. 1. 30, Better place Denmark A/S 관계자 인터뷰, www. glo balwindow. org

결정하였다. 또 덴마크 정부는 2012년까지 세금을 면제해주기로 결정
하였다.

(3) 사업 방식

① 에너지 공급방식[75]

재생에너지에서 나오는 잉여 에너지를 베터 플레이스 그리드(*grid*)로
공급하고 베터 플레이스 그리드에서 집과 충전망에 공급하여 소비자가
쉽게 충전할 수 있게 해준다. 그리고 공급한 전기는 한 달 요금으로
지불한다. 이는 재생에너지를 효율적으로 사용할 수 있게 도와준다.
여기서 그리드는 일반 전기선에 IT 기술이 접목된 것으로 전기선을 통
해 어느 정도 전기를 사용하였고, 전기가 얼마나 남았는지 확인하며,

〈그림 5-36〉 에너지 공급방식

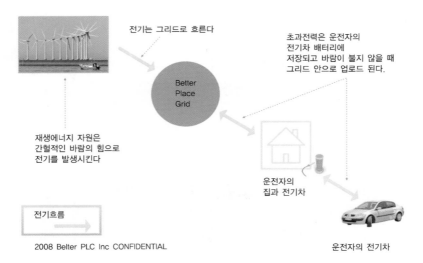

출처: www. jucce. com

---

75) http://www. betterplace. com

남는 전기를 다시 전기회사에 되팔 수도 있는 양방향 전기 공급망이라 할 수 있다.

② 사업 방향
사업은 현재 우리가 사용하고 있는 휴대폰 사업방식과 비슷하고, 보조금이나 임대방식으로 자동차를 가질 수 있다. 또한 임대료와 에너지는 사용량만큼 한 달 요금으로 지불하는 것이다. 즉 베터 플레이스는 이동통신 회사와 비슷한 입장이고 자동차 회사는 휴대폰 사업자와 비슷한 입장이라고 생각하면 쉬울 것이다. 76)

4) 시장 환경 분석

(1) SWOT분석

〈표 5-13〉 베터 플레이스의 SWOT분석

	O	T
S	• 각 나라 및 회사들과의 파트너십 • 소비자들의 효율성, 편의성 우선	• 배터리 충전 시스템 비표준화
W	• 미개척 시장	• 인프라 구축에 많은 비용 소모 • 너무 많은 협력이나 투자에 의존

출처: http://www.globalwindow.org/

---

76) 위의 글.

526

(2) 경쟁구도 분석[77]

지금 베터 플레이스의 경쟁 회사들로는 GM, 도요타, 테슬라 모터스 등이 있다. 우선 GM의 경우 시보레 볼트를 LG화학과 협력하여 빠른 시일 내에 시판하기 위해 노력하고 있다. 또한 테슬라 모터스는 베터 플레이스와 비슷하게 많은 투자를 유치하고 있고, 도요타 역시 2012년 상용화를 목표로 전기자동차를 개발하고 있다.

베터 플레이스는 르노・닛산과 함께 협력하여 배터리를 탈・부착할 수 있는 전기자동차를 양산하여 상용화할 계획이다. 현재로서는 시장 초기이기 때문에 어느 회사가 우위에 있다고 말할 수 없지만 다른 회사와는 달리 인프라구축과 배터리 탈・부착 시스템을 적용하여 소비자들의 편의를 한층 더 높이려고 노력하고 있는 베터 플레이스가 어느 정도 선도적인 위치에 있다고 할 수 있다.

(3) 업종 전반적인 분석[78]

전기차 시장은 점차 발전하고 있는 시장이기 때문에 실리콘밸리의 많은 벤처기업들이 개발중이다. 하지만 전기차 산업은 많은 비용이 들기 때문에 실패로 이어질 경우 그에 따른 타격은 너무나 크다고 할 수 있다. 특히 전기차 시장이 미개척분야라고 해도 자동차 산업에 커다란 영향력을 미치는 기존 자동차제조업체들과의 경쟁은 힘들 것이다.

전기차의 동력원은 그린 에너지이다. 그린 에너지의 잉여전력을 이용하여 전기자동차에 충전을 시켜 놓으면 버려지는 에너지를 효율적으로 이용할 수 있기 때문에 그린 에너지 산업과 전기자동차 산업은 서

---

77) 구본경 샌프란시스코 무역관, www.globalwindow.org; *ETNEWS* 2009.6. 19, 윤대원 기자, www.etnews.co.kr
78) 구본경 샌프란시스코 무역관, www.globalwindow.org

로 윈-윈 할 수 있다. 버려지는 잉여전력을 이용함으로써 그린에너지를 좀더 효율적으로 이용할 수 있게 된다. [79)

전기자동차에 가장 중요한 부분은 배터리라고 할 수 있다. 현재 배터리는 한 번 충전으로 약 160km를 갈 수 있기 때문에 운전을 하는데 불편이 없다. 다만 충전을 할 때에 시간이 좀 많이 걸리고 배터리의 가격이 너무 비싸서 소비자들에게 부담으로 다가올 수 있다. 이에 베터 플레이스는 배터리 탈부착 시스템을 적용시켜 최대 5분 안에 충전을 끝낼 수 있도록 하고 배터리 문제는 임대와 보조금 등을 통해 해결하려 하고 있다. 하지만 배터리 탈부착의 경우 많은 기업에서 채택하지 않고 있기 때문에 표준화되기 위해서는 좀더 많은 시일이 걸릴 것이다. [80)

전기차 산업에서 중요한 것은 인프라구축이라고 할 수 있다. 항상 네비게이션에 배터리 충전소가 체크되고, 충전할 곳이 많아야 전기자동차는 점점 더 많아질 것이다. 이를 위해 여러 나라에서는 인프라구축을 위해 많은 투자를 하고 있다. 하지만 최소 2억 달러 이상씩 드는 인프라구축 비용은 세계적인 경제 위기인 이 시점에 부담이 될 수도 있다. 하지만 이런 인프라구축 없이는 산업 활성화가 이루어질 수 없기 때문에 인프라구축을 위한 노력은 반드시 필요하다. [81)

---

79) "CLEAN ENERGY TRENDS 2008 보고서", www.cleanedge.com.

80) 〈디지털 타임즈〉 2008. 2. 11, 이정용, www.dt.co.kr

81) http://www.betterplace.com

5) 핵심적 성공전략

(1) 과거

베터 플레이스는 생긴 지 얼마 되지 않은 회사이기 때문에 과거의 성공 전략은 따로 없다. 베터 플레이스는 앞으로의 사업에서 성공하기 위해서 본격적인 사업을 진행하고 있는 중이다.

(2) 현재

① 적극적 파트너십
전 세계적으로 경제위기를 겪고 있는 현재 2억 달러 이상의 돈은 결코 적지 않은 돈이다. 특히 베터 플레이스가 여태까지 유치받은 2억 달러와 현재의 2억 달러는 커다란 차이가 있다. 그렇기 때문에 세계 각국 및 회사들과의 좀더 적극적인 협력과 투자유치를 통해 인프라 구축에 더욱 힘써야 한다. 또한 베터 플레이스의 사업 모델은 지금까지 성공적인 투자와 협력을 이끌어낸 데서 알 수 있듯이 강력한 비즈니스 모델이다. 그렇기 때문에 이를 좀더 정확하게 인식시키기 위해서는 에너지와 자동차의 효율적인 공급으로 환경보호와 수익성 창출이 모두 가능하다는 것을 좀더 확실하게 보여주어야 할 것이다. 이를 위해서는 다음과 같은 방법들이 있다.

a. 사업 추진 과정을 보여줌 [82]
적극적 파트너십을 강화하기 위한 방법으로 사업 추진 과정을 투명하게 보여주는 것이다. 많은 비용을 투자하는 것이기 때문에 만약 이것

---

82) *International Herald Tribune*, Bill Vlasic, 2009. 2. 9, http://newenergynews. blogspot.com

이 실패한다면 리스크 역시 커지게 된다. 그렇기 때문에 현재 사업 추진과정의 일부분을 직접 보여주어 사업이 제대로 이루어지고 있다고 투자자들에게 호소해야 한다. 이를 테면 구체적인 인프라구축이나 사업시점 계획을 발표하거나, 직접 배터리 탈부착 시스템이나 충전하는 모습을 보여주거나, 전기차를 시운전하는 모습을 보여주는 등 베터 플레이스가 추진하는 사업의 과정을 보여줌으로써 투자자들이 베터 플레이스를 믿을 수 있게 되면 좀더 많은 투자를 이끌어낼 수 있고 전기자동차에 대한 세금감면과 같은 다양한 혜택도 얻을 수 있을 것이다.

b. 재생에너지 사용에 대한 효율적인 공급 측면 강조함

지금 현재 재생에너지의 사용은 많은 부분 발전하기는 했지만 상용화되기 위해서는 아직도 부족한 점이 많고, 또한 현재 충전시스템은 많은 양을 충전하기에는 버거운 시스템이어서 많은 양이 쓰이지도 못하고 버려지고 있는 실정이다. 그렇기 때문에 버려지고 있는 잉여 재생에너지를 스마트 그리드(smart grid, 지능형 전력망)를 통해 베터 플레이스의 충전소로 공급하고, 베터 플레이스는 다시 소비자들에게 공급하는 방식을 사용해야 한다. 또한 에너지 사용이 덜한 저녁 시간에 충전함으로써 에너지 효율성을 높일 수 있기 때문에 풍력이나 지력 등 재생에너지를 생산하는 회사들과 협력할 필요도 있다.

c. 다양한 협력 회사들과의 관계 유지

베터 플레이스는 다른 기업에 비해서 그리 규모가 큰 회사가 아니다. 그렇기 때문에 협력업체들과의 관계유지는 중요한 요인일 수밖에 없다. 배터리, 자동차 등 전기자동차와 관련한 다양한 부분을 베터 플레이스가 모두 감당할 수는 없다. 따라서 베터 플레이스가 비즈니스 모델과 사업방향을 제시하면 다양한 협력업체들은 나중에 이것이 실현화되었을 때 지속적인 수익창출이 가능하기 때문에 서로에게 윈-윈 효과를 가져올 수 있게 되는 것이다. 그러므로 베터 플레이스는 많은 협력

업체들을 좀더 체계적으로 관리하고 유지할 필요가 있다.

d. 환경과 경제 모두 발전할 수 있다는 미래 제시

현재 베터 플레이스가 실현하려는 사업이 현실화될 경우 40% 탄소 저감 효과를 가져올 수 있을 뿐만 아니라 천연 자원의 고갈도 막을 수 있다. 그렇다고 환경만 보호되는 것은 아니다. 이런 저탄소 효과는 탄소배출권 거래제도가 시행될 것으로 확정된 미래에는 엄청난 경제적인 성과를 이룰 수 있을 것으로 예상된다. 또한 베터 플레이스의 사업방식은 지속적인 수익창출을 이루는 것이기 때문에 다양한 고용효과를 창출할 수 있고, 재생에너지의 비효율적인 낭비도 줄일 수 있기 때문에 이런 점을 부각시킨다면 파트너십을 더욱 강화시킬 수 있게 된다.

② 배터리 탈·부착 시스템 표준 적용

배터리 탈·부착은 베터 플레이스의 핵심이라고 할 수 있다. 이는 배터리 충전과 교환을 한꺼번에 하여 전기자동차의 편의성을 한층 증대시킨 것이다. 배터리 탈·부착은 세차장과 같은 시스템으로 자동차가 레일 위에 올라가게 되면 컨베이어 벨트에 자동으로 옮겨지고 자동적으로 배터리가 탈·부착되는 시스템이다. 소비자는 차 밖으로 나올 필요도 없이 5분이면 배터리 충전이 완료된다.

이렇게 간편한 방법은 소비자들에게 어필을 할 수 있지만 많은 자동차 회사들은 베터 플레이스와 협력관계를 맺으려 하지 않고 있다. 이는 베터 플레이스의 공급망에 자신들이 들어가는 것보다는 자신들이 직접 시장에서 선도적인 위치에 들어가기 위해서이다. 결국 이것은 배터리 비표준화의 큰 이유이다.

또한 탈·부착으로 인한 기술적인 문제점을 제기하는 전문가들도 많아지고 있다. 하지만 이런 이유들이 배터리 탈·부착 표준화를 막는 커다란 장애가 되지는 않을 것이다. 다만 얼마나 빨리 되느냐가 문제

〈그림 5-37〉 배터리 탈·부착 모습

출처: www.greendiary.com

인 것이다. 그렇기 때문에 베터 플레이스는 혼자가 아닌 협력을 통해 더욱 큰 시장과 수익을 창출할 수 있다는 희망적인 미래를 제시하고, 기술적인 문제점 부분도 더욱 확실히 개선하여 배터리 표준화를 이루어야 할 것이다. 그럼 표준화를 이루기 위해 노력해야 할 점은 무엇인가 알아보자.[83]

a. 시장의 크기와 발전을 위한 점을 부각
배터리 충전만 가지고는 소비자들에게 어필할 수가 없다. 장거리를 가기 위해서는 배터리 충전을 위해 3~4시간씩 출발을 지연해야 하기 때문이다. 그렇게 되면 시간을 중요시하는 현대 사람들에게 어필하기 힘들 것이다. 이에 반해 배터리 탈·부착은 최대 5분 정도면 배터리를 교환할 수 있기 때문에 석유자동차와 별 차이가 없다. 또한 먼 거리를 가기 위해서는 가장 좋은 방법이라고 할 수 있다. 이런 편의성이 증대되어야 소비자들은 전기자동차에 관심을 가지고 구매할 것이다. 그렇

---

83) http://web.mit.edu/ Technology, Challenges, and the Future of Electric Drive 보고서 참조.

기 때문에 시장의 크기와 발전을 위해서 표준화가 필요하다고 설득하
여야 한다.

b. 기술적인 문제점 보완 [84)]

아직 상용화 이전이기 때문에 예상되는 문제점이기는 하지만 배터리
충전을 많이 했을 때의 문제점과 스포츠카와 같은 자동차에는 적용이
될 수 없는 문제점, 그리고 엔진과 같은 배터리를 교환했을 때의 문제
점 등을 예상되는 문제로 지적할 수 있다. 현재도 배터리 기술은 계속
발전하고 있기 때문에 이런 문제점들은 지나친 걱정일 수도 있지만 현
재 협력하고 있는 회사들과의 기술적인 투자를 통해 혹시 모를 이런
문제점에 대처하는 것이 좋은 방법이다. 그래야 표준화를 반대할 기술
적 이유를 없앨 수 있기 때문이다.

c. 빠른 인프라구축

빠른 인프라구축은 표준화에서 결정적인 계기가 될 수도 있다. 그 이유
는 다른 회사들은 전기자동차 개발에 초점을 맞추고 있지만 베터 플레
이스는 인프라구축에 초점을 맞추고 있기 때문이다. 과연 소비자들은
인프라구축이 된 자동차를 구매할까? 안 된 자동차를 구매할까? 정답은
너무도 쉽다. 인프라구축이 된 자동차를 구매할 것이다. 그렇기 때문에
빠른 인프라구축이 달성된다면 시장점유율에서 우위를 점할 수 있을 것
이고, 결국 표준화는 베터 플레이스가 원하는 방향으로 될 것이다.

(3) 전망

베터 플레이스는 인프라구축을 우선시하였기 때문에 편의성과 효율성
을 무기로 많은 소비자들을 유치할 수 있을 것이다. 또한 배터리 표준

---

84) KISTI, 2009. 5. 18, "글로벌동향브리핑"(GTB) 참고, http://radar.ndsl.kr /

화도 확실하게 이루어져 결국 많은 자동차 회사들이 베터 플레이스 공급망을 통해 자신들의 자동차를 판매하게 될 것이다. 베터 플레이스는 배터리 임대와 에너지 사용량을 한 달 요금으로 받아서 자동차를 판매하는 것이 아니라 자동차가 간 거리만큼 판매하게 되어서 지속적인 수익 창출이 가능해질 것이다. 결국 경제적인 면과 환경적인 면 모두를 발전시킬 수 있는 방향을 제시하게 될 것이다.

6. 베스타스(Vestas)

1) 기업소개

1898년 덴마크의 작은 마을 렘(Lem)에서 농기구 생산을 시작으로 출발한 베스타스(Vestas)는 1945년 10명의 직원이 믹서기, 제빵용품, 저울 등의 가전제품을 생산하면서 지금의 베스타스라는 명칭의 기업으로 발전했다. 이후 1956년 조선소 선박의 엔진 냉각기인 인터쿨러(*intercooler*)를 생산하기 시작하였지만 1970년 1차 석유파동을 계기로 '그린 경영'(*Green Management*)의 필요성을 인식하고 풍력에너지로 사업을 변경하여 직원이 10명이었던 작은 회사가 1979년, 800명의 직원을 거느린 회사가 되었다. 그 후 풍력 모터의 개발로 판매량이 증가하면서 성장하였고, 현재는 5개 대륙 62개국에 33,500여 개의 풍력 모터를 설치한 회사로 거듭났다. 그리하여 베스타스의 모국인 덴마크는 전체 전력의 23%를 베스타스가 생산한 전력에 의존하고 있다. [85]

---

[85] www.vestas.com

(1) 경영철학[86]

베스타스는 바람을 전기로 바꾸는 즉, 바람의 운동에너지를 전기에너지로 바꾸는 풍력 모터의 개발과 설치를 통하여 환경오염을 줄이고 새로운 가치를 창출하는 데 이바지 하고 있다. 베스타스에서는 2만 명의 사람들이 일을 하고 있으며 그들은 '성공한다'와 '일에 대한 열정'이라는 2가지 철학으로 연결되어 있다.

① 성공
베스타스는 분명한 목표의식을 가지고 일을 하며 성공을 하기위해 애쓰고 있다.

② 일에 대한 열정
베스타스는 공통적 열정을 공유한다. 전 세계의 이익을 위한 깨끗하고 믿을 수 있는 현대적 에너지에 대한 열정을 가지고 임무를 수행한다.

(2) 꿈[87]

최고의 새로운 에너지로서 풍력을 석유, 가스에너지와 동등하게 만드는 것이 베스타스의 꿈이다. 이는 에너지에 들어가는 비용을 줄이는 것을 뜻하며 베스타스는 풍력의 경쟁력 개선을 위하여 계속해서 더욱 안정적이고 신뢰할 수 있는 풍력 모터를 만들어 나갈 것이다.

---

86) 위의 글.
87) 위의 글.

(3) 비전88)

베스타스의 비전은 바람이 부는 모든 곳에 베스타스의 풍력 모터를 설치하는 것이다. 즉, 최고의 현대적 에너지인 풍력을 화석연료의 보완이 아닌 완전히 대체할 자원으로 만들어 전력이 생산되는 모든 곳에서 베스타스의 풍력 모터가 전력을 생산하여 전 세계의 전력생산을 책임지고, 이로써 환경보호ㆍ세계 경제에 이바지하는 것이다. 베스타스는 이 비전을 향해 풍력 모터 산업을 이끌어 갈 것이다. 풍력 에너지는 충분한 바람이 있는 곳이면 세계 어디든지 에너지를 공급할 수 있다. 그리고 그것은 수천 개의 일자리와 환경 측면에서 부가적 이익을 창출해 낼 수 있다.

(4) 사명(mission)89)

베스타스는 실패의 원인이 되는 의사결정을 하지 않도록 하는 위험관리에 많은 노력을 기울이는 것을 사명으로 삼는다. 이는 체계적인 접근방법과 위험분석방법을 가지고 의사결정을 취할 때 가능해진다. 베스타스는 이와 같은 의사결정 방법으로 신속하고 정확한, 사실에 근거한 의사결정을 내릴 수 있고, 이로 인해 꿈과 비전을 효과적으로 달성할 수 있을 것이다.

(5) CEO와 창업자 정신

재생가능한 에너지는 풍력뿐만 아니라 태양열, 태양광, 수소, 수력, 원자력, 조력 등 여러 가지가 있다. 결과적으로 베스타스는 여러 재

---

88) 위의 글.
89) 위의 글.

생 가능한 에너지들 중에서 풍력을 가장 가치 있는 에너지로 만들어 현대 에너지 솔루션의 최고 공급업체가 될 것이며 나아가서는 이로 인해 화석연료의 사용량을 0(zero)으로 하여 환경보호에 이바지할 것이다. 이러한 모든 활동을 달성하기 위해서 베스타스는 분명한 목표의식과, 깨끗하고 믿을 수 있는 모던 에너지에 대한 열정을 가지고 임무를 수행한다.

2) 사업내용

2007년 풍력터빈 세계시장의 규모는 1만 1,407MW로 집계됐는데 덴마크의 베스타스가 27.9%로 선두를 차지하고 있다. 베스타스는 1976년 처음 풍력 모터를 설치한 이후, 현재 100배 이상 출력을 향상시켰다. 베스타스는 현재 전체 에너지의 1%를 차지하는 풍력의 비중을 2020년까지 10%로 끌어올리겠다는 목표를 가지고 있다.[90] 베스타스는 25년의 글로벌 경험으로 다양한 풍력 발전사업, 풍력 모터의 종류 선택, 풍력농장의 설치, 위탁 및 풍력농장 모니터링과 풍력 모터의 수명과 관련한 정비 및 유지보수 등 풍력에너지와 관련된 지역적인 모든 문제에 대해 전문적인 지원을 해줄 수 있다. 또한 호환성과 그리드(grid)의 안정성에 대해 적극적인 지원을 하기 때문에 설치지역에서 기능 및 성능을 충족할 수 있도록 구체적인 그리드 연결을 구성할 수 있다.

특히 SCADA시스템을[91] 통해서, 광범위한 풍력발전소를 모니터링 및 제어함으로써 지속적으로 정보를 수집하고, 외부장치와 데이터교환이 쉬울 뿐만 아니라 적절한 전력 및 전압을 제어한다.

또한 최소 금액으로 최대 에너지의 생산을 위해 CFD(Computational Fluid Dynamics) 소프트웨어를 사용한다. CFD 소프트웨어는 날

90) 위의 글.
91) 위의 글.

〈그림 5-38〉 SCADA 시스템

출처: www. vestas.com

개 주위의 흐름의 정확한 시뮬레이션을 제공하는 일종의 가상 바람 터
널을 만들어 날개 주위 공기의 움직임을 매핑하는 훌륭한 도구로 매우
정확한 결과를 제공한다. 그리고 옵티팁(OptiTip)을 통해서 끊임없이
변화하는 바람에 대한 최적의 에너지 생산을 보장하기 위해 터빈 날개
의 각도의 조정을 최적화하고, 옵티스피드(OptiSpeed)를 통해 평균 회
전 속도에서 최대 60%까지 다양하게 로터의 회전 속도를 허용하며,
최대 30%까지 위 아래로 이동시켜 전력망과 구조의 중요한 부분에 변
동하는 부하를 효과적으로 최소화한다.[92]

　이러한 기술적 측면 외에 베스타스는 지방 측정 캠페인을 통해서 난
기류의 위험도시를 측정하며 해상현장에서는 파도, 해류 및 조수의 조
건을 확인한다. 그리고 최근 몇 년 동안 풍력 모터에서 오는 소음을 줄
이기 위해, 소음판단의 서로 다른 접근법을 통해서 그에 맞는 종류의
제품을 생산하고 설치하였다. 이런 정책 외에도 야생동물의 피해를 최
소화하는 보호 조치와 풍력 발전 확대를 위해 전력 소비가 많은 국가의
에너지 소비 비중을 커버해 줄 수 있는 야심찬 계획을 가지고 있다.

　이러한 사업 영역에서 베스타스는 새로운 에너지 솔루션의 세계적
인 주요 공급 업체로 자리를 확대하고 현재 33,500개의 풍력 모터를 5

92) 위의 글.

538

개 대륙의 62개국에 설치했다.[93] 이를 통해 화석연료를 사용할 때 발
생하는 환경오염 없이 연간 전 세계 수백만 가정에 충분한 전력을 공
급할 수 있는 어마어마한 양의 전력을 생산할 수 있다. 베스타스는 국
내에서도 국내 기업과 협력을 통해 풍력 모터를 설치하였다. 한국남부
발전의 제주도 내 3번째 풍력발전소인 제주성산풍력발전소가 본격적
인 가동에 들어갔으며 총 공사비 300억 원, 8개월의 기간이 소요된 성
산풍력 1단계는 남부발전의 주도하에 한국전력기술이 설계를, STX중
공업과 삼환기업이 주기기 공급 및 시공을 담당했다.[94]

3) 시장환경분석

(1) SWOT분석

〈표 5-14〉 베스타스의 SWOT 분석

	O	T
S	• 발전하는 풍력에너지 시장의 선두주자 • 세계 최고의 Offshore farm 　- 막대한 Offshore 능력	• 경쟁사들의 빠른 성장 　- 풍력에너지 개발 용이 　- 아시아 기업들의 빠른 성장
W	• 낮은 고객 인지도 　- 다국적, 다각화 기업에 비해 낮은 　기업이미지	• 세계적 침체로 인한 자국 산업 보호 • 공급자, 판매자 Risk 　- 수많은 부품 공급자 　- 제품의 향상에 대한 압박

출처: http://www.globalwindow.org

---

93) 위의 글.
94) 〈아시아경제〉 2009. 3. 29, 이경호 기자, "제주성산풍력발전 가동 본격화",
　　http://www.asiae.co.kr

(2) 경쟁구도분석

풍력발전의 시장에서는 다양한 기업들이 경쟁을 하고 있으며 2008년 기준으로 상위 10개의 기업이 전체 풍력발전의 84%를 담당하고 있다. 그 중 베스타스는 전체시장의 1위 기업으로 그 자리를 유지하고 있다. 그 뒤를 잇는 GE 윈드는 2008년 모든 기업이 (-)의 시장점유율 증가를 보일 때 (+)의 성장을 보여주었다. 인도 기업인 수즈론은 2007년 시장의 3.3%를 보유하고 있던 리파워를 인수함으로써 시장점유율 9%의 기업으로 성장하였다. 특히 중국의 시노벨(Sinovel)과 골드윈드(Goldwind)는 막강한 중국의 신흥시장을 바탕으로 눈에 띄는 발전을 보이고 있다. 95)

〈그림 5-39〉 2008년 기업별 풍력발전 시장점유율

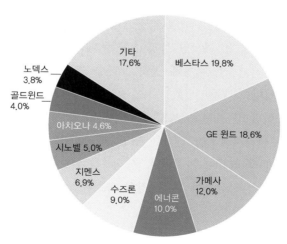

출처: BTM Consultant ApS 〈International World Energy Development 2008〉.

---

95) 〈World market update 2008〉, http://www.btm.dk

540

(3) 업종 전반적인 분석

에너지는 점차적으로 각국의 정부에 전략적, 정치적인 문제로 이슈화 되고 있다. 많은 국가들은 석유에 지나치게 의존하는 현존의 체제에서 벗어나기를 원한다.[96]

풍력에너지 시장은 다른 재생가능에너지 산업에 비하여 비교적 보편화되어 있고 사용이 용이하며 예측이 가능하다는 점에서 재생가능에너지 중에 가장 실용적인 에너지로 평가받는다. 또한 바람의 특성상 여러 가지 장점을 가지고 있다. 첫째, 바람은 무한한 자원으로서 수력, 파력, 조력 등과 달리 전 세계에 무한히 존재하는 자원이다. 둘째, 풍력은 상대적으로 짧은 시간에 많은 전력을 생산해 낼 수 있다. 풍력발전은 상대적으로 작은 면적에 많은 수의 풍력터빈이 설치되어 있어 적은 바람으로도 많은 양의 전력을 생산해 낼 수 있다. 마지막으로 풍력발전은 전력의 발전과정에서 오직 바람만 필요하기 때문에 지구온난화를 일으키는 CO_2 배출 걱정이 없다. 바람은 쉽게 그리고 무한정 사용할 수 있다. 하지만 그것이 모두 에너지로 전환되지는 않는다. 핵심은 선진기술을 이용해 풍력 모터를 효과적이고, 효율적으로 사용하는 것이다.

이러한 풍력발전은 2008년까지 연간 발전량을 증가시켰으며 그 가속도는 점차 빨라져서 2013년에는 연간 58,000MW 정도의 발전량의 증가를 보이며 성장해 나갈 것이다. 특히, 중국과 인도는 급속히 성장하고 있는 아시아 시장에서 경제성장의 속도와 발맞추어 그 발전의 속도가 더욱 두드러질 것으로 보인다.

유럽을 비롯한 세계 각국에서도 풍력 에너지 산업이 촉진되고 있다.[97] 유럽은 교토 의정서에 동의하였음에도 불구하고 지난 2년 동안

---

96) www.vestas.com

97) http://nytimes.com 2007. 1. 23 James Kanter 〈Europe Encouraging Clean

친환경 에너지에 대한 투자와 이익 부분에서 교토 의정서에 동의하지
않은 미국에 비해 낮은 수준에 머물러 있었다. 유럽은 중앙아시아, 아
프리카와 함께 친환경 에너지에 대한 투자를 미국의 1/3 수준으로 올
리기로 하였다. 이러한 유럽의 재생에너지에 대한 관심의 한가운데서
베스타스가 가장 핵심적인 역할을 하고 있다. 또한 미국 대통령 오바
마는 해상풍력발전소(*offshore wind farms*) 건설에 박차를 가할 것이라
고 발표해 향후 바다에서의 풍력발전이 급증할 것으로 예상된다.[98]

〈그림 5-40〉 풍력발전의 진보

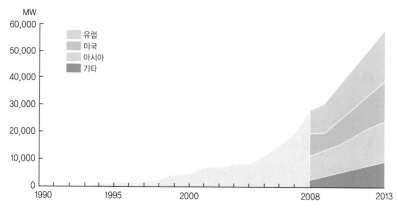

출처: BTM Consultant ApS 〈International World Energy Development 2008〉.

Energy Industry〉

98) Fang Yang, 2009. 4. 23, "Obama pushes renewable energy on Earth
    Day", www. chinaview. cn.

4) 핵심적 성공전략

베스타스의 성공전략은 과거의 결단력, 현재의 경쟁력, 미래의 발전 가능성에 있다. 이는 결코 단절되는 것이 아니라 모두 베스타스에 내재하며 발전하는 기업의 성공전략이 된다.

(1) 과거

베스타스는 초기 농기계 사업을 시작으로 기업을 일으켰지만, 석유파동을 겪으며 그린 에너지의 중요성과 잠재능력을 빠르게 인식하고 사업방향을 과감히 바꿈으로써 풍력산업에서의 선두기업으로 입지를 굳혀 선점효과를 거둘 수 있었다. 사업의 전환은 많은 비용이 수반되며 베스타스와 같이 유사한 사업 분야가 아닌 전혀 새로운 분야로의 진출 및 변경은 미래의 아이템에 대한 확신과 결단력이 없다면 결코 이루어질 수 없는 것이다. 또한 그린 에너지사업은 상당한 초기 투자비용과 막대한 유지비용이 드는 반면 단기적으로 수익을 기대하기 어려워 기업의 단기적인 수익에 대한 확실성이 없다. 그런데도 베스타스는 미래의 장기적인 이익과 재생가능 에너지의 중요성을 인식한 결과, 강한 결단력을 통해 현재 세계 최고의 풍력에너지 회사라는 타이틀을 가질 수 있게 되었다.

(2) 현재

① 기술적 측면의 성공전략[99]
풍력발전은 크게 육상풍력발전(*on-shore*)과 해상풍력발전(*off-shore*)으로 나눌 수 있다. 그 중 해상(海上)풍력발전소는 해안에서 조금 떨어

---

99) www. vestas. com

〈그림 5-41〉 해상풍력발전

출처: www.vestas.com

진 약 10여 미터 깊이의 바다 위에 설치하여 전력을 생산해 내는 풍력발전의 방법을 말한다. 베스타스는 해상풍력발전 분야에서 타 경쟁기업들보다 우수한 기술력을 보유하고 있으며 이는 덴마크의 베스타스에서 설립한 세계에서 가장 큰 해상풍력발전소인 Horns Rev를 보면 잘 나타나 있다. 육상풍력발전과 비교되는 해상풍력발전의 장점은 크게 5가지로 구분할 수 있다. 우선 현재 육상풍력발전에서의 발전기 설치 부지는 한계가 있다는 점이다. 실제로 풍력발전의 메카인 북유럽의 경우에 이미 육지에서는 포화상태에 이르렀기 때문에 이제 관심을 바다로 돌리고 있는 상황이다. 둘째 해상풍력발전은 육상풍력발전에 비해서 풍력에너지가 막대하며, 풍속의 변화가 적다. 따라서 발전용량도 육지에 비해서 방대하며 또한 바람의 방향도 예측이 가능하기 때문에 상황에 따른 대책마련이 용이하다. 셋째 소음문제가 없다. 육지에서의 풍력발전기는 보통 목초지에 건설되는데, 그 소음 때문에 목장주민과 마찰이 심하다. 하지만 해상풍력발전에서는 해안과의 일정 거리 때문에 소음문제가 없다. 넷째 바다에서도 육지와 같이 발전기의 제어가 가능하다. 마지막으로 전체적인 비용에 서 육지보다 저렴하다. 물론 설치비용 자체는 육지보다 더 비싸지만, 일단 발전용량이 훨씬 크기 때문에 발전용량, 유지보수, 설치비 등을 고려하면 전체적으로 해상풍력발전이 더 저렴하다.

544

② 정책적 측면의 성공전략(덴마크를 대표하는 두 기업의 만남)100)

2008년 일본에서 세계 LEGO 토너먼트가 열렸다. 베스타스는 아시아 시장 진출과 브랜드 이미지 제고를 위해 전 세계적으로 유명한 덴마크의 유명 장난감 기업인 LEGO와 함께, 아이들에게 현대 에너지의 중요성을 알리고, 베스타스라는 기업의 더 먼 미래를 위해 LEGO 리그 행사를 개최했던 것이다. 그뿐만 아니라, 진정한 세계문제인 에너지자원 문제의 해결을 즐겁게 배울 수 있는 장을 마련하고 궁극적으로 낯선 베스타스의 기업이미지를 친숙하게 제고시키는 좋은 방법이 되었다.

2007년 베스타스가 프로모션을 위해, LEGO와 협력하여 장난감풍력발전기를 한정적으로 발매했다. 그에 맞춰 미국, 유럽, 아시아지역 공항에서 그 LEGO상품을 이용한 '공항 쇼'(Airport Show)를 개최했다. "바람은 공짜다"라는 헤드라인을 내걸고 이루어진 이 행사는 도시, 숲 그리고 공장과 풍력 터번이 움직이는 것을 실제와 같이 묘사하

〈그림 5-42〉 공항 쇼(Airport Show)

출처: http://blog.naver.com/southasia

─────────────

100) 위의 글.

였고, 직접 만져볼 수 있는 체험부스와 베스타스 홍보비디오를 보여주는 등 아이들이 즐기며, 올바른 풍력에너지에 대해 배울 수 있게 하였다.

(3) 전망

베스타스는 1979년 최초의 풍력 모터 사업에 착수한 이후 빠르게 변화하는 풍력발전 산업에서 적극적인 역할을 해 왔다. 이에 'NO 1 in modern Energy'라는 슬로건을 내세워 현재 풍력에너지 1위라는 시장위치와 해상(*offshore*) 풍력발전 기술력을 통해, 앞으로도 밝은 전망이 예측된다. 하지만 GE, 지멘스와 같은 경쟁기업의 성장에도 주의를 기울여야 한다.

또한 현재 유럽지역에만 치중되어 있는 시장편중을 벗어나, 중국과 같은 신흥 아시아시장으로 공격적인 진출을 통해 더욱 탄탄하고 지속적인 이윤을 만들도록 입지를 굳혀야한다. 자국기업인 GE가 다각화를 통한 거대만 규모로 굳게 지키고 있는 미국시장에서도 베스타스만의 특화된 해상풍력발전 기술력과 풍력발전 선두주자로서의 노하우, 풍력발전 1위 기업 등의 매력을 통해 자리를 잡아야한다. 그리고 현재와 같은 연구와 정책의 지속적인 노력과 발전을 통해 현재의 풍력에너지의 한계를 극복하고 화석연료를 완전히 대체하며 더욱 발전할 수 있는 계기를 마련해야한다. 뿐만 아니라 현재 시행하고 있는 레고 캠페인 등을 통해 베스타스는 상대적으로 부족한 기업과 브랜드 이미지를 제고시켜 현재뿐 아니라 미래의 고객을 창출해 내는 것에 노력을 기울이며 이러한 캠페인을 지속적으로 해 나가야 할 것이다.

또 베스타스는 풍력개발 분야에서 세계적 선두주자로서 전 인류의 재생가능 에너지 사용 확대와 환경오염 줄이기, 지속적인 발전에 대한 사회적 책임을 갖고 사업에 임해야 할 것이다.

한국 및 주요 국가
법률·정책

1. 네덜란드의 친환경 에너지 정책

1) 네덜란드의 에너지 수급 현황

네덜란드에서는 연료의 사용이 자연환경과 인류에 나쁜 영향을 미치지 않아야 한다는 것을 에너지 관련법에서 제정하였다. 쟈크린 크레이머 (Jacqueline Cramer) 네덜란드 환경부 장관은 여러 에너지 중 바이오 매스 연료에 관하여 간단한 언급을 하였는데 "바이오매스 연료의 생산은 환경 파괴를 일으켜서는 안 되고, 화석 연료보다 온실가스 방출량이 적어야 한다. 또한, 식량 수요에 차질을 주지 않는 범위 내에서 활용되어야 하며 지역사회 번영에도 공헌해야 한다"고 밝혔다.

　네덜란드의 에너지 사용 현황을 살펴보면 2007년 기준으로 에너지 총 소비량 중에서 가스 50%, 석유 35%, 석탄 10%, 원자력 1%,

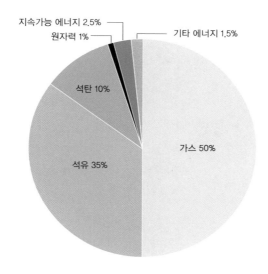

〈그림 6-1〉 네덜란드 에너지 사용 현황(%)

지속 가능 에너지 2.5%, 기타 에너지가 1.5%를 차지하고 있다. 그 중 지속 가능 에너지는 수력 1.4%, 풍력 36.0%, 태양광 에너지는 0.5%, 폐기물 소각 에너지는 13.3%, 마지막으로 바이오 에너지는 48.7%로 가장 많았다.

지속 가능 에너지 중에서 풍력에너지와, 태양광에너지가 가장 높은 비율을 차지하고 있는 것은 네덜란드의 특징적인 지리와 기후적 측면에 맞춰 기술이 발달했기 때문이다. 구릉지대에 속한 남동부지역의 가장 높은 지점이 321m밖에 되지 않는데 이러한 특징으로 점토층이 많으며 돌과 나무가 거의 없는 특색을 보인다. 또한 안개가 많고 강한 서풍이 일 년 내내 불어온다. 따라서 풍력 발전 터빈을 설치하기가 용의하다. 뿐만 아니라 바이오에너지의 주원료인 바이오 메탄올의 생산이 용이하기 때문에 바이오에너지와 풍력에너지가 주된 지속 가능 에너지가 될 수 있던 것이다.

〈그림 6-2〉 네덜란드 지속 가능 에너지 비율(%)

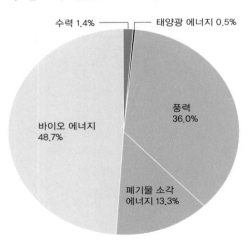

EU(유럽연합)에서는 2020년까지 2005년도 기준으로 에너지 효율 20% 향상, 1990년 대비 온실가스 감소 20%, 지속 가능에너지 소비 비중 20% 확대, 바이오 연료의 에너지 소비 비중 10% 향상을 에너지 정책의 목표로 삼았다. 이에 따라 네덜란드 정부에서는 매년 1% 에너지 효율 향상인 기존 목표를 2%로 상향 조정하고, 전체 에너지 소비 중 지속 가능한 에너지의 비중을 2007년도 기준 2.5%에서 2020년 20%까지 확대, 바이오연료 비중 10%까지 확대를 목표로 하고 있다. 뿐만 아니라 마지막으로 2020년 온실가스 배출량을 1990년 대비 30%까지 감축시키는 것을 목표로 하고 있다.

2) 미래 에너지 정책의 주요 내용

(1) 에너지 정책의 목표

네덜란드에서는 2050년까지 에너지 공급이 지속 가능한 시스템이 될 수 있도록 정부, 산업체, 연구기관, 시민 사회가 공동으로 노력하여 에너지 변환(energy transition)을 추진하고 있다. 에너지 변환의 7대 핵심주제는 다음과 같다.

1. 지속가능한 이동수단(sustainable mobility)
2. 바이오 연료(Bio-based raw materials)
3. 연계 효율성(chain efficiency)
4. 새로운 가스(new gas)
5. 지속가능한 전기 공급(sustainable electricity supply)
6. 건설 환경에서의 에너지(energy in built environment)
7. 에너지 원천으로서의 온실(green house as source of energy)

이러한 핵심주제는 바이오 에너지와 새로운 그린 가스(Green Gas)

를 통하여 지속가능한 이동수단, 즉 하이브리드차와 같은 제품 및 지속가능한 전기 공급과 환경파과의 근본이 되는 온실효과를 제거하는 데 주된 목적을 두고 있다.

(2) 친환경에너지의 소비를 가속화하기 위한 네덜란드 정부의 노력

네덜란드에서는 '오염세'(탄소세)라는 것이 존재한다. 다른 나라에서는 찾아보기 힘든 오염세는 탄소 배출량이 많은 석탄, 석유에너지를 사용하는 경우 세금을 부과하는 것이다. 따라서 지속 가능 에너지의 가격이 당장은 비싸지만, 이 오염세로 인하여 석탄이나 석유를 사용하는 소비자는 결국 같은 가격을 지불하게 되는 셈이다.

그리고 네덜란드의 상징인 풍차가 풍력발전기로 바뀌고 있는데 정부에서는 풍력 단지를 조성하여 2010년까지 청정에너지 비율을 10% 이상으로 늘리려는 방침을 세우고 있다.[1]

네덜란드는 2007년 12월 '에너지 절감을 위한 그린 라이트'라는 모토 하에 필립스와 네덜란드의 최대 전략 회사인 Nuon사와 공동으로 LED가로등(에너지 절감과 환경보존을 위해 현재 사용되고 있는 나트륨 가로등을 에너지 효율성이 좋은 신소재 가로등)을 설치하는 정책을 펼치고 있는데 암스테르담 시에서 시험적으로 실시하고 있다.[2]

네덜란드 주거공간계획환경부(VROM)가 광범위한 에너지등급표지 공공인식 캠페인을 펼치고 있다. 이는 네덜란드에서 제정한 것인데 A등급부터 G등급까지의 등급을 나타낸 것으로 에너지 효율을 나타내기 위해 자동차 및 가전제품에 붙이는 것과 유사한 것이다. 따라서 거래대상자에게 부동산을 판매, 임대, 임차할 때 이러한 에너지등급표지

---

1) Wind Power, en. wikipedia. org; http://www. awea. org
2) LED'S 미학 & 한국 LED light is life 블로그, http://blog. naver. com/star77 fly?Redirect=Log&logNo=10041017207

에 대하여 알려야 할 의무를 지니게 된다. 국가에서 인증한 자문위원
들이 부동산을 현장에서 평가한 후 에너지등급표지를 부여하는데
VROM 웹사이트(www. vrom. nl/energielabel)에서는 인증위원의 신상
을 소개하고 있으며 2009년 말까지 이런 프로그램의 홍보를 계속적으
로 실시할 예정이다.[3]

(3) 청정 및 효율 프로그램(Clean and Efficient Program)의 추진

마지막으로 네덜란드 정부는 2007년도부터 '청결 및 효율 프로그램'을
추진하고 있다. 세부적인 사항으로 첫째, 지속 가능 에너지에 대한 보
조금을 확대하여 연간 3~3.5억 유로를 지원하고, 해양 풍력, 풍력,
바이오 매스, 태양광에 대하여 집중적으로 지원하고 있다. 또한 새로
운 그린 가스(*Green Gas*)와 바이오 열병합발전(Bio-CHP)을 촉진시키
고 있다. 뿐만 아니라 바이오 연료 사용 촉진과 그린 투자, 에너지투
자 환급의 확대를 통하여 이러한 세제의 그린화(*Greening of Taxes*)를
추진하고 있다. 다음으로 신규 열병합 발전을 지원하고, 신규 건축에
서 이러한 발전의 원리를 확대하여 사용하고 있으며 새로운 기술인 바
이오 열병합 발전을 촉진시키고 있다. 그리고 지열 발전을 촉진하고
지속 가능 빌딩에 재정적 지원을 하고 있는데, 이에 대한 예로, 네덜
란드의 Arnhem에서는 지열을 이용한 전철기 자동제설 시스템을 시범
적으로 설치했다. 그리고 풍력발전, 바이오 매스의 확대로 행상 풍력
을 2,450MW로 추가적으로 건설하였다.

또 절차를 간소화하고, 네트워크를 강화하며, 국제적 연결 그리고
대규모 에너지 저장시설에 대한 연구를 수행하여 에너지 인프라를 구
축하였으며, 대규모 프로젝트를 시행하여 CO_2분리 저장을 촉진시켜

---

3) 네덜란드 주거공간계획환경부, 김태형 기자; 네덜란드, 고현준, "에너지라벨
   공공인식 캠페인 실시".

청정 화석연료를 개발하였다. 마지막으로 에너지 기후변화와 관련한 혁신(*innovation*)을 추진하였는데, 이에 따른 실천 사항으로 강력한 보조금 프로그램 시행, 혁신의 가속화, 혁신 사슬의 촉진, 그리고 부문별 에너지 전환 프로그램을 시행하였다.

2. 중국의 친환경 에너지 정책

1) 중국의 재생 에너지 발전정책 및 목표[4]

중국의 재생에너지 정책은 2006년 '재생에너지법' 제정 이후 본격화 되었다. 재생에너지법은 중국정부가 처음으로 제정한 법으로서 재생에너지 발전정책이 구체적으로 명시되어 있으며, 정책관련 산업발전분야에서 중요한 계기가 되고 있다. 이후 '재생에너지 산업발전지도목록'(2005. 11), '국가 중장기 과학기술 발전계획요강'(2006~2020), '재생에너지 중장기발전계획'(2007. 8), '순환경제법'(2007. 12), '재생에너지발전 11차 5개년 계획'(2008. 3) 등이 지속적으로 발표되어 관련 정책들이 구체성을 갖게 되었다.

---

4) 정경옥, 2009. 6. 8, "중국의 재생에너지 산업과 우리 기업의 진출 방향", www. seri. org

2) 중국의 재생 에너지 정책의 특징[5]

(1) 재생에너지의 비중 증가

중국은 재생에너지의 이용 및 개발을 에너지 분야의 우선 추진과제로 제시하여 2010년까지 전체 에너지의 10%, 2020년에는 15%를 재생에너지로 충당하도록 하는 목표를 설정하였다. 주요 재생 에너지원별로 구체적으로 보면 수력의 경우 2010년 1.9억 KW, 2020년 3.0억 KW로 확대, 풍력의 경우에는 1,000만 KW에서 3,000만 KW로, 태양광은 30만 KW에서 180만 KW로 발전용량을 증대시킬 계획이다.

(2) 생산전력의 의무적 구매와 송전망 의무 건설 등 정책적 우대

생산된 재생에너지는 우선적으로 국가가 구입하는 것을 원칙으로 하고 있으며, 송전선 건설의 경우에는 해당지역의 송전망 회사가 의무적으로 구축하고, 만약 회사가 이를 이행하지 못했을 시 이를 전기료에 반영하도록 한다. 또한 재생에너지원을 통해 생산한 전력은 송전망 회사가 의무적 구매하게 되어 있는데, 이것은 사업자의 전력판매 위험 감소 및 일정부분의 수익성 보장을 통하여 재생에너지 보급 활성화에 중요한 역할을 한다.

(3) 세금정책상의 우대

부가가치세 부분에서는 2001년부터 바이오 폐기물을 이용한 발전의 경우 부가가치세를 즉시 환급해주며, 풍력발전의 경우 50%를 면제하고 나머지 금액에 대하여 8.5%의 세율을 적용하고 있다. 또한 2005

---

5) 위의 글.

년부터 국가가 지정한 기업이 생산 및 판매하는 바이오 에탄올에 대해
서는 부가가치세의 선징수·후환급 정책을 실시하고 있으며, 소형 수
력 발전소에서 생산한 전력은 전력판매에 대한 부가가치세를 6%의 세
율로 징수하고 있다.

소비세 관련해서는 2005년부터 국가가 지정한 기업이 생산 및 판매
하는 바이오 에탄올에 대해 소비세를 면제하는 정책을 시행하고 있다.
수입관세 및 수입 부가가치세 부분에서는 풍력발전기, 태양전지 등 재
생에너지 관련 설비의 수입 시 규정된 범위 내에서 수입관세 및 부가
가치세를 면제하고 있다.

법인세의 경우에는 기업이 폐수, 폐가스 등을 주요 원료로 에너지를
생산할 경우, 법인세를 감면해 주거나 면제해 주고 있다. "외국인투자
기업과 외국기업 기업 소득세법"의 규정에 의거하여, 연해경제개발구
와 경제특구에 설립된 기업, 경제기술개발구 소재 도시의 구시가지 또
는 국무원이 규정한 기타 지역에 설립된 외국인 투자기업이 재생에너
지를 개발, 이용한 프로젝트 및 서부대개발의 유관정책에 근거하여 서
부지역에 설립된 재생에너지 개발기업에 대해서는 15%의 세율로 법
인세를 부과하고 있다.

또한 2008년에 실시된 "기업 소득세법"에 의하면, 공공오수처리, 공
공 쓰레기 처리, 메탄가스 종합이용, 에너지 절약기술 개조, 해수담수
화 등의 프로젝트는 이익이 발생한 첫 해부터 3년까지 법인세를 면제
해 주고, 4년에서 6년까지는 기존의 50%에 해당하는 12.5%만을 징
수하게 된다. 기타, 풍력의 경우 발전소를 설치한 지역에 대해 토지에
관한 세금을 면제해 주는 정책을 실시하고 있으며, 재생에너지 설비
관련 대출시 관련은행 고시금리의 90%를 적용하는 금리 우대정책을
실시하고 있다. 또한 국가정책에 적합한 재생에너지기업에 대해 가속
감가상각을 인정하는 방식으로 투자자본의 조기회수 및 유동성확보를
하고 있다.

(4) 재생에너지 관련 기술 발전 및 산업체계 건설

중국의 재생에너지 분야는 일부를 제외하고는 시작단계에 있는 상황으로 유럽, 미국 등과 비교하여 발전정도가 낮은 편이다. 반면, 넓은 국토의 이점으로 향후 발전 가능성은 매우 높아 산업화가 이루어질 경우 부가가치가 창출될 가능성이 매우 높다. 따라서 중국정부는 재생에너지 관련 설비의 국산화율을 제고하고 핵심기술 개발 등을 통하여 재생에너지 분야에서 해외 의존도를 낮추며 산업화를 유도하는 정책을 사용하고 있다. 대표적으로 풍력의 경우 자국산 설비를 70% 이상 사용하도록 하고 있다.

(5) 특허의 상용화를 통한 재생 에너지 산업 발전 추진

현재 재생 에너지 분야는 신속한 변화, 새로운 기술, 그리고 특허들이 대량 배출되고 있으나 배출되는 양에 비해 혁신적·실제적 응용이 가능한 발명은 매우 적은 실정이다. 이러한 이유로 중국은 정부 정책 차원에서 재생 에너지 산업에 대폭적인 지원을 하고 있는데 기술적 분야에서 자국 특허 기술이 상용화될 수 있도록 효과적인 조치를 취하고 있다.

3) 중국의 재생 에너지에 관한 기본 법률[6)]

(1) 주요내용

2006년 3월에 발표된 제11차 5개년 계획에 포함되어 있는 국가 에너지 소비 20%감소(2006~2010년)를 목표로 하고 있으며, 에너지 효율적 친환경 사회 구축을 위한 전략안이 에너지 법제정의 근간이 되었

---

6) http://www.chinadaily.com.cn/

다. 이 기본법은 전략법 및 석탄법 등과 같은 현재의 산업법안의 내용을 포함하며, 에너지 관련 법안 제정 시 가이드라인 역할을 한다. 또한, 이 법은 다음과 같은 포괄적인 내용을 다룬다.

- 중국의 에너지 개발 촉진, 국제 에너지 협력 강화, 에너지 비축 및 비상 대응 시스템 최적화, 신재생 에너지 개발, 에너지 효율성 향상.
- 에너지 시장에서의 정부의 역할 제시.
- 경쟁력 있는 시장을 위한 규정 확립.
- 중국의 에너지 생산 안전 향상.
- 기술 혁신 촉진.

3. 브라질의 친환경 정책

현재 브라질 정부는 2005년도에 대외적으로 교토 의정서가 출범되자 그린 에너지 수요의 확대를 예상하고 그에 대한 지원을 아끼지 않고 있으며 또한 여러 가지 정책을 통하여 발전을 도모하고 있는 추세이다.

1) 신청정 재생 에너지 정책: 2030 국가 에너지 계획

2030 국가 에너지 계획(PNE2030)에 따르면, 브라질 정부는 2030년까지 사용될 에너지를 부문별로 기획하고, 통합 에너지 사용의 계획을 준비하며 지속가능한 에너지 개발을 위한 에너지 사용의 확대 전략을 구상중이다. 또한 에너지를 사용하는 데 있어서 그 효율성 증진과 기술개발을 위해 에너지 분야의 공공정책을 마련하는 것을 계획중이다.

(1) 에너지 확보 10개년 계획(PDE)

에너지 확보 10개년 계획은 브라질이 2006년부터 2015년까지 경제성장을 하면서 요구되는 에너지 자원의 안정적 확보를 위해 세부적인 여러 정책 및 프로그램을 수립하는 것을 목표로 삼고 있다. 브라질 정부는 이러한 에너지 수요 증가를 대비하는 데 필요한 많은 예산을 정부나 민간부문의 투자로 대처할 예정이다.

(2) 대체전력에너지 인센티브 프로그램(Proinfa)

브라질 정부는 대체전력에너지 인센티브 프로그램을 통하여 그린 에너지, 특히 바이오 에너지를 중심으로 20년 후까지 필요 에너지 대비 그린 에너지 사용 비율을 10% 수준까지 제고시킬 예정이다. 또한 그린 에너지 사용 비중을 높이기 위해 대체전력에너지 인센티브 프로그램을 시행하는 기업에 이 프로그램 비용의 70%를 지원하겠다고 약속했다.
  이 프로그램은 특히 청정 기술을 발전시키고 온실가스를 줄이는 것이 가능한 재생에너지를 만들기 위해 설정된 것이다.

(3) 경제성장 촉진 프로그램(PAC)

브라질 정부는 경제성장촉진프로그램으로 그린 에너지 부문에 2010년까지는 174억 헤알을 투자할 예정이며 그 이후에는 270억 헤알을 투자할 것이라고 밝혔다.

2) 바이오 에너지 정책: 바이오 에탄올 정책

(1) 바이오 에탄올 육성 국내정책

브라질은 바이오에탄올 에너지 사용을 전 세계 가솔린의 10%의 규모
로 늘리기 위해 바이오에탄올 에너지 기술 개발에 막대한 비용을 투자
하고 있다. 또한 에탄올의 혼용이 도입된 이후 알코올 가격이 자유화
되었다. 국립에너지 정책위원회와 에탄올과 설탕에 대한 각료급 위원
회 그리고 석유청은 브라질의 바이오 에탄올 육성 정책에 관여하고 있
다. 브라질에 에탄올 산업은 Flex 자동차 기술의 개발되어 큰 성공을
거두었다. 2007년도 경차의 신규판매의 85.6%가 Flex차량이고 전체
차량 중 에탄올 자동차의 비율은 약 72%나 된다. 또한 브라질에 진출
한 10여 개의 외국 자동차 회사들에서 약 100여 개에 달하는 Flex모델
이 개발되었다.

(2) 바이오 에탄올 외교정책

브라질 정부는 바이오 에탄올 에너지의 사용을 증가시키기 위해 외교
정책을 통한 바이오 에탄올의 안정적인 공급망 확보와 환경 친화적인
나라들과의 바이오 에너지 협력관계 구축을 통해 바이오 에너지의 사
용을 국제적으로 규범화시켜 바이오에너지 시장을 확장시킬 것을 추진
중이다.

- 브라질은 바이오 에너지 생산국가 중에 그 규모가 가장 큰 미국과
  2007년에 에탄올 협력 MOU를 체결하여, 각 나라간 바이오 에탄올
  의 기술협력을 추진하였다.
- 사탕수수 등을 쉽게 기를 수 있는 카리브 지역의 나라들과 IBSA

(인도, 브라질, 남아공), 남미공동시장(Mercosur) 및 아프리카 국
가들 모두와 협력을 통해 에탄올 생산의 극대화를 도모하고 있다.

(3) 바이오 디젤 육성 정책

바이오 디젤은 트럭이나 버스 등 물류 차량에 중요한 원료원으로서 브
라질 정부는 바이오 디젤의 생산과 소비를 장려하는 정책을 추진하고
있다. 2005년에는 연방법(11,097)을 제정하여 향후에도 지속적으로
바이오 디젤에 대한 혼합비율을 의무적으로 증가시키고 있다.

3) 기타 신 청정 재생 에너지 정책

(1) 수력 에너지

브라질에서 수력발전은 전력생산을 발전원별로 봤을 때 세계 순위 3위
를 차지하고 있을 정도로 높은 비중을 가지고 있다. 브라질은 아마존
지역에 41%의 잠재 수력발전양이 존재하고 있으나 이것의 실제 사용
량은 저조하다. 브라질 수력발전의 대부분은 산업용 전력으로 쓰이는
데 최근 강수량의 감소에 따라 전력공급의 차질이 생겨 이에 대한 위
기감을 항상 가지고 있다.

(2) 가스 에너지

브라질의 천연가스 매장량은 남미에서 5위 안에 들 정도로 크다. 과거
에는 페트로브라스(PETROBRAS) 사에 의해서 브라질의 대부분의 천
연가스들이 개발되거나 생산되었지만, 현재에는 민영화 추세에 있다.
무거운 재정 부담을 가지고 있는 브라질의 대다수 주정부는 유동자금

의 확보를 위하여 천연가스 판매부분을 민영화하였다. 또 브라질은 두 개의 파이프라인(볼리비아간, 아르헨티나간 파이프라인)을 가지고 있는데 과거에는 이를 잘 활용하지 못했지만, 앞으로 이를 좀더 활용할 계획이다. 그리고 최근 페트로브라스에서는 브라질 남동부와 북서부 지역을 볼리비아와 연결하고 브라질 Santos분지의 가스전과 북동지역을 연결하는 파이프라인의 건설을 추진하고 있다. 또한 아르헨티나는 브라질과 아르헨티나 간 파이프라인(270마일)을 384마일로 확장하는 것을 추진하고 있다.

(3) 원자력 에너지

브라질은 최근에 에너지원의 다양화가 이야기됨에 따라, 2030국가에너지계획을 세워 원전건설을 추진하고 있다. 2008년에 Angra 3호기(원자력발전소)를 지을 예정이며 IBAMA와 CNEN으로부터 환경본허가와 건설허가를 받아서 2009년 초에 건설에 들어가기로 했다.

(4) 청정개발체제

최근 청정개발체제(CDM) 개발에 대해 선진국들은 브라질에 관심을 쏟고 있다. 브라질은 5% 이상의 경제 성장을 이루고 있고 또한 2003년에 최초로 UN에 등록된 CDM사업을 유치하였기 때문이다. 또한 브라질의 CDM사업 유치 규모도 다른 나라(중국 3건, 인도 22건)보다 월등히 높다(브라질 46건). 이에 따라 브라질에 대한 관심은 점점 커지고 이것이 또한 투자로 이어지고 있다. 이로 인해 브라질의 CDM사업이 다른 여러 나라 기업들의 투자를 받게 될 것으로 예상된다. 현재 소규모 수력발전소나, 바이오매스, 풍력이나 바이오 메탄가스 분야 등에서 프랑스(Areva, Velcan)와 스페인(Fortuny) 등이 CDM을 목적으로 투자하고 있다.

(5) 풍력 및 태양력

본래 브라질의 풍력과 태양력 에너지 발전은 매우 부족한 수준이지만 대체전력에너지 인센티브 프로그램으로 그 양을 계속해서 늘려나갈 예정이다. 브라질 전체의 풍력 자원은 140GW인데 30GW가 풍력 에너지를 개발하기 위해 전력화될 것이다. 한편 브라질의 태양력 발전시설은 12~15MW이며 통신시설과 농업에 사용되고 있다.

4. 미국의 친환경 에너지 정책

1) 미국의 그린에너지 관련 정책

(1) 정책 방향[7]

미국정부의 신재생에너지정책은 2006년 1월 "선진에너지 정책"(AEI) 과 2007년 1월 "2017년 에너지 비전"(Twenty in Ten), 2007년 12월 통과된 "2007년 에너지 독립 안보법"에 근거하여 그 방향을 정하였다.

① 석유의존경제 탈피

미국은 석유 등 화석연료 소비 감축목표를 설정하여 장기적으로 석유의존경제에서 탈피하는 방향을 제시했다. 그린 에너지 기술개발을 통하여 2025년까지 중동 원유수입량 75% 감축을 목표로 설정하였다. 또한 기술개발을 통하여 그린 에너지 산출물을 증가시켜 2017년까지

---

7) 외교통상부, 〈저탄소 녹색 성장 각 국별 사례집〉, p. 97

가솔린 소비의 20% 감축을 추진하고 있다.

② 신재생 연료 기준

미국은 신재생 연료 기준(RFS: *Renewable Fuel Standard*) 설정을 통하여 재생에너지 생산 및 소비를 의무화하고 있다. 이를 위하여 미국은 2022년까지 재생에너지 생산량을 360억 갤런까지 확대할 계획이며, 2020년까지 자동차 기업평균연비기준을 갤런당 35마일로 상향조정함으로써 바이오에탄올 등 재생에너지의 소비를 꾀하고 있다.

③ 신재생에너지 공급 확대

미국은 신재생에너지의 공급을 확대하기 위하여 조세감면, 기술개발, 국제협력 확대 등 인센티브제도를 도입하려고 한다. 연방재생에너지 생산 세금감면(*Federal Renewable Production Tax Credit*)과 에너지부 중심의 기술개발지원의 확대를 통하여 신재생에너지의 공급확대를 꾀하고 있다. 또한 재생에너지국제회의(WIREC), 기후변화 주요국 회의 등 국제협력에도 중점을 두어 추진하고 있는 실정이다.

(2) 주요 정책의 세부 내용: 선진에너지정책[8]

선진에너지정책(AEI: *Advanced Energy Initiative*)은 부시 전 대통령이 2006년 국정연설에서 미국의 경쟁력강화를 위해 제시한 정책이다. 이 정책은 대체에너지 기술개발을 통하여 2025년까지 원유 수입의 75%를 감축하여 석유의존경제에서 탈피를 하는 것을 목적으로 한다.

이 정책의 추진 계획을 살펴보면, 당초 10년간 20억 달러 투입계획을 가지고 있던 청정석탄발전을 4년 앞당겨 마무리하기 위하여 2007년 예산에 2억 8,100만 달러를 배정하였고 특히 FutureGen 프로그램

---

8) 위의 글, pp. 97~98.

에 5,400만 달러를 사용하였다. 2007년 예산 중 태양열에 1억 4,800만 달러를 지원하였고 태양광을 전력으로 전환하는 반도체기술을 개발하는 데 사용하였다. 풍력발전 기술 개발에도 4,400만 달러를 배정하였고 연방정부 소유 투지에 풍력발전소의 설치를 허용하였다.

에탄올 생산 기술 개발(*Biorenfinery Initiative*)의 경우에는 농업 폐기물과 식물 원료로부터 에탄올을 추출하는 기술을 2012년까지 실용화하기 위해 2007년 예산에 1억 5천만 달러를 투입하였다. 하이브리드 전지의 경우에는 3천만 달러를 투입하여 일반전력으로도 충전 가능한 전지를 개발하였다. 수소전지의 경우 수소연료 전지 및 Freedom Car 개발계획에 예산을 2억 8,900만 달러 배정하였다.

① 2017 신재생에너지 비전 제시(Twenty in Ten)

부시 전 대통령은 국정연설에서 향후 10년에 걸쳐서 가솔린 소비량의 20%를 감소시키기 위한 정책을 발표하였다. 이 정책의 세부 내용은 다음과 같다.

신재생에너지와 같은 대체연료를 통해 2017년까지 가솔린 350억 갤런에 달하는 대체에너지를 증산하고자 하였다. 또한 연비제고를 통해 가솔린 85억 갤런에 달하는 연료를 절감하였다.

② 가솔린 소비 절감

미국은 그린 에너지의 사용을 확대하여 가솔린의 소비를 절감하고자 하였다. 2005년 에너지정책법에 의한 신재생연료기준(RFS : *Renewable Fuel Standard*)을 대체연료기준 (AFS : *Alternative Fuel Standard*)으로 확대하여 에탄올, 수소, 바이오디젤 등에 확대하여 적용하였다.

또한 그린 에너지 증산을 위한 기술개발을 통하여 국내에너지 공급을 확대하였고 그린 에너지의 수입다각화를 통하여 에너지안보를 확립하였다. 이를 위하여 국제협력 및 우방국과의 공조강화를 병행하였다.

기술 개발을 통하여 자동차 기업평균연비기준(CAFE)을 상향조정하였
고 교통부와 지방정구가 공동으로 추진하는 교통체증 축소를 통하여
연료절감을 하고자 하였다.

(3) 에너지 소요 효율화를 위한 법 제정[9]

미국은 2007년 "에너지독립안보법"(Energy Independence & Security
Act)을 제정하여 에너지 효율화 및 청정에너지 개발을 지원하기로 하
였다.

〈그림 6-3〉 미국 에너지독립안보법

에너지 확보 및 절약, 연구 개발 지원, 인프라 개선
에너지 확보 분야에서 운송용 연료 분야와 바이오 연료 개발에 초점
에너지 절약 분야에서 조명 분야와 빌딩 분야에 초점
연구개발 분야에서는 신·재생에너지 개발과 저장장치에 초점. 태양광/열, 지열, 해양에너지, 수력, 저장장치 분야 등.
에너지 인프라 분야에서는 스마트그리드(Smart Grid, 지능형 전력망) 구축에 초점

① 에너지독립안보법

a. 에너지 확보, 에너지 절약, 연구개발 지원, 에너지 인프라 개선, 탄소 포집 분야
로 크게 분류

b. 에너지 확보 분야에서는 운송용 연료 분야와 바이오 연료개발에 초점
- 2020년까지 35mpg(14.8km/l) 연비 달성.
- 바이오 연료 생산량을 2022년까지 현재의 7.7배 증가시키고 이 중

---

9) 삼성경제연구소, 2008. 5. 26, "SERI 경제 포커스: 해외 에너지 효율화 기술과
   정책 동향", 제 194호, p. 7.

비녹말(*non-cornstarch*) 바이오 연료의 비중을 58%까지 확대.

c. 에너지 절약 분야에서는 조명 분야와 빌딩 분야에 초점
- 2012~2014년까지 조명효율 24% 향상, 2020년까지 200% 향상.
- 2018년까지 상업용 빌딩 분야에서 순에너지 사용량 '0'(*Zero Net Energy Commercial Building*) 달성.

d. 연구개발 분야에서는 신·재생에너지 개발과 저장장치에 초점
- 태양광/열, 지열, 해양 에너지, 수력, 저장장치 분야 등.

e. 에너지 인프라 분야에서는 스마트그리드(Smart Grid) 구축에 초점

② 그리드 2030 비전

그리드 2030 비전(Grid 2030 Vision)이란 미국이 에너지독립안보법의 주요 내용 중 하나인 스마트 그리드(Smart Grid) 구축을 위하여 제시한 그리드 와이스(Grid Wise)를 포함한 프로젝트이다. 그리드 와이스란 미국 에너지 사 및 민간기업의 컨소시엄으로 에너지의 생산·사용·분배를 비용적, 효율적으로 달성하기 위한 인프라·공정·정보기술 개발 및 시장메커니즘 도입을 추구하는 프로젝트이다 GE, IBM, 시스코, American Electric Power 등 30여 개 기업이 컨소시엄에 참가하였다.

(4) 오바마 대통령의 신재생에너지 · 에너지 효율 정책10)

오바마 대통령은 신재생에너지와 에너지 효율에 대한 정책을 다음과 같이 설정하였다.

① 포트폴리오 기준 선정
신재생에너지 포트폴리오의 기준은 미국 내 전기 소요량 중 2010년까지 10%, 2025년까지 25%를 신재생에너지로 공급하기로 정해졌다.

② 교통부문
미국은 선진기술이 도입된 자동차를 구입할 경우 7천 달러의 세금감면 혜택을 제공하고 2015년까지 백만 대의 전기자동차 가동을 추진중이다.

③ 교통부문 연료의 탄소배출 감축
미국은 각 연료의 탄소비율을 2015년까지 5%, 2020년까지 10% 감축하고, 자동차 연비기준을 매년 4% 증가시키는 제도를 추진중이다.

④ 에너지 효율 제고
미국은 2030년까지 모든 신규빌딩의 탄소배출량이 '0'이 되도록 하고, 향후 10년 동안 신규빌딩의 에너지효율을 50%, 기존빌딩의 에너지효율을 25%로 향상하는 프로젝트를 추진할 예정이다. 또한 향후 5년 이내에 모든 연방빌딩의 에너지효율을 40% 개선, 2025년까지 모든 신규 연방빌딩의 탄소배출량이 '0'이 되도록 하는 규제를 추진할 예정이다.

---

10) 외교통상부, 위의 글, pp. 104~105.

5. 일본의 친환경 에너지 정책

1) 에너지정책 주요 경과 및 내용

일본은 70년대 1, 2차 오일쇼크를 겪으면서 신재생에너지 도입과 에너지 효율성 제고를 위한 정책을 본격 추진하고 있다.

- 1차 오일쇼크 이후 '선샤인 계획'을 통해 신재생에너지 개발 중점.
- 2차 오일쇼크 이후 '문 라이트 계획'을 통해 에너지효율 제고 주력.

최근 고유가 지속과 청정에너지 전환의 가속화에 대비, 신재생에너지 도입 증대, 에너지효율 제고 등을 통한 석유의존도 저감 정책을 추진하고 있다.

- '신 국가에너지 전략'(06.5월)에서 2030년까지 ▲태양광발전 소요비용의 화력발전 수준 삭감, ▲차세대자동차 도입 촉진, ▲현재 대비 에너지효율 30% 이상 개선 등을 목표로 제시.

2007년 5월, '2050년까지 세계 탄소배출량 절반 감축'을 주요 내용으로 하는 '쿨 어스(Cool Earth) 50 구상'에 이어 저탄소사회 실현을 위한 '후쿠다 비전'(2008.6.) 및 '저탄소사회 구축 행동계획'(2008.7.)을 발표하였다.

(1) 선샤인 계획(1974~1992년)

〈그림 6-4〉 일본의 에너지 정책

① 1차 오일쇼크 이후 신재생에너지 연구개발의 체계적 추진을 위해 1974년 '선샤인 계획'을 수립

  ▪ 에너지의 안정적 공급 및 확보를 위해 석유의존도 저감, 에너지원 다양화를 추진하는 한편, 신재생에너지 연구개발에 중점.

  ▪ 2000년까지 에너지 수요의 상당 부분을 비석유 에너지로 대체한다는 목표하에 신재생에너지 개발을 정부 차원에서 주도.

② 신재생에너지 개발을 위한 선샤인 계획 추진 10여 년 동안 누계 2,233억 엔에 달하는 재정 지원을 실시

  ▪ 주로 태양열, 지열 등 자연 에너지에 관한 기술개발과 실용화 연구에 역점을 두고 지원 확대.

  ▪ 2차 오일쇼크를 계기로 석탄의 액화 및 가스화 등 구체적 로젝트에 대한 정책적 지원을 대폭 확대.

(2) 문라이트 계획(1978~1992년)

① 2차 오일쇼크 이후, 에너지절약과 에너지사용의 합리화 추진을 위해 1978년 '문라이트 계획'을 수립
  - 에너지 전환 효율의 향상, 미사용 에너지의 회수 등 에너지의 효율성 제고에 관한 연구에 역점.
  - 1980년 '대체에너지 개발 및 도입 촉진법' 제정 및 신에너지산업 기술개발기구(NEDO) 설립을 통해 기술개발 본격 추진.

② 대형 에너지절약 기술개발을 비롯해, 선도적·기초적 에너지절약 기술, 민간부문의 에너지절약 기술 개발 및 도입에 지속적 지원 실시
  - 1980년대 중반 이후 신형전지 및 연료전지 기술에 대한 재정지원 확대.

(3) 뉴 선샤인 계획(1993년 이후)

① 1993년 선샤인 계획과 문라이트 계획을 통합, 지속성장·에너지·환경문제를 동시에 해결하는 기술개발을 위해 '뉴 선샤인 계획수립
  - 1980년대 말 지구온난화 문제 대두 및 경제발전과 에너지 문제의 동시 대응 필요성이 증대.
  - 개별적으로 추진되던 신재생에너지 기술, 에너지절약 기술, 환경대책 기술 등과 관련, 상호중복분야 조정 및 효율적 추진이 절실.

② 주요 내용: 지구온난화 방지를 위한 혁신기술 연구개발 가속화
  - 지구환경 황폐화 방지를 위해 필요한 대형 국제 공동연구 추진.
  - 일본이 보유한 기술을 활용, 개도국의 사회, 경제적 조건 등에 적용. 보급할 수 있는 연구를 추진.

(4) 쿨 어스 에너지 혁신기술 계획(2008년 이후)

① '쿨 어스(Cool Earth) 50'(2007.5.)에서 제안한 '세계전체 온실가스 배출량 현재대비 50% 삭감' 장기목표 달성을 위해 불가결한 에너지 혁신기술 로드맵인 '쿨 어스 에너지 혁신기술 계획'을 2008년 3월에 발표

② 주요 내용: 태양광발전, 연료전지 자동차, 초고효율 열펌프 등 CO_2삭감에 기여하고, 중점개발이 필요한 에너지 혁신기술(21개) 선정
 ▪ IEA, 여타국 등과 동 기술개발을 위한 국제협력 추진.
 ▪ 향후 과제로 관민 역할분담, 연수개발 성과의 원활한 보급과 시장도입, 기술개발 로드맵의 정기적 점검 등 제시.

(5) 저탄소사회 구축 행동계획(2008년 이후)

① 저탄소사회 구축을 향해 지구온난화대책으로 국제협력과 적극적 국내 조치 실시를 밝힌 후쿠다 비전(2008.6.)을 구체적으로 실현하기 위한 종합대책으로 '저탄소사회 구축 행동계획'을 2008년 7월에 발표

② 주요 내용: 2050년까지 세계전체 온실가스 배출량을 현재 대비 50% 이상 절감하기 위해 일본 국내적으로 50년까지 장기목표로 60~80% 삭감
 ▪ 혁신적 기술개발 추진을 위해 향후 5년간 300억 달러 투입.
 ▪ CO_2 포집 및 지하저장 기술, 2020년까지 실용화, 태양광 발전 도입량을 현재 대비 2020년에 10배, 2030년에 40배로 증가, 2020년까지 신차 판매 2대 중 1대를 하이브리드 및 전기자동차 등 차세대자동차로 도입 등 추진.

6. 덴마크의 친환경 에너지 정책

1) 정책 추진과정: 1970년대

1973년 국제 석유 위기 파동 이후, 1976년 최초로 에너지 정책을 채택함.

- 석유 수입 줄이고, 안정적인 에너지 공급을 목표로 정함.
- 석유 대신 석탄을 이용한 발전시설을 증가시키는 방향으로 시행.

(1) 1980년대

북해의 천연가스 및 유전 개발에 초점을 맞춘 정책을 시행.

- 풍력이나 바이오매스 발전소 건설에 대한 정부의 지원 정책 개시.

(2) 1990년대

"에너지 2000", "에너지 21" 정책 실행.

- 1990년에 "에너지 2000" 정책 시행.
- 덴마크의 CO_2 가스 배출을 감소하는 방향에 초점.
- CO_2 배출 감소는 결과적으로 신재생 에너지의 사용을 증가.
- 1996년부터 "에너지 21" 진행.
- 2005년 전체 에너지 사용량의 12~14%를 신재생 에너지로 충당.
- 2030년에는 전체 에너지의 35%를 신재생 에너지로부터 공급하는 것이 목표.
- 1999년 발표된 에너지 정책에서 2003년까지 전체 에너지의 20%를

대체 에너지로부터 얻는다는 계획을 발표.

---

2) 향후 정책 사항[11]

(1) 신재생에너지 사용 장려를 위한 보조금제도 개혁 및 효율성 제고

- 신재생에너지의 단위 비용을 현 수준보다 낮추기 위해 신재생에너지 보조금제도를 개선.

(2) 바이오가스 사용 증진

- 화석연료 사용 및 온실가스 메탄 방출량 절감에 기여.
- 농업 폐기물 처리 문제를 해결하기 위해 바이오가스 사용 장려.

(3) 풍력 발전소의 활용 방안 증진

- 풍력 발전터빈의 홍보 장려.
- 해상 풍력발전터빈을 위한 인프라 계획 마련.
- 덴마크 전역 풍력 프레임워크 설치 추진.

(4) 폐기물로부터의 에너지 활용 증대

- 전력 및 열병합 발전을 위해 중앙발전시설의 증가되는 폐기물 사용 장려.

---

11) "Energy Policy Statement 2007"(2007. 6. 26 발표) 중 덴마크 에너지 정책 비전(A Visionary Danish Energy Policy)의 주요 목표 참고.

(5) 에너지 과세 체제 합리화

- CO_2 방출의 효율적 감소 및 신재생에너지의 효율적 사용을 위해 에 너지 과세 체제 재조정.

(6) 가정용 열펌프 확대

- 각 가정의 에너지 효율성을 높이기 위해서 열펌프로 대체하는 정책 추진.

(7) 연료 선택의 유연성 증대

- 전력 생산 및 난방용 연료 사용에서 바이오연료의 사용을 증대하기 위해 관련 규범의 자유화를 지속적으로 장려.

(8) 교통 분야에서의 바이오 연료 사용

- 2020년까지 교통 분야의 바이오연료의 비율을 10%로 증대 추진.

(9) 수소자동차에 대한 면세

- 교통 분야에서 에너지소비 패턴 변화를 위해 수소자동차의 면세 채택. 덴마크 정부는 위와 같은 사항들을 실행하기 위해 2007년 11월 기후변 화 및 에너지부를 신설하였다.

7. 한국의 친환경 에너지 관련 정책[12)

---

1) 신재생에너지 정책 추진과정 및 전략

(1) 추진과정

① 1980년대: 1970년대 석유파동 이후 신재생에너지 기술의 태동기
- 태양열, 태양광 등 11개 분야의 신재생에너지 개발을 추진.
- 1987. 12. "대체에너지기술 촉진법" 공포.
- 1980년대 중반부터 태양열온수기, 폐기물소각시설을 중심으로 보급 시작.

② 1990년대: 신재생에너지 기술의 성장기
- 신·재생에너지, 에너지절약, 청정에너지기술에 대한 통합적이고 체계적인 "에너지 기술 개발 10개년 계획"(1997~2006)을 수립, 추진(1997. 1.)
- 1997. 12. "대체에너지개발 및 이용. 보급 촉진법"으로 개정.
- 태양열, 태양광, 폐기물, 바이오 등 다양한 기술의 보급기반 구축.

③ 2000년대: 신재생에너지산업 육성 및 보급 활성화
- 2002. 3. "대체에너지개발 및 이용. 보급 촉진법" 개정.
- 발전차액지원, 인증, 공공의무화 도입.
- 2003. 2. "대체에너지개발보급센터" 설립.
- 태양광, 풍력, 수소 연료전지 등 3대 분야 중점 개발.
- 2003. 12. "제2차 신·재생에너지 기술개발 및 이용, 보급 기본계획"(2003~2012) 수립.

---

12) 지식경제부, "신재생에너지 개요".

- 총 1차 에너지 기준 신·재생에너지 공급비중 2006년 3%, 2011년 5% 목표달성을 위한 세부추진계획 수립.
- 2004. 12. "신에너지 및 재생에너지개발·이용·보급 촉진법"으로 개정.
- 국제표준화 지원, 신·재생에너지 공공의무화, 발전차액지원 및 전문기업제도 도입, 신·재생에너지기술개발 성과의 사업화 지원, 특성화대학 및 연구센터 지정 인력양성 강화.
- 2006. 9. "신에너지 및 재생에너지개발·이용·보급 촉진법" 일부 개정, 기본계획 수립 시 "온실가스배출 저감목표" 포함.
- 2007. 7. "신재생에너지 통합 A/S신고센터" 개소.
- 2008. 9. 제3차 신·재생에너지 기술개발 및 이용, 보급 기본계획 수립.
- 2011년 1차 에너지소비량의 5.0%(13,335천 TOE) 공급.

2) 추진 전략

(1) 국내 신재생에너지 성장 기술기반 구축 및 상용화 확대

- 미래 성장잠재력이 큰 태양광, 수소, 연료전지, 풍력분야 집중육성.
- 2011년까지 선진국 대비 70~90% 수준으로 육성하고 상용화 및 보급과 연계된 기술개발 추진.

(2) 신재생에너지원 연차별 세부목표 설정, 단계별로 보급 확대 추진

- 신재생에너지 분야별 기술수준, 성공가능성, 경제적 파급효과 등을 고려하여 차별화 추진 전략.
- 구체적으로 2011년까지 보급목표를 5%로 설정(2006년 2.24%, 2008년 3.6%). 폐기물은 56.5%로 2006년의 76.1%에 비해서는 많이 줄어들었으나 풍력은 1.1%에서 9.6%로, 태양광 발전은 0.2%에서 2.6%로 대폭 증가 목표를 설정하였다.

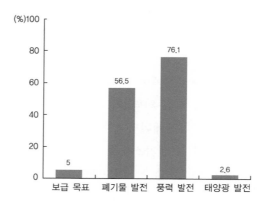

〈그림 6-5〉 신재생 에너지원 세부목표(2011년 기준)

(3) 국제협력사업

① 다자간 협력사업(Multilateral Cooperation)

a. 국제에너지기구 연구개발(IEA / CERT) 협력사업
 ▪ IEA/CERT: International Energy Agency/Committee on Energy Research & Technology
 ▪ 태양광, 풍력, 수소 프로그램 등 신재생에너지 기술협력 분야 총괄 운영.

b. 수소경제 국제 파트너십(IPHE) 협력사업
 ▪ IPHE: International Partnership for Hydrogen Economy.
 ▪ 운영위원회(SC), 실행. 연락위원회(ILC) 활동 참여 및 공동프로젝트 추진.

c. 아시아 기후변화 파트너십(APP) 협력사업
 ▪ APP: Asia Pacific Partnership on Clean Development & Climate.

▪ 신재생에너지 T/F 사무국 역할 수행.

d. APEC 신재생에너지 기술협력사업

e. 신재생에너지, 에너지 효율 파트너십(REEEP) 협력사업, 아세안+3(한국·중국·일본) 협력사업 등
▪ REEEP: Renewable Energy & Energy Efficiency Partnership.
▪ 동아시아 지역 기술·정책정보교류 008.

② 지방보급사업
▪ 지방자치단체가 신재생에너지시설 등 설치 시에 70~100% 이내 보조, 각 지방자치단체에 1996~2007년까지 총 2,702억 원 지원.
▪ 신재생에너지로 필요한 에너지를 자급자족하는 약 50호 규모의 환경 친화적인 시범마을(*Green Village*) 조성.
▪ 추진현황: 광주, 대구, 울산, 강원, 제주 등 12개 시, 도에 그린 빌리지 지정, 조성 중 11곳 지정.

③ 공공기관 신재생에너지 이용 의무화
공공기관이 신축하는 연면적 3,000㎡이상의 건축물에 대해 건축공사비의 5% 이상을 신·재생에너지 설비에 설치토록 의무화, 2009년 3월부터 증·개축건축물까지 포함.

④ 신재생에너지 발전차액지원
신재생에너지 설비의 투자 경제성 확보를 위해 신·재생에너지를 이용하여 전력을 생산한 경우 기준가격과 계통한계가격(SMP: *System Marginal Price*)과의 차액을 지원.

580

a. 적용기간

■ 태양광

발전차액지원개시일로부터 15년(단, 2008년 10월 1일 이후 에너지관리공단으로부터 발전 차액지원 설치확인을 받는 태양광 발전소는 20년 적용기간을 선택할 수 있으며 2010년 이후 설치확인을 받는 태양광 발전소는 20년으로 적용).

■ 수력, 조력, LFG, 폐기물, 연료전지, 바이오 등

발전차액지원개시일로부터 15년.

⑤ 태양광주택 10만 호 보급

태양광발전에 대한 기업의 안정적 투자환경을 조성하고 향후 중장기 수출전략분야로 육성하기 위해 2012년까지 태양광 주택 10만 호 보급.

- 연차별 목표: 3만 호(2010) ~10만 호(2012).
- 사업추진 절차: 사업공고 및 전문기업 참여제안서 접수 → 전문기업 평가 및 선정 → 설치확인 → 보조금 지급.

⑥ 융자지원 대상

태양열, 태양광, 바이오, 폐기물, 지열 등 신재생에너지시설 및 생산시설자금(시설자금, 운전자금, 생산시설자금).

⑦ 신재생에너지전문기업

신·재생에너지설비 설치 업체의 전문성 부족 및 영세성으로 인한 문제점을 해결하고 소비자 신뢰도를 제고할 수 있는 일정수준 이상의 신재생에너지 전문기업을 등록, 육성하여 국내 산업발전 도모.

⑧ 세제지원

- 소득세 또는 법인세 공제: 신재생에너지시설 설치 투자 시 당해 투자금액의 100분의 10에 상당하는 금액을 과세연도의 소득세 또는 법인세에서 공제.
- 관세경감: 6개 분야(태양열, 태양광, 풍력, 수소·연료전지, 바이오, 해양) 52개 품목에 대해 관세경감(50/100).

결론:
녹색성장과
지속가능한 경영

현재 우리가 사는 지구는 앞으로 지속가능할 것인지 아니면 멸망할 것
인지를 놓고 선택의 기로에 서있다. 신 재생에너지를 개발하여 활용하
면서 지속적으로 갈 수 있는 길이 있고, 화석연료를 사용하는 데에 안
주하다가 끝내는 멸망할 수밖에 없는 지속 불가능한 길이 있다. 이 기
로에서 신 재생에너지의 길로 가지 않고 화석연료의 사용만을 고집한다
면 그 사회의 미래는 그야말로 진짜 '화석'이 될 것이라고 많은 전문가
들은 말하고 있다. 뿐만 아니라 지구 온난화의 문제는 특성상 '불확실
성'을 지닌다. 일기예보도 정확하지 않은 세계에서 회사 경영자들이 당
면한 문제들만 생각하고, 기후변화에 대한 노력에 치중하지 않고 다음
세대에게 그 문제를 넘겨주는 행위가 용서를 받을 수 있을지 의문이다.

그러나 모든 위험에 해당되다시피, '불확실성'이란 것은 아무것도 하
지 않는 자들의 변명이 될 뿐이다. 대부분의 과학자들은 직면한 문제
에 대처하지 않으면 매우 중대한 결과를 야기할 수 있다는 것에 동의
한다. 기후변화는 장기간에 걸쳐 일어나는 것으로 보아, 단기적인 대
응책은 미봉책이 될 뿐이다. 그러나 기후변화에 대처하는 것은 매우

많은 비용이 들것이다. 우리가 지난 30년간 공기를 깨끗하게 하고 수질 오염을 처리하는 데 사용했던 비용보다 더 많은 비용이 들 수도 있다. 분명히 말해서, 회사 경영자들은 기후변화에 대한 정보를 수집해야 할 것이고, 기후변화의 결과가 기업의 전략, 자산 가치, 그리고 투자에 어떻게 영향을 줄 것인지 체계적으로 생각해야 할 것이다. 침착하고 일관되게 기후변화와 같은 어려운 주제에 대해서 생각한다는 것은 천재적인 예리함을 필요로 하는 힘든 작업이다.

기후변화를 방지하고자 하는 국제사회의 노력이 가시화되고 고유가(高油價)가 지속됨에 따라 전 세계적으로 화석연료의 사용을 줄이거나 대체할 수 있는 새로운 에너지원을 개발하고자 하는 노력이 가속화되고 있다. 이러한 전 세계 에너지소비방식의 변화는 비록 단기간에 완성되지 못할지라도 과거에 비해 빠른 속도로 진행될 것이다. 우리나라는 아직까지 교토 의정서에 의한 온실가스 감축의무를 부담하고 있지 않지만 2012년 이후부터 국제사회의 온실가스 감축 노력에 우리나라의 경제규모, 국제적 위상에 부합하는 역할을 이행하여야 한다.

'녹색성장'은 온실가스를 줄이는 저탄소 정책을 통해 새로운 성장 동력과 일자리를 창출하는 융합기술 정책이라고 요약할 수 있다. 환경기술과 환경산업은 서로 연관되어 있으며 상호 보완적 관계에 있다. 환경 분야 인재 양성은 바로 그 연결점에 있다. 녹색성장이론의 등장은 국내외적으로 직면하게 된 기후온난화, 인류의 경제발전 욕구, 인구 증가, 자원고갈의 위험성 등 환경과 경제발전이라는 모순될 것 같은 두 목표가 상호 시너지 효과를 주면서 같이 나아갈 수 있는가하는 문제의식에서 출발하였다고 판단된다. 이 이론에 따르면 녹색 성장을 위한 개발정책이 필요한 곳은 잘 개발하여 성장의 요람으로 만들고, 보전이 필요한 곳은 자연에게 돌려주자는 것으로 '개발'과 '보존' 중 어느 한쪽도 소홀히 할 수 없다. 또한 녹색성장에서 추구하는 국토재편은 수도권개발과 지방 균형발전이 서로 상충하는 것이 아니라, 서로의 특색을 살려 나가면서 상생(相生)을 지향하는 것이다.

녹색성장은 새로운 문명, 새로운 변화와 질서를 수용하는 열린 개념으로서 정부, 국민, 기업과 사회가 주체별로 공유된 비전을 바탕으로 하여 창의적으로 발전해 나가야 한다는 것을 의미한다. 이는 우리의 미래 삶의 질을 저탄소형으로 전환할 수 있는 '미래산업전략'이며 국가발전 패러다임 변환을 반영하는 새로운 '국가경제 발전전략'임을 유의해야 한다. 또한 녹색성장이란 환경적으로 지속가능한 경제성장을 통하여 삶의 질을 향상시키는 경제발전전략을 의미한다. 이는 녹색기술과 신재생 및 청정에너지 기술개발을 통하여 온실가스 배출과 환경오염을 줄이는 동시에 지속적인 경제성장을 추구하고 개인들의 삶의 질을 향상시킨다는 새로운 국가정책의 패러다임 변화를 의미하는 경제정책방향이다.

<그림 7-1> '녹색성장'의 목표

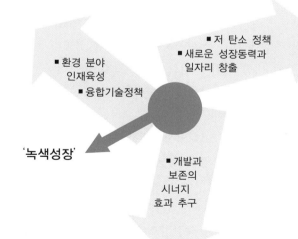

하지만 녹색성장 정책을 단순히 환경과 경제성장 간의 선순환 관계만을 추구하는 경제정책의 전환이라고 해석한다면 경제정책의 기본 철학을 너무 좁은 의미로 보는 시각이다. 녹색성장은 환경뿐만 아니라 새로운 일자리 창출과 미래 성장동력산업 확충, 기업 경쟁력과 생활혁명을 주도하는 종합적인 국가비전이다.

따라서 녹색성장을 이루려면 사회적, 정책적 기반을 조성하는 것이 중요하다. 정책의 창출구조와 집행과정이 녹색성장 시대에 맞게 개편되어야 한다. 그러기 위해서는 각종 정책과 사업들을 녹색성장 개념에 바탕을 두고 조명하는 과정과 장치가 필요하다. 미래 국가비전으로 녹색성장을 효율적으로 추진하기 위한 새로운 정책 발굴도 중요하지만, 기존 정책과 각종 사업을 녹색성장의 개념틀에서 비추어 볼 필요가 있는 것이다. 왜냐하면 녹색성장은 패러다임의 전환을 바탕에 두어야 가능하며, 획기적인 정책 방향의 전환을 위한 의지와 결단이 필요하기 때문이다. 과거와 같은 방식의 정책 추진이나 관리에 의해서는 녹색성장을 성공적으로 추진할 수 없다. 국정철학과 정책기조가 변화되었다는 것을 피부로 느낄 때 국민의 적극적인 동참을 이끌어 낼 수 있다. 즉, 녹색성장 추진에 대한 신뢰구축이 녹색성장 성공의 열쇠이다. 따라서 녹색성장에 대한 사회적 신뢰를 바탕으로 분야별로 구체적인 정책 수단을 작성해야 한다. 이를 위해 '녹색성장 기본계획'과 실천 프로그램을 작성해야 할 것이다.

녹색성장 추진과정에서 '이해당사자별 역할 분담'과 '분야별 협력'이 녹색성장 성공의 열쇠라는 점을 알릴 필요가 있다. 또한 관련부처 및 분야 간 논의되고 있는 녹색성장의 개념에 대해 사회적 합의를 이루고 통일된 국가비전으로서 녹색성장의 개념을 정립할 필요가 있다. 이를 통해 일관된 정책방향하에서 중점적으로 추진할 사업을 발굴하고, 효율적인 추진체계를 수립해야 한다. 부처별로 생산되는 정책을 통합하는 기능과 정책 간의 적합성을 확보할 수 있는 전략이 필요하다. 이와

〈그림 7-2〉 녹색 성장에 의한 새로운 경제정책의 패러다임

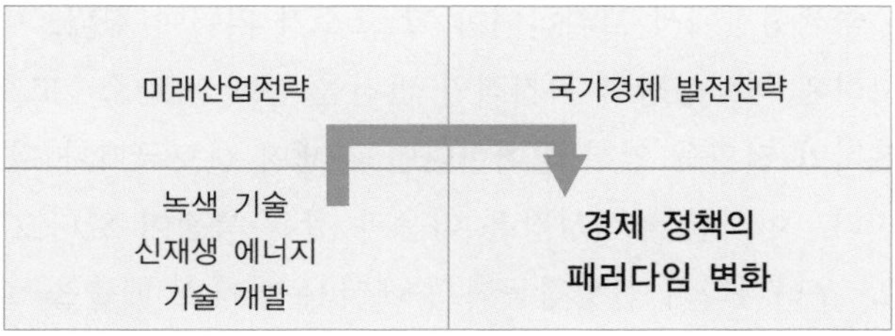

미래산업전략	국가경제 발전전략
녹색 기술 신재생 에너지 기술 개발	경제 정책의 패러다임 변화

같이 관련부처 간에 추진되는 각종 정책들에 대한 점검을 통해 녹색성장형 정책으로 새롭게 탈바꿈해야 한다. 이러한 녹색성장 관련 정책의 종합 및 연계, 조직체계 구성, 각종 정책과 사업의 선별 등을 체계 적으로 추진하기 위하여 녹색성장 추진과 지원에 관한 제도를 제정하는 방안을 검토해야 한다.

이러한 국내외 상황을 고려하고 최근의 경제상황을 고려하여 장기적인 국가비전으로 제시된 것이 '저탄소 녹색성장'이다. 녹색성장은 대체에너지의 발굴과 환경공해의 최소화라는 공동의 인식하에 생태에너지의 개발과 저탄소사회구현이라는 목표를 가지고 출발한 지속가능한 발전개념으로서, 산업화나 정보화에 비하여 그 변화의 방향과 규모가 매우 클 것으로 예측되고 있다. '저탄소 녹색성장'은 환경과 성장의 조화를 통해 삶의 질 향상을 이루기 위한 녹색성장보다는 성장동력 확보를 위한 녹색일자리에 초점을 둔 녹색성장이라는 점에서 진보적 성장과 궤를 같이 한다고 할 수 있다. 그러나 녹색성장이 지속가능한 발전개념의 하나인 형평성을 고려하지 않고 환경성과 경제성 위주로 전개되면 이 두 가지마저 위태로워질 수 있다. 왜냐하면 잘 사는 지역과 못 사는 지역이 모두 환경과 경제의 조화를 주장하게 되면 낙후된 지역은 언제 잘사는 지역을 따라 갈 것인가라는 의견이 제기될 수 있기 때문이다. 낙후된 지역이 환경보다 경제성장을 강조한 정책을 추진한다 하여도 막을 방법이 없을 것이다. 이렇게 되면 환경과 경제의 조화

를 위한 녹색성장은 어렵게 된다. 이런 맥락에서 지속가능한 발전의 형평성은 녹색성장에서 고려하여야 할 요소가 되어야 한다. 이러한 요소들이 고려된 녹색성장의 획기적인 발전을 통해 저탄소·고효율 사회로의 근본적인 전환을 앞서 성취한다면 21세기 선도국가가 될 수 있다고 여겨진다. 이러한 녹색성장은 다음과 같은 특징이 있다고 하겠다.

첫째로, 우리나라의 신성장동력 중에서 온실가스 배출을 줄이고 동시에 세계 시장에서 잠재력이 높은 그린 에너지산업을 중심으로 연구개발, 실증, 그리고 보급을 확대하는 정책이 마련되고 있다. 다시 말해서 저탄소 녹색성장은 경제 성장과 온실가스 배출의 감축과 같은 환경과 경제 그리고 에너지 안보의 선순환 구조를 유도하는 정책이다.

둘째로, 저탄소 녹색성장의 핵심은 강도 높은 연구개발에 대한 지원을 통하여 기술을 개발하는 것이다. 녹색성장은 정부의 녹색기술 연구개발 지원을 통하여 세계적인 수준으로 기술력을 높여 녹색산업에서 생산, 공급되는 재화와 서비스의 세계 시장을 선점하겠다는 것이다. 녹색성장의 성패는 녹색기술의 성공적인 개발 여부에 달려 있다. 정부는 녹색성장을 위한 그린 에너지산업의 대상으로 태양광, 풍력, LED, 수소연료전지, CCS, 전력 IT, 에너지 저장 그리고 청정연료 등과 같은 구체적 대상 산업을 선정하였다. 이처럼 저탄소 녹색성장 정책은 관련 산업들을 세계적인 산업으로 발전시키겠다는 산업정책의 전환을 의미하기도 한다. 또한 녹색성장의 정책은 태양광, 반도체, 바이오 등 관련 산업기반을 갖추고 있는 지역에서 지속가능한 성장산업으로의 구조개편을 가져올 수 있는 계기가 될 것이다.

이러한 저탄소 녹색성장이 미래의 새로운 패러다임으로 등장함에 따라 모든 기업 경영자들은 여기에서 기업가치를 창출하도록 노력해야 할 것이며, 그 과정에서 다양한 이해관계자들의 요구를 배려함으로써 지속가능한 성장을 이루어 나갈 수 있을 것이다.

ㄱ

■ 소 영 일

연세대학교 경영학과 (경영 학사)
서울대학교 대학원 경영학과 (경영학 석사)
연세대학교 대학원 경영학과 (경영학 박사)
Abraham Lincoln University School of Law (Juris Doctor: 법학 박사)
University of New England School of Law 수학 (修學)
제 11회 공인회계사 시험 합격 (산경회계법인 근무)
제 23회 행정고등고시 합격 (국무총리실 행정사무관)
공인회계사, 연세대학교 정경대학 경영학부 교수

주 요 저 서
《현대 경영학 원론》, 《정보체계론》, 《재무회계》,
《현대통계학》, 《연구조사방법론》, 《중국경영전략》,
《인도경영전략》, 《베트남경영전략》 외 30권

■ 김 성 준

서울대학교 법과대학 (수석졸업)
서울대학교 대학원 법학과 (상법 석사)
연세대학교 경영대학원 (회계학/경영학 석사)
연세대학교 대학원 법학과 (기업법 박사)
제 23회 행정고등고시 합격, 제 22회 사법시험 합격
사법연수원 교수 (통상법 및 유럽법 주임교수)
서울지검 외사부장, 목포지청장 등 역임
법무법인 産經 대표변호사

주 요 저 서
《EC기업법》, 《WTO법의 형성과 전망》
《농업통상법》, 《WTO 분쟁사례연구》, 《국제통상법》
《유럽법》, 《증권형사법》, 《금융형사법》

나남커뮤니케이션스 ⑦

주) 나남

나남의 책은 쉽게 팔리지 않고 오래 팔립니다

2009

경기도 파주시 교하읍 출판도시 518-4 TEL : 031)955-4600 FAX : 031)955-4555 www.nanam.net

경기도 파주시 교하읍 출판도시 518-4 TEL : 031)955-4600 FAX : 031)955-4555 www.nanam.net

나남커뮤니케이션스 ⑨

주) 나남

나남의 책은 쉽게 팔리지 않고 오래 팔립니다

2009

경기도 파주시 교하읍 출판도시 518-4 TEL : 031)955-4600 FAX : 031)955-4555 www.nanam.net

나남커뮤니케이션스 ⑩

(주) 나남

나남의 책은 쉽게 팔리지 않고 오래 팔립니다

2009

경기도 파주시 교하읍 출판도시 518-4 TEL : 031)955-4600 FAX : 031)955-4555 www.nanam.net